U0894900

◇2013年华中师范大学出版基金资助项目

杨东莼大传

◎周洪宇 等著

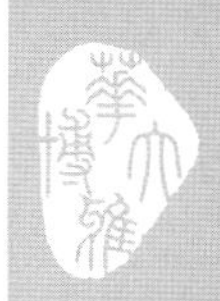

華中師範大學出版社

新出图证(鄂)字10号

图书在版编目(CIP)数据

杨东莼大传:周洪宇等著.—武汉:华中师范大学出版社,2014.6
ISBN 978-7-5622-6638-9

Ⅰ.①杨… Ⅱ.①周… Ⅲ.①杨东莼(1900～1979)—传记
Ⅳ.①K825.4

中国版本图书馆CIP数据核字(2014)第097798号

杨东莼大传

周洪宇等著

责任编辑:古 沁　　责任校对:罗 艺　　封面设计:罗明波
出版发行:华中师范大学出版社
社址:湖北省武汉市珞喻路152号　　邮编:430079
电话:027—67863426(发行部)　027—67861321(邮购)
传真:027—67863291
网址:http://www.ccnupress.com　　电子信箱:hscbs@public.wh.hb.cn
印刷:湖北恒泰印务有限公司　　督印:章光琼
字数:456千字　　印张:28.75
开本:787mm×1092mm　1/16
版次:2014年6月第1版　　印次:2014年6月第1次印刷
定价:67.00元

欢迎上网查询、购书

目　录

导言：大时代的参与者

那些渐已远逝的传奇故事，那段无法平静的人生履痕，或是明日黄花，或被尘埃湮没，或在风中消散。岁月其徂，古人乃喟叹："或低垂于霜露，或撼顿于风烟。"杨东莼，这位中国近现代杰出的马克思主义学者，著名的历史学家、翻译家、教育家和社会活动家，与毛泽东、周恩来、邓小平那些作为主角活跃在中国历史中心舞台并给后世留下巨大身影的历史人物不同，有关这位大时代的参与者的传说正逐渐消失于人们的视野与记忆，可一旦拨开历史的氤氲迷雾，那些零零散散的记忆碎片不断浮现，总能激起历史学者和历史爱好者的好奇与探寻。

握准回忆性的故事脉搏，人们往往习惯从临近生命之河的终点溯流而上。1979 年，举国上下沉浸在粉碎"江青反革命集团"的喜悦里，亿万人民在欢呼一个新的时代的来临。5 月 4 日，为纪念五四运动 60 周年，在人民大会堂中国社科院组织的"五四"六十周年座谈会上，庄严美丽的穹隆顶下，一群老者神采奕奕，容光焕发，畅所欲言，直抒胸臆。当年的"五四青年"杨东莼说"社会科学院写一本历史书，给青年人看看，但不要写八股文。现在有人还写八股文，写来写去还是那么几句，历史书要有事实，有形象，感染、教育青年人"①。

当时光倒流至 60 年前的同一天，即 1919 年 5 月 4 日，关于那场被赋予了神圣的启蒙色彩的五四运动是不是"还是那么几句"呢？京城十三所高校，三千余学生，愤慨于巴黎和会中中国外交的受挫，焦灼于日本将接

---

① 《中国社会科学院举行五四时期老同志座谈会记录》，中国社会科学院近代史研究所：《纪念五四运动六十周年学术讨论会论文选》（一），中国社会科学出版社，1980：33。

手德国在山东的特权，于是集聚天安门，游行使馆区，火烧赵家楼，痛殴章宗祥……诚如杨东莼所言，通常人们耳熟能详的仍是这些被概念化、符号化的“集体行为”，至于那些生动细节却无从得知了。

置身危难交织的时代，杨东莼身处不舍昼夜的时代大潮里，呈现的是怎样的一幅人生图景呢？这是怎样的一位进步的“五四”青年呢？他的一生因“五四”发生了怎样的转变，值得很多人怀念至今？

一个好的历史考据家一定是一位出色的侦探，要想全面客观地描述杨东莼的一生，使读者“读起来像侦探故事”，要做到这一点，没有什么比跟“五四”一样的重要历史事件能引起人们的关注了。

1940 年 12 月 4 日，中共南方局以周恩来、叶剑英两人名义发电文给李克农，要求他转告在广西地方建设干部学校任教育长的杨东莼（地下党员）加强对李任潮（李济深）等人的统战工作，“对李任仁应根据佳电多向其解释华北无法容下两部，我军必须在华中求食，可经杨东莼等促他多做解释工作，并说明反共阴谋之咄咄逼人，企图造成内战以便投降，同时应解释此次白之作反共先锋实为不智”①。

事实上，周恩来在不同时期对杨东莼有三个评价：一是“杨东莼在广西，力足敌十万健儿”②。二是“学识渊博，胆小如鼠”。三是“既是老革命，也是新党员”。第一个评价，无疑肯定了杨东莼在广西的革命工作。他曾在 1936 年“两广事变”发生后，受救国会主席沈钧儒的委托，从上海专程去南宁，代表救国会入桂“共商国是”，表明救国会“全国应该团结抗日，不赞同内战”的主张，他的雄厚辩才与敏锐眼光使李宗仁、白崇禧另眼相看。

几个月后，“西安事变”发生了，李宗仁、白崇禧再次与杨东莼探讨对时局的看法，杨东莼反对胡鄂公与章伯钧等的做法（他们极力要李济深乘机推动李宗仁、白崇禧起事），尖锐地指出中共的抗日民族统一战线是坚定的，“西安事变”的结果最终还是会由统一战线来决定，并赶到梧州戎墟看

---

① 《关于加强对李任潮等人的统战工作——南方局电李克农并报党中央》（节选），冷德慧、毛国斌：《八路军桂林办事处》，广西人民出版社，1990：390。

② 这句话出自杨慎之：《杨东莼年谱》（未刊本）卡片资料。据杨慎之记载，此为革命前辈苏怡口述。

望李济深，要李济深不要上了胡鄂公等的当。结果，“西安事变”的结局和杨东莼所预计的一样。

杨东莼巧妙地利用了当时桂系军阀同蒋介石之间的矛盾，在白色统治下，先后利用广西省立师范专科学校校长和广西地方建设干部学校教育长身份，在广西建立了小小的革命据点，培养了一批进步的青年，他们中很多人后来成为了共产党员。

1949 年新中国成立后，杨东莼听从周恩来总理的安排，又一次来到广西，担任广西大学校长，这是他一生中第三次入桂，他的革命与教育生涯与广西结下不解之缘。时到今日，他仍被亲切地称为“一个非广西籍的广西人”。他曾对学生说：“要一分为二，肯定优点，指出缺点。要开展批评和自我批评，不要有什么顾虑。每个人都有一个小袋袋，我也有一个袋袋，周总理给我的鉴定是‘才高、智大、胆小’六个字。我经常以这六个字来鞭策自己，努力克服自己的缺点，为党和人民多做工作。”①

杨东莼的“才高、智大”不只在前面两大政治事变中得以正面体现。1943 年 12 月，“大别山惨案”（即广西省立师范专科学校毕业的刘敦安等中共党员被广西军阀李品仙残酷地活埋）发生后，李宗仁到立煌县（现名金寨县）检阅第五战区部队，皱紧眉头对其部下说：“为什么杨东莼训练的干部如此成功，你们训练的干部这样蹩脚呢?”② 他又唉声叹气道：“我们广西要是多有几个杨东莼那样有头脑的人才就好了。”

同一时期的《政海人物秘闻》第 38 期，刊登了一篇标题赫然醒目的文章——《王公度之死与杨东莼之乱》，文中称杨东莼入广西为“引蛇入屋”，“杨东莼是文化贩子，略等于陈彬和，不过学得一套革命八股，与共产党有不可解的关系，揖了一个教育家的招牌，在‘九一八’之后，即潜入广西，为中共工作，他身是教育家，却是中共分子。……那么，杨当然做了李白所重视的师范专门学校校长，希望为他们训练广西教育的干部。可是，杨的一套，又是中共的学生的言论行动，在桂林愈来愈凶，李白党皆在南宁，

① 杨永安：《和杨东莼老校长相处的日子》，广西师范大学社会科学联合会：《纪念杨东莼先生文集》，广西师范大学出版社，1994：169。

② 中共玉林地委党史办公室：《桂东南英烈传》（第一辑），玉林地区大众印刷厂，1985：203。

向信任之，忽然发现师专发生了如此重大事件，大吃一惊，将杨东莼免职，派万民一、刘仕湘调查。调查之后，知不可了，乃下令将之驱散。此间学生，多是‘左’倾”①。

《政海人物秘闻》虽然是反映当时广西党团派系轶事的野史，但反过来证明杨东莼在广西从事党的地下活动工作，在第二次国共合作失败后，遭到反动刊物的诟骂。

可见，不同言论者的正反两方面，都可以证实杨东莼的“才高、智大”。那么，第二个评价“学识渊博，胆小如鼠”和第三个评价“既是老革命，也是新党员”，又从何说起呢？要如何充分理解周恩来对杨东莼的这些评价？杨东莼为何认可周恩来对他的六个字人生鉴定是公允的？在刀光剑影、硝烟弥漫的革命战争岁月，他真的表现得“胆小”吗？对这一连串问题的解答，显然就是本书的意义所在。

“五四”对包括杨东莼在内的那个时代的知识分子而言，像一束黑暗里的耀眼亮光，这只是照亮心灵的开始，至于每个人千差万别的人生轨迹，就像汪洋大海里的一叶扁舟，随着历史大潮起起伏伏。如同苏格兰历史学家卡莱尔所说，一个人在读一部真正伟大的作品时，开始总是感到烦躁，甚至会达到痛苦的程度。伟大者命里注定会被误解。这种“被误解”的历史尴尬，杨东莼也曾遭遇。在被理解与被伟大之间，任何一个富有历史正义感、责任感与使命感的知识分子都希望选择前者，然而历史往往给了他们后者。

杨东莼怀有一颗知识分子的素心，他信仰坚定如山，学识深广如海，政治智慧如云，但不愿意留下任何声名，常以“甘草”自喻。晚年德高望重的他，被人亲切地称呼为“东老”。著名学者李侃②说：“此老不但学贯中西，而且政治阅历丰富，对近现代政坛风云、文化历史遗迹、各种人物，如数家珍。平时还是一派学者风度，温文尔雅。开会、谈话，其言娓娓，思路清晰，说理透彻。对人诚恳热情，对事认真耐心。他与许多高层民主

① 《王公度之死与杨东莼之乱》，《政海人物秘闻》。

② 原中华书局总编辑，杰出出版家，著名历史学家。曾因参与组织出版全国政协编辑的《文史资料选辑》和《辛亥革命回忆录》，与时任全国政协文史资料委员会副主任的杨东莼共事。

人士往还密切。”①

风行水上，原来只是路过，那些传奇的故事，从诞生的一刻起，并不是为了得到永恒的传颂。一生为革命四处“打杂”，勤于著述的他，却没有留下任何自述或日记资料，唯一留下的是为了再次回到党的怀抱，在广西因组织审查需要而写的一份简单自传。

在“不是生，就是死”的大时代里，一颗如此平淡的心，却留给了世人一段跌宕不凡的知识人故事。“五四”散发的时代光芒，远不止照射在杨东莼一人身上。

① 李侃：《可敬可亲的长者——记文史资料工作的开拓者申伯纯、杨东莼、阎宝航、米暂沉》，中国人民政治协商会议全国委员会文史资料委员会办公室：《周恩来同志倡导政协文史资料工作四十年纪念集》，中国文史出版社，1999：535。

第一章　逐梦少年

我等今日与前代殊，于驱除鞑虏、恢复中华之外，国体民生，尚当与民变革，虽经纬万端，要其一贯之精神，则为自由、平等、博爱。故前代为英雄革命，今日为国民革命。所谓国民革命者，一国之人皆有自由、平等、博爱之精神，即皆负革命之责任。

——《同盟会宣言》

一、庚子国难：爱国主义与激进情绪的双重烙印

1900 年（庚子年），以英国、法国、德国、俄国、美国、日本、意大利、奥匈帝国军队组成的八国联军入侵中国。前期由英国海军将领西摩尔率领，开始时总人数约 3 万人，后来有所增加。当时《清议报》所刊登新闻《联军劫掠纪闻》，记述了北京城到处弥漫着硝烟炮火和恐惧情绪的情景："探得北京已破。华军皆退。列国之军。肆行掠夺。上下军人。皆言我辈为掠夺而来。不然，何远冒危险也。白昼公然无惮，纠合大小军队，横

1900 年 8 月 14 日，八国联军攻打北京城

行市中。……其掠夺之行为，有令人惊倒者。偶夺一家，恨无所得，则杀戮其全家。居民惊闻，举家投水，举家自杀，不胜其数。北京城各地，乃各国分据。”

这场“庚子国难”最后以清廷战败，联军占领北京，慈禧太后、光绪皇帝逃往陕西西安，谈和后中国赔款白银4.5亿两为终。列强步步紧逼，慈禧太后不惜“量中华之物力，结与国之欢心”来求得一时苟安。历史上“三千年未有之大变局”赫然出现在国人眼前，此时清朝“天朝上国”的盛世繁华已经不再，内忧外患不断升级，中国犹如一艘随时可能倾覆的古船在风雨中飘摇。

正是这一年，1900年农历3月8日寅时，杨东莼在醴陵渌江乡河西村(今称“西山史家老屋村”）一个林木丛竹掩映下清幽静谧的小院子中呱呱坠地了。醴陵位于湖南省东部，在罗霄山脉北部西面，西有株洲、长沙，东与江西萍乡相接，居长沙、株洲、湘潭三角地区。县城依山傍水，一道名为渌江的大河，穿城而过，流入湘江，出洞庭湖。这是一个山水秀丽、人杰地灵之地。

离杨家不足5公里的北乡，有个株林树下村，村口有一株相传从明朝留下来的参天古树，村中有栋朱家老屋，屋背后靠着一座名为建安山的高岭。这户人家靠守着祖上传下来的一份薄产过日子，世代务农，并不富裕。家中最小的儿子朱竹怡（后改名为朱克靖、朱笃一）这年正好5岁，顽皮机灵，经常在一排二层农舍前的池塘边嬉戏，被父母亲叫做“黑子”。这个出身老实农民家庭的脸色黝黑的男孩，在多年后，成为杨东莼关系密切的同窗学友。

杨东莼的父亲叫杨策，祖父叫杨畹兰，曾祖父叫杨东阳。杨畹兰育有三子，即杨炳书（杨策)、杨笔书、杨竹书①。在渌江乡，河西村的杨姓人家很多，杨东莼的祖上是大户人家，原籍江西省高安县。曾祖父杨东阳靠经商起家，因头脑灵活善于经营，颇有积蓄，家底甚厚。祖父清朝廪生出身，受洋务运动影响，热心于开煤矿、熬樟脑，并设书局发售江南制造局出版的新书，但对于经商心有余而力不足，惨淡经营几年后，几乎败光偌大的家业。到杨东莼出世时，杨家已经衰落，不再是富贾之家了。

---

① 参见杨慎之：《程潜年谱1894年》资料卡片。

家业不再昌盛，但道统依然延续。杨东莼的祖父和父亲都是晚清社会典型的读书人，深受儒家传统影响。他们有传统士人“天下兴亡，匹夫有责”的使命感，和地理闭塞的渌江乡那些终日“日出而作，日落而息”的普通农民不同，他们关心时政，对外界有一定见识。杨畹兰接受了洋务派“师夷长技以制夷”的观点，希望从器物层面来改良社会、救亡图存，为此他甚至倾家荡产；杨策感受到“甲午战争”惨败的沉痛教训，深信国难之际最紧要的是强兵御侮，于是弃笔投戎，留学日本学习军事，并最终走上了革命的道路。

杨策是个秀才，思想比他的父亲杨畹兰更激进。少年时由乡赴省，进长沙城南书院读书。当时省城有岳麓、城南、求忠三大书院。城南书院院长刘凤，学问平常，但喜欢提拔后进。杨策秉性聪明，志气宏远，爱读孙吴兵法和诸葛亮心书。当时与杨策同榜入泮的有程潜[①]，二人年龄一样，志趣相合，且是同科秀才，因此交往甚密。

杨家父辈们的“以天下为己任”的忧患意识，在不自觉中成为杨东莼脑海里的印记，他继承了这一由修身而经世的传统，这也成为他日后一切行为的前进动力之一。

杨东莼的出生，让杨策喜忧参半，喜则头胎得子，振兴家业有望；忧则国事式微，处境危艰。他给长子取名“人杞”，又取了个乳名“岂匏”[②]。有较深传统文化涵养的杨策，给儿子取名字自然有一定寓意。“岂匏”这两个字出自儒家经典《论语・阳货》：“吾岂匏瓜也哉，焉能系而不食”[③]，意指怀才而莫展，如匏瓜中看而不可吃用。也许，是出于对清政治腐败无能的失望，和对国家前途的无比忧虑，杨策希望儿子在乱世里，能成就才学，施展抱负，经世治国，而不是一个无用的“匏瓜”。这是一个封建社会“士大夫型”知识分子的共同愿景，如同南宋词人辛弃疾面对山河破碎，生灵涂炭，恢复国土无望，壮志难酬，发出了“旧恨春江流不断，新恨云山千叠”的悲怆感慨。

① 程潜，湖南醴陵人，国民革命军一级上将，新中国成立后，曾任湖南省省长、中央人民政府委员、全国人民代表大会常务委员会副委员长、国防委员会副主席、中国国民党革命委员会副主席。杨东莼在做统战工作时，与程潜交往密切。

② 1927年，大革命失败后，杨人杞改名杨东蓴（莼），并以后者名世。

③ 这句话的意思是：我仿佛就是匏瓜，不是挂在那里给你们看的（我要给人吃的）。

杨策与妻子陈氏共育有二子，即杨东莼与杨人楩。弟弟杨人楩[①]，比杨东莼小三岁。

二、“我的读书过程”

在那动荡不安的特殊年代，杨策同其他受过维新思想激励的改革志士一样，不愿一辈子在家乡苟安下去。在人杞幼年时，杨策就离家求学，先入江南将弁学堂学习，又留学日本专习陆军，并在日本加入了同盟会，留下发妻陈氏料理家事。偏偏陈氏体弱多病，在人杞5岁时便撒手人寰，处在懵懂年龄的人杞，对母亲的记忆是模糊的，因此关于人杞母亲的介绍就此寥寥数语。

人杞与弟弟人楩被托付给干妈童氏照顾。这位受到父亲信任的童氏，虽没有发现关于她的更多资料，但从杨家两兄弟后来出色的读书表现来看，至少可以断定童氏对两兄弟，应该是尽心尽力地养育。尽管如此，父亲不在身旁，还是让幼年人杞更早懂得察言观色与为人处世之道。在孤苦无依的情形下，兄弟二人一直相互帮扶，手足情深。也许，在河西村寄人篱下的童年经历，逐渐积淀成为人杞机智灵活、温和敦厚的性格特征。

杨人杞

杨人楩

这两张相片里的杨氏兄弟已年过半百，但仍显斯文儒雅与书卷气质。

---

① 弟弟杨人楩1922年毕业于长沙长郡中学，在长郡中学读书时，杨人楩信仰无政府主义。有一年暑假，杨东莼的北京大学同学又同是马克思主义研究会成员的邓中夏回到长沙，他还曾与邓中夏激烈辩论过（周清澍：《回忆杨人楩师》，《东方早报》2010年10月31日）。1926年毕业于北京师范大学英语系，毕业后，先参加北伐革命，旋返长沙任教于长郡中学。1934年入牛津大学奥里尔学院留学，攻读法国史，获学士学位，1946年起在北京大学历史系任教授，直至1973年9月15日病逝。杨人楩对新中国世界史研究作了许多开创性的工作。早在20世纪50年代中期，他便提出成立世界历史研究所、组织世界史学会、创办世界史杂志、编译世界史资料等关系到世界史学科发展的重要问题。为填补中国在世界史研究中的空白，他自1959年起放弃了法国史的研究，转向非洲史的研究和教学，培养非洲史专业的研究生，为中国的非洲史研究奠定了良好的基础。

他们都有知识分子的一双执着的眼睛，充满了对事物浓厚的好奇。确实，他们的学术造诣不相轩轾，对史学研究有共同的兴趣与热望。信仰共产主义的杨人杞，用历史唯物主义方法研究中国通史和文化史，他的三本代表性学术著作《本国文化史大纲》、《中国学术史讲话》、《高中本国史》使他成了与郭沫若、吕振羽、翦伯赞、侯外庐、范文澜等齐名的著名马克思主义历史学家。而早期一度信仰无政府主义的杨人楩则翻译了《法国大革命史》(克鲁泡特金著)、《法国革命史》(马迪厄著)、《十八世纪产业革命：英国近代大工业初期的概况》(保尔·芒图著）三本经典译作，编写的《高中外国史》是 20 世纪 30 年代最受青睐的历史教科书，他对新中国的世界史研究作了许多开创性的工作。兄弟二人思想信仰不同，却取得了同样的高水准学术成就，这在近代知识分子群体中也不多见。

三、“一品当朝”的私塾幻象

作为杨家长子，同当时其他男孩一样，人杞 6 岁时被送入私塾，接受了两年的蒙馆教育。醴陵上空云气沉沉，社会革命的新思想在不断酝酿集聚。尽管 1905 年科举制已经停废，1300 年尊崇科举的时代终结了，然而“春风不度玉门关”，变革的力量还没有席卷到最底层的教育模式。

清末新政后，已初步建立的报刊媒介，将各种新思维传递至各个偏隅，包括醴陵县城。在人杞入私塾的这一年 12 月，孙中山、黄兴领导的同盟会派党人到长沙和湘赣交界处麻石密谋策划，发动旨在推翻清政府、建立共和国的萍浏醴武装起义。醴陵各路起义军参加了战斗，起义军人数达 3 万，声势浩大。这次起义最终虽以失败告终，但给醴陵民众留下了“刚毅好胜、敢为天下先”的集体记忆。

人杞在私塾读到的第一本书，和以往清季初进蒙童馆的学生一样，都是《三字经》。在成为一个坚定的马克思主义信仰者和宣传者、实践者后，他曾追忆，《三字经》第一页正文的书眉上，绘着一位大官，手拿着上书“一品当朝”四个大字的条幅（伶工称此条幅为“金榜”），大官两旁题着一首绝句：“天子重英豪，文章教尔曹，万般皆下品，唯有读书高。”这四句颇具封建思想的圣人教条，自然被他说成是“歪诗”。他戏谑道，这是一幅非常吸引人的宣传画，因为当儿童头一天读书，脑海中就深深地被烙上一个印象，把读书的目的表现得一清二楚，再明显不过：天子之所以看重读书人，为的是要把读书人变成替他统治人民的工具；而在读书人一方面，则为了“一举成名天下知”，才不得不过着“十年窗下无人问”的勤攻苦读的生活。他把这四句话对儿童的“毒害”，用阶级分析法阐述得鞭辟入里，像受压迫的奴隶抢过鞭子反过来狠狠抽打奴隶主：

> 这几句诗，便直截了当地表明了天子与士的阶级的关系；天子之所以重英豪，便是要英豪替天子保镖；士之所以成为社会上的特殊阶级，便是为得士是封建制度的护卫军；士之所以鞠躬尽瘁死而后已，便是为得以图上报皇恩。士的阶级，有了这些特异的地方，所以士便为四民之首。士既为四民之首，在国家在皇室，他便是忠顺的奴仆；在乡曲他便是武断一切发号施令的主宰。无形中他就变成了治者阶级。他既拥有社会的特殊地位，便力求巩固这一地位，使之承袭到他的子孙，所以《管子》上面的士之子恒为士，便是世代书香，门第门阀的口号。虽然以前有些出自贫贱窗前苦读后来荣达的相国巨卿，但是都系例外之例，所以留下的美谈佳话，后世都作为训诫子孙的典型。其他不受利禄的束缚能够冲破网罗的特出的人物，也就只落得牢骚满腹另寻门径发泄罢了。所以在这一时代，读书的人，一般都有企图做统治者阶级的大志，其结果便是要维持封建制度。从而这一时代的教育，便全在养成维持封建制度的精神的劳动力，而其具体的体现便是士的阶级，其系统便是书院与国学，其方法一般的便是科举与擢拔。①

这里的“士”就是封建社会的知识分子，古人说“学而优则仕”，何以为“士”？只有入仕才能称得上真正的“士”。一句话，做官便是读书的目的和用处。当然，以上这些突破封建藩篱，对旧式教育发起炮火的“离经叛道”的观点，是在他接受了“五四”的反传统的洗礼后所形成的。对这种单一诵读的教育方法，他并不认同。他认为，“从一般的学习来讲，则由于其任务，在于对事物或事象求得总体的有系统的认识和理解，而不在于熟记一些孤立的庞杂的事物或事象，从而也就不着重‘熟读多记’”②。这就是古人说的：“记问之学，不足以为人师。”光会背书，是不能学成知识的。

---

① 杨东莼：《中国过去教育的批判》，《北新》，1929，3（9）。

② 杨东莼：《学习漫话》，《青年界》，1946，1（3）。

清季私塾

无论如何，在“一品当朝”的幻象里，两年里他熟读了《三字经》、《百家姓》、《千家诗》、《包举杂字》、《幼学》、《论语》。“老师只教我们读，读了要背诵，并不讲解意义。所以认为读书是苦事，每每逃学赖学。”① 可以想见，每日在先生的逼迫下，摇头晃脑、反复背诵地读死书，未给幼年的人杞留下丝毫的美好印象。在多年后，他在上海参加了陶行知主持的生活教育社，同样以一个教育家和过来人的身份，在对青年的读书问题进行诚挚而热心解答时，尽管内容分析琐碎，但行文却头头是道，最终归结一点：“最紧要的是我们不可‘读死书，死读书’，而应该是‘读活书，活读书’。”② 这种率性直接的论断，不能不说和他幼时读私塾的经历有关。

比他小三岁的弟弟杨人楩，也曾同样以揶揄的口气回忆这种启蒙教育。“仿佛记得很小时念的国文教科书有过‘入学’的一课，这里旁述一个学生入学，先生问学生：‘来此何事?’学生曰：‘奉父母之命，来此读书。’先生曰：‘善，人不读书，不能成人。’”③

能成为著名教育家的杨东莼（人杞）显然不会仅凭这两年私塾的片段印象，就大肆批判旧式启蒙教育强调背诵和记忆，脱离生活和思考，无视儿童天性的教育方法。在 20 余年后，他娴熟掌握了历史唯物主义分析方法，便尝试着“运用经济的历史观去批判过去的中国教育”，写下了一篇稿

---

① 杨东莼：《我的读书过程》，《读书通讯》，1944（92）。

② 杨东莼：《青年的读书问题》，《申报每周增刊》，1937，2（19）。

③ 杨人楩：《读书论》，《青年界》，1932，2（3）。

纸40页、字数15000余字的文章《中国过去教育的批判》。这篇用马克思主义社会科学的理论分析方法——唯物主义，来批判中国封建教育的洋洋大作，被刊发在《北新》杂志上。这份当时较有名气的杂志是由民国时期著名的出版机构北新书局主办的，它的创办人是杨东莼的北京大学校友李小峰、孙伏园①。尽管身在东瀛，但这篇文章已经为他在上海文化教育界赢得了一定声誉。他曾谦逊地预见："认为很忠实，但我不敢自信，我谨候大家的批判之批判与反响。"②

对于旧式传统教育的评价，除了这些简单的切身感受外，最系统理性的评价，恐怕算是30年后，杨东莼写的一篇名为《书院与学校》的文章。在这篇文章中，他不再像10年前那样批判中国传统的书院为"过时之物"，当然也包括蒙馆私塾，而是将它和从日本、德国或美国漂洋过海移植到中国的"现代的学校制"，进行了全面的对比评判。在抗战救亡的大背景下，他发现了传统教育模式的可取之处，认为中国书院虽在现代社会不可复活，但若以书院的两种可贵的精神——独立自由的研究与人格教育的实施——来补救现在学校教育的缺点，可以更好地推进国难教育。不可否认，传统书院注重人格教育，锤炼人格信仰，培养为捍卫祖国而斗争的勇士，对提高学生的正义感、社会感有重大益处；同时，对于统一全国意志，用集体力量共同克敌取胜，有重要补充作用。他甚至深信无疑："教育界果能做到这两点，则所谓国难教育的工作，至少也完成了一半。"这一观点得到了《宇宙风》的编辑周黎庵的认可和赞扬，他在这篇文章的后面，酣畅地写下了一段很长的跋语：

《北新》杂志

> 今之留学哥伦比亚，刻衔头称教育博士，满口柴胡之流，大概不大曾知道德国式美国式教育之外，还有一个中国固有的书院制度吧！

① 据说，北新书局的来历，大概和北京大学以及新潮社有关，说是北京大学与新潮社各取第一个字，便成了"北新"。

② 杨东莼：《中国过去教育的批判》，《北新》，1929，3（9）。

> 其实书院的制度虽然死去，其精神实合于最理想的教育方法，值得研究的。我在两年前曾为写过几篇关于书院制度的文章，觉得都是非说不可的话，原来还想写几篇关于书院制度有系统的文字，因为没有什么人肯正眼一看，便淡下来了，今见《申报周刊》上东莼先生此文，如闻空谷足音，世诚有与我共不避开倒车之嫌，殊觉可喜，因跋数语于此。
>
> 我幼时曾身受书院式教育的益处，至今不能忘，其后虽然进中学，进大学，一天上几个小时课，半年拿几十只学分，读到些什么，自己也莫名其妙；至今能写字作文，一半由于幼年时所受之书院教育，一半得之于课外偷看书籍与朋友燕居时闲谈，和学校完全不相干；几张文凭，至今不知扔在何处，饥不为食，寒不易衣，不知有什么用途？因此非令人回念书院教育的好处不可。书院教育最大的好处便是准许独立自由的研究学问，没有近代学校，硬逼西洋史修四学分党义修十学分；我明白清代学者之成就，真令人心折欲死，有清三百年中著名的学者，都从书院中出来，有袁子才、龚定庵、俞曲园等人做山长，汪容甫这等人做生徒，学术思想那有不昌明之理。岂今之满口柴胡的教育家，椿子式的学生所能望其项背？书院制度在今日虽不可复活，但书院教育之精神，却要长存天地间，非和现代打椿子式的教育夺斗一下不可。且看牛津式教育之精神。及其学生之造就，可知书院教育并不是不可提倡的东西。①

这段跋语说明，在经历了民初的拼命破坏、攻击传统的狂潮后，盘查当时不同知识分子提出的各种救国救文化路径，可以发现教育思潮始终在中西间陷入胶着的复杂循环，而它的历史渊薮正是各种思潮如潮水般涌进知识分子的脑子里、使其像一叶扁舟在激流交际处进退不定的清末。在教育界最明显的表现，莫过于教学体制的混乱和教育思潮在中西之间那种扯不清的纠葛。特别是“九一八”后，民族主义的意念开始膨胀，原本“美国”（抑或说“西方”）已成为话语权势结构的一个既定组成部分，其中就包括从欧美移植过来的现代教育模式，开始遭到“文化保守主义”者刘师培等的抵触，因为在国难之际，救国救民与保存文化是不少知识分子所要

---

① 东莼：《书院与学校》，《谈风》，1936（4）。

反思的，既然反思，就自然包括对传统教育的再认识。

前后10年间，杨东莼对以“书院”为代表的传统儒家教育载体的重新评价，看起来截然相反，似乎很矛盾，但是如果结合时代背景，就会明白第一篇《中国过去教育的批判》是为宣传马克思主义的唯物论和阶级观而作的，而第二篇《书院与学校》则用了马克思主义矛盾分析法，认为任何事物都是一分为二的，书院也是如此。杨东莼看到了现代学校像“商品市场”，学生是“购买者”，教师是“贩卖者”，一纸文凭就像“商品”一样在师生之间完成买卖。他忧心忡忡：如此一来，教师只是一个传道授业的工具，学校培养出来的学生也无精神气节，专于功名利禄，或成为帝国主义的买办候选人，于国家发展无多大益处。因此，他希望现代教育能加固“精神”支柱，借鉴书院对修身治国平天下的信念教育和自由研究方法，达到真正为国家培育人才的目的。当然，杨东莼用逻辑严密的马克思主义哲学，批判了美式实用主义哲学下的教育体制，能不能说是一种以西对西的思想逆转？

四、明德的幸福时光

湖南是一个开近代中国风气之先的内陆省份。戊戌变法运动期间，维新派就在湖南巡抚陈宝箴、按察使黄遵宪、学政江标等人赞助下，由谭嗣同等发起，于1897年10月在长沙创办新式学校时务学堂。熊希龄任提调(校长)，梁启超任中文总教习，欧榘甲、韩文举、唐才常等任分教习。特别是自清政府1904年起推行“新政”后，新式学堂很快遍布各个县城，其中有相当多的小学是由私塾直接转变过来的。醴陵县城开办小学后，人杞就由私塾转入小学。这些区别于私塾先生的小学老师都是些有功名的人，以《古文观止》、《东莱左氏博议》做教本，教法跟私塾不同，除了讲解文义之外，还指出文章结构的起承转合，类似教学生如何做科举策论文章。他曾回忆道：“我因年龄太小，听不出什么道理，只觉得小学比私塾自由些，好玩些。”① 这些换汤不换药的教育方式对他来说不痛不痒，没什么特别实际的影响可言。

学校和社会隔绝，理论和实践分为两橛，是目前学校教育的最大

① 杨东莼：《我的读书过程》，《读书通讯》，1944 (92)。

缺点，因此学生所获得的是死的知识，而不是活的知识。要获得活的知识，就得将学校和社会打成一片，就得拿理论运用到实践上去。像这样的知识，才是有用的知识，要办到这一步，在学校方面就必得给予学生以自由活动的机会，在学生方面就得充分地利用这些机会和假期作种种的活动。[①]

真正促使人杞对学习产生极大兴趣的人是父亲杨策。过了一年，杨策回国后就业于长沙，先后做过湖南陆军小学堂监督和新军第四十九标管带。前一个职务和今天的校长相似，后一个职务，按照清末新兵制，巡防营与陆军警察队统辖一营的长官统称管带，甲午海战中民族英雄邓世昌即是“致远舰”管带[②]。这个官职不大不小，和改革开放后各省争相引进海外人才一样，杨策属于从日本留学归来的少数军事人才，所以平步青云地跨过了排长、队官等低级职务，直接担任管带一职。有了丰厚的收入保障，加之望子成龙、光耀门楣的传统心理根深蒂固，为儿子描绘最好的教育前景，是这位常年留学在外、且富革命思想的年轻父亲表达内疚的最好办法。为了让儿子受到开化的先进教育，杨策很快把人杞从童氏手里接到了长沙，送进了全省最好的学堂——明德学堂。

“革命”是明德学堂最鲜明的历史特色。前面所讲响震三湘的萍浏醴[③]起义，就是由明德学生策划和领导，在同盟会影响下爆发的一次大规模武装起义。

明德学堂是1903年留学日本的胡元倓（字子靖）回国后，得龙璋、龙绂瑞及一些倾向维新的官绅的支持，在长沙创办的新式学堂。在草创之初，胡元倓即邀请黄兴前来任教，随后明德学堂就成了革命联络点和传播革命

① 杨东莼：《青年的读书问题》，《申报每周增刊》，1937，2（19）。

② 1901年新政开始后，整军经武又一次提上清政府的政治日程。1903年，清政府在中央政府层面设置练兵处，以庆亲王奕劻为总理，袁世凯会办。1905年，练兵处制定陆军军制，各省设立督练公所，准备用十年或更长时间在全国编练新军三十六镇，每镇包括步、马、炮、工程、辎重等兵种，每镇总人数为一万两千人，有统制率领。镇下分为协、标、营、队、排、棚，其首长分别为协统、标统、管带、队官、排长等。新军的中下级军官由各省武备学堂毕业生充任，间有少量留学归来的军事人才。

③ 萍浏醴指江西萍乡和湖南浏阳、醴陵。

思想的策源地。

胡子靖在《明德之精神》中说道："办学必有主旨，学校所以陶铸人才，自与科举利禄之途异趣，则尤应确定所宗，以端趋向……使莘莘学子不徒以学校为仕进之阶，而先务立其远者大者，以默持世运于不坠。"显然，这所学校以维新为标榜，重在人格教育，迥异于旧式学校。

胡子靖先生（1872—1940），湖南近代教育先驱、长沙明德中学的创办人

在明德学堂创立的第二年，黄兴联合宋教仁、章士钊等人在明德学堂校董龙璋的公馆里建立了华兴会。华兴会是湖南省内第一个革命组织，就像一颗微弱的小种子，由它筹划的长沙起义未发而败。长沙起义后，华兴会领导人黄兴东渡日本，并很快成为留日革命学生的领袖。1905 年，黄兴与孙中山合作，创建了中国第一个民族民主革命政党——中国同盟会，而这颗种子将落入泥土里生根发芽，迅速茁壮成长，在推翻清王朝统治中，发动辛亥革命显示了它的积聚力量。

或许是源于明德学堂与华兴会、同盟会的这些渊源，而杨策在日本又加入了中国同盟会，多重因素叠加，杨策便把人杞送入了明德学堂。

1905 年 8 月 20 日，同盟会在日本东京正式成立

比起私塾的枯燥乏味，学堂要有生气得多，又有了父亲在身旁，因此，对明德学堂，人杞的读书心情要用"高兴"两个字来形容：

> 明德学堂是当时全省最进步的学堂，堂长胡子靖先生是个最有新思想的人，学堂设备最考究最完善，延聘的老师年轻活泼，且一样富于新思想。我们一群小孩子作息在这个环境中，真是生气勃勃。国文老师教我们联句造句，觉得很有意思，尤其是《乡土历史》和《乡土

地理》两科讲的是眼前的东西，更使我们听着高兴。记得那时候有过一次抵制日货运动，我们都把购买或用残的“都之王”香皂和“狮子”牙粉抛到池塘中，幼弱的心也曾紧张一阵子。①

明德学堂现为长沙市明德中学，已经屹立于湘江边百余年

离开了家乡的小人杞，也曾紧紧牵着父亲的手，偎依在父亲身旁，好奇地望着明德学堂的新式设备，目不转睛，但醴陵的渌江与罗霄山那美丽壮观的自然景色，无论走到哪，都是值得他心中惦念的，这一情形还要等讲人杞长大学成归来时再作叙述。

如同南宋诗人杨万里的《桂源铺》绝句里写的“万山不许一溪奔，拦得溪声日夜喧。到得前头山脚尽，堂堂溪水出前村”所描绘的那样，家乡的自然山水，赋予了少年人杞既清新可爱、有水的灵动智慧，又坚韧倔强、有山的沉稳敦厚的性格，这一切都有利于成就他求学的良好开端。

明德学堂的新式教育使这位聪慧活泼的少年眼界大开，气血沸腾，甚至学会了爱国主义激进情绪的表达。这一切是否都预示着他今后会和他的父亲一样走上革命之路？

在人杞的记忆里，与父亲相依为命的日子是孤单童年里最温暖幸福的时光。然而好景不长，在明德学堂就读一年后，年仅30岁的父亲却因染伤寒在长沙病故早亡。双亲的早逝，使年幼的人杞与弟弟沦为彻底的孤儿。

五、“混过去”的高小三年

1911年，人杞又回到了干妈童氏身边，进入醴陵县城朱子祠高等小学学习。朱子祠高等小学是醴陵县政府办的，学生有100余人。在这个大学堂里，人杞有了朱克靖（前面所述的“黑子”）、刘斐、李明灏等同窗好友。

① 杨东莼：《我的读书过程》，《读书通讯》，1944（92）。

有时候，对人而言，一年就是一生。在朱子祠高等小学学习的第一年结识的这些同窗好友，与人杞后来的人生道路都有着密切关系，尤其是刘斐。在这所高等小学三年的光阴是如何度过的，没有比传主——人杞自己的回忆更为真实可靠，更让人信服的了：

> 宣统三年，父亲去世，我回到故乡入了县立高等小学堂。不久辛亥革命爆发了。革命后，“自由平等”四个字成了口头禅，我们也跟着叫喊。就在这样的叫喊中，我们学校的学潮也多起来了。三年里面，赶走了三位校长和十一位教员，有时一连三个月不上课。只有一位地理教员欧筱垣先生，因其为人公正，最得同学信仰。所以有几次学潮的结束差不多都是他说服的。他感人最深，也最爱跟同学说话，同学有错处，经他指责，是不会有人反对的。直到现在，他以七十高龄，仍旧执教于县立师范；这种毕生献身教育事业的精神，真是教育界最好的典型。顶不行的是英文教员，《正则英文》第一册教了三年，我们还不曾学会拼音；可是为了不容易找到英文教员，我们也就将就算了。①

这段回忆文章，是人杞在西迁乐山的武汉大学任教授时所写。很明显，他是以一个师者的角度和口气，坦诚认真地述说这段经历。在辛亥革命爆发后的余波里，十二三岁的小孩子对“自由平等”的革命口号还不明了，便跟着参加学潮。闹得最厉害的一次是1913年，他参与了由黄龙联合李立三、李明灏、李君九、刘斐、刘素非、程星龄、程邦模、朱克靖、汪泽楷、肖昌烈、钟纬祖的十三学子罢课学潮，这次罢课学潮延续了七十五天，直到政府出面干预才完结。少年人杞的革命意识在群体革命的“无意识”中化合产生，像化学变化中分子被分解成原子，感官看不见摸不着，只有理论上的琢磨。

“尊师重道”的传统历史悠久，最早的记载于唐代《太公家教》：“忠臣无境外之交，弟子有束脩之好。一日为师，终身为父。”也许，想起来他会觉得自己似乎有些幼稚无知。对于毕生献身教育事业、真诚热爱学生的老教员，他是非常尊重和敬仰的。而他用“顶不行”三个字来批评那个曾经教过他，且不负责任的英语教员，这些，直接反映了人杞对师德本身的尊崇，和传统教育思想中突出强调的尊师不一样。

---

① 杨东莼：《我的读书过程》，《读书通讯》，1944（92）。

这种转变主体的教育观念，应该和后来他提倡的“集体主义教育”有关联，他认为在集体主义教育中，教育者本身也是“受教育”的，师生之间是平等关系。他能将这些教育理念在那个时代以身示范、付诸实践，跟他少时闹学潮一样，是一种勇敢的行为。

兴趣是最好的老师，与蹩脚的英文教员相反，有位国文教师是一位前清的举人，他懂得一点文字学，常常拿着《文字蒙求》说给学生听，人杞上课时听得很入迷，从那时起，他就对字书发生了兴趣[①]。这无疑为人杞能拥有驾驭文字的熟练技巧，打开了一扇明亮的窗户。

六、“政论家”的梦想

高等小学的三年“混过去”了，和许多学生一样，人杞希望升入长沙久负盛名的长郡中学。这所学校的办学历史悠久：“民国元年（1912 年）四月，长沙、湘阴、浏阳、醴陵、湘潭、湘乡、宁乡、益阳、攸县、安化、茶陵等十一个县人士倡议建立联合中学，遂将旧有之府中学堂及十一属所设之县立中学联为一校，以府中学堂原有之校址财产新筹府有之公产为一校，以府中学堂原有之校址财产新筹府有之公产为基金，而成立本校，定名为湖南长郡中学校，选举校长彭国钧，筹备开学，设旧制中学十一班，民国三年（1914 年）政府整顿各县联合中学，厘定名称，本校奉令该称湖南第一联合县立中学校。”[②] 长郡中学是当时湖南省内唯一的府立中学堂，来自十一个县的学生共同竞争为数不多的入学名额。

然而，投考的结果是他落第了。于是，他只好找了长沙城南妙高峰中学读高中，读了半年。妙高峰中学环境优美，明代崇祯年间的《长沙府志》里记载了这里美不胜收的风景：“妙高峰高耸云表，江流环带，诸山屏列，此城南第一奇观。”但是因为妙高峰中学属于私立学校，收费昂贵，人杞无法维持，这迫使他努力考取公立名校长郡中学。他的好友朱克靖也因家里负担不起学费，不得不重新考试，考入湖南长沙第一中学。

等到 1915 年秋季，人杞终于考取了长郡中学。长郡中学那次招收了三班学生，两班是学英语，一班是习德语。他因在高等小学学习期间没有学

---

① 杨东莼：《八本〈说文解字〉伴着我到了北京》，1935，8（1）。

② 《湖南长郡联立中学概况》，《湖南教育》，1941（23）。

会英语拼音，就改习德语，与李富春、郭亮同在德语班。但为了以后升学的便利，他又跟着英语班的同学补习英语。中学四年里，人杞在这两门外国语的学习上的确费了不少的精力和时间，这为他今后走上翻译之路打下了坚实的语言功底。

中学第二年，他开始学代数和几何，教员教得好，引起了他的兴趣，于是喜欢钻研的人杞把谢洪宝氏的《大代数学》和《几何学讲义》作为课外补充材料，硬着头皮去看，也花了不少心力。

长郡中学

对文字的兴趣一如既往。中学第四年，国文教员是前清的解元汪先生，是位《文选》的崇拜者，喜欢把《文选》来做教材，他选的文章，人杞不愿读，连他出的作文题也不愿做。自称为汉学大师的易寅邨先生教《文字源流》，说得头头是道，并说：“读书第一步要识字，字不识得，就不配谈学问。像你们的国文教员就不识得字，不过在讲台上会耍把戏而已。”这一来，可把人杞吓倒了，才依照他的意思，开始读《说文解字》。他越读越有兴趣，连作文写信都喜用几个古字。这种用字习惯，直到多年后新文化运动走向一个新的阶段，他才改变。“文字符号这工具，要由贵族的变为大众的，所以我不仅不写僻字和古字，并且我还希望手头字的普及和完成。”①

这两位先生时时在斗争着，汪先生有时对学生们说：“易某连一封信也写不通，还够得上讲《说文》?”易先生会反击过来，对学生们说：“汪某连字都认不得，还配讲《文选》?”那时的易先生，在人杞看来，是一位博古通今的先生，尤其是因为他能够从严复译的《群学肄言》、《社会通诠》这一类的书来解释字的起源，所以无形中人杞对他就生了崇仰之心。这样一来，汪先生在讲堂里讲书虽然讲得头头是道、有声有色，人杞和其他学生

① 杨东莼：《八本〈说文解字〉伴着我到了北京》，1935，8（1）。

并不把他看在眼里，有时还鄙薄其为人，故意刁难。有一天，人杞跟几位同学要求他出个时事题目来做。这位老师迫不得已在黑板上写了“欧战感言”四个大字。顽皮的人杞有意跟他开玩笑，把“伯里圣天德”、“烟士披里纯”、“巴里门”一类翻译名词和“密度”、“焦点”、“饱和点”一类科学名词一齐搬进文章里面。结果令人杞吃惊的是，老师一字未改，连顶批尾批都没有，打个“甲”字便敷衍地交还给他①。这很令人杞失望。

> 就是从这时起，八本《说文解字》便和我结了不解之缘。并且也附和易先生的说法，对于字的起源，好作新解，譬如说然字，本来作肰，从肉从犬，我们就跟着易先生一样，认为古代吃狗肉是一件通常的事情。像这样的附会，现在想来，固属可笑；但在当时我们却以为这是一种发明，是一种研究学问的新态度。有时写文章，还故意和汪先生开玩笑，把许多僻字和古字写上去；像这样的心理，现在想来，更是可笑。②

沉迷于穿凿附会地解释文字，人杞反思自己在学问的道路上走过弯路。然而，国文老师的应付，并没有浇灭他做文章的热情。

在长郡中学的第三年，他看了些梁启超创办的《不忍》、《庸言》、《大中华》之类的时政杂志，受到《饮冰室文集》很大的影响，便有了将来要做一个政论家的打算。外表俊秀，谈吐斯文，举手投足间，人杞已经有了知识分子气质的雏形。与父亲杨策一样，他的心灵里有着知识分子忍不住的政治关怀。

杂志

令人杞着魔的这种“时务的文章”，诞生于甲午之战以后，懂时势的维新人士深感中国改革的必要，这种政治觉悟产生了一种文学，代表性的是梁启超办的《时务报》。这时梁启超已经是一

---

① 杨东莼：《我的读书过程》，《读书通讯》，1944（92）。

② 杨东莼：《八本〈说文解字〉伴着我到了北京》，1935，8（1）。

个很有影响力的政论家了，他的文章名气甚至超过了他“公车上书”的壮举和流亡海外的遭遇。梁启超无不自诩地说：“启超夙不喜桐城派古文，幼年为文，学晚汉、魏、晋，颇尚矜炼；至是自解放，务为平易畅达，时杂以俚语韵语及外国语法，纵笔所至不检束，学者竞效之，号新文体。老辈则痛恨，诋为野狐。然其文条理明晰，笔锋常带情感，对于读者，别有一种魔力焉!”

梁启超的文字在当时确实有很大的魔力，他甚至可以把得意之情不觉溢于朴实流畅的文字之中，这种高超精湛的文字技巧是人杞所羡慕向往的。胡适曾在《五十年来中国之文学》中说明过梁启超的文字有这种魔力的原因，大约不外乎文体的解放、条理的分明、词句的浅显、富于刺激性。后两个因素是处于中学阶段的学生喜欢仿效的关键，既容易懂得，又容易模仿，没有桐城派的“周浩殷盘，佶屈聱牙”的古文余韵，加之“笔锋常带情感”，人杞便常常模仿这一类文体做文章。

辛亥革命后国内各派军阀互相争夺，内战持续不断，人民生活仍在水深火热中，政治形势依然乱糟糟，中国就像丢掉了长衫，里面还穿着旧袍。到 1917 年夏季，中国存在的是由军阀拼装而成的北洋政府和孙中山领导的时存时散的广州政府，百姓遭受到的苦难日益加重，风华正茂的青年学生意识到革命并没有结束。长沙是新思想活跃的地方，1918 年 4 月 14 日，毛泽东和蔡和森、李立三等进步学生，组织成立了新民学会，学会的宗旨是“革新学术，砥砺品行，改良人心风俗”，希望探索救国救民的真理，在长沙青年学生圈里有很大的鼓动性。曾经热衷于闹学潮，浑身反叛精神的人杞“革命意识”更强烈了。在长郡中学，他也不会是一只逆来顺受的“绵羊”。

> 我过去所受的教育使我最不能忘怀的就是那四年的中等教育。我们的校长，是不懂教育的，更不知道应用什么方法去训练学生；他只晓得用威风镇压学生，实施严酷而不近人情的管理，因此，我们就叫他做 tiger（老虎）。日常谈话，就拿 tiger 来代表他。由这个外号，便可以看出他那威风凛凛的神气。他所用的一位管理员，便是一个狐假虎威的东西，因此我们又叫这位管理员做 fox。这只 tiger 和这只 fox，便压制了我们全校八百多只绵羊。每天早晨在上课之前，这八百只绵羊都要集合在运动场进行朝会礼，在这朝会礼中，tiger 并没有话对我们说，但我们却得对他行一个恭而敬的鞠躬礼，有时他不在学校，虽

然免掉了这鞠躬礼，但却不能不到运动场来集合，集合之后，由这只fox说话，他说："今天校长先生不在屋里，不要行朝会礼。"哨子一叫，就分队进教室了。每天都是这样一套。但是tiger威风固然大，但绵羊一结合，也能显示他们的力量。有一次不知为着什么大事，这八百多只绵羊竟团结起来了，包围tiger。Tiger虽有威风，但在这一次，毕竟流了几点眼泪，软弱下来，承认了绵羊的要求。这样的管理方法，我们足足受了四个年头。①

在长郡中学的四年匆匆而过，临近毕业前，这个威严的tiger校长彭国钧劝告人杞：科学要紧，还是投考上海同济学医的好。他没有接受校长的诚挚建议，而是一溜烟地和同学谢君北上了，决心投考北京大学。校长的苦口婆心，自然有一番理性的考虑。就像今天在社会竞争激烈的环境下，人们总会说青年需要"试错"和"失败"一样，在旧社会里做一个反叛的知识分子需要更大勇气，人杞显然没有顾虑那么多，他更加不再是一只听话的"绵羊"。

报考北京大学的动机，不能说与那些有魔力的时政报纸杂志没有关系。它们给"白纸一样的娃娃"以触电般的心灵刺激，人杞开始了解世界大势，懂得了"资本主义"、"封建势力"、"买办"、"侵略"、"民族危机"、"剥削"这些词汇的意义，获得了对"民族自决"和"德谟克拉西"的无限憧憬，尤其是读过北京大学陈独秀主编的《新青年》后，他的思想上便有了一些波动，就像往一池止水的中央，丢一块石子，一圈又一圈的微波从中荡漾开来，而且愈漾愈远，愈漾愈大。无疑，北京就像一块磁石，他不再满足于在孤僻文字里寻找学问乐趣，而是凭着少年人的一腔热血，固执地坚持己见：时代变化正风起云涌，北京是人文荟萃之地。走出醴陵，走出渌江，去中国第一所国立大学北京大学读书，做一个梁启超式的政论家才是他的梦想。正如他所回忆的：

五四运动时，我是二十岁的娃娃，一张白纸，总想进步。受到反帝反封建的影响，以后又受到赛先生、德先生的影响，还受到许多朋友们的影响，我就专门考北大，不考别的学校。那时考一个学校要缴纳两块的报名费，如报五个学校就要十块钱。我没有这个本钱。为什

① 杨东莼：《一个学校的团体训练的实验报告》，《大众教育》，1936，1（1）。

么报考北大？是因为那里有些同学告诉我，说校长蔡元培先生兼收并蓄，讲课不固定，很好。还有李大钊教唯物史观。①

北京大学是昙花一现的维新运动所留下的唯一痕迹，当时称京师大学堂，维新运动的潮水已经消失成为历史陈迹，只留下一些贝壳，散落在恬静的北平古都里。开办伊始的京师大学堂封建气氛很重，很多学生本身就是官员，以至于上体育课的老师还得这么喊："老爷向左转，老爷向右转。"虽然民国成立后做了些改变，但是学校内部管理混乱，没有多少学术氛围。偏巧命运之神安排了曾经多次考察欧洲的教育状况，而且是翰林出身的蔡孑民（蔡元培）担任北京大学校长，这种中西合璧的经历使他为北京大学确立了"思想自由，兼容并包"的办学原则，试图努力把北京大学从旧式学校办成一所新型的学校。李大钊则是北京大学的进步教师，他一度是北京大学校长办公室的秘书，长期担任北京大学图书馆的馆长、北京大学文学院教授。

同伴北上的，有他的好友谢君。谢君本来也是擅长于中国文字，将《诗经》和《左传》还读得烂熟，可是他出于就业考虑，却要投考天津北洋大学，学习土木工程。这多少让人杞感到有些困惑，但他还是径行朝着《新青年》的路走去。在准备的行装中，谢君箱里带的是英文本理化、数学的教科书；令人好奇的是，人杞的箱里除了几件换洗衣服，就只有一部易先生讲的《文字源流》讲义和八本《说文解字》，这显然蕴蓄了他对传统学问的眷念。

---

① 《中国社会科学院举行五四时期老同志座谈会记录》，中国社会科学院近代史研究所：《纪念五四运动六十周年学术讨论会论文选》（一），中国社会科学出版社，1980：27-28。

第二章　“五四”新青年

我将创造成整个儿的世界，
又广大，又簇新；请几万万人
终身同居住，免得横受危害，
只希望我自己的自由劳动……
我终得看见奇伟的光辉内
那自由的平民，自由的世界。
那时我才说：唉，“一瞬”，
你真佳妙！且广延，且相继！
我所留的痕迹，必定
几千百年，永久也不磨灭。

——歌德《浮士德》

一、别了，《说文解字》

1918年夏季，北平凉风习习，没有醴陵那般炎热，这个时候的北方天气让人杞感到很适宜。

七年前（1911年），风起云涌的辛亥革命，让腐朽不堪的清王朝走到了历史的尽头。虽然后续有些跌宕的事件插曲——1915年，袁世凯称帝，蔡锷等发动“护国战争”，不到一年袁世凯病亡；1917年，辫子军统领张勋拥立溥仪复辟失败，段祺瑞趁机执政后，拒绝恢复《临时约法》和国会，孙中山开始发动“护法战争”；1918年，“护法战争”失败——古老的北京城仍然保持她自明代建都以来特有的宁静，人们依然在为每天的生计忙碌着，人力车夫在拼命吆喝揽客，什刹海的杨柳在风中摇曳婀娜多姿。18年前八国联军攻城的炮声与恐惧，化作了街头巷尾茶馆里的说书人口里的义和团朱红灯传奇，除了听众鼓掌叫好外，街面平静如常，似乎这一切兴亡盛衰从未发生，只有圆明园的残垣断壁在述说这个民族的耻辱记忆。

杨人杞和谢君，最初几个月住在北京大学的西斋学生公寓里。抬头望着胡同里一排排整齐的灰墙砖瓦，手提装有书籍的木箱，身穿灰色长衫的人杞，仿佛是要进入考棚候考的举人。因离北京大学的考期还远，他闲住在公寓无事，便跑到北京大学出版部买来《国故》杂志来读。

民国初年北京大学最大的教室的外景

《国故》是一派北京大学学生和教员办起来的杂志，是对抗胡适、陈独秀提倡的新文学的三支主要抗力之一①，其目的在于和《新潮》对抗。这一派的主干，在北京大学教员之中便是黄侃。黄侃在对学生公开讲课时，曾用一个讥讽胡适的举例，来说明传统古文的好处。他说，如果胡适的老婆去世了，用古文只需四个字“妻丧速归”，而用他提倡的白话文就得是：“你老婆去世了赶紧回家。”无故多出六个字，要多花一倍多电报费。

杨人杞在中学阶段奠定的文字学基础，使他对传统学问的痴迷，远大于《新青年》所带来的短暂的心灵冲击。他喜欢趴在桌上，埋头津津有味地读《国故》，很多时候他的行为让身边的同学误以为他跟北大儒家传统的守道者严复是同一阵营的。然而，这种给人的外在错觉并没持续多久。《国故》关于文艺的理论，是非常薄弱的，其抨击新文学的地方，也不能自圆其说。其中刊登了许多文艺的文字，也多半是故国斜阳的呻吟而已，所以《国故》杂志出来，很不能引起各方面的注意和重视。而且有很多人很轻视

① 另外两个是林琴南派和《学衡》杂志。

它，办不了多久也就停止了。

1919年，在杨人杞准备埋头温习易先生的《说文解字》讲义时，新文化运动却在其时发生了，胡适高喊着“德先生”和“赛先生”的口号。“德先生”指的是“Democracy”（民主），“赛先生”指的是“Science”（科学）。“民主”是指民主思想和民主政治；“科学”主要是指近代自然科学法则和科学精神。留美归来的胡适抬出了这两位“先生”，来共同宣扬民主，反对封建专制，把斗争矛头直指封建专制的理论支柱儒家思想；宣扬科学，反对封建迷信和愚昧。从杨人杞的爷爷到父亲再到他，中国向西方学习经历了“器物——制度——文化”的行程轨迹，他正好站在“文化”变革的门槛上。新文化运动的热潮，使他不能安静地坐在房间里，独自咀嚼无人理会的《说文解字》。德先生和赛先生让他的思想像混沌初开的宇宙，天地间的界限似分又未分。他曾这样讲述这种心理状态：

> 说老实话，当时提倡的“民主和科学”的口号，在多数青年知识分子的头脑中，概念并不是那么明确的。什么样式的民主，科学为谁服务，多数人不曾盘根究底。许多知识分子对人、对事、对种种主义和种种学说的看法，多少还处在一种朦胧的状态之中。我们多数青年知识分子，只是一般地反对旧东西，笼统地赞成新东西。哪些旧的东西要反对，为什么要反对，还大致有个谱，虽然理解得并不透彻；至于哪些新东西该赞成，为什么赞成，怎样赞成，那就更加模糊。①

二、行动主义的“毅者”

1919年5月4日，当胡适和蒋梦麟在上海热烈欢迎美国杜威博士来华讲演教育哲学时，北京3000多名悲愤的学生组成了庞大的游行示威队伍，浩浩荡荡地从天安门出发，手里挥舞着写着“收回山东权利”、“惩办卖国贼”、“中国是中国人的中国”、“废除二十一条”、“抵制日货”等标语的大大小小的旗子，直奔赵家楼，痛打卖国贼。杨人杞参加了这场史诗般的历史事件，显示了牺牲、挑战与自主精神，而这正是鲁迅在第一篇白话文小说《狂人日记》中，发誓“救救孩子”时所希望的。这些“五四”的“孩

① 杨东莼：《前事不忘，后事之师——为纪念“五四”运动四十周年而作》，《语文学习》，1959（5）。

子”长成后成为第三代知识分子即“五四”知识分子，他们以历史主角出现时，年长一代的“新青年”——最初的文化反叛者们大吃一惊。

从这事里而发生出来的好效果，自然也不少：引起学生的自动精神是一件；引起学生对于社会国家的兴趣是二件；引出学生的作文演说的能力、组织能力、办事能力是三件；使学生增加团体生活的经验是四件；引起许多学生求知识的欲望是五件；这都是旧日的课堂生活所不能产生的，我们不能不认为学生运动的重要贡献。①

同样，曾亲历五四运动的学生罗家伦说，从前我们中国的学生，口里法螺破天，笔下天花乱坠……唯有这次一班青年学生，奋空拳、扬白手，和黑暗势力相奋斗……总之“五四”以前的中国是气息奄奄的静的中国；“五四”以后的中国是生机活泼的活的中国。五四运动的功劳就是使中国“动”！不错，杨人杞也跟着“动”起来了，他要做行动主义的“毅者”，积极参加各种学生运动。在北京大学，他迅速成为“新青年”一代的知识分子，代表着一个从政治上的爱国主义到文化上的反传统主义之间的广义光谱。历史哲学家李泽厚曾这样评价“五四”那代人：

第三代是最富创造性和最重要的一代……可称之为创造模式的一代……他们既明确而且具有创造性地界定了思想和行动的含义……他们是建设者也是上代怀疑者的信徒，并从中获益匪浅。②

不久，北洋军阀对学生继续采取严厉镇压手段，学生仍然坚强不屈，运动日益扩大。在众志成城的气氛下，北京学生决定从6月3日起，所有出发讲演的学生都挺起胸膛，放大声音，站在通衢大道上堂堂皇皇地举行讲演，如果军警来捕，就让他们捕。

1919年5月4日，北京大学游行队伍

① 蒋梦麟、胡适：《我们对于学生的希望》，《中华教育界》，1920，9（5）。

② 李泽厚：《中国近代思想史论》，人民出版社，1979：470-471。

于是，杨人杞与北京大学同乡一道参加了“六三”示威，被军警赶到天安门内羁留到凌晨二时才释放出来。这两次的示威游行带来的心灵冲击，如同幼时参加抵制日货运动，把日产牙膏和香皂扔进池塘的紧张心理，以至于60年后，已是垂垂暮者的他仍然记忆犹新：

> 五四运动是从这个学校开头的。五月三日晚上，在法科大礼堂集会，发言的人慷慨激扬。火烧赵家楼发生在第二天，那是急风暴雨、风起云涌的运动，但正是这样的运动，来势快，退潮也快。为什么？因为参加的人不一般齐，有的为升官参加运动，有的为出风头参加运动，是不纯的。当然大多数是反帝爱国的。当时看得出，如江西段锡朋，后来成了AB团团长，湖南易克嶷也是阔将，“五四”低潮时他自杀，后又就出来了。五四运动后各种杂志风起云涌，有《新青年》，学生中有《新潮》，还有《国民》杂志。这是三派。（邓颖超同志插话：还有《少年中国》。）那又是一派。这个运动还没有完，六三运动就来了。（邓大姐：在这稍后，山东军阀马良杀害爱国回民，天津杨帮子即杨以德镇压学生，后来全国都起来了。）“六三”那一天，北京的学生跑到天安门从居家里搬来了桌子，站到上面演讲，后来被军警包围，押到午门，然后再一个一个放出来。这个运动有一连串的连锁反应。没多久工人运动在长辛店开展起来，办了劳动补习学校，这与二七大罢工相联系。五四运动的意义是很深远的。①

那时的北京大学，去学校注册部做一个简单登记就可以旁听，这极大缓解了杨人杞在等待考试时的焦虑，也让他充分感受到北京大学“天高任鸟飞，海阔凭鱼跃”的学术自由氛围。

在“五四运动”期间代理北大校长的蒋梦麟在回忆文章中说道：

> 如果你将石子丢入平静的水面，涟漪就会从此中心向远处扩展开去。在王朝京都的千年古城北京……维新的浪潮已经消退成为历史，在这平静的古都里，只剩下一些贝壳，作为命运兴衰的见证者。但在北大聚集着含有珍珠的活贝，它注定要在一代人的短暂期间为文化思

① 《中国社会科学院举行五四时期老同志座谈会记录》，中国社会科学院近代史研究所：《纪念五四运动六十周年学术讨论会论文选》（一），中国社会科学出版社，1980：28。

想作出重大贡献。把叛逆知识分子的石子投入死水的，便是1916年成为北大校长的蔡元培先生。①

“以一个大学来转移一时代学术或社会的风气，进而影响到整个国家的青年思想，恐怕要算蔡孑民时代的北京大学。”② 时至今日，每当中国教育家为他们所代表的知识和知识分子呼吁更宽松的政策时，他们就会对蔡元培时期的北京大学津津乐道。

经过近一年的漫长等待，杨人杞和谢君终于参加完考试。考试的结果，两人都如愿以偿，轻松地考取了自己愿意进的学校。8月7日，北京大学“本校布告”公布，杨人杞考取为北京大学380名预科新生之一③。然而，中国知识界并不像蒋梦麟所说的那样如一潭止水。杨人杞仿佛是来自醴陵渌江的一粒沙子，落入了北京大学的贝壳里，这里的学习生活让他有了成为一颗璀璨珍珠的机缘。

蔡元培校长

蔡元培（1868—1940），字鹤卿，号孑民，浙江绍兴人，著名教育家、思想家、民主主义革命家。光绪十八年（1892年）进士，间任翰林院编修、京师大学堂译学馆教习、中华民国临时政府教育总长，1916年至1927年任北京大学校长。

不久，谢君也就收拾行李赴天津入学。临别时，杨人杞还拉着谢君讨论今后的治学问题，有些不舍。谢君突然间拍着胸脯，对他下了一个赌注式的预测，说：“老杨，我看你不久便要和这八本《说文解字》离婚，抛弃《国故》这条路子，改走《青年》和《新潮》的路子。”“不会”，他不假思索、语气坚定地回答。谢君走后，杨人杞一直和在北京大学中文系的湖南同乡邓中夏住在一起。起先，他们两人在西斋对门中老胡同二号合租了三间南屋，以后又一同搬到达教胡同四号。两人朝夕相处共三年，

① 转引自舒衡哲：《中国启蒙运动——知识分子与五四遗产》，新星出版社，2007：56。

② 胡晓玮：《公元1919往事回首》，中国华侨出版社，2009。

③ 《本校布告》，《北京大学日刊》，1919（425）。

杨人杞曾说“虽然是同学，但我视他为师表”①，邓中夏在他的记忆里留下了深刻的印象：

> 邓中夏字仲澥，又名邓康，年纪比我大了五六岁。他是湖南宜章人，家里大约是一个小地主。来北京以后，他即和家庭断绝了联系。在我的印象中，邓中夏是一个非常朴素、勇敢和热情的人。他爱帮助别人，在同学中，他享有很高的威信。②

具有讽刺意味的是，不到半年，如同谢君所料，背着八本《说文解字》进京的人杞改走了《青年》和《新潮》的路子。他曾回忆这种一百八十度的思想转变：

《新潮》杂志

> 果然，新文化运动起来了，《青年》杂志出版了。那时，我虽然是北大保守派所主办的古色古香的《国故》杂志的读者，但不久终于符合了谢君的推测，逐渐地对新文化运动生了兴趣，并且是《青年》杂志的读者。再过些时日，我不但把八本《说文解字》束之高阁，不但不写僻字和古字，而且我用了采岩这笔名拿语体文从德文本译了托尔斯泰的Kreutzer Sonate和Buchner的《达尔文的学说》在报上发表。就从这时起，我的思想起了变动，对于我们的汉学大师易先生也就逐渐地忘记了。③

《新青年》杂志

1918年1月，《新青年》杂志从第四卷第一号起改由北京大学的6名教

---

① 《中国社会科学院举行五四时期老同志座谈会记录》，中国社会科学院近代史研究所：《纪念五四运动六十周年学术讨论会论文选》（一），中国社会科学出版社，1980：28。

② 杨东莼：《关于五四运动和邓中夏同志的几点回忆》，中国社会科学院近代史研究所：《五四运动文选》，生活·读书·新知三联书店，1959：236。

③ 杨东莼：《学习漫话》，《青年界》，1946，1（3）。

授轮流编辑，开始采用白话并且配之以"新式圈点"。陈独秀和胡适等在《新青年》打出了"文学革命"的大旗，全国各地报纸杂志锣鼓喧天地同声响应。于是，文字符号这种工具，由贵族的变为大众的。杨人杞开始改变写僻字和古字的习惯。但是真正彻底的改变是在新中国成立后。比如，他在新中国成立前的很多文章中，一直喜欢用复杂的"拏"字，而不是简单的"拿"字。

杨人杞翻译《克鲁斯奏鸣曲》这部反映俄国19世纪上流社会的爱情悲剧小说，与当时托尔斯泰的作品在中国社会已经很受欢迎的情况有很大关联。托尔斯泰的作品以及其本人的传记在20世纪初便被各种杂志刊载，有较为庞大的读者群，如享有名望的翻译家林纾通过自己笔译、联合陈家麟意译的方式，在1918年的《小说月报》连续刊登了托尔斯泰的《恨缕情丝》。在同时期，1918年入北京大学哲学系的李小峰，也是北新书局的创办人之一，翻译了多部托尔斯泰的著作，在《北京大学日刊》上连载。而杨人杞的另一位湖南老乡、语言学家杨遇夫于1920年翻译了《伊万伊利岂之死》(The Death of Ivan Ilyich)刊登在《民铎》杂志第2期上。

也许，在众多托尔斯泰的译作中，杨人杞的翻译并无特殊与轰动之处，然而，通过同时代的托著的翻译情况看，用语体文从德文本翻译这部《克鲁斯奏鸣曲》在当时确实是独一无二的，因为通常流行的都是从英译本翻译过来。能够成功地做到这一点，不能不归结于人杞在中学曾打下的文字学和德语的扎实功底，使他能独立翻译出"以华人之典料、写欧人之性情"的文学小说。做翻译是杨人杞解决生活问题的重要手段，他开始了人生的卖文生活。北京大学的文预科两年（每期3个月），第一期收费9元，第二期收费8元，第三期收费8元，虽然费用比较低，但是对于一个来自醴陵乡下的穷学生来说，仍是一笔很大的费用。他必须依靠自己的智慧与双手去解决经济问题。曾国藩说过，人不能做文章，就和马不能跑路一样。马不能跑路，当然是一匹无用的马了。马不肯跑时，人就要抽它的鞭子，使它不得不跑；人不肯动时，而生活的鞭子，也就抽到我们的身上来了。这种生活压迫，使得杨人杞不得不绞尽脑汁，笔耕不辍地进行翻译。

易先生传授的古典文字学，长郡中学的德语学习，给人杞带来的不只是一个饭碗，更深远的是心灵转变的导火索。而点燃这个导火索的正是蔡元培时期的北京大学，这座汇集了各种思想的熔炉，是新文化运动最明显的象征，置身其中的杨人杞在四十年后仍然清楚地记得这场启蒙运动：

> “五四”时代的北京大学较为集中地反映了这个历史阶段的时代精神。当时的北京大学校长蔡元培先生采取了兼收并蓄、自由讲学的基本上是资产阶级民主主义的教育方针。在北京大学的讲坛上，有不同的学派在那里唱对台戏。其中有：经今文学和经古文学，白话文学和旧文学，马克思主义和实用主义、印度哲学、宗教哲学，马克思主义经济学和资本主义经济学，等等。那时，我们急迫地贪婪地吸取一切从外国来的新知识，从科学的社会主义一直到工团主义、基尔特社会主义和无政府主义，不分青红皂白，反正是一把抓，虎咽狼吞。从马克思、恩格斯、列宁到康德，尼采、罗素、杜威、托尔斯泰、易卜生、克鲁泡特金这些人的学说和理论，对于我们几乎都有同等分量的诱惑力和吸引力。外国学者来北京大学讲学的，前后有杜威、罗素、杜里舒、葛利普诸人，不论讲演的内容属于文科性质或者属于理科性质，也不论听得懂或者听不懂，只要有人讲演，听众总是把北河沿法科大礼堂挤得满满的。在这许多学派中，在这许多主义中，在这许多学者中，彼此间究竟有什么本质上的分歧和界线，我们大多数人是不甚了解的，甚至有不少人也并不想去了解。这是因为当时我们这一辈的知识分子的精神世界实在贫乏得可怜。“渴极思饮”，“饥不择食”：正是当时的写照。①

显然，这种过渡性的局面是不会也不可能延续长久的。俄国十月革命的一声炮响，给中国送来了马克思主义。来自德国的“马克思主义幽灵”在全世界游荡着。《新青年》内部发生了分化，10 月，李大钊在《新青年》第六卷第五号“马克思主义专号”上发表了《我的马克思主义观》，全面系统地介绍了马克思主义三个组成部分——马克思主义哲学、政治经济学和科学社会主义。对传统古文有深厚素养和眷念的杨人杞，会凭借自身的语言优势，敲开马克思主义哲学研究的大门么？

---

① 杨东莼：《前事不忘，后事之师——为纪念“五四”运动四十周年而作》，《语文学习》，1959（5）。

图书馆主任李大钊

李大钊（1889—1927），字守常，河北乐亭人。1918 年被聘为北京大学图书馆主任，后兼史学系和政治学系教授，中国最早的马克思主义传播者和中国共产党的主要创始人之一。

英文系主任胡适

胡适（1891—1962），原名洪骍，字适之，安徽绩溪人。1910 年赴美留学，1917 年毕业回国，受聘为北京大学教授、英文部（1919 年后改称英文系）教授会主任。是“五四”新文化运动主要倡导者。

三、曦园的新生活

风起萍末，在和《说文解字》的传统学问“离婚”后，杨人杞很快与反叛传统主义的新青年群体“结缘”。

在北平有些同乡会在政治活动中很有力量。这些组织以北京大学为中心，在议论当时的一些重大政治问题和各种活动中，渐渐形成了一个核心。起初虽然人数并不很多，但具有代表性，他们具有组织力量，可以发动各校的活动。杨人杞也加入了北京大学湖南同乡会，认识了罗章龙、李梅羹、汪泽楷等人，来自醴陵的联系网得以维系，并有所扩展。

秋季，因醴陵同乡汪泽楷将赴法勤工留学，临行前杨人杞与他在北京大学合了影。不久后的一天，他忽然间听到邓中夏说要组织一个“实行新生活”的非商业性学生公寓。计划由同学集体直接租用房屋一所，本着“劳工神圣”的信条，不用听差，不用厨子，一切有关采购、卫生、清洁甚至淘粪等事务，全由同学自报公认，负责担任。同时，尽量订阅当时北京及外省有进步性的报纸杂志，费用由同学分摊。

邓中夏的新奇念头来自他对北京大学旧式不良校风的厌恶。当时，由于学校宿舍不够住，周围开设了不少商业性公寓。学生叫老板为“掌柜的”，叫工人为“茶房”或“听差”。老板和工人叫学生为“先生”。公寓里除一部分人用功读书不问世事外，打麻将、逛窑子、捧戏子成为当时的风气。

无疑，这对于物质生活处于较低水平但精神境界却超越普通人的杨人杞来说，具有很大吸引力。加上，最开始报名参加“曦园”的人绝大多数是湖南人。于是，他与罗章龙、易克嶷、马非百等二十几位同学租住在北京东皇城根达教胡同四号（现美术馆大街北）的一所平房，邓中夏给它取了一个有朝气的名字“曦园”，好比早晨的太阳。实行“劳工神圣”的信条使它有别于其他商业性公寓和宿舍，一群年轻知识分子给这幢土灰色的房子带来了鲜活的气息。尽管房间不够分配，因杨人杞兼职做翻译，经常伏案到深夜，所以，他与另外一名北京大学英文四年级的学生刘汇享有各住一小间的“特权”。

参加“曦园”的人，大都抱有向前进、求真理的雄心，“曦园”的成员易克嶷和罗敖阶就合作翻译并出版了《康德传》。他们的思想主要倾向于革命民主主义，这是一种反帝反封建的爱国主义思想和反抗精神。“曦园”就像是北大的“理想国”或者“乌托邦”，蕴藏了这帮新青年对美好社会的憧憬，如同西方早期“空想社会主义”。美好，人人平等，没有压迫，就像世外桃源。

杨人杞和其他同学订有公约，严格实行“三不”，即：不做官、不纳妾、不狎妓。厉行新风尚，提倡发扬互相批评精神，彼此互为诤友。以新道德代替奴役道德，同时提倡青年采取行动，调查、访问北方地区工矿、农村与城市贫民的生活，寻求解决社会问题之方案。这一年，杨人杞仅仅19岁，已经开始在“曦园”塑造其高尚的人生价值观。

德国哲学家康德有句名言：“有两种事物充满心灵中，如果持续去思索便觉得不断地惊异，这就是在我头上星辰密布的天空和内心的道德规律。”用这句话来形容杨人杞在曦园学习的狂放思想状态很合适。这段日子，他精读了柏拉图的《共和国》，圣西门的《空想社会主义》，孟德斯鸠的《法意》，亚当·斯密的《原富》，马克思的《资本论》，黑格尔的《哲学》，尼采的《超人哲学》，甚至卢梭的教育学著作《爱弥儿》。从闭塞的醴陵走出的人杞，仿佛从干旱贫瘠的沙漠来到茂林丰泉的绿洲，这些世界第一流名著让他的眼睛充满光芒，不停滋养着他对哲学与社会的思考。

当很多同学在教室里被富有激情的俄国人克鲁泡特金的无政府主义以

及基尔特社会主义所吸引时，在这样一个倡议并实行泛劳动与自由研究的大专学生的团体里，由于杨人杞阅读了大量所谓新的德文进步书籍，较之他人，他似乎更容易理解具有科学性、革命性、实践性的马克思主义哲学。杨人杞回忆说：

在中夏倡议下，居住在曦园的同学，学习都很用功，“每天除了到北大听课外……每个星期至少举行两三次座谈会，有时谈时事，谈政治，有时谈社会问题，有时也谈学习上的问题”。并且大家还坚持“自己动手、丰衣足食”，“自己买米买菜，自己做饭、洗衣、打扫，不用一个工人，一切生活自理”。最初，他们只有二三十人，后来发展到三四十人。这一行动大约坚持了一年之久。大家以前那种旧知识分子衣来伸手、饭来张口，四体不勤的习惯和轻视劳动的思想有了很大的改变。①

1920 年 1 月，毛泽东作为湖南省驱逐湖南督军张敬尧的代表之一，来到北京。毛泽东住在北长街 99 号一座名叫福佑寺的喇嘛庙南院内，初到时由北京大学同学发起，在湖南会馆欢迎他。毛泽东直到七八月份才离开，在此期间，毛泽东三天两头地不断到曦园来，杨人杞和邓中夏、罗章龙、易克嶷等与毛泽东接触最多，他们一谈就是大半天，谈话往往无边无际，从政治、社会、经济、道德、学术到文学、革命、个人修养，几乎无所不谈。在交谈中，有一句话成了共识，那就是：知识分子只有与工农大众结合，否则将一事无成。杨人杞在曦园收获了纯洁的革命友谊，这也是他一生崇尚君子之交的源头。

四、“毫无系统”的学习

对哲学有着浓厚兴趣的杨人杞，曾尝试翻译一些德国的哲学名著，并得到了哲学系教授胡适的垂青和认可。1921 年 7 月 14 日，胡适在校改杨人杞等译的泡尔生（Friedrich Paulsen）的《哲学概论》（Introduction to Philosophy）后，在日记里认真写下对这篇译作的评语：

译的尚好，但也有错误。Paulsen 这书是 Prof. Frank Thilly 译成英文的，Paulsen 是 Thilly 的先生，Thilly 又是我们的先生，译者二人又是我们的学生。这四代的师弟可谓巧极。但此书太偏向 Idealism 一

① 杨东莼：《回忆邓中夏同志》，《光明日报》，1959，5（9）。

方面，颇嫌太旧，故我劝他们不必译下去，且试别书。[①]

对于泡尔生偏重理想主义色彩的哲学著作，提倡多研究些实际“问题”的胡适自然不会喜欢。他建议杨人杞不必再浪费时间。杨人杞和他的老师胡适之间的分歧，不止于对待哲学的偏好，也包括在对待政治和教育的看法上。

“言者谆谆，听者藐藐”，已经站在了李大钊提倡的马克思主义阵营的杨人杞，体验了曦园的新生活，对北大实施的精英主义教育、校园弥漫的闲适自由的贵族风气没有好感。他加入马克思主义学说研究会，发现了马克思主义的社会改造功能；他参加北大平民演讲团，发现了民众的集体变革力量，他开始对与马克思唯物主义主义有很大关联的生物进化论产生了浓厚兴趣，并加入了这种一元论哲学等同于唯物论的布道者行列，当然这与当时中国思想界的整体认识偏差有关。

1918 年 1 月 15 日，《新青年》刊登了陈独秀翻译德国进化论者海克尔《宇宙之秘》中的第 17 章，掀起了思想界对进化论研究的热潮。1921 年，杨人杞的醴陵同乡李石岑是上海《时事新报》副刊《学灯》主笔，他知道杨人杞德语基础较好，对哲学又有浓厚兴趣，便邀他翻译海克尔著作。9 月 8 日至 25 日，《学灯》刊登了杨人杞翻译海克尔《生命之不可思议》的部分章节《生命的渊源》。接着，马君武、刘文典、胡嘉先后也翻译了海克尔的著作。

1922 年 4 月 7 日，《学灯》刊发胡嘉的《赫克尔之原始生殖说》一文，说明了他介绍海克尔的原因，而这距离杨人杞翻译海克尔译作已经有半年之余。他说：“我近来根据一种自信，觉得为求学问而求学问和为社会而求学问都是很要紧的，非同时双方并进不行。所以我除去哲学以外，并想做一番研究赫克尔的工夫。我觉得介绍他至少有提倡科学和破除迷信二种好处。这二种为中国之病根与否，已成定论。刘叔雅先生说得好，要除中国的病根，非多介绍唯物的一元论不行。我仅根据这句话竭力鼓励我的意志，作不断的介绍。”[②] 无疑，这段话也表明了杨人杞翻译介绍海克尔作品的缘

① 中国社会科学院近代史研究所中华民国史研究室：《胡适的日记》（上下卷），中华书局，1985：137。

② 胡嘉：《赫克尔之原始生殖说》，《学灯》，1922-04-07（3）。

由。另外，他还翻译了达尔文主义者毕希纳（Buchner）的《达尔文的学说》并登在报纸周刊上，目的不是换取稿费，而是履行宣传唯物论的神圣使命。

这些都是反映西方思想界用科学理性来挑战宗教迷信的译作。杨人杞翻译的《生命的渊源》内容，反映了海克尔对基督教的批评主要集中在基督教教义与自然科学相冲突这一点上。海克尔用生物的进化和人类起源的学说证明基督教“上帝造人”说不能成立。杨人杞在翻译时习惯用“译者按”来对一些人们很难了解的新鲜词汇进行阐释，这是他对待翻译极为细致严谨的一面。如“生命渊源的奇异（创造论）”这一节中，在译到“这个问题的‘哥尔底’的结节”时，他加了一处“译者按”：“此乃亚细亚历山大山故事，赫克尔（海克尔）借用于此，以喻此问题是难于解决的。”① 在海克尔看来，基督教是反科学反理性的，自然科学的发展注定了基督教将会灭亡，因此主张一元论取代宗教。海克尔的这些看法，直接成了新文化运动的舵手反对“定孔教为国教”及“以孔子之道为修身大本”的理论依据。进化论能打破民众的愚昧迷信，有利开启民智，杨人杞对此深信不疑，在相当长一段时间，他对进化论的研究非常痴迷。

当时北京大学图书馆馆藏德文书籍丰富，阅览方便。杨人杞在偶然浏览间，见到康德著作《纯粹理性批判》、《实践理性批判》、《逻辑学》，这又激发了他探索康德学术思想的野心。康德著书，哲理幽奥，文笔高深，素称难解。20 岁的人杞正是“初生牛犊不怕虎”，敢闯敢试，每日阅读原著十页，遇到有疑惑难解，就与同学研究讨论，那时北京大学已经有一些同学在翻译康德的著作了，这段经历为他日后从事马克思主义哲学著作的翻译铺下了基石。

胡适领导着五四运动的自由派，坚持研究“问题”而与政治保持距离。李大钊则领导着马克思主义派，坚持一种涵盖一切的“主义”。杨人杞自然是站在“主义”一边。3 月，杨人杞与邓中夏、罗章龙等参加了由李大钊直接领导的北京大学“马克斯（后通译为‘马克思’）学说研究会”的创办活动。马克思学说研究会刚开始是个秘密团体，因为社会上认为它的主张“过激”，形同洪水猛兽。最初发起成立的 19 人，主要是“曦园”里一些更

① 参见杨人杞译：《生命的渊源》，《学灯》，1921-09-08 至 1921-09-25。

为志同道合，倾心十月革命道路的人，杨人杞便是其中之一。马克思学说研究会也促成了曦园的解体，当然曦园的解散和一些高年级的同学已经毕业离校等因素也有关。

1921 年马克思学说研究会会员合影

读完两期的预科（北京大学预科每期为 3 个月），杨人杞感到课程与中学所学相差无几，据 1920 年北京大学的一份《预科课程》表，其中乙部列举的科目包括：1. 国文；2. 第一外国语、第二外国语；3. 论国学大意；4. 科学概论；5. 社会学大意；6. 哲学概论；7. 中国近百年史；西洋近百年史。其他诸如心理学、经济通论、世界人文地理之类的学科则是根据今后所入正科专业来选修。显然，这些简单课程对于一个渴求新知且不注重文凭的青年来说，申请休学改为旁听是个不错的办法。1920 年 3 月 27 日的《北京大学日刊》刊登了这么一条消息："第一院预科一年级德文班学生杨人杞函请休学一年，北大当予照准。"

1920 年 3 月 27 日，《北京大学日刊》刊登了杨人杞的休学公告

休学并不意味着停下学习的脚步，也许希望提升翻译技能，在德语、英语翻译还没有达到炉火纯青境地的情况下，勤奋好学的杨人杞，开始对日语产生了兴趣。7月19日，他与北京大学同学罗敦伟、张树荣共同发起的“日文班”正式开学，他们聘请了日本明达商科毕业的周洛先生授课①。他的同乡邓中夏也学过日文，但因工作忙，没有学成功。

对于在北京大学四年的学习，杨人杞曾追忆：

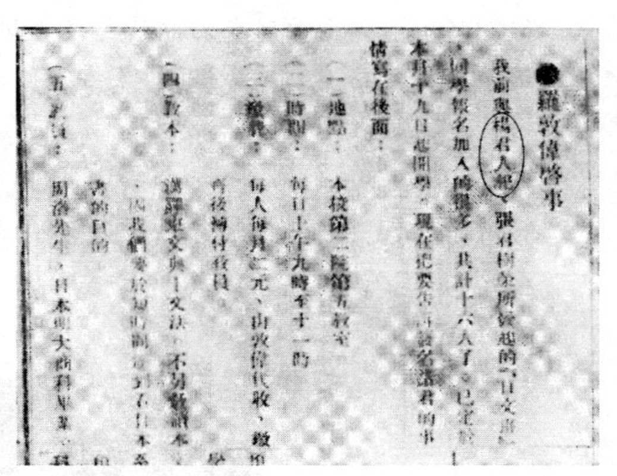
羅敦偉啓事

我前與楊君人杞、張君樹棠所發起的「日文班」……同學報名加入的頗多，共計十六人了，已定於本月十九日起開學。現在把要告訴諸君的事情寫在後面：

(一)地點：本校第二院第……教室

(二)時間：每日上午九時至十一時

(三)經費：每人每月……元，由敦偉代收，……

(四)教本：……

(五)……：周洛先生，日本明大商科畢業……

罗敦伟与杨人杞等在北京大学开办日文班的启事

> 当时北大有预科本科之分，预科两年，课程多半是些普通科，我除了心理学、哲学概论和德文三科外，都没有上课。自己以为只要兴趣所在，想听那科便听那科，是否拿到毕业文凭，原不放在心上。所以又在哲学系旁听胡适先生的中国哲学史，梁漱溟先生的印度哲学史和屠孝宝先生的宗教哲学；另外，又在法学科旁听顾孟余先生的经济学。接着杜威、罗素来北京讲学，趋骛似地也去听讲。杜威讲的容易了解，罗素讲数理，听不明白，听了两次，便没有再听了。但罗素的《到自由之路》，却在那时候用中译本跟原文读过一次。当时杂志种类最多，内容虽不够深入，不过都是些新东西，所以读杂志的风气很盛，我个人平均每日就有两小时费在这上面。总计在北大四年，治学并无系统，只因兴趣多在哲学方面，像Kant，Paulsen，Windelband，Wandt，Ueberwey诸人的著作，也都涉猎了一些，不过没有什么心得。②

很多年后，他对当时在北大走的“广撒网”学习路径并不满意，并且以这段经历作例子，劝诫年青人为学“贵乎专”。据他的学生彭易庐回忆：

---

① 根据《北京大学日刊》1920年7月22、23、24日记载。杨东莼在北京大学学习日语的经历鲜为人知，他的儿子杨慎之限于史料原因，在《杨东莼传略》里认为，他的父亲是在日本刚刚学到日语知识，就大胆尝试着翻译恩格斯的《费尔巴哈论》。

② 杨东莼：《我的读书过程》，《读书通讯》，1944（92）。

杨东老说过他学过许多种外国文：日、英、德、俄文他都学过。因为达德学院当时（1948年）出现一种俄文热，有些同学连曾昭抡先生教的英文课都不去听，转去学俄文。杨东莼从一位同学中知道这种学习情况，把我叫去，对我说："看来你的兴趣比我还广，你搞学问的胃口比我年青时还大，但是我是吃过太博不收的亏，我劝你不要赶时髦，坚持把英文学到底，把俄文放下罢，不然你哪有这么大的精力?"不久杨东莼知道了我放弃了俄文学习，又说："其实，只要你有精力，不放弃也可以。"又过了不久，他知道我小时候读过私塾，对先秦古籍比较熟悉，他对我说："如果是搞古史，学一门日文是很有用的。日本搞中国的东西，还是花了功夫的。"我的日文一直未丢，主要原因是受了杨东莼这些话的启迪。①

红楼外景和李大钊在红楼图书馆的办公室

1920年10月，北京共产党小组在北京大学红楼图书馆李大钊主任室诞生。"南陈北李相约建党"即是这一历史实际的反映。北京共产党小组成立时，其成员仅3人，即李大钊、张申府、张国焘。

北京大学图书馆是杨人杞经常去的地方，因为李大钊的办公室在那里，很多社会主义书籍杂志在那里。一位北京大学学生，对当时马克思主义在北京大学图书馆如何召唤像杨人杞这样的年青人的情形，曾做过如下描述

① 彭易庐：《杨东莼二三事》，达德学院校友会：《达德学院建校五十周年纪念文集》，广东人民出版社，1996：164。

性的回忆：

> 李大钊“主持的北大图书馆成为左倾思潮的发祥地”；“那时的北大图书馆设备还很简陋，地方还不甚宽敞，图书也不够齐备，但已甚具吸引力。常常挤满了人，其中以搜索新奇思想的左倾者占多数，少数的社会主义书刊往往借阅一空。休息室中，三五成群的青年高谈阔论。马克思主义和无政府主义常是他们的主要话题。图书馆主任有两间房，一间是李先生的办公室，另一间是接待室。那间接待室是当时社会主义者和激进人物汇集之所。还有好几次举行过人数颇多的座谈会，辩论得很认真。……1920年时，这间图书馆主任室的马克思主义色彩，就这样的日益浓厚起来”。①

热心的他对图书馆的管理状况也非常关注。12月9日，《北京大学日刊》发表了杨人杞与刘仁静、李梅羹、张国焘、李骏等19位同学联名拟写的《上评议书》，《上评议书》详细报告了图书流通中存在的不合理现状，并提出了解决图书馆管理补救办法七条建议。《上评议书》认为，造成图书流通不畅的原因，一是借书规则不健全，管理不严格也不合理；二是借书者不守约，出现了种种怪现象，教员“有借不阅者”，“有携西书多种放洋者”，“有久借不还者”，“有代借书者”，甚至“有挟制借书者”，等等。因为杨人杞等人的执着建议，这份《上评议书》不久便得到了校务委员会的审议。

五、到工人中去

德国诗人歌德说：“人一开始便是行动。”的确，图书馆、教室只是杨人杞在北京大学生活的一个小角，校外更广阔的空间还等待着这个精力充沛的年青人去开辟。该往哪个方向走呢？五四运动的参加者已经分成两派。分歧点就是使人杞感到困惑的问题。1919年发生在《新青年》拥护者中的一场争论，已经对这些议题做了概括：“谈论主义”还是“研究问题”？知识分子是用理智分析研究具体问题，还是在一种思想观念的指导下付诸一定的行动？杨人杞的哲学老师胡适、唯物史老师李大钊分别给出了截然相反的答案。对哲学有着浓厚兴趣的他却选择了后者。杨人杞对李大钊十分

---

① 张国焘：《我的回忆》(1)，现代史料编刊社，1980：81-83。

敬仰，因为李大钊身上的普罗米修斯的使命感，促使俄国十月革命的火种最早在北大播下，他是热切的共产主义青年通往革命之路的“甘道夫”①。

在北京大学这样一个新旧思潮角逐激荡激烈、信息传递极其迅速的校园氛围里，一旦获悉俄国发生了社会主义革命，李大钊就立即以其超常的敏感、过人的洞察力，感知到了这次革命的世界性意义和马克思主义的巨大实用价值，而发出了欢呼。1918 年至 1919 年两年间李大钊连续写出了《法俄革命之比较观》、《庶民的胜利》、《Bolshevism 的胜利》、《新纪元》、《我的马克思主义观》等一系列著名论文，热情讴歌十月革命，宣传马克思主义。学习、研究马克思主义的热潮在校园内迅猛兴起，北大从新文化运动的中心迅速发展成为一个传播马克思主义的中心。

1920 年 3 月 31 日，北京大学马克思学说研究会成立，这是中国最早出现的、有组织有计划研究和宣传马克思主义的革命团体。杨人杞与其他 18 名发起人筹集了 120 元购书费，买了德、英、法三种版本的马克思全集。杨人杞参与集资建立了收藏共产主义图书的藏书室——“亢慕义斋”（“亢慕义”是英文 communism 的译音，意思是共产主义）。“研究会”有一个翻译室，设有英文、德文、法文三个组，翻译和编印马克思主义著作。杨人杞为德文组的成员。他曾回忆当时译介马列原著的情形：“在马列主义的传播方面，有许多人曾经做过一些工作。我记得李梅羹就翻译过不少列宁的著作。他是湖南浏阳人，笔名墨耕。”

9 月中旬，中国共产党北京小组召开第一次会议，在李大钊的办公室里举行，会上讨论由罗章龙负责发起组织社会主义青年团。

“亢慕义斋”图书室旧址

11 月，马克思主义的忠诚拥护者组成了社会主义青年团，这是中国共产党的助手和预备学校，以

① 甘道夫是英国作家约翰·罗纳德·瑞尔·托尔金的奇幻小说《魔戒》中的人物，他在故事中是正义的化身、指导者和领导的角色。

便教育青年和壮大革命队伍。它的第一次会议在北京大学学生会办公所举行，到会约四十人。杨人杞就是其中之一，到会的都是参加五四爱国运动和学习马克思主义的积极分子，其中也有共产主义小组的成员。北京青年团成立以后的主要工作，是组织进步青年学习，宣传马克思主义，发展团员并筹备国际性的会议。

接下来，他们采取了一项有深远意义的措施，就是将已成立的北京大学“马克思学说研究会”正式对外公开。1921 年 3 月 22 日，杨人杞参与起草了《发起马克思学说研究会启事》。7 月，中国共产党成立后，北京共产党小组为了征集会员，扩大马克思主义的研究和宣传，决定把这个“研究会”在北京大学校内完全公开，并在《北京大学日刊》上刊出“启事”。11 月 17 日，杨人杞作为北京大学“马克斯学说研究会”会员的 19 位发起人之一（19 名发起人中，除杨人杞、高崇焕、范齐韩 3 人外，其余 16 人都先后加入中国共产党），公开在《北京大学日刊》的“启事”上签名，“启事”中这样写道：“我们凭着这单纯的组织，逐渐完成我们理想中应有的希望。”①

此时的“马克斯学说研究会”十分活跃，我们今天还可以从《北京大学日刊》上看到“研究会”的各种“通告”、“启事”，内容都紧紧围绕着如何学习、研究、宣传、实践马克思主义。与此同时，就是加强了同各种反马克思主义思潮（如罗素宣传的基尔特社会主义，张东荪、梁启超宣传的改良主义等）的斗争。经过了多次对立尖锐的斗争，杨人杞更加坚定了马克思主义立场。1930 年，在大革命失败后，白色恐怖笼罩上海，尽管遭遇逮捕，但劫后重生的他还巧妙的运用文字技巧，说明马克思是近代思想界最大的怪杰：

> 我们不研究马克思决不能懂得马克思，不懂得马克思也不配反对马克思，因此，我以为：《资本论》是一部十分重要的著作（正如胡汉民、戴季陶两先生是不赞成马克思的，但也花许多工夫翻译了考茨基的《资本论解说》）。……从前胡适之先生曾劝人少谈些主义，多读些好书。《资本论》不但是一部好书，而且是十九世纪的伟大的著作，无

① 黄明军：《〈发起马克思学说研究会启事〉原稿惊现常德》，中国红色旅游网，2010-06-21。

论赞成或反对马克思的青年，都值得一读的。①

神通广大的邓中夏总是能得到有关马克思主义的书刊，每一种书刊他都经常弄来两本，另一本就送给杨人杞。他还教杨人杞如何阅读，介绍书中内容和要点。那时，罗章龙、张国焘、刘仁静、何孟雄等人经常来他们的寓所开会，不时研究一些有关工人运动和马克思主义的问题。

1920 年 3 月 14 日，北京大学平民教育讲演团召开第三次常委会，选举邓中夏、杨钟健任总务干事，并决定了“除城市讲演以外，并注重乡村讲演、工场讲演”的活动方针。之后，杨人杞也热情地参与到平民教育讲演团活动中。平民教育讲演团的很多成员来自新潮社，学生演讲者三至五人一组，杨人杞和邓中夏常在一组，演讲的题目涉猎很广，从抵制日货到改革家族制度。

任何新生事物都不是一帆风顺的，知识分子与工人运动的首次结合也是如此。到民族危机有所缓和时，令杨人杞感到费解的是，演讲团的演讲水平在日益提高，但是对听众的吸引力下降了，普通百姓明显地对这帮青年学生的思想觉醒的号召毫无兴趣。这件令人沮丧的事情就发生在长辛店，就是一年后杨人杞参与为共产党在工人中组织发动和宣传教育的地方。

今日是星期日，长辛店方面，工厂的工人休息，都往北京游街去了；市面上的善男信女又到福音堂做礼拜去了，剩下可以听讲的就可想而知了。……虽然抓着旗帜，开着留声机，加劲地演讲起来，也不过召到几个小孩和妇人罢了。讲不到两个人，他们觉得没趣味，也就渐渐离去。这样一来，我们就不能不“偃旗息鼓”，“宣告闭幕”啦。……接着我们西行到赵辛店……然而一点多钟，到不了五六个人，还是小孩。那么，自然又要“免开尊口”了。土墙的底边，露出几个半身妇人，脸上堆着雪白的粉，两腮和嘴唇却又涂着鲜红的胭脂，穿上红绿的古色衣服（但不敢拟定是哪个朝代的），把红的嘴张开着，仿佛很惊讶似的，都不敢进前来。但是我们也不好理他。好！入京的火车快到了，回去罢，莫要尽在这里做“时间耗费者”啦！②

---

① 杨东莼：《评所谓读书运动》，《读书杂志》，1931，1（6）。

② 舒衡哲：《中国启蒙运动——知识分子与五四遗产》，新星出版社，2007：150。

才思敏捷、行为谨慎，这是杨人杞自幼形成的性格特征。讲话风趣的他在北大平民演讲团应该大放异彩，但他始终没有邓中夏、朱务善等同学言论活跃，这和后来他被公认为演讲天才和演讲魔术家有一定反差。

1920年冬，李大钊领导的北京共产主义小组，总结了前一阶段在人力车工厂、印刷工人中开展工作的经验教训，决定走出市区，去产业工人最集中的长辛店，加强与劳工运动的联系。

加入了劳动组合书记部的杨人杞，经常随邓中夏深入长辛店铁路工人群众，与平民教育演讲团成员朱务善等一起，在京绥铁路上做了一些调查和联系的工作。他会主动找到工人积极分子史文彬了解工人爱国活动的情形和实际生活状况，并到“锅伙”和工人家中去访问工人，广交工人朋友，宣传革命道理。在这段难忘的日子里，他和邓中夏总是并肩奋战、形影不离。1959年，他曾回忆邓中夏在长辛店与他相处留给他的深刻印象：

> 那时，在邓中夏领导下有些同学经常去长辛店和南口铁路工人中工作。工人的生活艰苦，邓中夏与工人同住、同吃，吃得很自然。他是湖南宜章人，口音与长辛店南口的同志相差很远，然而他却能突破语言上的障碍，与他们谈笑自若。我曾亲眼见他在车辆修理厂中活动，与工人同志打成一片，工人同志很主动地接近他，在他和他们之间，殆已结成了深厚的友谊。①

12月19日，杨人杞一大早起来，吃完早饭，就急匆匆地与邓中夏、张太雷、张国焘跑出前门西车站坐火车前往长辛店，参加劳动补习学校的筹办会议。长辛店距离北京42里。列车飞快地在封冻的华北平原上嘶鸣，不停搅乱他的思绪，他时常容易陷入哲学知识的自我沉思，但也能很快从这种神秘的静谧里跳出来，与人进行热情的交谈。不一会儿，映入他眼帘的是一个大的乡村，有三个大工厂，邓中夏说，这里有工人2500多人，这些工厂都是归京汉铁路局管辖的，按铁路的组织共分三部：一是车务处；二是机器处；三是养路处。听完邓中夏的详细介绍，他心底不由自主暗生佩服。车窗外铁路两旁的柳树条挂满了银光闪闪的冰凌子。杨人杞与他们一起在车上谈谈笑笑，觉得很快乐。似乎严寒的冷气都退避三舍。火车行驶

---

① 杨东莼：《关于五四运动和邓中夏同志的几点回忆》，中国社会科学院近代史研究所：《五四运动文选》，生活·读书·新知三联书店，1959：236。

到永定河，卢沟桥在晨曦的底下，映衬着一座破塌的古城，有三杆布帘随风飘摇，这真是一幅极好的天然图画。火车越行越远，卢沟桥的“风景画”还在四个人的心里头①。

火车慢慢驶入长辛店站台，杨人杞看见一大群灾民男女老幼聚集在站边的地方，那憔悴枯黄的面色、千孔百结的衣服闯入他的眼中，他的心像被荆条猛地抽打了一下，脸上布满了慈悲同情。刚才在车上的快乐心情顿时烟消云散。心中的难受好比自己也在困苦饥饿中，他想起了这些可怜的灾民在这严冬风寒雪冷，衣没得暖，饭没得饱，屋没得住，而那一帮官吏政客资本家们却住在高楼大厦里，锦衣玉食，还拥着他们的不知第几位姨太太围着炉子取乐，比这些灾民露天席地而坐、挨冻受饿而死，世间的苦乐真有天壤之别。他的内心在自问，为何社会如此不公？为何他们要穷到这个地步？他们的财产都去哪了呢？我们几个捐钱就可以救得了他们吗？②

长辛店的工人见他们到了十分欢迎，对他们十分亲热。杨人杞看到工人也互亲互爱，那种团结融合的气象令他十分喜欢，他相信一个集体里只要有团结融洽，便能生出无限希望来。他看起来是个文质彬彬的书生，但说话声音却响亮如洪钟，脸上挂满热情的笑容，并主动要握手，这使那些衣衫褴褛、浑身汗味的工人伸出粗糙宽大的手时反倒腼腆起来。

杨人杞与邓中夏、张太雷、张国焘四人出席劳动补习学校的筹备会议是受北京共产主义小组派遣。这次会议通过了劳动补习学校《简章》。学校以增进“劳动者”和“劳动者的子弟”完全知识，养成“劳动者”和“劳动者的子弟”高尚人格为宗旨。凡是身体强健、身家清白的劳动者，不论年龄大小和读书与否，都可入学。

劳动补习学校的筹备工作顺利开展，学校租到了长辛店大街祠堂口胡同1号的三间平房为校址。1月1日，长辛店劳动补习学校如期召开成立大会。这个学校里除了几条旧木板凳以外，没有别的设备，讲台是用土坯垒的。门口没有木牌，就用一张白纸写着“劳动补习学校”六个大字。会后，杨人杞与邓中夏、张太雷、张国焘在几位工长带领下参观了长辛店各工厂。

长辛店劳动补习学校马上开学了，很多工作都要加紧进行。杨人杞和

---

① 心美：《长辛店旅行一日记》，《铁路协会会报》，1921（105）。

② 心美：《长辛店旅行一日记》，《铁路协会会报》，1921（105）。

邓中夏在一个星期六的晚上一起来到长辛店。学校里已经有了桌凳，工人们已经从家里弄了油瓶和油灯来，点上了灯，炕里也生了点火。共产主义小组常来的几个人弄了一个铺盖在里屋炕上，谁来了谁睡。正忙着开学准备工作呢，邓中夏出去了，只剩杨人杞一个人就着摇摇晃晃的油灯坐在板桌旁边，桌上堆了不少各色各样的“平民教育识字课本”、“国语课本”以及谈平民教育理论的书。他一面翻阅着，一面考虑。油灯十分暗淡，他渐渐觉得疲倦了，眼皮儿直打架，却不见邓中夏回来。

长辛店劳动补习学校旧址

一直等到十一点多，邓中夏才匆匆忙忙地赶回来了。一进门，解去了绒帽和围巾，拂落了棉袍上的雪花，用口呵着冻红的双手，神色十分兴奋，动作也很轻捷，仿佛还可以再出去跑几趟似的。

杨人杞问：“你又到工人家里去了？”

邓中夏笑着点头，说：“就是。”

杨人杞指着桌上的一堆东西说：“快开学了啊。”

邓中夏一面脱衣服爬上炕去，一面说：“我这正是为开学作准备啊。”他上炕躺下，头一着枕，不久，杨人杞就听见他均匀的鼾声。

第二天早晨，他们俩很早起来，杨人杞一面整理被盖，一面说：“南方人睡这土炕总是睡不着，硬得很，我一夜又没大睡好。”

邓中夏顺口说：“北方人都是睡这个。”

杨人杞又说：“在学校里不觉得，到了这里，就感觉北方老百姓的生活实在是格外痛苦。就像那窝窝头，我家里虽然也不是什么有钱人，这个却从来没有吃过，吃下去，喉嘴里实在有些不舒服。”

邓中夏笑着说：“我一顿却能吃三个哩。”

杨人杞也笑了，他说：“也怪。你也是南方人，倒是吃也吃得下，睡也睡得着。”

邓中夏的脸色忽然变得严肃了，他说：“因为啊……因为我想到我们这一辈子要去干革命，什么样的艰难困苦都还在前头等着，现在这点儿困难，不过是开端的开端罢了。这么一想，我就觉得这热窝头真是很好的饭食了。”

“你说得对。”杨人杞点点头，脸色也变严肃了。

邓中夏又接着说：“我到好多工人家里看过，有整齐的炕和篾席睡，有干净的玉米面窝头吃，能过这样好生活的工人，并不算多啊！”他说着，轻轻叹息了一声，语音沉重起来。

不大一会，朱务善也来了。北京大学的几个青年都赶来了。外间屋没有火，他们都挤在里间小屋的土炕上，喝着白开水，谈论着未来的美景和这些时工作的感触，越谈越起劲。朱务善说：“我觉得工人们真是诚恳忠实，一见面就令人向往。”又有一个说：“一到工人中间，就觉得我们能为他们做的事情实在太少。”

“但是将来我们一定能做得很多。”① 邓中夏的语音是坚定的。

杨人杞和他们商谈了将来的工作，又谈到了课程的内容。屋内的炉火越烧越旺，红红的火光照着他朝气俊秀的脸庞，蕴藏了一半知识分子的斯文气质，一半马克思主义战士的坚韧个性。

正式开学后，入学者全是工人及其子弟，邓中夏负责主持校务，杨人杞、朱务善、罗章龙、吴雨铭等轮流讲课。办学经费主要由北京大学学生会和北京大学平民教育讲演团捐助，李大钊是主要捐助者之一，“每月拿出百元上下”，时任北京大学庶务主任的“李辛白先生每月捐助二十元”，“俄文教员柏烈伟一次捐助了一百元”等。这年，休学不到一年的杨人杞，进入了北京大学本科正式学习。1 月 5 日，长辛店劳动补习学校正式开课，杨人杞与讲演团的成员一起，坚持每周都去轮流教“社会常识”课。

补习学校的教员是北方劳动组合书记部精挑细选出来的，几乎全是南方人，南方人操北方话非常别扭，很容易笑话百出，有时会造成误会。为此，杨人杞会经常带着《工人周刊》的编辑宋天放编成的《应用京语词汇》抽空看，学会了用一口蓝青官话给工人讲课。他的“社会常识”课程，从做工、劳动、为什么下雨打雷讲起，讲到工人为什么受穷，为什么要团结，为什么要向帝国主义、军阀、官僚、资本家作斗争。后来又讲阶级斗争，讲工人阶级的政党，讲列宁领导的十月革命和苏俄，讲工人阶级的组

① 韦君宜：《北方的红星》，作家出版社，1960：62-63。

织——工会。在劳动补习学校，他不止是一个教工人识字明理的先生——从工人那他知道了如发动机运转的程序，他甚至觉得这些目不识丁的工人帮助他增长了知识。在多年以后，他反复提倡一个教育观念：在教育过程中，教育者本身也是受教育者。恐怕和这段长辛店劳动补习学校担任教员的经历有关。

一大批进步学生住在劳动学校，与工人生活在一起，共同学习，共同劳动，开始初步实现马克思主义与工人运动的结合，知识分子与产业工人的结合。正是在这批北京大学青年马克思主义者的组织推动下，1921 年 5 月 1 日，以长辛店为中心，以参加劳动劳动补习学校学习的工人为骨干，北京举行了“一个中国空前未有的真正的工人群众的示威游行”①，以纪念国际劳动节。这一天，工人们散发了大量传单，一张传单写道：

> 北京劳动界的伙伴们：现在社会上吃的，穿的，住的，哪一样不是我们劳动界的朋友们辛苦劳动用血汗得来的东西？
>
> 回看我们自己，甚么都是没有享受，只得着痛苦和饥饿，这难道是平允的事吗？
>
> 今天是三十一周年劳动纪念节，是全世界劳动界朋友们奋起图强的日子，我北京亲爱的伙友们，也快些起来救救自己吧！

长辛店劳工补习学校担任教员的经历，给了杨人杞一次永生难忘的思想洗礼。与工人广泛紧密接触，共同劳动生活，使他切身感受到社会底层劳工们的穷苦生活状态，深刻认识到中国社会矛盾根源所在。这一切，让他深信唯物主义哲学就是最好的理论指导，好比一艘在迷雾笼罩和遍处暗礁的海上行驶的大船，需要指引的灯塔。当梁启超式的“政论家”梦想被残酷的社会现实化成泡影时，他立下了要做一名马克思主义的坚定信仰者、传播者和实践者的宏远志向。

1922 年 1 月 15 日，中国社会主义青年团初创时期机关报《先驱》在北京创刊，并由北京地方团组织出版，邓中夏任主编，杨人杞与罗章龙等参与了办理。这是北京中国劳动组合书记部最早的一个工人阶级的机关报(内部刊物)，在传播马克思主义，介绍苏俄、国际共产主义运动情况，配合当时团的工作及青年运动等方面，发挥了重要作用。3 月 31 日，北京地

① 邓中夏：《中国职工运动简史》，中国人民大学出版社，1952：16。

方团组织召开全体团员大会，决议凡有一定数量团员的学校要建立团支部，积极参加群众运动。会议还选举了新的执行委员，杨人杞担任劳动部执委。他满怀信心，希望借此机会，大干他所擅长的教育和宣传工作。

理想与现实在人生特定的时候总是隔着一条河。“1922 年冬季，杨东莼的家庭发生了几个问题：一是自义父于 1918 年去世后，干妈童氏的生活陷入无法维持的地步；二是胞弟杨人楩中学毕业后，升学费用没有着落；三是杨东莼和史良之女原来是指腹为婚的，史家催杨早日完婚。”[①]

泡尔生交不了学费，马克思也不能当饭吃。凭借一支秃笔、四年间靠卖文维持学业的苦涩可想而知。他羡慕已经毕业的邓中夏成了一名职业的革命者，而他仍旧徘徊于学习与生存之间。杨人杞曾辛酸地回忆：

> 那时费用很轻，可是我仍然无法维持，只好采用笔名译了一部 Kreutzer Sonate（《克鲁斯奏鸣曲》）登在报纸周刊上换些稿费来生活。到了十一年冬季，再也不能继续下去了，才决计南归。[②]

离开北京大学时，北风呼啸，飞雪漫天，天地间呈现雄浑苍茫的北国风光，但杨人杞没有了长辛店一日旅行时的那番快乐与兴奋。他独自坐在火车上，心情格外抑郁沉重，满脑子回荡的都是在西斋、曦园、长辛店头角峥嵘的记忆场景。冷峻的现实又不断敲打着他逃离理想的梦境。

人总归要成家立业，“为了解决这几个问题，杨东莼囿于温情主义和旧的道德观念，于是从北京回到醴陵”[③]。在家乡醴陵，迎接这位 22 岁满腔热血的新青年的，是一个谈不上好坏的职业和一场没有选择余地的婚姻。

---

① 何砺锋：《杨东莼与广西》，《纪念杨东莼先生文集》，广西师范大学出版社，1994：74。

② 杨东莼：《我的读书过程》，《读书通讯》，1944（92）。

③ 何砺锋：《杨东莼与广西》，《纪念杨东莼先生文集》，广西师范大学出版社，1994：74。

第三章　从理性之光到革命之路

辽阔的世界，宏伟的人生，
长年累月，真诚勤奋，
不断探索，不断创新，
常常周而复始，从不停顿；
忠于守旧，
而又乐于迎新，
心情舒畅，目标纯正，
啊，这样又会前进一程！

——歌德

一、包办婚姻

从北京回到醴陵渌江乡后，杨人杞面临的第一件事就是完婚。这桩婚事是杨人杞的父母生前与史家指腹为婚所定。虽然父母早已相继离世，但是史家与杨家的交往还在。在乡土社会里，这种婚约的履行决定的不是个人的幸福，而是一个家族在当地的名望。杨史两家门第相当，史淑宜是醴陵师范毕业，有一定文化修养，清秀端庄，落落大方。这桩婚事在外人看来门当户对，并无不妥。

杨人杞在北京大学受过新文化运动的启蒙，除了政治上的爱国主义，思想上也具有反叛传统主义的个性因子，他对于这桩包办婚姻完全有抗争的机会。毕竟，在那个新旧混杂的时代，有遵从父母之命、媒妁之言的旧式婚姻，也有追求恋爱、自由结合的新式婚姻。就像美国汉学家列文森说的，“五四”一代的知识分子是既无忠诚也无反叛的一代。在婚姻的选择上，杨人杞没有服从于旧式礼教的义务，也非必须反抗这种包办婚姻不可。令人矛盾的是，干妈童氏是一个旧式的传统妇女，她能理解人杞为了所谓的“自由”而悔婚么？他与弟弟自幼受童氏的养育之恩，现在养父去世，童氏无所依靠。他在外求学四年，史淑宜与杨人杞同龄，在醴陵乡下，22岁仍待字闺中易遭非议，史家催婚也是合乎情理。此情此景，性格温和的杨人杞选择了服从父母生前的安排，遂了干妈的心愿。说起这段婚姻，他把责任归咎于自己太懦弱、太草率。

当时我正需要婚姻自由，但我是指腹为婚的，自己太脆弱，扛不住，还是回去结婚了。李大钊写信给我，只有这样八个字：“匈奴未灭，何以家为！”我之所以讲这些是想劝告青年人对婚姻问题要严肃，不能随随便便。①

无独有偶，那时的中国，新旧婚姻观念交错，一些青年尽管受了新式教育，但旧的礼教束缚还在。包办婚姻给这些青年带来的内心痛苦，又何止于杨人杞一人呢？

我是个不幸的青年，被压在专制婚姻的下面。八岁的时候，我的父母听着几个恶劣媒婆的介绍，瞎先生的取决，就定下一个素不相识的五岁女子；听说是门高第贵、举人的孙女；我父母就毅然决然的订成婚约。那时我的知识学力，两皆弱，不独不反对他，并且还以为比人家早找老婆为荣幸；哪晓得就在这里种下祸根，演成今日可泣可哀的悲剧。……光阴似箭，虚掷三年，已在高小毕业。第二年我父盼我进集美，我母亲以为集美是：千山万水之遥，有天南地北之感。令我进九中。其用意望我早日成亲。但是我自己很愿意来的，无论怎样的阻止，我总要来。因此，我母亲看我这样决心，也不再阻止我。我就束装来集美投考，幸获录取，这年我才十六岁。这年下学期，我母亲常常写信给我，说：“你父亲已经四十多岁，膝下只你一人，希望早日成亲，欲速抱孙……故择定十二月初旬完婚。”我答她：“不是到毕业后，决不完婚，并且说我要到月底才能抵家，结婚的事作为罢论。”

① 《中国社会科学院举行五四时期老同志座谈会记录》，中国社会科学院近代史研究所：《纪念五四运动六十周年学术讨论会论文选》（一），中国社会科学出版社，1980：28。

我这期本想不回去，因为诸同乡都回去的，不得已同他们一块儿回去。一到家里，他们都欢天喜地地说："那么就择定明春正月就好。"俗语说得好："铁怕落炉，人怕落套。"我这次回去，刚好落他们的套，给他们强迫着和一个无知无识的女子结婚。……到结婚后第十天，就整装来校，不时写信回去请我父母解除婚约。他们总是置之不理。这年下学期，我打算向家里提出激烈的要求，非解除婚约，便脱离家庭。看他们能够觉悟么？哪晓得这期所接到的家信，都说我父亲病笃，所以没有做到。……

延至本年二月而逝。我父亲死后，家里只剩下年迈的老母，虽然晓得她是绝望，总是不愿意离了她，因为给旧礼教的虚荣俗议所束缚。我向来对母亲说到婚姻的问题，她就流涕挥泪地说："你去重娶，可不必嫁她。"我以为纳妾，恐给一般不懂我实情的人瞎骂，所以必定要先离了她，然后重娶。我母亲总不肯的话，那么我的婚姻问题就置之不闻不问吗？

不然，婚姻是人生终身大事，是人类毕生哀乐所关，不是潦草可以结合的。结婚是彼此情投意合，规过劝善，做终身合作互助的朋友。俗话常说："人生而无味，生不如死。"所以我说，我若死了就罢，如果不死，总要振作精神，努力奋斗，来和专制婚姻决一死战，须得到圆满的婚姻才罢。①

反对包办婚姻，提倡婚姻自由，是新文化运动中思想讨论的重要内容。从有识之士到普通青年，都提出过婚姻家庭改革的主张，也进行了有益的尝试，但是情况并没有根本的改变。包办婚姻、买卖婚姻仍然广泛存在。一些传统主义的反叛者在一边痛骂的同时，一边还得接受自己的婚姻被包办的事实。陈独秀 1904 年在《恶俗篇》中抨击：

可恨我们中国人，于婚姻一事，自始至终，没有一件事合乎情理……第一是结婚的规矩不合乎情理。原来人类婚嫁的缘由，乃因男女相悦，不忍相离，所以男女结婚，不由二人心服情愿，要由旁人替他做主，强逼成婚，这不是大大的不合情理吗？你看中国人结婚的规矩，那一个不是父兄做主，有一个是男女相悦，心服情愿的吗？唉！开店的人请个伙计，还要两下里情投意合，才能相安，漫说是夫妇相

---

① 丘品璋：《我的婚姻痛苦》，《到民间去》，1924（2）。

处几十年的大事，就好不问青红皂白，硬将两不相识，毫无爱情的人，配为夫妇吗？……唉！你想男女婚姻，乃终身大事，就是这样糊涂办法，天下做老子娘的，岂不坑害了多少好儿好女吗！①

这些新文化运动中的激进人士觉得，离婚、走出家庭不仅是摆脱包办婚姻束缚，寻找个人理想生活的必要渠道，也在一定程度上具有反封建反传统的意义，因此他们便身体力行地与包办婚姻决绝。这是文化知识精英的特殊群体性社会现象。陈独秀是包办婚姻的受害者，他年轻时由母亲做主娶高晓岚为妻，二人因为志向不同常常发生争吵。后来陈独秀离家出去从事社会工作，并且大胆地与高晓岚同父异母的妹妹高君曼结为夫妻。连当众呐喊“不是在沉默中爆发，就是在沉默中灭亡！”的鲁迅也是包办婚姻的受害者，当年鲁迅的母亲为鲁迅选了朱安做妻子，鲁迅与她根本没有感情基础，没有共同语言，便把她当作“母亲的礼物”敬而远之，二人的心中都留下苦闷和酸楚。后来鲁迅终于打破“铁屋子”，与许广平结合，在满意的家庭生活中度过十年余生。

这些新文化运动的激进分子表达了捍卫婚姻自由的勇气，既推动了妇女解放运动，但也造成一部分无辜女性的人生悲苦。面对包办婚姻，比起男性选择离家出走来争取个人婚姻自由所付出的代价，女性选择逃离要付出的代价却比男性要大许多。因为，当时绝大多数妇女在就业、经济独立等方面的权利并不能靠脱离父权、夫权来实现。

这种社会现实，要求人们对待解除包办婚姻应有冷静和理智的态度。1923年12月26日，鲁迅在北京女子高师作题为《娜拉走后怎样》的演讲，针对当时不少人狂热的赞扬“娜拉式的出走”，以为这是妇女摆脱旧家庭压迫的必要方式的观点。鲁迅提出了与众不同的看法。他认为，当妇女在家庭中和社会中没有得到经济独立的情况下，她贸然离家出走，不但不能得到理想中的自由，反而极有可能遇到更大的困难。鲁迅讲道：“但从事理上推想起来，娜拉或者也实在只有两条路：不是堕落，就是回来。”杨人杞在北京大学学习的唯物论观点，也被他运用来阐释爱情的含义：“恋爱决不是单纯的感情的行为，同时应该是理智的行为。”②

---

① 三爱：《恶俗篇》，《安徽俗话报》，1904（3）。

② 杨东莼：《青年的婚姻问题》，《申报每周增刊》，1937，2（15）。

杨人杞的内心有一种有别于旧式传统的道德观念，这种源自西方哲学的理性之光，使他在人际关系处理上，变成了一个温和主义者。令人奇怪的是，这截然有别于他激进的政治观念，因为他笃信：革命是当时进行社会改造的唯一途径。而曾经在新文化运动中给他思想启蒙的老师胡适、陈独秀，在政治上却是改良主义者。

这种道德观念是他在北京大学习得的康德哲学系统的具体表现。康德在《实践理性批判》中，提出了“所以行为的道德，是由义务与由对于法则的敬畏而来的，不是由爱和引诱而来的”。

1924 年，杨人杞已是两个孩子的父亲，生活如同太阳每日东升西落，一切被史淑宜料理得井然有序。杨人杞对哲学研究依旧保持浓厚的兴趣，显示出他作为知识精英在醴陵乡下的与众不同。五四运动后由一帮日本留学生所组成的“学术研究会”的杂志——《民铎》，给了杨人杞展示自己思辨天赋的绝佳机会。《民铎》杂志开设了“康德”号专栏，主办人李石岑又一次邀他撰文。4 月 3 日，在长沙，他仔细梳理了康德所论述的人的实践行为的最高道德法则的观点，写下了《实践理性批判梗概》。似乎此时，经历了包办婚姻，正在履行养家糊口义务的他，更容易彻悟康德所断言的“无上的命令”。他认为：

> 康德重视善良的意志，同时重视义务。凡是为义务而行为，便是合于道德的行为。在这种行为没有发生以前，是不去计较行为的结果的；只觉得义务要我们如此，所以我们不得不如此。至于行为的结果，对于我们快乐还是不快乐，对于我们有利还是有害，是不去计较的。①

康德的伦理主义思想，给他的平庸生活增添了启示力量。他在文章结尾，对此由衷地赞美：

> 总之，康德的方法是批判的方法；康德的伦理主义是严肃而非放恣的，是自律的而非他律的，是形式的而非内容的，是禁欲的而非功利的。他纠正前人的谬误不少，同时又启示后人的许多法门，这便是他的伦理主义的成功。至于康德律己，我们只看他平日的行为，便知道是毫不苟且的。这样能知能行的大哲，我们应当对他怎样的景仰啊！②

---

① 杨人杞：《实践理性批判梗概》，《民铎》，1925（4）。

② 杨人杞：《实践理性批判梗概》，《民铎》，1925（4）。

写完这篇文章，他又接着翻译了泡尔生的《哲学概论》。三年前，杨人杞在北京大学时，胡适就曾建议他不要浪费时间翻译下去。不服输的杨人杞偏要翻译完成了《康德之形式的合理主义》一文。后来，这两篇关于康德的文章，都被刊登在1925年的《民铎》杂志上。

对康德以善良意志而发出行为的道德观念的景仰，是他很长一段时间内的行为准则，包括对待男女之间的感情，在他多重性格色彩中的主色调就是律己。1937年，他曾用父亲的口吻，劝告年青人对待包办婚姻应该采取一种中庸务实的态度：

> 在现社会中，多半是由于父母之命媒妁之言而成功的，很少经过当事人的同意，更谈不到当事人对象的选择和考虑。在结婚或订婚之初，当事人并没有计较到结婚或订婚后的变化；等到当事人在结婚后发现了婚姻不美满的时候，或者等到当事人结婚问题的，或到等当事人与社会接触的机会逐渐增多的时候，于是离婚或解除婚姻的问题就接着发生了。解除婚约，还是比较容易做到的事情；至于离婚，则由于社会和家庭的关系，有时即很难依照当事人的意志来实现。现在行说解除婚约的问题。如果当事人发现了他（或她）的对象有不美满的时候，论理就应该除婚约，决不可猜疑，如果对象虽然不是理想的，而又有改造的可能，则应竭全力来设法改造对象，从思想上，从生活上，从行动上来改造 ，作了这一着，而仍旧没有达到结合的可能，那也就只有出于解除婚约之一法。①

不过，中国有句最简单的俗语：强扭的瓜不甜。这场看似平静圆满婚姻是否会一语成谶呢?

二、中学教员

婚后不久，杨人杞就接到了李大钊的亲笔信，信上只有八个字：“匈奴未灭，何以家为。”很明显，李大钊是在敦促杨人杞继续参加革命。杨人杞在离开北京大学前被选为社会主义青年团劳动部执委，还与罗章龙负责青年团的机关报《先驱》，对这个刚刚踏上革命之路的青年，李大钊寄予了很大期望。杨人杞回到醴陵渌江乡，李大钊不会有任何意见。因为，早在

① 杨东莼：《青年的婚姻问题》，《申报每周增刊》，1937，2（15）。

“五四”期间，李大钊就注意到一个问题：“一般知识阶级的青年，跑在都市上，求得一知半解，就专想在都市上活动，却不愿回到田园；专想在官僚中讨生活，却不愿再去工作。久而久之，青年常在都市中混的，都成了鬼蜮。农村中绝不见智识阶级的足迹，也就成了地狱。”他号召青年：“赶紧收拾行装，清结旅债，还归你们的乡土。”① 但是，在没有任何逃避的迹象下，杨人杞南下回乡仓促成婚，李大钊对此感到失望。

这八个字让杨人杞有些坐不住了。1923 年初，杨人杞又去了趟北京。刚好碰上北京各团体联合会为促进一般市民的政治觉悟，于 3 月 2 日（即阴历正月十五）举行市民提灯大会。没料到人们游行到大栅栏时遭到军警毒打，酿成少有的流血惨剧。3 月 3 日下午 1 时，参与游行的各学校在北京大学第三院召开了全体学生大会，到场者有五百多人，杨人杞慷慨陈词，号召继续筹划游行讲演，反对军阀官僚政治，他的发言很长而且言辞激烈，以致引起了京畿卫戍侦查员的注意，将他和青年团的其他人如王文彬、王中君、李骏等发言情况专门上报②。

这次去北京，杨人杞受到了李大钊的一番深刻教诲，李大钊对于青年总有一股强大的感染力，他是一个成功的布道者，善于将马克思主义的种子播撒在热血沸腾的青年心里，并且这些种子播在哪里，哪里就会生根开花。这一点，杨人杞从老师李大钊那里受益匪浅，在长辛店劳动补习学校的杨人杞已经越来越像一个“传教士”。

杨人杞回湖南最开始在醴陵县甲种师范讲习所讲课，所长张晓啸是个思想开放、性格刚强的进步知识分子，在学校开设了社会科学课程。杨人杞热情地向学生介绍《新青年》、《改造》、《共产党宣言》等革命书刊。但进行没多久，所长张晓啸被迫辞职，杨人杞也随之被开除，连同被开除的还有中共党员陈章甫等。出身贫寒知识分子家庭的学生易足三，深受杨人杞宣传的马列思想影响，在学校废除了社会科学课程，封锁了进步书刊后，他便组织了全校师生开展说理斗争，举行罢课。最后，这位学生被新任所

---

① 李大钊：《青年与农村》，《李大钊全集》第三卷，河北教育出版社，1999：181-183。

② 中国第二历史档案馆：《中华民国史档案资料汇编——民众运动》，江苏古籍出版社，1991：583。

长以煽动风潮、无理取闹的罪名开除出校。

第一份工作就这样无疾而终。1923 年春季，杨人杞到了长沙找到了更好的工作。他先后在长郡中学和协均中学执教，长郡中学曾是他的母校。协均中学（长沙县三中的前身）是 1921 年柳直荀与雅礼中学同学数人共同创办的，其中包括杨人杞的北京大学校友易道遵。

协均中学良好的革命氛围，是李大钊要求杨人杞走“灭匈奴”之路所喜欢的。最为重要的是，7 月，杨人杞在协均中学加入了中国共产党，毛泽东出席监誓，杨人杞与何叔衡、曹伯韩、黄芝岗等常有工作联系，并在小吴门外清水塘开过会，毛泽东曾出席指导。但不久，他与黄芝岗同时失去了与党组织的关系①。他心中焦虑万分。

协均中学并不大，创办初学生数在 160 人左右，由于办学经费紧张，易道遵曾在北京大学为学校募捐图书。在协均中学任教期间，杨人杞任该校史地科教学，领导协均中学文史科的全面教务。他的教学工作开展得很有声色，并且善于进行工作总结。1924 年，他编辑出版了《顾颉刚编现代初中本国史参考》、《中国近代史参考资料（近世条约）》。在做完这些历史研究的基础性工作后，他变得更善于用马克思主义唯物史观来解释中国历史的变革大势。对待社会现实问题，他有了长远的历史洞察眼光。

7 月 23 日，他在一盏煤油灯下，熬夜写完《怎样研究本国史》，这篇文章提出了七项建议，除了前两项是供大专院校学生研究使用，其余五项对中学生学习本国史有相当的帮助。他强调，“须知所谓方法，多半是从经验中体会得来的，决不是由冥想产生的。所以愈加留心研究的人，经验愈多的人，他的学习方法也就比较地多，如果，专门学习方法，不去从经验中体验，这方法也是无用的”②。他真诚地热爱教育工作，这也帮助他在史学研究上有了更深的积淀。

杨人杞担任了校办刊物《协均周刊》的主编。5 月 21 日，他在翻看第四期《协均周刊》时，目光停住在一篇题为《论孔子在新文化运动中的地位》的文章，一口气通读完，就在文章上作了密密麻麻的批语，似乎找到

---

① 何砺锋：《杨东莼与广西》，《纪念杨东莼先生文集》，广西师范大学出版社，1994：74。

② 杨东莼：《怎样研究本国史》，《青年界》，1934，6（2）。

了“铁肩担道义，妙手著文章”的知音。这篇文章在杨人杞的推荐下，被评为论文比赛一等奖。当他得知作者严北溟是益智学校一位年仅14岁的学生时，更是惊讶不已。他对这个出身于一个家道中落的举人家庭，因贫穷，一生与正规学校无缘，依靠顽强自学谙熟经史诗文，六岁以对句和草书名闻乡里的“神童”极为赏识。严北溟还只是个中学生，但喜好结交、性情豪爽的杨人杞却亲切地直呼“老弟”，两人结为文友。后来，严北溟担任了复旦大学哲学系教授，成为著名的中国哲学史家。事实证明，23岁的杨人杞已经有了发现“千里马”的好眼力。

他把对进化论的研究兴趣，从北京大学转移到了长沙。5月27日，杨人杞在长沙完成《达尔文学说与唯物的关系》(“续进化论”号上)，距离他在《民铎》杂志发表这篇文章的上部分不到一年。当时，新派人物都会争先恐后在《民铎》杂志的“进化论”、“康德”专号上发表文章。在烈日炎炎的夏季，他把自己关在闷热得透不过气的小书房里，翻译德国著名诗人海涅的诗歌，这些诗歌被连载刊登在《协均周刊》上①。这大概是除了被生活所迫翻译《克鲁斯奏鸣曲》之外，唯一能显示他除了喜欢辩证唯物论的理性思维，还有一些浪漫诗意的地方。

1924年3月7日，杨人杞的第二个儿子杨慎之出生。秋季，他重回醴陵，担任了县立中学（又称渌江中学）校长。这时杨人杞因没有组织关系，对同学同事的革命活动，只能尽一些掩护作用②。

渌江中学建于乾隆年间，前身是渌江书院，山环水绕、林木苍天、风景秀丽，是“名教乐地”，在当时算是醴陵公立的最高学府。这所学校有着光荣的革命传统，李立三、程潜、陈明仁、左权等都曾在这里求学。学校共有4个班约200名学生，曾是初中班学生的陆承裕回忆：

---

①　杨慎之的《杨东莼年谱》卡片资料（未刊本）认为：“这是杨东莼最早公开发表的译作，同时也是他仅有的文艺作品翻译。”事实上，根据现有史料表明，杨东莼最早公开发表译作应是刊登在1921年《学灯》上的《生命之渊源》；最早的文学翻译作品应是在他在北京大学读书期间译的，根据是杨东莼1944年在《读书通讯》第92期发表的文章《我的读书过程》：“那时费用很轻，可是我仍然无法维持，只好采用笔名译了一部Kreutzer Sonata登在报纸周刊上换些稿费来生活。”

②　何砺锋：《杨东莼与广西》，《纪念杨东莼先生文集》，广西师范大学出版社，1994：74。

> 当时的校长杨岂匏（东莼），学问渊博，治校有方，素为学生所尊敬，他并兼我们班的历史课，讲中俄外交史。后杨校长突然辞职离去，由学委会主委李味农老师代理校长。谁来讲中俄外交史？这是全班同学的话题。某日历史课铃声响后，李味农校长陪同一位大西式头满面马克思式胡子、身穿长袍、足踏布鞋的先生来到教室，经李味农校长介绍："汪泽楷先生曾留法留苏，很有学问，现请他来教你们的中俄外交史。"简短的几句介绍词使全班掌声雷动。汪老师先在黑板上写了"汪泽楷醴陵西乡人"八个字作为自我介绍，然后从容不迫地说："杨校长编的中俄外交史教材，写得很好，内容丰富又简明扼要，更突出重点，大部分你们已学过，剩下的只需三四堂课可以讲完。"①

杨人杞在离开北京大学前曾是北方劳动组合书记部的成员，有一定教育和宣传工作经验。他在学校期间，以教员身份作掩护，引导支持学生组织名为"社会问题研究社"的学术团体，研究时政，鞭挞时弊，还支持他们创办了《前进》周刊。杨人杞充分发挥了他魔力般的语言沟通天赋和文字写作功夫，宣传马列主义，揭露帝国主义进行侵略、封建势力压迫人民的罪行。在渌江中学，马克思主义像热带的蔓藤植物一样长势迅速，"社会问题研究社"吸引了60多人加入，其中，左权、蔡升熙、宋时轮等后来成了中国共产党和军队的高级干部和著名的军事将领。

渌江书院

县立中学校长的宝座很难坐牢，"从渌江中学建校开始到县立中学停办为止，十八届历任校长中能连任两年者极少，绝大多数校长只能任一年或三个学期。其原因是政教间新老派系斗争或政党间之权力斗争，情况很复杂，非局外人所能清晰者也"。即便在学生心目

① 陆承裕：《回忆汪泽楷老师二三事》，中国人民政治协商会议湖南醴陵市文史委员会文史资料工作委员会编辑：《醴陵文史》第11辑，1994。

中是个难得好校长的杨人杞，不到一年半就因学潮被迫中途辞职离去。在他离职时向师生告别的讲话中，他愤慨地说，“岂匏以洁白之身，入污溽之所”，暗指这种复杂斗争局面①。

三、革命斗争

湖南是中国内陆的一个小部分，湖南的革命局势和杨人杞在北京经历的学生示威讲演、长辛店劳动补习学校的情形完全不同。革命的潮水大涨大落，像怒吼的大海随时可能掀起的惊涛巨浪，吞噬掉一个个活生生的性命。这是只在渌江边嬉过水的杨人杞不可能预料和见识到的。

1923 年 11 月，中共三届一中全会为进一步贯彻“三大”决议，决定凡有国民党组织的地方，共产党员和社会主义青年团员应“一并加入”；凡无国民党组织的地方，共产党则为之建立。据此，中共湘区委员会积极动员共产党员和青年团员加入国民党。次年 1 月，在国民党“一大”召开前夕，杨人杞在长沙以个人名义加入国民党。

1924 年冬，留法归国的同乡汪泽楷，组建了中共醴陵特别支部后即着手筹建国民党县党部。在共产党的帮助下，醴陵县成立了国民党临时县党部。其在文庙尚志学校召开的第一次党员大会上，杨人杞被选举为临时县党部常务执行委员，以姜湾开元学校、城东县立女校、西山县立中学等为据点，进行秘密活动。这一段日子，他化名“罗东蕁（莼）”参加各种地下活动。

1925 年，醴陵县复修了历史悠久的渌江桥。竣工后，康有为题写的“渌江桥”三字，傅熊湘撰并书的渌江桥碑文，均刻嵌于下首桥侧。这个富于革命气息的地方百姓欢呼雀跃，甚至有报刊刊发了《复修渌江桥序》。另一件涉及一部分特殊群体的身份转化的事，也在公开状态下积极进行着。由于醴陵的国民党组织是民国初年由同盟会分会改为国民党分部的，不久被袁世凯解散。中共醴陵特支根据党的“三大”实行国共合作，共产党以个人身份可以加入国民党的决定，帮助醴陵县建立了县党部，所有共产党员全部加入了国民党，并在汪泽楷创办的开元学校召开了第二次代表大会，

---

① 陆承裕：《大革命时代醴陵县立中学的片段回忆》，中国人民政治协商会议湖南醴陵市文史委员会文史资料工作委员会编辑：《醴陵文史》第 6 辑，1989。

正式成立了国民党醴陵县党部，杨人杞担任第一届执委。

秋季，杨人杞担任长沙长郡中学教务主任时，由郭亮介绍第二次入党，恢复了与党组织的联系。

12 月，国民党长沙第一次代表大会召开，成立国民党长沙市党部。李亚农当选为市党部执委会常委，杨人杞担任执行委员。这一年，杨人杞因为参加了改组后的国民党，通过何叔衡的介绍，兼任《国民日报》编辑，与谢觉哉共同办理《国民日报》。

杨人杞渴望成为一个真正意义上的职业革命者，发挥他在教育和宣传上的才能。1926 年春，湖南省总工会成立，会址设在大东茅巷，期待已久的施展空间终于来了。全省第一次工人代表大会期间，制定通过了《湖南全省总工会章程》和工会组织大纲，依据《湖南全省总工会章程》规定，执行委员会下设文书、组织、财务、宣传、教育、交际、游艺等部。第一次执行委员会上，应郭亮的邀请，杨人杞被聘请为湖南总工会宣传部部长。并且，这年冬天，湖南省总工会创办了《工人日报》，杨人杞凭借他的文笔功夫，担任报社社长。

1927 年 4 月 1 日，湖南工运活动呈现了蓬勃的势头，为提高工人运动干部的水平，“使其得有正确的理论，战斗的方略，实施的技术”，湖南省总工会在长沙蚕业学校内创办工人运动讲习所，学员来自全省各县、各工厂矿山的工运干部，共 80 多人。讲习所主任由全省总工会教育部部长袁旦初兼任，杨人杞与李维汉、郭亮、夏曦、龚际飞等 10 余人被聘请任教，讲课内容以工人运动为主，也包括农民运动、社会主义、三民主义、社会各阶级分析等课程，学院配有枪支，除学习理论外，还学习军事，实行武装训练。

4 月 18 日，为了适应革命形势需要，培养军事人才，提高工农武装素质，中共湖南区委决定对工农武装进行军事培训。省农协和省总工会在长沙开办了 300 人的“工农自卫军干部训练队”。训练队成立了一个委员会，训练委员 6 人，由工农两会各 3 人组成，杨人杞与郭亮、谢晓煦代表工会方面。学员学习内容分为政治课和军事课两大类，政治课包含中国革命问题、社会主义、马列主义及马克思主义、俄国革命史、农民问题与农民运动等 20 科，杨人杞是考试委员会人选之一①。

① 参见 1927 年 4 月 22 日《湖南民报》。

好景不长，这年热闹的五一劳动节并没有给湖南工农运动带来欢乐的盛宴。相反，驻防长沙的国民革命军第三十五军第三十三团的团长是许克祥，反革命屠杀的端倪已见。5月21日，当晚，许克祥率叛军袭击湖南省总工会等革命机关、团体，解除工人纠察队和农民自卫军武装，释放所有在押的土豪劣绅。共产党员、国民党左派及工农群众百余人被杀害。事变后，许克祥与国民党右派组织了“中国国民党湖南省救党委员会”，继续疯狂屠杀共产党人和革命群众，共产党员的头颅被装在竹笼里悬挂在城墙上。因21日的电报代日韵目是“马”字，这次事变被称为“马日事变”，这一事变是武汉汪精卫集团开始叛变，并准备与南京蒋介石集团合流的信号，第一次国共合作已经破裂。共产党员处在了国民党右派设下的天罗地网中，一场残忍的屠杀正在展开。

杨人杞曾先后两次讲述“马日事变”惊心动魄的经过：

> 事变前一两个星期，我们看到情况不对头，对事变有所估计，开始作了一些准备。记得大约离马日事变只有一个多礼拜的某天，在省教育厅开大会，当时搭了台，工会、农会负责人讲了话，我也讲了话，当时拿出了梭镖等武器，说明我们已经进行了武装。又过了几天，情况更趋紧张起来。我说：“俗话说好崽不当兵，这句话要不得。”开完后，游行。那次会，现在看，有些问题，就是把我们的实力亮出来。
>
> 五月二十一日吃晚餐时，郭亮对我讲，今晚我们不能在这里。他进一步说，你到老曹（会计）那里拿几十块钱。这说明我们组织已知道事变将会发生。晚饭后，大家还在郭亮房里开会。到家里去了，大约到十一点光景，就听到了枪声，事变发生了。所有这些均说明我们事先对事变并不是毫无所知，而是有所准备。①

李明灏

“马日事变”发生后，受毛泽东的委托，李明灏命第二团团长李隆光将在长沙的70多名共产党员和革命同志乔装成官兵，以军事学

① 据1974年9月12日唐振南、李仲凡和杨东莼谈话记录，以及1960年1月25日苏镜、彭振辉、陈海波访问杨东莼的记录。

习为名，分别送出险境。杨人杞是这70多名幸运者之一，身材瘦削的他终于找到一套合适的军装蒙混过去。他瘦弱而疲惫，眼神黯淡。比起参加“六三”示威被逮捕关押的几小时遭受的磨难，“马日事变”里看到共产党员被大肆屠杀的恐怖场景使杨人杞对革命前景感到无比痛心。此前一个月，他最崇敬的老师李大钊，连同其他20多位革命者被北洋军阀政府绞杀在西交民巷京师看守所内。一连串的噩耗，让他痛定思痛。

杨人杞有山一般的固执劲儿，仍然相信革命的火花不会灭，有如西方启蒙运动的理性之光横亘于世。他开始接受新的任务，内心的火花支持着他前进。6月21日，他在协均中学同事杨笔钧的掩护下，顺利赶赴汉口，奉上级命令，和郭亮、李立三一起，以湖南省总工会代表的身份，出席第四次全国劳动代表大会，并担任大会宣传处主任。大会开幕后，党组织决定派杨人杞任长沙卫戍司令张国辉的秘书，后来张国辉发现了杨人杞的组织关系，迅速取消了前议。

策划这场事变的帮凶张翼鹏、张克祥等，仍在不停制造谎言，掩人耳目，湖南各群众团体深恐此时愈传愈讹，特成立湖南各团体请愿代表团，6月6日代表团召开第一次会议，决议扩大湖南各团体请愿代表团组织，代表团于6月11日召开被迫来鄂同志大会，正式定名为国民党湖南省市县党部及民众团体请愿代表团，代表团开展了声势浩大的宣传和请愿活动。代表团在各种会议上报告湖南农民运动真相，控诉许克祥的罪行。6月22日，杨人杞在东南七省党部招待湖南各团体代表请愿团会上，与戴述人、彭瑞初、简傅良等人分别作了报告，以确凿的事实说明“马日事变”的原因、经过，以及事变后许克祥的反动行径，他的演讲调动了在场每一个人的愤怒情绪。迫于舆论压力，6月24日，湖南省政府主席唐生智赴长沙解决湖南事件，并草草宣布结束。

杨人杞参加的这次请愿活动，对中共中央和武汉国民党中央了解事件真相，使其认识问题的严重性，对揭露反动派的阴谋、制造革命舆论，都有一定意义。不过，嘴皮子斗不过枪杆子，从根本上说，企图通过和平请愿方式达到讨伐许克祥的目的是不可能的。它说明请愿代表团对国民党中央和唐生智抱有不切实际的幻想。湘事表面上暂时和缓，但唐生智在回湘期间，对反动派屠杀共产党人的行动没有制止，整个湖南陷入一片白色恐怖之中。国民党里中间偏左的人士要么消失，要么流亡到国外。湖南的工农运动领袖大多已死亡或即将死亡。只有毛泽东勇敢地带着穿着草鞋、衣衫褴褛的工农武装队伍，走向了崇山峻岭，寻找革命的根据地。

6 月 28 日，第四次全国劳动大会结束。选出中华全国总工会执行委员李立三、邓中夏、苏兆征、向忠发、林育南等 9 人为常务委员，杨人杞与刘少奇、董锄平、马超凡、黄钊 5 人为候补常务委员，并与同为湖南工人代表的郭亮、袁达时、宁迪卿被选为中华全国总工会执行委员。这一切并不能改变革命开始走向低潮的实际局势。

震骇一时的牺牲，不如深沉坚忍地战斗。7 月，农军围攻长沙失败后，杨人杞到了武汉。郭亮也到了武汉，他通过林育南找到杨人杞，告诉他党组织的指示。原本在劳动大会会议期间，党组织决定派杨人杞任长沙卫戍司令张国辉的秘书，后来张发现杨的组织关系，取消了前议。党组织又决定杨人杞任陈加佑率领的十五军政治部秘书，改名杨志诚，结果却遭到"屠夫"何健告发，没几天就离开了部队，再次与党失去了联系①。

醴陵县城随处张贴着悬赏 500 光洋缉拿杨人杞的通缉令，连在学堂读书的孩子都知道轰轰烈烈的大革命失败了。无奈情势危急之下，杨人杞只得由长沙转武汉去上海，在长郡中学教书的弟弟杨人楩②以及好友李明灏的资助下，于 12 月东渡日本留学③。

史淑宜与杨东莼的长孙杨震

在杨人杞离开醴陵的那个阴暗冬天，他最小的儿子尚在襁褓中。四个可怜的孩子与母亲史淑宜继续留在史家老屋生活。旧式女子温良恭俭让的传统秉性，支

---

① 何砺锋：《杨东莼与广西》，《纪念杨东莼先生文集》，广西师范大学出版社，1994：74-75。

② 1919 年杨人杞从长沙长郡中学毕业到北京大学学习，这时的杨人楩正在长沙长郡中学读书。1922 年杨人杞从北京回到家乡醴陵，这时杨人楩考入北京师范大学英语系。1927 年杨人杞遭国民党通缉，这时的杨人楩已从北京师范大学毕业，任教于长沙长郡中学。

③ 1927 年，为躲避逮捕，杨人杞改名为杨东蓴（莼）。

撑着她独自挑起四个孩子的养育重担，令人不得不折腰于这位年轻母亲的默默坚守。

落日的最后一抹余晖使海岸变成了血红色，把杨人杞的长衫从灰色染成橘红色。海面上，轮船缓缓向前行驶，冲击产生两股巨大水柱状波浪，在寒冷的月光下变得像两条相互争斗的蛟龙，层层浪花呈现出魔幻般的怪诞景象。杨人杞看上去不再那么神采奕奕，他的眼睛不再闪闪发光，一个人沉寂地站在船舷甲板上，望着眼界里逐渐消失的码头，直到“故国的陆地，缩成了线，缩成了点，终于被地平的空虚吞没了下去”。

他的流亡生活就这样开始了。

第四章　流亡日本

这里，一切的疑惧，不可不屏弃，一切的怯弱，这里，不可不死灭

——Dante《神曲·地狱篇》第三曲

一、执着而敏感的心灵

在平静无波的海港，天色已经被太阳的光线笼罩了东方半角，微风吹着桅杆哗哗作响，杨东莼这一路上酝酿于心中的伤感情怀，被一股冷风送过来大海特有的清新的空气消散了许多。港岸附近有几堆同青螺似的小岛，在淡淡的冬日照耀下，倒映出了一种浓润的墨绿。船又行进了十几分钟，只看见无数的工厂烟囱，无数错落有致的木质房屋，无数的白色船舶和灰色桅杆，纵横交错地浮映在青山碧水间的太阳光线里，轮船已经到达东京。

东京，这个在1923年的大地震中几乎溃灭的都会，现在又已呈现出繁荣的景象，被日本人誉为“火中再生的凤凰”。东京的街景对他是如此陌生，耳边听到的都是踢哒的木屐声。

街道是那么狭小，房子是那么矮小，睡觉是在铺地的席子上睡的，摆在四角高盘的蔬菜，不是一块烧鱼，就是几块同木片似的牛蒡。大地震以后，都市西洋化了，建筑物改变了旧观，饮食起居和从前也是两样，可是在饮食浪费过度的中国人的眼里，总觉得日本的一般国民的生活，远没有中国那么舒适。无论是中国哪一个省份的人，初到日本的几个月间，感觉最痛苦的就是饮食起居的不便，杨东莼也不例外，湖南人喜欢吃辣，而日本饮食偏清淡。

12 月，日本冬天的寒风日渐可怕起来，改变了环境，学着适应新的生活起居方式，靠着在北京大学求学时期学来的不很熟练的日语，初到东京

的杨东莼，仿佛是入了一座没有枷锁的牢狱。

在杨东莼没来以前，日本大正民主时期各种思想非常活跃，社会主义思潮也非常流行。孙中山先生在追溯留学生革命思想的情景时说："赴东求学之士，类多头脑新洁，志气不凡，对于革命理想，感受极速，转瞬成为风气，故其时东京留学界之思想言论，皆集中于革命问题。"东京也"遂以中国革命渊薮"自诩。

现在，进入昭和时期的日本的政治气候，跟冰天雪地的隆冬一样严寒。杨东莼来到东京不久，田中义一政府为了镇压共产党和扼杀工农运动，于3月15逮捕了1600余名共产党员和进步人士，接着又下令解散工农革命组织和无产阶级青年同盟，制造了大规模的白色恐怖。

那时的东京，除了几个著名的大公园，以及浅草的娱乐场外，在市内小石川区有一个植物园，在市外武藏野的有一个井之头公园，是比较高尚清幽的园游胜地，有的是四时不断的花草，青葱欲滴的列树，涓涓不息的清流和讨人欢喜的驯兽与珍禽。许多留日的官费生，毫无经济压力，喜欢在风和日暖的春初，或天高气爽的晚秋结伴成群，去闲庭信步，若遇到采花、唱歌的可爱少女，便上去与她们攀谈，吃吃带来的糖果之类，一日一日的光阴，如此般箭也似的飞度过去，倒也没有离乡去国的酸楚。

杨东莼不会有这样的安适日子。又一次，他为生活所迫，同他在北京大学时期一样，靠卖文艰难地维持生活。

一日，杨东莼在去往旧书店的路上，与刘斐、沈其震、陈公培等同乡同学偶然相遇。他乡遇故知，彼此间兴奋不已。热情豪爽的刘斐知道，大革命失败后，杨东莼由于曾是共产党员被迫避难留学，而他因为是国民党白崇禧的得力助手，为避开1927年执行蒋介石的大革命屠杀以及一系列围剿红军政策、留得一身清白而来日本留学，故彼此相互理解同情。

刘斐的为人，白崇禧的秘书程思远曾说，"他（刘斐）以一个向来被人称为'不羁之士'转而'折节读书'，具见其人富有韧性，非常人之所能及"。尽管刘斐与白崇禧关系密切，但在一些关键时刻，又不被白崇禧牵着鼻子走，而是"独辟蹊径"，赴日留学就是他的明智之处。在异国他乡，杨东莼与刘斐的交往摆脱了国内政治因素的干涉，他们的同窗情谊更加深厚了。虽然刘斐是在日本陆军步兵专门学校学习军事，而杨东莼在日本学习的是社会科学方面的课程，但两人过去的一些经历，使他们经常一起探讨对时局的看法，有很多共同语言。

刘斐与他的新婚夫人在东京牛込区若松町租得一小单栋房子，由于他俩不懂日语，于是经过友人介绍，先请了一位通晓华语的日本人——“支那通”数纳兵治学习日语，杨东莼时常来刘斐家一同参加学习。刘斐知道杨东莼在国内还有四个孩子，现在又处于求学阶段，生活负担异常沉重。于是，吩咐夫人腾出多余一间空房，让杨东莼就在他家住下，甚至出钱帮他看病。杨东莼一住经年，时常受到他的资助，境况得到一些改善，但手中那支吃饭的笔仍不能放下。

偶然经过东京江户川时，看着河水奔流不息，杨东莼想起了醴陵渌江，心中陡然涌起一股怀乡的悲感，他思绪交织、感慨万千，想起了他的父亲杨策怀着救国理想，留学日本学习军事，参加了孙中山领导的同盟会；想起了他的老师李大钊曾在东京早稻田大学政治本科学习，1915 年日本帝国主义提出灭亡中国的“二十一条”时积极参加留日学生的抗议斗争，起草的通电《警告全国父老书》传遍全国。他想起了“铁肩担道义，妙手著文章”：现在我怎能这样消沉意志，隐没无闻？应当拿出勇气和智慧来，开辟新的战斗阵地。在这鬼气沉沉、浊流横溢的时代，邓中夏、李梅羹、马非百等曦园的同学们不是还在致力于探索马克思主义的科学真理与实践吗？辩证唯物论和历史唯物论的宣传和介绍在中国尚处于启蒙阶段，如何使这种科学真理中国化，从中国的传统思想中找到它的根蒂，这是十分有意义的研究课题。

他曾经把在长郡中学 4 年间的自己比喻成“绵羊”，1927 年在“正视了淋漓的鲜血”后，他走出了“惨淡的人生”的悲观心理，这只“绵羊”变得更像“藏羚羊”了，思维机敏灵活，讲话温文尔雅，仪表风度翩翩，但是内心敏感谨慎，任何政治上的风吹草动，都能牵动他的神经。实际上，这是经历了大革命失败后，当时中国进步知识分子的共同心灵遭遇，目睹青年学生被北洋军阀政府屠杀，鲁迅“在二七年被吓得目瞪口呆”，他说：“我恐怖了，而且这种恐怖，我觉得从来没有经验过……我的一种妄想破灭了。”他以此沉痛地回应那些恳切希望他出马，去“救救孩子”的公共舆论。他离开了革命大本营广东，来到上海寓居，用麻痹和忘却的老法子，“怒向刀丛觅小诗”，把自己从前所未有的恐怖中救助过来。

不同性情的知识分子都有各自的救助办法，在杨东莼的精神世界里，他对理性哲学王国的向往，远大于感性的诗意天堂，这注定了他和郭沫若、郁达夫等创造社成员的文学特质迥异。在北京大学时，他服膺于法国启蒙思想家、唯物主义哲学家狄德罗的名言，“哲学是理性和科学的朋友，而神学是理性的敌人和无知的庇护者”。对唯物主义哲学的兴趣，使他振奋精神，继续“五四”启蒙使命的动力。杨东莼便从这里确定了自己的主攻方向：运用辩证唯物论研究中国思想、中国社会的发展，亦即中国历史的发展。他广泛涉猎了哲学、经济、文学、历史等方面的论著，作了必要的思想和理论准备。在日本，他用手中的毛笔代替了革命中的“梭镖”武器。

如果说，刚来日本时，他的心灵徘徊于沉寂和激情之间，那么走上马克思主义哲学翻译、研究之路，无疑使他变得沉稳。他从20年代的革命主义者向30年代的书斋隐士转变。在40年代，他又变成了革命斗士。他内心的刚毅，被隐藏在斯文儒雅的外表里。

毕竟，人是世界上最复杂的动物，狄德罗说，“说人是一种力量与软弱、光明与盲目、渺小与伟大的复合物，这并不是责难人，而是为人下定义”。杨东莼的亲身经历，使他无疑也认可这一点。造成知识分子内心相互冲突的复杂特征，既有先天的生活观缺点影响，更是当时转变的大时代情势所造成，他说：

> 尤其是在这转变的伟大时代。一般知识分子，更无力担负着这个“解决一切政治经济的困难问题”的重任；因他们的生活观，多半如俗语所说：“有风搭船，无风上岸”；至若对于吃力的事情，险难的关头，他们多半是采取回避政策的。这种见解，并不是我们看不起读书人，作者自己也厕身于读书人之列，也没有自己作贱自己的道理；这实在是征诸既往的历史按诸目前的事实而得到的结论，又哪里用得着我们来文饰呢？①

在几次被迫与党组织失去联系后，他在1936年的《申报每周增刊》上发表的一篇文章《智识分子的任务和出路》，用历史唯物主义和阶级分析法，对知识分子的历史形成及多重属性，进行了深刻解剖与又一次自我批判：

> 拿中国来讲吧！现在是什么时候呢？是民族存亡的关头，是整个

① 杨东莼：《评所谓读书运动》，《读书杂志》，1931，1（6）。

国民经济陷入非常时期的危机的时候。民族没有出路，智识分子更谈不到出路。因此，中国智识分子的出路，就只有联系到争取民族的出路这一基本问题上，才能得到圆满而正确的解答。不用说：目前的智识分子正感到空前的苦闷，正陷入到悲哀的境地；但苦闷和悲哀，都不能解决当前的问题。要解决当前的问题，就只有把力量集中到求中国之“自由”与“平等”的运动上，表现出智识分子的民族革命的性质。不过这一运动，是最艰苦的斗争，不甘没落的智识分子，只有在一切行动和实践中，克服其动摇性，克服其不可捉摸的自尊自大心，才能够争取民族的自由，找到民族的出路。这就是智识分子目前的任务和出路。①

历史由第二次国内革命战争时期，进入到关乎民族存亡的惨烈抗日战争的生死关头。正如康德说的，所谓启蒙，就是有勇气公开运用自己的理性。在他看来启蒙主要是学者，特别是哲学家的事情。杨东莼作为一位中国早期传播和研究马克思主义哲学主要人物之一，为国家的前途、民族的生存忧患深如沧海。显然，他的理性力量集中在对青年学子的引导上。1937 年，他在《战线》上发表了一篇情辞恳切的文章《一个小小的建议》，针对热心救亡的青年，也提出了知识分子改掉先天弱点的办法：

教育自己的最好方法，第一就是从工作中去教育自己，在工作的时候，每一个人不应该忘记自己也正在受着教育，只有这样，才能够克服知识分子的许多弱点，不断地向前迈进。②

杨东莼呼吁知识分子投入到抗战救亡，把个人的命运和民族生存紧密联系起来。他对知识分子双重性格的批评，其实是一种自我批评，本质上是他身上蕴藏了“士以天下为己任”的传统意识。学者许纪霖说，知识分子之所以为知识分子，是因为他们是有关怀的，他们不只看到自己眼皮底下的利益，还会有一些比较大的、超越自身利益的关怀，知识分子的关怀有三种取向：第一是政治关怀，第二是文化关怀，第三是学术关怀③。显然，杨东莼的内心深处藏有这三种忍不住的关怀。

---

① 东莼：《智识分子的任务和出路》，《申报每周增刊》，1936，1（25）。
② 杨东莼：《一个小小的建议》，《战线》，1937（10）。
③ 许纪霖：《20 世纪中国六代知识分子》，《晚霞》（下半月刊），2007（8）。

二、从狄慈根回到马克思

寒冷刺骨的初冬夜里，早早吃过晚饭，杨东莼呆呆地坐在榻榻米上，拿起一本山川均的日译本《辩证法的唯物观》，矮桌上的灯光忽明忽暗，房间微寒静寂，神情专注的他又开始了手头的翻译。

杨东莼在译者序言中说到翻译这本书的目的：

> 纯粹理性与实践理性的问题，前者是认识论，后者是道德观。是几千年来东西学者聚精会神所论究而得不到的究极的解答的问题。得不到这两个问题的究极的解答，便不能建立正确的世界观与人生观。中国式东方思想汇合之区，东方思想的恶魔，便掌握了中国人的世界观人生观。尤其是现在的青年，是未来的舞台上的主角，目下却也陷在东方思想的迷魂阵里，到处都是烦闷的呼声，到处都是苦恼的痕迹，而找不到他们确切的出路。现在介绍这部书与中国的青年们见面，或许就是青年的生活之指针。①

杨东莼所说的“东方思想的迷魂阵”，是指当时中国思想界里出现的保存国粹的文化思潮。他是针对激烈的东西文化之争中，一些缺乏唯物论支撑、玄而又玄的思想文化研究现状而言的。他在《本国文化史大纲》中，运用物质决定意识，经济基础决定上层建筑的唯物论，解释西方哲学发展的过程。他认为，它的发展历程以及各种哲学的发生，都无不是被各时代的社会经济所决定的，而绝不是偶然的、超时空的。以此，反击那些不可知论，唯心主义思想。他驳斥道：

> 我们只是在这里拿西洋哲学做例子，使读者知道连世人目为玄而又玄的哲学，也要受着社会经济基础的支配；使读者破除一切传统的唯心的偏见，去把握学术思想之本质。如果传统的谬见不被廓清，则文化史的研究，便会走入歪道；而愈研究只是愈加迷惑，愈加离开现实，其为害社会流毒青年，真不知要到哪样的地步。②

另外一本《新唯物论的认识论》，译自约瑟夫·狄慈根的《一个社会主

---

① 狄慈根著，杨东莼译：《辩证法的唯物观》，昆仑书店，1929：3。

② 杨东莼著，罗福惠、胡永弘选编：《杨东莼学术论著选集》，华中师范大学出版社，1997：195。

义在认识论领域中之征取》，杨东莼将题目改为《新唯物论的认识论》，以达到与狄慈根的著作原意相符合。杨东莼的这本译作比上一本他与张栗原合译的狄氏的《辩证法的唯物观》，更为精到，因为杨东莼采用的是狄氏撰著了《辩证法的唯物观》17 年后的著作，书中吸收了狄氏在这 17 年间所获得的新见解。

杨东莼在译者例言中很自信地认为，本书有许多附随的优点：如由形而上学的唯物论到达辩证法的唯心论，由辩证法的唯心论到达辩证法的唯物论，这一历史的进展，本书说得异常透彻。又加狄氏论述达尔文与黑格尔的关联，更给了他很多新颖见解的启发。杨东莼为便于读者了解辩证法的唯物论，在这本书中加了注解达 89 处。这本书采用直译的方式，仅有少数几处令他感到疑惑的地方，采取的是意译的方式。

杨东莼现在的哲学译作采用了“五四”白话文架构方式，而不再像以前在北京大学时翻译毕希纳的《达尔文的学说》那样，用古文向白话文的过渡体——语体文，读者读起来艰涩难懂。这为西方马克思主义哲学在近代中国的传播语言进化史留下了一缕不可抹去的痕迹。

在日本三年间，除了翻译狄慈根的《人脑活动的本质》(又名《辩证法的唯物观》)、《论逻辑书简》、《一个社会主义者在认识领域中的漫游》、《哲学的成果》外，他曾先后翻译出版恩格斯的《费尔巴哈论》（与宁敦武合译)、德波林（苏联）的《斯宾诺莎与辩证唯物主义》。

中国没有俄国那种“合法马克思主义”，《资本论》等马、恩、列的好些基本理论著作长期以来并无中译本，李大钊、陈独秀、毛泽东这些中国最伟大的马克思主义者“当时并没有读过许多马、列的书，他们所知道的，大都是从日本人写作和翻译的一些小册子中所介绍、解说的马克思主义和列宁主义”。杨东莼翻译的这些译作，为马克思主义哲学体系在中国走出“以费解马”等错误传播模式，起到了承上启下作用。一方面，为全面把握马克思主义哲学体系，推进了理论深度和广度，这是“承上”；另一方面，对马克思主义哲学的初步介绍，为李达和艾思奇系统、全面、规范地介绍辩证唯物主义和历史唯物主义打下了基础，这是“启下”。

1930 年，他在得暇之余，帮助同样有革命情结的弟弟杨人楩，校阅了俄国民粹主义革命家克鲁泡特金著的《法国大革命史》，这部书后来也在北新书局出版。兄弟俩翻译此书，目的在于“为使我们更认识革命”，“更了解中国革命”。杨人楩是从英译本翻译的。这本书全面论述了法国革命从攻陷巴士底狱到巴黎市府的建立，再到拿破仑·波拿巴发动“雾月政变”，建立起临时执政府的过程。全书纲举目张，全面而透彻地分析了影响法国大革命发生、发展、失败的种种因素。克鲁泡特金虽是一个无政府主义者且名声不佳，但他在写作《法国大革命史》时却未带任何无政府主义的偏见去解释一切。在众多的关于法国大革命的历史著作中，这部著作的价值一再被人称道，被法国史学家誉为杰作，就连反对他的列宁也认为它是关于法国革命最好的通俗传播书，打算印行数万部传布于俄国民众中间。信仰无政府主义的弟弟杨人楩，凭借这样一部《法国大革命史》，奠定了自己在翻译界的地位。

一次外出，杨东莼偶然买到了美国芝加哥柯尔公司出版的摩尔根的名著《古代社会》通行本，在他通读第一遍的时候，就被深深吸引住了。他认为，《古代社会》对于学习马列主义是一部很有参考价值的书，对于原始社会的研究，更是一部重要的著作。在当时出版界面临着国民党反动派严密文网的控制下，以世界名著的面貌把这部书翻译出来介绍给中国读者，既是一条较易通过的“捷径”，又是一项最为扎实的理论奠基工程。

但是，他发现，这个版本的《古代社会》并不完善，一则是改本注释中引用希腊、罗马古典著作之处只有章节号码，并无引文；二是每章分成了若干节，每节之前有一个分目，这实际上是后加的。严格地说，这些做法不符合摩尔根原著本来面目。同时他认为这是一本专业性很强因而不容易翻译的书，加上摩尔根行文晦涩，他用现代词汇来表述古代社会的事情，往往需要仔细揣摩方能明其意旨之所在，以杨东莼的英语水平（他的第一外语为德语），要独立把这部书全译出来存在一定困难。他本来有些动摇，打算另找别的书来翻译。但想到曾经是北京大学读哲学系的李小锋在大学三年级时便开始尝试翻译《古代社会》中的一些章节，便硬着头皮翻译下去。他挑选了一部日译本作为原本，依靠字典一段一段地直译，译完一章，对照原文仔细阅读两遍，咀嚼每章、每段和每句话的内容，将译文反复进行修改和润色，使其易于为读者理解和接受。正是这样，他改了一遍又一遍，终于感到它较易于理解了，而不是高不可攀的东西，从而增强了继续翻译下去的勇气和信心。

就在杨东莼照着这个办法将《古代社会》翻译过半的时候，同样来东京避难的研究生物学的同乡好友张栗原主动要求参与翻译。他实际只译了两章，就被肺结核病所缠，中断了翻译工作。其余部分，仍是杨东莼翻译完成，最后又经冯汉骥修改校订。冯汉骥留美归来不久，他在美期间，曾认真研读了摩尔根名著《人类家族的血亲和姻亲制度》和《古代社会》，并亲赴印第安人部落做实地考察，从而对氏族部落的社会组织有较深认识。杨东莼与他们翻译的这部书在 1929 年、1930 年分两册，由马克思主义学者、翻译家李达任总编辑的上海昆仑书店出版。

这一版本的质量到底如何呢？1933 年，还在南京国民党监狱坐牢的陈独秀，给亚东图书馆老板汪原放写了一封信，信中写道："《古代社会》，莫尔干的，亦有重译的必要（最好请季子译），此书和《资本论》及《人类由来》为近代三大名著之一，皆世界不朽名著也。"① 这里所说的"莫尔干"即"摩尔根"，"季子"即著名的马克思主义经济学家、社会学和哲学翻译家李季。8 月 1 日，陈独秀给汪原放的信中又写道："莫尔干《古代社会》(南强出版社吧?) 望购一部来，能购一部英文的更好。倘若英文购不着，望季子兄可否暂借我一读，如他此时不用。"在 8 月 9 日的信中，陈独秀又托汪到内山书店去购买图书若干，其中"古代社会（上下卷）如购得此书，前函所请购中英文本，均可作罢"②。从这些材料来看，陈独秀是否购买到何种外文版已无从得知，但他说到《古代社会》"亦有重译的必要"，表明他是看过某部外文版和中文版，并对中文版表示不满意才会说出这样的话。而此前的中国，只有杨东莼推出过一个全译本。

事实上，从后来李季的译书清单来看，并没有翻译过《古代社会》一书，但他当时确曾研读过这部书，并与陈独秀交流过，否则陈氏也不会那么确定他手头有那本书。可以想见，精于国文又熟习外国多种文字的陈独秀对杨东莼的译本是不满意的，于是想请李季来重译。

杨东莼也意识到自己的译本存在着不足，因此对该译本进行了修改。半年多时间后，在 1935 年 12 月，其修订本又经历史学家周予同推荐，由擅长西洋史研究的何炳松负责，纳入 20 世纪上半叶中国最具影响的"万有

① 汪原放：《亚东图书馆与陈独秀》，学林出版社，1983：168。

② 汪原放：《亚东图书馆与陈独秀》，学林出版社，1983：168。

文库”；1950 年 4 月，又原封不动地由商务印书馆再版。1957 年 9 月三联书店第 4 次出版时，译者署名为杨东莼、张栗原和冯汉骥三人。

《古代社会》对 20 世纪 30 年代中国左翼文学思想具有示范性意义。郭沫若根据中国的材料写出它的“续篇”，杨东莼则把摩尔根的原著翻译出来。杨东莼 1931 年成书的《本国文化史大纲》就是运用摩尔根理论重新解释了中国史，用典型的摩尔根进化史框架重新构建了中国社会从原始经济到近代商业、从氏族到政治社会、从神话经先秦诸子到新文化运动的历史进程。

这时的中国，由于第一次国共合作破裂，在以马克思主义为旗帜的中国革命处于低潮的背景下，马克思主义却意外地开始占据中国学术思想领域。这时，在国民党统治区出现了一个翻译、研究、宣传和出版发行马克思主义理论与著作的社会科学运动热潮。为此，杨东莼撰写了不少辩证唯物论的论文。1929 年 1 月 26 日，他通过摘译日译本达鲁哈依妈的《辩证法的唯物论入门》，写完了论文《赫格尔与傅尔巴哈》，专门介绍了海克尔和费尔巴哈对辩证的唯物论的贡献。早在北京大学念书的时候，杨东莼就翻译过德国进化论学者海克尔的《生命之不可思议》和毕希纳的《达尔文的学说》，现在翻译狄慈根的著作，使他对进化论的了解变得全面准确。

杨东莼认为，费尔巴哈较诸海克尔，要缺于辩证法。费尔巴哈缺乏历史的唯物论的解释与唯物论的认识。他只是以唯物论的见解，考究自然。他并不以唯物论的见解解释历史。从而费尔巴哈的唯物论，只是自然科学的唯物论，而不是完全的唯物论①。这些观点，对突破以往中国哲学界把一元论当成唯物论的认识偏差，有很大的纠正作用，促使了思想界对辩证的唯物论的认识提升，也有利于马克思主义历史唯物观的介绍。

在翻译了狄慈根的《人类的头脑工作之本质》之后，紧接着，他又奋笔疾书，在《民铎》杂志上连续发表了三篇宣传辩证唯物论的文章。第一篇是《狄慈根之哲学》。他写这篇文章的动机，如他所说：

> 康德、尼采、叔本华诸大哲的声名，国内业已熟闻，可是对于这一位“解放人类的心”的哲学家，却还不曾认识。然而，在我们今日这一时代，正是要建立正确的世界观与人生观的时代，而狄慈根的哲

① 杨东莼：《赫格尔与傅尔巴哈》，《民铎》，1929，10（2）。

学，便是为我们建立正确的世界观与人生观的重要参考品；似此，在国内哲学界沉寂的今日而做这一篇文章，也不见得自讨没趣罢。

要之狄氏以辩证法的唯物论为立场，举凡纯粹理性与实践理性，物质问题与精神问题，都用同一原理——从独特的东西到一般的东西之发展——予以说明，予以消解。关于人类头脑工作之本质，得到一个究极的说明，以前一切唯心与唯物的偏见，均一一扫荡无余，其有功于人类思想之解放，即在于这一点。①

狄慈根，这个德国普通工人出身，在马克思、恩格斯的帮助下成长为辩证唯物主义哲学家的人，独立地提出了辩证唯物主义的若干原理，受到马克思、恩格斯和列宁的高度赞扬。他着重研究了辩证唯物主义认识论，并指出，思维是人脑的机能，一切事物是思维的对象，它们都是可以被认识的。他认为，人的认识和认识的对象只是近似的一致，因而人们认识真理的过程是从相对真理走向绝对真理的无限深化的过程。狄慈根完全赞同马克思、恩格斯创立的唯物史观。他认为人类的存在不应当由人类的意识来说明，而应当由经济状况，由谋生的方式和方法来说明。

从小是孤儿的杨东莼，对狄慈根依靠自身努力成为哲学家无疑是很钦佩的，他希望自己同样勤奋治学，成为一名马克思主义哲学家，这种念头其实很早就有了。他对狄慈根的辩证唯物主义认识论的观点非常认可，这也有助于他深化对马克思主义哲学体系的认识。针对当时中国哲学界，对马克思主义哲学认识处于混杂状态，他希望通过介绍狄慈根的哲学，继而批判新康德主义和庸俗唯物主义，捍卫和传播马克思主义哲学，以回应思想理论界“回到马克思”的呼声。他在文章中，围绕唯物论与辩证法之间的关系展开，认为纯粹理性就是头脑工作，属于物质的能力；每一种现象都是主观和客观共同的产物。他认为原因和结果、力与质只是相对真理，只有在一定前提下才能成立。

第二篇文章是《思想之方向转变》，杨东莼立意写这篇文章，本想将中国几十年来的思想，尤其是各种舶来思想，“替它们算一笔总账”。但是因为在日本，缺乏参考资料，所以只是针对中国思想影响最大的实用主义上略说一下，指责鞭挞未尽兴的他对此深感“不满”。他列举了中国思想界像

① 杨东莼：《狄慈根之哲学》，《民铎》，1929，10（3）。

个没头苍蝇到处乱撞的怪状：

> 在今日而回溯于孔子思想，这不仅是不达时务，而且是反动。
>
> 在今日而高唱“东方文化”，这不仅是羡慕过去，而且是窒息将来。
>
> 今日的“新式红楼梦”的小说，不仅是无可奈何之无病呻吟，而且是堕落的深渊。
>
> 这一切的一切，都“值得死灭”，都因这一社会的转变而不得不被“扬弃”。
>
> 惟有“开口漫骂式”的论文，却是“暴露”（enthullen）现实之手段，然而却不是指示出路之南针。①

杨东莼也感受到了日本国内捕捉左派分子的紧张气氛，研究和宣传马克思主义不是件容易的事。他在文章里急切地表达了马克思主义辩证唯物法为认识和改造世界之唯一法门的观点：

> 现在我们所急需的便是指示出路之南针，便是“冲破罗网”（谭复生语）的武器。什么是南针？什么是武器？这或者只有辩证法的唯物论。只有它，才可以确立我们的世界观；只有它，才可以确立我们的人生观；它才可以使我们“把握”（begreifen）这一时代，它才可以使我们认识这一时代。②

此时，年仅29岁的杨东莼，湖南青年特有血气方刚的革命盛气，重新回到他身上不停涌动，顿时笔尖流淌出肆意驰骋的激扬文字，他在文章结尾发出了激励的呼声：

> 烦闷中的青年呵！
>
> “这里，一切的疑惧，不可不摒弃。
>
> 一切的怯懦，这里，不可不死灭。”
>
> 扬弃过去的一切的新时代，正展开在我们的前面。

第三篇是《从自然科学的唯物论到辩证唯物论》，进一步讨论了费尔巴哈思想的得失，指出进步意义有三：一是从唯心论到唯物论的转变；二是从科学上否定了宗教；三是埋葬了所谓特殊的科学与自然科学之对立。指

---

① 杨东莼：《思想之方向转变》，《民铎》，1929，10（4）。

② 杨东莼：《思想之方向转变》，《民铎》，1929，10（4）。

出其中的不足在于不完全的唯物论和缺乏辩证的方法。进而指出马克思和恩格斯在辩证法和唯物论上超越了费尔巴哈，就在于不仅发现了自然的唯物论，还发现了历史的唯物论，这是自然和社会的辩证法的全面应用。他认为，马克思恩格斯还采用了费尔巴哈所缺乏的辩证法，而且马克思恩格斯的辩证法与海克尔的唯心论的辩证法不同，是唯物论的辩证法。

这两本译作和三篇文章，是他从事马克思主义经典著作的译介、对唯物辩证法的宣传使用重要体现，对他日后进行的各种学术研究都有很深的影响。可以说，在激荡的战争与革命时代浪潮下，杨东莼是一朵折射马克思主义思想光芒的粼粼浪花。

在日本留学期间，也是杨东莼思想方向的转折点，他从梁启超式的政论家梦想，到共产主义革命者的行为实践，再到转变成为马克思主义的布道者。在“不是生就是死”的历史转型的大时代里，但凡坚守信仰的知识人，要么流血要么流泪，然而“生”的诱惑是人们都难以抵抗的，正直而明智的知识分子被这个生死大时代磨成了“外圆内方”的铜钱形性格，杨东莼也不例外。在进退之道集中体现在学术与政治之间对峙的现实环境里，他仍然是一个富有激情的理想主义者，坚持马克思主义哲学的研究宣传。只是，在人际事务处理上，他变得更加灵活谨慎。

三、三部代表性著作

1928年5月3日发生的“济南惨案”，给刚到日本不久的杨东莼很大的震撼。不知有多少同胞被日军奸淫杀戮，听说单单躺在血泊中的就有五千余人，连中国政府特派交涉员也被割去耳、鼻，最后与其他外交人员同遭杀害，而国民党政府蒋介石却下令不准抵抗。他不禁想到：我苦难的同胞，苦难的祖国，何时才能摆脱帝国主义的铁蹄？何时才能铲除封建专制遗留的荼毒？何时才能真正走向人民民主？这些疑问盘旋在他脑海很多年，如何也驱赶不走，历史总归有解答的时候。

五四运动后新文化运动的方向发生转变，国际关系学领域的欧美各国著作、留学归国的本土者研究著作出版，盛况空前，“国际关系的研究从历史研究向理论研究和系统化方向发展”。当时大批进步知识分子，关注社会现实和民族救亡的这种爱国主义情怀，在文化出版物中被充分地表现出来，其结果就是文艺类书籍的出版势头骤减，社会科学类著作大增。这时，就连一直以浪漫主义为旗帜的左翼新文学社团创造社，在1927年以后，它的出版部也将出版的重心，转移到了社会科学类的图书方面，组织出版了如“社会科学丛书”、“江南文库”、“科学丛书”、“新智丛书”等一批社会科学书籍。这给杨东莼的学术研究搭建了有利平台。

对于国家前途充满苦闷彷徨的杨东莼，他本身丝毫没有吟风诵月、感时伤怀的闲情逸致，他把关注的目光移向对国际形势的思考与讨论，在1928年末，他写成了《一九二八年国际形势》一书，此书经修改后，1929年改题为《世界之现状》，在上海昆仑书店1929年3月出版。因为要另编《中国之现状》一书的缘故，所以这本书就没有说到中国。全书共分九章，杨东莼依据唯物史观的原理，对1928年世界整体经济情况、外交形势以及各主要资本主义国家的经济、政治、外交情况及其发展趋势作了较系统的论述，被称为“研究国际近事的最好的书”①。

这本书付梓印刷后，杨东莼又相继撰写完成《本国文化史大纲》、《中国学术史讲话》，在日本三年他基本上笔不离身。

《本国文化史大纲》最重要的特征就是运用唯物史观研究文化史。“绪论”里谈到对文化的认识时说：“人类的文化，即人类的生活，是人类的社会创造的。换句话说，即人类的生活，就必得在社会内谋相互的分工合作，这种社会内相互的分工合作，就叫做社会的生产关系……社会的生产关系是由生产方式决定的，而后者，又是由生产工具而决定的，所以生产工具是经济之基础。由社会的生产关系所产生出来的精神的生活方式，即由社会的生产关系所产生出来的意识形态，如法律、政治、艺术、哲学，便叫做精神文化。要这样去解释文化这个名词，才能获得这个名词的真义。”

又如在谈到制约文化史的发展有一定的制约因素，但是，“决定一民族文化特征的主要原因，却依然是经济的基础，更直率地说，就是生产关系”。在分析墨家衰亡的原因时说：“封建政治建筑在君与臣、官僚与平民、地主与农民诸阶级对立的上面，所谓臣，便是君的家奴，所谓平民与农民，便是受官僚与地主之剥削的孝子，哪里容得小兼爱之说呢?”统治阶级要利用大家族“以剥削被统治阶级的工具，又哪里容得住兼爱呢?”统治阶级要利用其家族亲朋好友作为政治上的支柱，要拿命运来支配统治阶级，要

① 杨东莼：《世界之现状》，昆仑书店，1929：3。

“争地以战，杀人盈野”，要用礼乐来维持身份并麻痹民众，而墨子却要“尚贤”、“非命”、“非攻”、“薄葬”，可见其衰亡已是势所必然。由此可见，作者对阶级分析法的运用已经很熟练。

本书的另一个特征就是运用社会科学的分科研究方法。作者不同意单纯按时代延续的方法，主张以事件性质为经、以时代的延续为纬的方法研究和叙述。杨东莼的话就是“总簿”式的方法：“以一个一个的事实做单元，而又以每一朝代之间同样的内容列定为三个部分：经济生活之部，包括农业、商业、工业、交通、财政、土地制度以及赋税制度等；社会生活之部，包括政制、刑制、教育、宗教、选举、家族、婚姻、丧葬等；智慧生活之部，包括哲学、文学和艺术等。”显然，这种方法使其研究系统而有章法。运用社会科学方法研究历史是“五四”之后学术研究的趋向，由此可以说杨东莼深得当时学术风气之先。

这本书在文化史研究的学科建设上也有所建树。这体现在一是经世致用。杨东莼说自己在编纂这部文化史的时候，经常考虑这样的问题：“到底我们的那些活动，是和我们有关呢，是影响到现在的生活呢。”在讲到分科研究方法时，也说单纯“总簿”式的研究是无“益处”的，因此在写作本书的时候，“我就只将各时代之和我们有关而又有影响于现代生活的重要事实加以叙述，并且，力求阐明这些事实前后相因的关键”。二是采善汇成。杨东莼在编纂本书时，能够把当时学界相关的学术研究成果及时地采纳进来。对于那些自己同意的观点，则予以吸收，如李大钊的中国文化是“静的文化”的观点予以发挥，说中国文化的特质在于“农业经济之下的山林文化”；而对于不赞同的观点则予以批评，如批评把文化只看作是学术思想与“崇高而特殊的东西”，是“一种偏见”、“一种错误”，会“对异族的文化抱着一种蔑视的心理”。这些都便于读者对于文化史的学习和研究。

杨东莼的《本国文化史大纲》可说是一部具有创新文化史写作模式的著作，对于唯物史观的文化史研究实践来说，应该说是大胆尝试之举。但是，任何新事物都不可能是完美无瑕的，因为这部书受到了读者的欢迎，成为当时畅销的文化史书籍，也容易引发同行学人争议。如一位哲学教师应普汉就曾大肆批评：

杨东莼先生的《本国文化史大纲》出，吾人平心而论，杨氏此书，虽材料大多采自近人之现成著作，东镶西补，颇类头陀之百衲衣，而

> 鉴别史料，亦欠整严，致令人错亦错处，数见不一；但编制史实，尚具有系统，学者读之，对于本国文化，多少能获得一些明确的一贯的印象。初不若高桑氏的《中国文化史》，仅见其支离灭裂而已。唯作者自序云："用经济的解释，以阐明一事实之利病得失，以及诸事实前后相因的关联"，似是自欺欺人之言；盖杨先生亦与我国的其他普罗史家一样，除常以唯物史观公式向本国史料上套圈子以外，实未曾用其所谓"经济的解释"也。①

应普汉列举的十几处错误，有些不乏道理，如杨东莼在书中讲到黄河流域所以能够成为我国文化根据地的原因，不外以下三个：第一，黄河流域两岸的地带，属于黄土层，便于耕种。第二，黄河流域地势甚高，不像长江流域之为沼泽一类，所以适于居住。第三，黄河两岸都是平原，不像长江流域之多崇山峻岭，所以便于交通。既适于居住，便于耕种，则人民易于团集；既便于交通，则彼此多接触机会。团集既多，接触日多，则文化必相应而生。普应汉则依据德国地理学家李希霍芬（Richthofen）的研究证据，以及古籍、甲骨文中找到的证据反驳道：

> 这种以今律古的说法，不消说错误的。这错误的来源，是由杨先生不明上古的黄河流域和现在绝不相同。如果上古黄河流域的雨量也像现在一样稀少，其后也像现在一样寒燥；那么，即使具有杨先生所说的三个优越的条件，亦何能适于人类的居住，而成为我国文化的发源地呢？②

1944年，杨东莼在《我的读书过程》一文中，极为谦虚地把自己说成"百无一成"：

> 自己知道浅薄，教书实在误人子弟，便决计到日本读书。后十六年冬至十九年冬，在东京足足住了三年。其时读书兴趣转移到社会科学方面，有时也读读哲学书籍。但生活无着，全靠编译些东西来维持。要编译的稿子是由书店来决定的，自己不能完全做主。所以在这期间虽跟友人张栗原兄合作，译了些 Dietzgen 的哲学著作，编了一部不成东西的《本国文化史大纲》，但自己却不能集中精力作专门的研究。这

① 应普汉：《评本国文化史大纲》，《学艺杂志》，1935（14）。

② 应普汉：《评本国文化史大纲》，《学艺杂志》，1935（14）。

苦楚，只有自己才体会最明白。①

他之所以把《本国文化史大纲》说成是“不成东西”，这是他习惯自我批评的个性表现。客观而言，由于出版社催稿，他的编撰时间紧迫，加之在日本资料不齐全，导致了这部书的不尽如人意，才有了让普应汉批评的十几处错误机会。这本书作为供高级中学及大学预科的学生读的普通历史教材讲，能让读者系统了解中国文化史发展脉络，并引起读者思考，给予读者一些启示，在同时代史学教材中算是上乘之作。但是，自律甚严的杨东莼偏要以专深的学术研究角度，来评价他编撰的这本教材，于是变成了他说的“不成东西”。

从整体上看，这本书最大的不足之处在于，唯物史观的运用上有些牵强附会，过于简单化、笼统化。如在谈到中国学术的厄运，书中写道，秦始皇焚书坑儒并没有灭绝古学，还不能算是学术的厄运。真正能够算是学术的厄运的事件，要推“罢黜百家表章六经”一事。继而阐明一点：“中国二千余年来，社会经济无剧变，孔子教义也就做了二千余年的王者治天下的工具。”② 这一观点明显通过对中国二千余年中国社会经济情形笼统概括，以符合唯物论中物质第一性的观点，事实上中国历史上，宋朝时商品经济发达，并且已出现“交钞”；明朝便已出现资本主义萌芽形态的雇佣手工工场。

另外，书中认为，汉武帝时期，“孔子教义固成为王者治天下的工具，而官吏学人也竞托儒术以为进身的门径了。自是以后，中国学术界，除中经佛教一度的冲击以及最近受着西学东渐的影响以外，并未激起若何的变动，其原因就在于此——这才是学术的厄运”。进一步根据唯物史观中经济基础决定上层建筑，其中文化意识便属于上层建筑之一，如此比照西方的资本主义产业革命发生后，资产阶级力量壮大起来，产生了代表资产阶级利益的启蒙运动，用科学的力量来打破宗教权威的史学分析法。于是便有了这样“套用唯物史观公式”的结论：“学术的厄运，固属由于尊孔而抑百家，但是，孔学之盛，亦正由于社会经济之停滞而不曾走上产业革命的阶

---

① 杨东莼：《中国过去教育的批判》，《北新》，1929，3 (9)。

② 杨东莼著，罗福惠、胡永弘选编：《杨东莼学术论著选集》，华中师范大学出版社，1997：233。

段上去。这就是中国学术无大变动的根本原因。”①

这同样是对中国思想史的简单定性概括，因为缺乏深入细致分析，忽略历朝历代中国思想界出现的反动，如代表性人物有魏晋的嵇康、明代的李贽、清初的王夫之、清末的张之洞等。如明季思想界的“逃禅”异象，清初思想文化的殖民化与汉化相长，张之洞的体用范畴异化，还有“五四”新文化运动的“文学复古”和“黎明运动”等。倘若细究下来，就会发现二千余年的中国的思想界并非平静无痕的死水潭。

《本国文化史大纲》的遗憾很快被另一部著作弥补，《中国学术史讲话》是杨东莼自认为比较满意的专著。因为，从梁启超的《论中国学术思想变迁之大势》到钱穆的《中国近三百年学术史》到王伯祥的《中国学术演变史》，杨东莼的《中国学术史讲话》一如既往地关注学术演进的思想层面，着重讨论中国学术思想演变的历程，对学术家进行精细的个案研究。

《本国文化史大纲》

这部书不再像《本国文化史大纲》那样粗线笼统地讲述中国思想文化史特征。《中国学术史讲话》贯通古今，从原始社会学术思想的萌芽，到“五四”新文化运动，都作了简要的论述。这部学术著作在研究方法上有三个鲜明之处：变的观念，交融的观念，批评的观念。这在 20 个世纪 30 年代，是难能可贵的。这部著作是应当时文化界掀起的一股整理国粹热潮而产生的。钱穆应北新书局之邀出版了一部《国粹概要》，杨东莼这部《中国学术史讲话》也是应邀产生的绝佳之作。理由有以下三点：

第一，《中国学术史讲话》道明了中国学术思想变迁的大势。即：从春秋战国的“百家争鸣”到西汉的“别黑白而定一尊”，是学术思想的第一变；自汉至魏晋南北朝，学术思想发生第二变；至隋唐而佛教思想极盛，佛教各宗的理论，对中国传统的观念，起了很大冲击作用。于是学术思想发生激变，儒学汇合老庄，佛学而转变为宋代的理学，这是中国学术思想

① 杨东莼著，罗福惠、胡永弘选编：《杨东莼学术论著选集》，华中师范大学出版社，1997：243。

的第三变；到清朝，新汉学的正统派，是古文学家的朴学，但以后清统治者大兴文字狱，法网日密，学者们丢了清初顾、黄、王“学以致用”的传统，专门在故纸堆中去找生活。乾隆、嘉庆间，这一学派几乎取代理学，这是学术思想上的第四变。

第二，《中国学术史讲话》的最突出的特色在于，在大变中又写出了若干小变，注意论述各流派的思想混合的大势。如对东汉的古文经学与今文经学的对立与交融，魏晋之后儒与佛、道与佛，道与儒的对立与交融，清代的汉学与理学，古文与今文的对立与交融，以及晚清时代西方学说对今文经学的影响等，均有细致深刻的论述，体现了杨东莼深邃的历史眼光，融会贯通的写作能力。

第三，《中国学术史讲话》对中国两千多年的学术思想演进各阶段的论述，进行了批判性的科学总结。如《中国学术史讲话》指出：清代的黄金时期要数康、雍、乾三朝，到嘉庆时，“内乱”接二连三地发生，清朝的统治已经动摇。道光后期，帝国主义列强侵略中国，国势岌岌可危。在这样形势下，以前盛行的朴学，已不能适应现实的需要。于是，今文经学便以新的姿态出现。这一派的代表人物，前一时期是龚自珍、魏源，后一时期是康有为、梁启超、谭嗣同。由于时势不同，康、梁、谭所起的作用更大，他们以救国图存为己任，掀起了一场变法维新运动。并对康有为的《新学伪经考》、《孔子改制考》、《大同书》三部重要著作进行了客观辩证分析，指出康有为不得不受制于当时形势之需要，政治上要依附封建统治者去进行自上而下的改革，就是在思想、观点上，也必须利用今文学来表达。正是这种依附性，所以康有为的学说就不能摆脱传统观念的羁绊。杨东莼在《中国学术史讲话》中直称康有为、梁启超二人“适成为清代思想史之结束人物”，这样的认识在三十年代已经达到了很高的学术认识水平。杨东莼的这部著作，确实达到了“通古今之变，成一家之言”的撰史水准。

杨东莼在日本短短的三年多时间里，共翻译了译作五部，撰写著作三部、文章十二篇。另外，他还翻译了《评托尔斯泰主义》一文。该文是傅立策在托尔斯泰诞生百年纪念大会上的一篇演讲稿。文章论述了托尔斯泰思想产生的根源、基本特征以及思想自相矛盾之处和原因。杨东莼认为傅立策的“这篇演讲，阐明了托尔斯泰主义的社会的生长，并且从唯物辩证法的见地分析了托尔斯泰的作品的内容”。

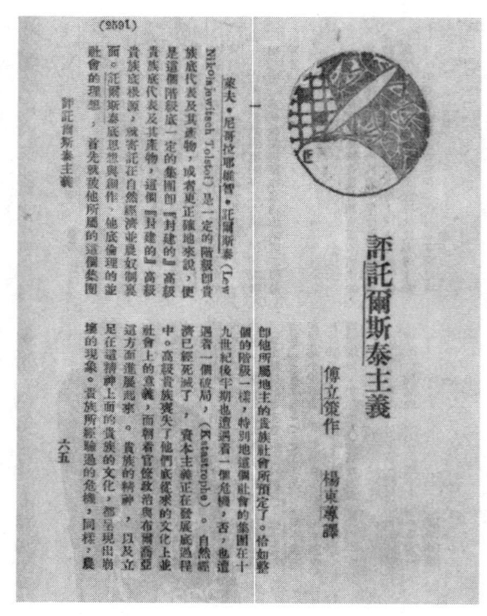

評托爾斯泰主義

傅立策作　楊東蓴譯

一

萊夫・尼哥拉耶維智・托爾斯泰（Lew Nikolajewitsch Tolstoi）是一定的階級卽貴族底代表及其產物，或者更正確地來說，便是這個階級底一定的集團卽『封建的』高級貴族底代表及其產物，這個『封建的』高級貴族底根源，或者託在自然經濟並農奴制底面。托爾斯泰底思想與創作，他底倫理的並社會的理想，首先就被他所屬的這個集團卽他所屬地主的貴族社會所預定了。恰如整個的階級一樣，特別地這個社會的集團在十九世紀後半期也遭遇着一個危機，否，也遭遇着一個破局，（Katastrophe）。自然經濟已經死滅了，資本主義正在發展底過程中。高級貴族喪失了他們底從來的文化上並社會上的意義，而朝着官僚政治與布爾喬亞這方面進展起來。貴族的精神，以及立足在這精神上面的貴族的文化，都呈現出崩壞的現象。貴族所經驗過的危機，同樣，農

評托爾斯泰主義　　六五

1930年，杨东莼发表在《北新》杂志上的译作《评托尔斯泰主义》

这些编著和译作为他带来了物质上的生活保障，也能在精神上消解他的沉寂与孤苦，但是并不能完全改变杨东莼的复杂心境。他忘不了李大钊先生的那八个大字——“匈奴未灭，何以家为”。大革命失败的惨痛经历，让独居异乡的他变得冷静理智起来，他把心中无处发泄的愤懑，用在了一部又一部的马克思主义史学研究和哲学探讨上，对此他充满了自信，不过并不心满意足，因为他的心底里企求的原是实际革命工作。

他有追求精深研究的悟性与灵性，但是却没有办法施展。他自认为陷入了“博而不收”的泥沼，这正是他内心的苦闷之处。多年后，这位谦逊而又诚恳的教授，反思了自己的学问之道，作为给青年朋友的借鉴：

> 第一，千万不可过早作专门研究的准备，最要紧的是首先把学问的基础打得结实些，有了结实的基础，才能做“由博反约”的工夫。要做一个专家，至少要从“普通家”做起。否则，由于一时的偶然的兴趣，作过早的打算，则兴趣一变，永无成为专家的可能。即使兴趣不变，幸而成了一个专家，也只能算一位钻牛角尖的专家，反而把自己缚住了，眼界不广，看不见各部门的联系，其结果可能成为“坐井观天”的书呆子。
>
> 第二，所谓学问的基础，含有三义：其一，它是今后治学的底子，也可以说是工具。其二，它可以指示我对自然的有系统的正确看法。其三，它可以指示我对人类社会的有系统的正确看法，其所成就之学，是不会对社会有用处的。由此可见，在基础学问一范围之内，不拘是属于自然方面的也好（自然科学各部门），属于人类社会方面的也好（社会科学各部门），都是不可偏废的。

第三，职业跟读书不可分割。择业宜慎，但既经择定，就不轻易改变。如此，则读书有中心，积年累月，自有成就。

第四，读书不能单随兴趣而转移，要带几分勉强工夫，方有成就。并且要多向人请教途径，成就才会伟大。①

四、不断延伸的目光

杨东莼过去有一段难忘的教育经历，他相信法国启蒙运动思想家卢梭的一句话，“无论就男性或女性来说，我认为实际上只能划分为两类人：有思想的人和没有思想的人，其所以有这种区别，差不多完全要归因于教育”。这句话也表达了他的教育情节，即使身处异国他乡，也并没有从事专门教学工作。

留学日本的杨东莼既可放眼世界，也可结合国内情况，对世界教育新潮作专门的研究。他将目光转向备受争议指责的国内教育，以及闹得沸沸扬扬的学生运动。1929 年，他在《北新》杂志发表了《中国过去教育的批判》，文章根据中国教育过去的诸多事实，从经济的必然性之立场，来批判中国过去的教育。题目原本应该写作《从经济的必然性批判中国过去的教育》，他觉得有些累赘，于是就使用了后来见诸纸上的标题。这篇文章对当时中国教育因背离政治经济客观形势而存在的种种问题，进行了深入细致的叙述分析，如讲到模仿欧、美、日的教育制度与学校课程，到头来还是因为不能顺应社会的劳动力需要，便形成了促进教育改革的动因：

> 中学生幸而修业完毕，有铜臭的自然鹏程万里，而高等专门，而大学；穷大汉却只有老死家乡，穷得没有路走，或是做个司书，或是与师范学生抢饭碗来充当小学教员（管他知道什么儿童心理不儿童心理），或是百无聊赖便在家乡当百步大王吃是非饭。那能够升学的，博得一个差使，总算是个幸运儿，然而学工业的却只落得拿粉笔教中等学校的理化数学，来和高等师范毕业学生抢饭碗，学农业的立愿回家乡改革耕种却受老农一番没趣的揶揄。工业农业的末路既如此，多数的机会主义者便争先恐后的学法政，结果法政毕业学生车载斗量，而其结果，便在一县或在一乡来武断一切。此外还有一条大道，便是学

① 杨东莼：《我的读书过程》，《读书通讯》，1944（92）。

> 文学，结果也就只得拼命翻译，拼命创造，手不停笔地卖几个钱，这还算是其中佼佼，若是庸碌之辈，也就不过投稿花报捧捧戏子和姑娘罢了。最后师范学生，高等师范的卒业生，论情论理论教育制度，都应是中等学校的教师，初级师范的卒业生，一样应该是小学校的教师，然而恰巧这两种师范生都遇着了对手，和他们抢饭碗。结果，不论在省在县，甚而小至于乡，教师中的派别，都无不纷歧，而其中出人意表的明争暗斗，甚而至于动武。①

《中国过去教育的批判》文章原稿纸达到 40 多页，杨东莼感到对当时中国教育的批判意犹未尽。其实，这些都是他过去接受教育、从事教育工作的系统反思。紧接着第二年，他又在《北新》上发表了《学潮与苦闷中的学生》，文中认为，当时西方资本主义思想冲击下的中国，在这种不断变动的教育环境中，学生思想也随之不断波动，不知所从，不断陷入苦闷之中，从而形成了学界与政界相互勾结利用的学阀，陷学界于无限黑暗之中。为了摆脱这种恶性循环，杨东莼认为还得从经济基础出发，以经济问题的解决来带动教育问题的解决，同样也体现出了他的马克思主义辩证唯物主义的思想烙印。

1930 年，他在《教育杂志》先后分别发表了《十年来之日本学生运动》、《苏俄的性教育问题》、《最近各国教育之趋势》。

《十年来之日本学生运动》一文，详细分析了日本自明治维新以来学生运动的发展过程，即从民主主义到社会主义。从政治经济以及世界形势上，很明显地看到这一过程的转变。“在学生运动的黎明时期，很浓厚地表现了反封建残余势力的斗争，这是渊源于日本的政治背景的。

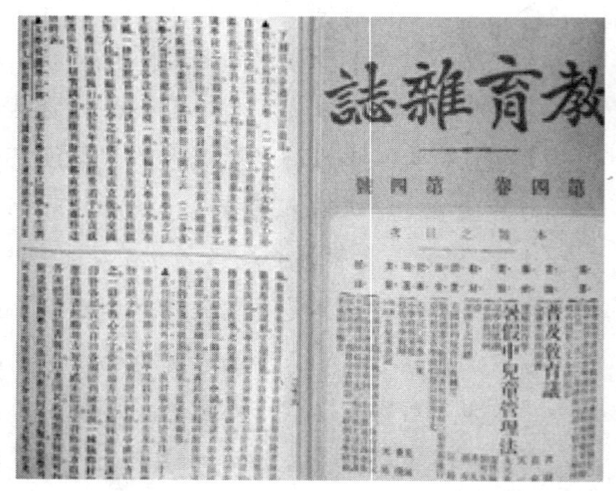
教育雜誌

第四卷 第四號

由商务印书馆创刊于 1909 年的《教育杂志》

① 杨东莼：《中国过去教育的批判》，《北新》，1929，3（9）。

由反封建残余势力的斗争出发，必然地首先揭起民主主义的口号，这是渊源于当时日本资本主义高扬的经济背景的。”日本资本主义因第一次世界大战兴起，无产阶级借此成熟并登上历史舞台，学生运动由民主主义过渡到社会主义，学生运动最终的任务就成为反资产阶级的运动。

《苏俄的性教育问题》一文，通过对战后苏联青年男女在性生活和性教育方面的调查，说明苏联在建立社会主义政权后，试图在传统思想的废墟上、在混乱的性关系上，建立两性新道德的殿堂，同时可以作中国研究性教育问题的人们的指导，来更好地教育和引导青年学生。无论是日本学生运动还是苏俄青年性教育，都有各自的先进性和指导性，值得中国从事教育的人借鉴和吸取。

杨东莼来到日本一年后，1929 年 10 月，以美国的股票暴跌为开端而爆发了世界性的大危机。因此，日本最大量和最重要的出口商品、主要以美国为市场的生丝出口首先骤减。仅次于生丝而面向中国、印度的重要商品棉纱、棉织品的出口也受到了巨大打击。整个工矿业的生产趋势也急剧下降。弱小的企业一个接一个地破产，大企业也被卷入了解雇和降低工资的风暴中。他看到日本随处可见过着半乞讨生活，沿着公路或铁路线步行的人们。从学校刚毕业的学生没有就业机会。特别是文科的大学毕业生，找不到职业的情况尤为严重。街头上流行了一种叫“悠悠”的集体舞，社会充满了颓废与焦躁情绪，电影院里放着小津安二郎导演的《大学毕业了，可是……》，这个电影的名字很快成为日本当时的一句流行话。日本政府为缓解日益严峻的社会矛盾，将危机转嫁给殖民地朝鲜，同时阴谋企图侵略中国，制造了济南事件，炸死了奉系首领张作霖。

这一系列的变化，在善于洞悉历史大势的杨东莼看来，日本帝国主义在国内和国际的各种矛盾，无论在经济上或政治上都达到了爆发点，它在走向战争的道路。他惯于通过写学术文章的方式，表达内心的忍不住的政治关怀，就像他对当时中国教育存在问题的揪心。

在 1927 年至全面抗日战争爆发前夕，中国以民办资本主导的民族工业得到较快发展。虽不同性质的战争接连不断，相对而言仍旧属于小规模的局部战争，对民族工业的破坏不是很严重。全国工业部门增多，产品出口国外，国民生产总值增长较快。基本上，国内学者对国家经济运行未来会出现什么不良状况很少察觉。

置身于日本的杨东莼，看到日本就像看到一面镜子，他认为，在民族资本主义蓬勃发展的同时，虽然需要效仿先进资本主义国家进行产业合理化，促进经济和社会进一步发展，达到国富民强的目标，但是也要警惕因为产业合理化带来的经济和社会等方面的问题。1930年，他在中国创刊最早的一家大型综合杂志《东方杂志》（商务印书馆主办，时为半月刊）第27卷7号发表了《产业合理化》一文。这实际上是他根据5种德文文献和1种美国文献写成的。这篇文章使我国早期对科学管理的译介跃上了一个新台阶。

《东方杂志》，由杜亚泉、胡愈之等主编，1904年3月11日创刊于上海

所谓“合理化”的概念发端于美国，后来在德国更得到重视，它是1922年以后泰罗主义与科学组织的结合产物，并在世界范围内逐渐发展成为强大的运动。苏联科学管理学的奠基人之一叶尔曼斯基是紧随列宁之后研究泰罗制的专家。1922年，他将其1918年所撰《泰罗制》一书修订为《科学的劳动组织与泰罗制》，1925年被译成德文。他站在社会主义的立场上批评泰罗制，以揭露它的强化劳动的企图，但又肯定它对生产过程的科学组织。列宁当时对这本书给予了很高的评价。在列宁的鼓励下，叶尔曼斯基继续发展了他的理论，1928年又出版了《合理化的理论与实践》，很快被译成了其他外文。这部书以最优原理为基础，谋求积极地吸收福特制，对提高劳动生产率的方法和原理进行了综合研究，为20世纪20年代苏联科学组织劳动研究构建了一个巨大的金字塔。杨东莼在这篇文章中引述最多的便是德国布鲁诺·莱格尔（B Raucher）博士的《产业合理化与社会政策》这部权威著作，当然与叶尔曼斯基设想的社会主义的产业合理化不同，而是资本主义产业合理化问题，不过此书却能运用马克思主义的立场、观点、方法来分析这个论题。尤其是他没有停留在微观的泰罗制、福特制、规格化、标准化上面，而是揭露了资本主义的本质问题，其见解无疑是很深刻的。

尽管当时杨东莼对于经济管理学科并不熟悉，但由于他当年译介过马克思主义著作，其政治经济学的理论根底深厚，而且又参加过多方面的社会革命实践，所以能够根据一些外文资料，对《产业合理化》一文中如此宏大的论题作颇有深度和广度的论述。他在文中认为，“合理化的意义，是应用种种根据技术与计划的秩序所发生的方法，以达到经济的向上，货物生产的增加，货物价格的低减以及货物的改良诸目的”，在产业合理化的全领域中，杨东莼根据其性质的不同将其划分为技术的合理化与经济的合理化。文章中通过论述和分析西方发达国家如德国产业合理化的现状，得出了产业合理化的三个结果：失业加大；生产过剩；生产形式的“机械化”(产品标准化，使得“人生单调”)。

杨东莼凭借自己敏锐的政治观察力和历史洞察力，甚至准确地预言了：资本主义国家产业合理化会引发失业问题和生产过剩问题，虽然国家可以采取一定社会措施来维持暂时的安定，但这样加剧资本主义世界固有矛盾，“引起来全世界市场的再分割的大战，却是难免的”。

岁月的轮子碾过了三个春夏秋冬，日本两次出兵山东以后，中国的一切都不断牵动着杨东莼敏感的思绪。待在敌国的杨东莼，只能从日本报纸上将正面报道当成负面消息看，以此反推国内情形。这种焦虑一直等到1930年12月方才消失，又是一个初冬季节里，杨东莼终于踏上了归国的行程①，那一刻的心情，亦如好友郁达夫离开时一样：

> 啊啊！日本呀！世界一等强国的日本呀！国民比我们矮小，野心比我们强烈的日本呀！我去之后，你的海岸大约依旧是风光明媚，你

---

① 关于杨东莼归国的时间，《杨东莼年谱》卡片资料（未刊本）及1979年10月20日《人民日报》发的专电吊唁文章，均认为是1930年12月，而《中国文化史大纲》序言的结尾写道：“1931年6月11日著者识于东京。”另外，1932年10月20日《青年界》刊发的杨东莼的文章《世界恐慌中的日本资本主义》，结尾写道“一月二十日于东京”，且文章里引用了大量东京《日日新闻》（1931年1月16日）等报刊资料，这说明可能1930年杨东莼确实回过国，但1931年旋即又去过东京。

的儿女大约依旧是荒淫无忌地过去的。天色的苍茫，海洋的浩荡，大约总不至因我之去而稍生变更的。我的同胞的青年，大约依旧要上你这里来，继续了我的运命，受你的欺辱的，但是我的青春，我的在你这无情的地上花费了的青春！啊啊，枯死的青春呀，你大约总再不能回复到我的身上来了吧！

他在海上旅途中，在颠簸且嘈杂的轮船上，在没有任何资料的情况下，在处于无暇沉思的状态里，写成了一万余字的《评中国十九年来的妇女运动》，文章从经济上的变动，说到政治上的变动，再从政治上的变动，说到妇女运动的转换，分四个阶段廓清了中国过去十九年的妇女运动，条理清晰，实例客观。

就像唯物辩证法认为的，任何事物都具有两面性。在日本，杨东莼的翻译和著述水平，在应对“经济”挑战的过程中得到明显提升。无怪乎他要青年学子做学问不能光凭一己兴趣，还得多些“勉强”的功夫，他说的“勉强”意指持之以恒，这大概就是他这三年得到的最宝贵的治学经验吧！

第五章　学术的黄金期

一九二八年至一九三二年短短的时期中，除了普罗文学的口号外，便是唯物辩证法和唯物史观之介绍。这是新书业的黄金时代。在这时，一个教员或一个学生书架上如果没有几本马克思的书总要被人瞧不起的。

——《最近的中国哲学界》

一、三十而立

下船后，杨东莼坐上了叮叮当当的电车，轻风吹来了外滩公园里悠扬婉转的丝弦乐，艺人用清俏柔远的吴侬软语唱着昆曲评弹。他是一个京剧迷，对这种唯美含蓄的戏曲感到陌生，甚至连一句词也听不懂。不过，他依旧满脸兴奋，不禁感慨地低声唱了几句京剧《四郎探母》："失落番邦十五年，雁过衡阳各一天。高堂老母难得见，怎不叫人泪涟涟。"

从桥上向东望，可以看见浦东的洋栈像巨大的怪兽，蹲在暝色中，闪着千百只小眼睛似的灯火。向西望，叫人猛一惊的，是高高地装在一所洋房顶上而且异常庞大的NEON（霓虹）电管广告，射出火一样的赤光和青磷似的绿焰：LIGHT，HEAT，POWER！①

这是1930年代左翼作家茅盾在其著名的小说《子夜》开头所描述的上海辉煌都市的场景。

一个星期的期间过后，我的职业还是没有找到。我的朋友劝我再等一星期，再去碰碰门路，可是我觉得已经够了。"住"的问题，"外

① 茅盾：《子夜·林家铺子》，天津人民出版社，2008：3。

快”的问题，“红丸”的问题。内地银子跑到上海变成公债的问题，已经叫我了解上海是怎样一个地方，而上海生活又是怎样一种生活了。尤其是那些“弄堂小学”和“街头图书馆”在我脑子里留下了一个深刻的印象。我很怀疑，世界上找得出像上海那样的第二个大都市么。①

这是与杨东莼一样，来上海谋生计的一个外来文化人，在他的文章《地方印象记——上海》中结尾所表达的对上海的悲歌印象，作者同样是茅盾。

旧上海的繁华与阴沉，如同茅盾笔中所描述的那样“矛盾”。资本家、买办们在纸醉金迷的夜总会，举着高脚杯优雅地谈天，觥筹交错，轻歌曼舞。负有盛名的诗人、教授们在豪奢客厅，举办文化沙龙，高谈阔论；而一些游荡于十里洋场内外，蜗居于昏暗“亭子间”、“三层阁”里的知识人，上海的物质天堂抛弃了他们，他们却用才华与梦想，创造着他们的文化乌托邦——左翼作家联盟。很明显，他们中的绝大多数生存境况和那些栖身于城市的阴暗的角落里，像麻雀一样终日为生计奔忙的人们并没有什么区别。

回国的兴奋，很快被这种残酷的“矛盾”击退。1931 年，已过而立之年的杨东莼，没有任何豪言壮语，悄无声息地走进了这个陌生的都市知识分子群体。

比茅盾幸运的是，杨东莼在日本的辛劳没有白费，他的口袋里有了些微薄稿酬，暂时没有吃住的忧虑。他在《北新》、《民铎》、《教育杂志》、《东方杂志》等报刊上陆续发表了很多评论文章，虽然这为他在教育文化领域获得了一定声誉，但初来上海的他和茅盾一样，在公共文化圈里还没有很好的人际网络，只是逐渐与文化界党员钱亦石、李凡夫等取得联系，没有参加其他活动。他甚至不能像茅盾那样出去“碰碰门路”，因为他还是一个被国民党通缉的共产党，尽管他已经不叫杨人杞，改名杨东莼了，但这种生死之虞还没消除，他经常被迫更换住所，从一个阁楼到另一个阁楼，和那些巡警玩猫抓老鼠的游戏。上海也是日本流亡生活的延续。他唯一的就业机会，就是手中的那支笔。

杨东莼在归航途中写的《评中国十九年来的妇女运动》，经过一番润色

① 杨东莼等：《万卷书万里路》，天地出版社，2012：152。

后，也很快被《妇女杂志》发表。这家杂志社的编辑在看完这篇文章后，得知杨东莼前不久在《东方杂志》发表了一篇《产业合理化》文章后，就热情地邀他撰稿，希望杨东莼能接着写点产业合理化与妇女解放方面的文章。

生活不能停顿，既然是靠卖文为生，文章也不可以停。尽管杨东莼手上的编译工作还没有完成，他还是答应月内交稿。这种生存与理想之间的痛楚，是当时很多进步知识分子的缩影。杨东莼的湖南同乡好友周谷城和他一样，1927 年大革命失败后，到上海以卖文和翻译作为谋生手段。周谷城在上海期间发表了多篇讨论中国农村和改造中国教育方面的论文，出版了《中国教育小史》（泰东图书局 1929 年版）等书，译有《文化之出路》、《苏联的新教育》等。这种颠沛流离的生活状态，直到 1930 年周谷城任中山大学教授才结束。

《妇女杂志》

他在日本留学期间对社会科学有了较深研究，用社会科学分析方法做这样一篇文章并不算难事，只是时间精力的问题，因为文章是思想的表露，写文章的人不能像机械一样高效地工作，一篇好文章都要经过一番搜索枯肠的苦境，古人说“吟成七个字，捻断数根须”，一点都不夸张。想象一下，像杨东莼这样无间歇的做文章，非得有源源不绝的灵感，他的灵活头脑和勤奋毅力，让他得以应付这种煎熬的日子。

经过两周的孤灯相对，《产业合理化与妇女问题》及其续文总算完成了，他有了种如释重负的快乐。这篇文章通过对美国、日本、德国、英国、波兰等国的妇女用工情况进行数据分析，全面讨论了产业合理化对劳动者产生的影响，尤其是对妇女产生的影响。文章对资本主义企业变相压迫无防御、顺从的妇女劳动者，榨取剩余价值做了大量数据分析，揭示了资本主义社会的产业合理化乃是压迫劳动人民的手段，引起的诸多深层社会问题是全世界共同的问题。文中自始至终都在论证着马克思主义的理论观点，即资本主义无法解决生产力和生产关系之间的矛盾，比如生产过剩带来的经济危机问题。

杨东莼的行文风格是喜欢旁征博引，这和他熟练掌握了德语、英语、日语好几国语言，经常阅读不同国家的报纸杂志，在北京大学读书期间就有剪辑报刊有关的习惯有关，他由此眼界开阔，融会贯通的能力不断提高。比如，在这篇文章中，他在写到不同行业领域产业合理化后妇女用工的情况时，他翻译了一个英国记者的报告：

> 制靴工业，因专门机械的使用，分业更得到精密的改善。结果，男子劳动者的工作，多为妇女劳动者所代替。尤其是在美国，妇女劳动者从事于制靴工业的，在1910年占32%，到1920年便占36%。下面引用的，是英国一位记者的报告，从这报告中，我们便可知道美国制靴工业中妇女劳动的性质：
>
> “有一天，我去访问离波士顿二三里地方的工场。在那工场，专门制造妇女用的奢侈品。我在那里站了十分钟，就使我不得不发出如此的疑问：‘为什么你们这个工场只是使用着少年和少女呢?’工场的技师长答道：‘这是有相当的理由的，我们并不需要多数的男子劳动者，我们并不需要学习完了某种修业期限的男子劳动者。在这个工场所做的工作，都只需要二周间的学习。少年少女的工价，比成年男女来得低廉，可是他们的工作，却是一样的。’不拘那一个劳动者的工作，都不外是最细微的部分作业。例如一只靴底，就要经过27个劳动者的手。而这27人中，大多数又属于少女并少年。从一般来说，美国的制靴工业，妇女并儿童的雇佣不断地增加着，而成年男子的雇佣却不断减退着。”①

杨东莼急忙完成了手上的编译工作，8月，他编著的《本国文化史大纲》和翻译的《古代社会》在北新书局、昆仑书店也相继出版印行，并且都有不错的销量，他把攒得的稿费立即寄回了醴陵家中。他很想回家看看那三个调皮捣蛋的儿子，亲手抱抱最小的女儿（杨周之），也想告诉他们外面的新鲜事物，就像当年他的父亲从日本留学回到家中，他和弟弟人楩对父亲短暂生疏后，便缠着他讲新奇的东瀛物语。

没几日，在强烈的想家念头驱使下，他决定把三联书店的约稿给推辞

---

① 杨东莼：《产业合理化与妇女问题》，《妇女杂志》，1931，3（4）。

了，想办法回家一趟。“老杨，你现在回去可能会被军阀何键的爪牙抓住”，一个销售进步书籍的好友好心劝告他。他笑着说：“放心，我一定会再跑回上海，那几篇唯物论的稿子还没写完呢！”说完，转身就走了。

夏日闷热的天气，把上海变成了一个密不透风的罐子，这个城市一到七八月就容易受沿海台风的影响。在乘坐电车去火车站的一会工夫，天空乌云翻滚，骤然刮起大风，杨东莼走时太急没带雨伞。马路两旁茂盛的梧桐树，落下厚厚的粉末肆意飞舞，浓妆艳抹的摩登女士惊恐地躲进了百货店里，神情肃穆的巡警三三两两地站在街道路口晃荡。刚下电车，只听见报童扯着嗓子喊着：“号外，号外，我军集结 20 万兵力赴江西继续进行大围剿。”杨东莼的心像被猛地揪了一下，随即买了一份报纸来看。看完报纸，瞬间他神色凝重，拖着拖沓的步子走着。台风过境的滂沱大雨终于倾盆而下。

浑身湿透的杨东莼回到住所，静静地坐在书桌旁，他想起了以往一起开展工农运动的同志们，想家里会不会受到牵连，他甚至想着该如何与组织联系上。

他哪里知道，由于 4 月 24 日中共中央政治局候补委员、特科负责人顾顺章被捕叛变，上海的党中央处于存亡危急关头，中央重要机关几乎全部遭到搜查，党中央已停止会议。

多年后，他从二儿子杨慎之口里得知，他外出避难后，孩子们所经历的苦涩童年。杨慎之愤怒地说：

> 我的恶霸地主的大舅父史剑霄豢养一头狂犬咬去了我亲生弟弟杨详之大腿上的一块肉，鲜血淋漓，惨不忍睹。那时，我并不懂得什么叫做 marxism（马克思主义），我只听到人家在咒骂我：“这是共产党杨东莼的孽种，该遭千刀万剐的小畜生！”我觉得受了奇耻大辱，于是下死了一条决心，不打倒恶霸地主我就死不瞑目。

他明白，现在回家是不可能了，军阀何键把清乡督办公署撤销了，但是另外设立了军务科，直接掌握地方武装，狂热地执行蒋介石的围剿政策，屠杀共产党人。

杨东莼的内心执着于马克思主义，心底的波澜终归平静下来，他拿起手中的笔，接着写完了《唯物论的认识论》和《评所谓读书运动》，这两篇文章分别在《民铎》、《读书杂志》上发表。《唯物论的认识论》是他在日本撰写的《从自然科学的唯物论到辩证法的唯物论》姊妹篇。

《从自然科学的唯物论到辩证法的唯物论》所讨论的问题，是唯物论的第一个问题，即世界是物质的还是精神的。杨东莼在文中经过分析，所得出的结论是："世界所有现象是运动的物质之现象，是物质的运动之现象。并且更进一步，说思维也是物质的性质的，即是与特殊器官（脑髓）相结合的性质。"① 这一点打击了唯心论者的虚妄主张，支持了马克思主义的辩证唯物论。这在今天可能不算什么，但在当时各种哲学思潮混杂的条件下，他能坚定如一地介绍宣传马克思主义，源自他内在心灵的执着。

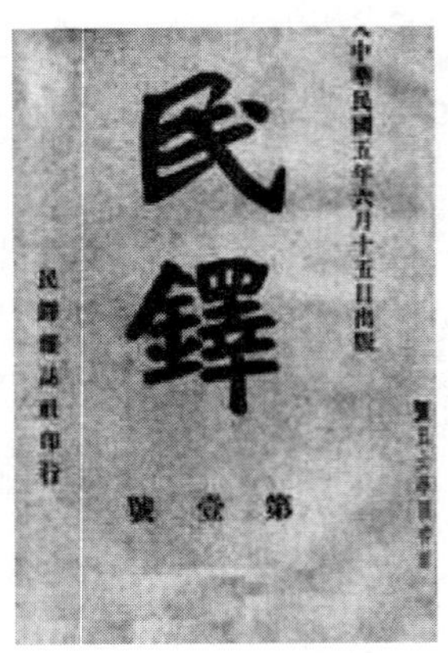

《民铎》杂志

对物质及其机能无限的式样性与无限的统一性进行说明后，杨东莼进而撰文讨论了第二个根本问题，即思维与实在的关系问题。文中专门论述了"真理之试金石（Pruefstein）是什么"的问题。

> 当我们比较概念相互间的时候，我们找不出真理之实在的标准，只有在我们以概念与现实比较时，才可以得到真理之实在的标准。所以真理的试金石，首先便是观察灵魂自身之观念或者没有矛盾，但是精神的机能是与肉体相结合的，这是人类的一般的经验，灵魂一观念对于这种经验便是发生了矛盾。又如龙或者是有的，但因不存在于现实之中，所以龙便不存在了。
>
> 其次，真理的试金石便是实验。例如水在一定的质量关系中，是由酸素与水素结合而成的，我们要确定这主张是否正确，便只有由实验才可能。换言之，就是由实验采用二重的方法：第一在一定的温度与压力的条件之下，用水素与酸素化合而成水；第二用化学的过程，分解水为水素与酸素。由实验我们可以知道这一观念并非幻影，而是相应于物之现实的本质的。这种实验，小之可以在化学实验室行之，大之可以在工业中行之。工业上的应用，也就是一种实验，验明我们的知觉是现实的抑是幻影的。②

① 杨东莼：《从自然科学的唯物论到辩证法的唯物论》，《民铎》，1929，10（5）。

② 杨东莼：《唯物论的认识论》，《民铎》，1931，11（1）。

中国人使用的是象形文字，与此相关，中国人的思维方式带有感性主义特点，属于形象思维。理性主义和抽象思维对于西方人是一种先天的禀赋，对于中国人则是一种后天的知识。马克思主义属于外来舶来品，这种用理性的逻辑思维表达的语句的早期推介并不容易。好比对一幅梵高的抽象画作《向日葵》的理解程度，对于西方人来说是强弱的问题，对于中国人来说则是有无的区别。杨东莼的思维方式，在北京大学哲学系老师李大钊、胡适等训练下，已经上升到理性思维的程度。但是，在介绍唯物论的认识论时，他必须结合读者实际，将复杂的逻辑表述用抽象、含糊甚至联想、比拟转化成通俗易懂的文字。所以，在阐释什么是真理的试金石的问题上，就像他翻译摩尔根的《古代社会》中晦涩难懂的语句一样，绞尽脑汁去比附举例，便于大众理解。

文中最后得到的一个结论“即实践（Praxis）或人类的行动才是人类是否现实地认识事物之试金石”具有非常重要的学理意义。1931 年，杨东莼已在哲学界公开阐释这个科学结论，并正确介绍了马克思主义的认识论：“这种实验，不仅行于自然界中，而且行于社会中，从而政治只是在社会的范围上的一些实验，要判别它的真伪，便只有从实情判别之。”[①] 杨东莼含蓄地借此表达了马克思主义的科学真理运用在中国社会政治变革中的想法。他延续了老师李大钊的共产主义理想愿景。

六年后，让杨东莼兴奋不已的是，这个结论终于显示了它的革命实践意义。1937 年 7 月毛泽东在《实践论》一文中写道：“真理的标准只能是社会的实践。实践的观点是辩证唯物论的认识论之第一和基本的观点。”[②] 为着用马克思主义的认识论的观点去揭露党内的教条主义和经验主义——特别是教条主义这些主观主义的错误而写的，进一步证明了“马克思主义不是教条而是行动的指南”这个真理。

在《评所谓读书运动》一文中，杨东莼很赞同蔡元培的“读书不忘救国，救国不忘读书”这两句话，认为它把握了当时的时代性，涵有时代的意义。相反，他认为易家钺要学生莫谈马克思、克鲁泡特金、德莫克拉西这些时髦的新名词而希望学生埋头埋脑地去读书的这种读书观点，不涵有

---

① 杨东莼：《唯物论的认识论》，《民铎》，1931，11（1）。

② 《毛泽东选集》，人民出版社，1964：261。

时代的意义。杨东莼对北大校长蔡元培一直是敬慕的，然而教过他的哲学老师胡适就没有这种“待遇”了。他曾将胡适隐喻为“学阀”，他说：“军阀不但拥兵自卫据地称雄，有时他还要干预政治、问鼎中央，同样，学阀也不只是把持并操纵学界，有时他也要干预政治，以作他将来进身到政治舞台上面的准备（以前北京大学教授们所倡导的好人政府主义，便表示着跃跃欲试地在政治舞台上谋活动——姑不论其动机之为何）。”① 这里的“好人政府主义”的首推者就是胡适。他认为，在前资本主义的中国，在中国推行杜威的实验主义的教育，“纵令有胡适之先生等努力去提倡它，却因它不和中国的需要相适应，终久获不到良好的结果”②。

对于读书这个问题，他认为，代表实用主义或工具主义的胡适要一般人“少谈些主义，多研究些问题”，这种认识把思想（或知识）与行动分为两橛，与思想已经进入新阶段的伟大时代不相符。杨东莼非常厌恶中国哲学思想里浓厚的实用色彩，即传统的“学以致用”思想。他认为“学以致用”需要客观相符的社会条件，否则无法“致用”，学也是枉然，他运用了历史唯物论的分析方法来解释教育存在的问题。

> 我有一位姓萧的朋友，在日本学建筑前后十一年，他书本上的知识固然很丰富，加以他实习过两年之久，他的经验，也不见得贫乏。但他回国以后，在上海谋他本行以内的事，足足经过一年之久，却毫无结果；而生活迫着他，学建筑的人，反做了县公署的科员。③

杨东莼以学而无“用”的这个身边事例（其实，他自己又何尝不是呢？学成归来，还没有找到一份正经体面的工作），说明读书与现实紧密相连，指责“为学问而学问，为读书而读书”的陈腐论调，号召在这个伟大的时代快要到来的时候，“读书不忘革命，革命不忘读书”。因此，他总结诸多现实因素，认为青年读书有以下几个要掌握的原则：

> 第一，读书要与现实一致，即读书与现实应打成一片，不应断为两橛；第二，读书要把握着时代性，“闭户造车”和“开倒车”两个方法，都是为害青年的方法，这不但于青年有损，即于社会亦有损；第

① 杨东莼：《学潮与苦闷中的学生》，《北新》，1931，4（21-22）。

② 杨东莼：《学潮与苦闷中的学生》，《北新》，1931，4（21-22）。

③ 杨东莼：《评所谓读书运动》，《读书杂志》，1931，1（6）。

三，读书要合理化，“要用最经济的方法，去读最有用的书”。①

仅教育上的分歧便透露出革命色彩浓重的杨东莼与他的老师胡适在政治上的看法开始南辕北辙。在杨东莼的心里，泡尔生已经被马克思彻底取代。

二、劫难奇缘

1931年12月，杨东莼在一次外出时，意外地遭遇到国民党巡警的逮捕，被关押在卢家湾捕房，幸得友人营救，没有引渡，即获释放②。友人具体是哪些人，今天我们无从得知，但可以肯定的是，“友人”里包含了一个女孩。有关她的情况除了少数与杨东莼私交亲密的人了解外，极少人知晓。在生死攸关之际，一个16岁左右，名叫冯曼莹的女孩巧妙地化解了风险。据称，她原本是浙江大户人家出身，是1915年前后出生的，家境很好，但后因姑嫂间的纠纷，被嫂子设计陷害落魄。

这桩劫难奇缘，是年轻勇敢的魅力激发的，让这个文雅的江南女孩进入了杨东莼的人生，成为杨东莼的第二任妻子。他们的结合过程被很简单地追述如下：

> 杨东莼从日本回国后，被国民党通缉，一直过着颠沛流离的生活，其间曾被冯曼莹所救，杨东莼后又将她拯救出火海，帮她治病，两人之间渐生感情，后经组织批准同意，两人共同生活在一起。③

从上面的简短字句，似乎可以隐约体会到，已过而立之年的杨东莼著述等身，处于学术的黄金期，但是在上海的物质天堂里，他只是一个终日挤在狭窄弄堂里的阁子间的边缘文化人，还时刻有被国民党抓捕的危险。

没有任何迹象表明杨东莼要抛弃远在醴陵老家的史淑宜，但冯曼莹的突然出现，确是她所不愿看到的，这意味着那段被杨东莼认为年轻草率的包办婚姻最终结束。不可否认，这个仗义勇敢的女孩是艰难的革命环境下的产物。“同甘苦共患难”是杨东莼与她在一起的决定因素。逃出封建家庭

---

① 杨东莼：《评所谓读书运动》，《读书杂志》，1931，1（6）。

② 何砺锋：《杨东莼与广西》，广西师范大学社会科学联合会：《纪念杨东莼先生文集》，广西师范大学出版社，1994：76。

③ 据2013年7月杨东莼的孙子杨震接受民进湖北省委会电话采访的口述。

的冯曼莹无所依靠，比她年长 16 岁的杨东莼为回报她的救命之恩，不只帮她治好了疾病，更重要的是给了她一个光荣的英雄梦想。

杨东莼一直不忘给家里寄生活费，四个活泼可爱的孩子正在长大，这也算给史淑宜在史家大屋坐如枯井的生活添了几分慰藉。她的无奈又何尝不是那个包办婚姻时代，千万女性的共同无奈呢？比如，郁达夫之与孙荃，徐志摩之与张幼仪，鲁迅之与朱安，郭沫若之与张琼华，等等。

冯曼莹没有担任任何社会公职，只在生活上照顾杨东莼，很少抛头露面，她对杨东莼极其尊重、崇敬、挚爱，杨东莼不管到哪里，参加任何宴会，都习惯带着冯曼莹做好的饭菜。广西师范大学教授林焕平回忆道：

> 从 1950 年到 1953 年，杨东莼先生任广西大学校长。在此期间，杨先生几次请桂林市党政领导和学校领导吃饭，我也奉陪末座。我发现一个奇怪的现象：在饭店里就餐，都是上等菜肴，客人喝酒吃菜，津津有味，连声叫好。主人杨校长，神采奕奕，谈笑风生，却酒不沾口，菜不下箸。我心里暗想：为什么呢？酒菜不好吗？不像。客人都连声叫好，难道他是神仙？难道他肠胃不适，身体有病吗？也不像。怎么会每逢请客必有病呢！后来我私下向懂得内情的同志请教，他眯着眼，神秘地笑着说："老兄！你不懂得，这是一个大秘密！只有杨校长的夫人煮的饭菜，他才吃啊！这是爱情吗？这是口味吗？这是怪癖吗？"①

另外，据廖有为的二儿子廖井丹回忆：20 世纪 40 年代在四川他随父母与"楼上杨伯伯"、"楼下杨伯伯"住在一起，这里指的是杨人杞（杨东莼）、杨人楩二兄弟同在四川乐山的武汉大学执教，杨人楩的妻子张蓉初是一位受过良好高等教育的大学教授，原先一直看不起冯曼莹，廖有为的妻子（廖井丹的母亲）经常给予调解、宽慰。1957 年"反右"运动中，廖有为入狱后，其妻一个人的微薄工资难以供养 8 口之家，杨东莼的身份不便直接与廖家联系，冯曼莹曾多次接济廖家。可见，冯曼莹和杨东莼一样热情仗义。

出狱后的第二年春，好友周谷城在广州中山大学担任社会学系主任，

---

① 林焕平：《魔术师般的大演说家——深切怀念杨东莼同志》，广西师范大学社会科学联合会：《纪念杨东莼先生文集》，广西师范大学出版社，1994：57。

恰好该系还缺一名教席，于是邀请杨东莼前往任教。周谷城的想法很快得到校长许崇清的支持，他认为杨东莼在日本留学三年对社会科学有研究，并且翻译出版了《古代社会》、《世界之现状》等多部专著，发表了10余篇社会科学领域的论文，完全够资格担任中山大学社会科学系教授。

杨东莼接到邀请后，就带着冯曼莹一起前往广州，流亡生涯终于正式结束，他拥有了全新的生活与职业。在去广州之前，因刘斐的介绍，他曾与刘斐、程星龄、陈公培等到过南宁，结识了李任仁、陈此生，也见到了桂系头领李宗仁、白崇禧、黄旭初。他在南宁只住了几天就赴广州了①。

杨东莼在中山大学讲授“社会主义史”和“唯物论史”两门课程。他在中山大学任教不足半年的工夫，好运接踵而至，他像一颗呆在封闭贝壳里的珍珠，终于要蹦出来了。

三、初到广西

1932年初，新桂系军阀雄心勃勃，想把广西建设成一个强大的“模范省”，提出“建设广西，复兴中国”的口号，与蒋介石抗衡。李宗仁、白崇禧为积极延揽人才来广西，发展文化教育事业，培养本省的骨干力量，决定创办广西省立师范专科学校（简称“广西师专”）。他们把这件事交给新桂系民主派、时任广西省教育厅厅长的李任仁具体落实，李任仁曾是白崇禧的老师，二人都是广西临桂县会仙人，多年来关系非常亲密。李任仁就邀请唐现之从中山大学回南宁任广西省立师范专科学校筹备处主任，唐现之是南京高师的毕业生，是陶行知的学生，受教育救国论思想影响很深②。

一般情况下，学校筹备处主任会直接升为校长，但是，不知道出于何种原因，到底要谁来做该校的校长，李任仁居然一时心里无底。正在犹豫

---

① 何砺锋：《杨东莼与广西》，广西师范大学社会科学联合会：《纪念杨东莼先生文集》，广西师范大学出版社，1994：76。

② 广西省立师范专科学校最初于1932年3月在南宁前工程专门学校旧址建筑校舍四座。由于唐现之崇尚陶行知的教育思想，想把广西师专仿照1930年陶行知在南京办的晓庄师范进行设计，对于广西师专校址设在南宁市区，甚不满意。他以桂林附近的西林公园为白崇禧、李任仁的家乡为由，建议将校舍北迁，获得准允。旋令该校迁移到良丰西林公园（钟文典主编：《20世纪30年代的广西》，广西师范大学出版社，1993：781）。

之时，白崇禧的作战室主任参谋刘斐，跑来极力向他推荐杨东莼来做广西师专的校长。

那么，刘斐有资格向李任仁推荐吗？说起刘斐，他与白崇禧之间还有一段鲜为人知的关系。1916年，白崇禧从保定军校毕业，回广西在陆荣廷部做见习官，后调模范营升为副连长。1918年，该营随谭浩明的“两广护法联军总司令部”占领长沙。此时的白崇禧已是连长。1919年，谭部撤出长沙，回两广驻防。当部队行至醴陵县城时，白崇禧突患急慢性疾病，卧床不起，虽经多方诊治，仍水米不沾，况且部队又要急于转移，回两广驻防。怎么办？在这万分火急的情势下，一位老中医出来为白崇禧看病。他开了几剂药方，白崇禧喝后，病竟好了。这位老中医把白崇禧从死里救了回来。白崇禧感激涕零。这位老中医就是刘斐的岳父。白崇禧为表感谢，动员老中医把女婿刘斐送到他的连队，答应把他带在身边，以人格保证他的安全。

刘斐随即跟着白崇禧来到广西，后来在白崇禧身边做主任参谋，从此，白崇禧、刘斐情同手足，形影不离。白崇禧走到哪里总可以看到刘斐的身影；白崇禧在哪里演讲，总可以听到刘斐的声音，而且，刘斐也随白崇禧的升迁而升迁，白崇禧做了国民政府军委会的副总长，刘斐则为第一部的部长。以后，白崇禧当了国防部部长，刘斐则为次长。刘斐去日本留学也为白崇禧所安排，刘斐学成后从日本回到广西，继续留在白崇禧身边。

刘斐回国后，一直惦记他的莫逆之交杨东莼，想帮杨东莼谋一个教育职务施展才干，但总没有碰到适当的机会，直到李宗仁、白崇禧要创办广西师专。刘斐首先向白崇禧推荐杨东莼为广西师专校长，白崇禧一口应允，并对他说：“你要会做工作，先向省教育厅厅长李任仁推荐，由李找我，我好说话。”刘斐按照白崇禧的授意，立刻去找李任仁，对他说：“杨东莼是北京大学高才生，又留学日本，是大学问家，做师专校长完全够格。”李任仁完全同意。然后，李任仁跟白崇禧一说，两人一拍即合。杨东莼就这样被白崇禧、李任仁定为广西师专校长。刘斐兴奋地给杨东莼写信通知此事，希望他速来桂林任职。

刘斐

1932年秋，杨东莼接到刘斐和李任仁的来信，邀请他赴桂工作。信中说："因国难严重，广西当局励精图治"，李宗仁、白崇禧等也有来电促他赴桂工作。杨东莼并没有立马动身前往的意愿，他复函给刘斐，说尚需要一段时间考虑。就在这段时间里，他在《青年界》发表了文章《一九三一年国际情势概观》。他与宁敦伍合译的恩格斯的一部重要论著《费尔巴哈论》（该书又名《机械论的唯物论批判》）也在上海昆仑书店出版了。如同时人所说，"一九二八年至一九三二年短短的时期中，除了普罗文学的口号外，便是唯物辩证法和唯物史观之介绍。这是新书业的黄金时代。在这时，一个教员或一个学生书架上如果没有几本马克思的书总要被人瞧不起的"①。流亡的日子，也是杨东莼研究马克思主义的收获果实的黄金期，他搬出了阴暗的"阁子间"。虽然那次逮捕让他心有余悸，但现在他已经找到新的信心，行动开始显得大胆而生气勃勃。

对于广西师专校长一职，他很清楚，不单单只是好友刘斐的推荐，他冷静地看待着这块"天上掉下来的馅饼"。桂系在1930年蒋桂战争中失利后，退守广西，但与蒋介石的中央政权仍处于尖锐的对立状态。为了保住地盘和企图东山再起，李宗仁、白崇禧等整军经武，扩编军队，训练民团，增强实力；推行"三自三寓政策"，"行新政，用新人"，表现出一定程度的开明。实际上，桂系军阀白崇禧密谋与粤系军阀联合反蒋，需要在广西挂上一面"进步"的旗帜，招揽一些进步人士，以此装点门面。他经过深思熟虑，认为事有可为。理由是在军阀混战之际，广西是白色恐怖的空白点，政治环境会比较宽松，他去广西担任校长，可以更好地进行马克思主义宣传。

8月，刘斐一再催促此事，杨东莼才起身从上海来到桂林。当即，在刘斐、田良骥（湖南醴陵人，与刘斐、杨东莼、朱笃一等均系同乡同窗好友。此时，田在广西兴安县任县长）陪同下，从桂林到南宁，与李宗仁、白崇禧见面。见面时，白崇禧叮嘱杨东莼想办法办好广西师专，为广西培养更多的人才。白崇禧知道杨东莼在大革命时期是有名的共产党员（当时同党失去联系），所以谈话时隐约地透露了"联共反蒋"的企图，杨东莼顺势力劝白崇禧走这条路。白崇禧说，我杀的共产党员太多了，恐怕不可能了。杨东莼接过话头说，共产党以大局为重，不念旧仇，但是白崇禧只是

① 谭辅之：《最近的中国哲学界》，《文化建设周刊》，1936，3（6）。

摇摇头支吾过去。这次的见面谈话，杨东莼给白崇禧留下了才思敏捷的好印象，而这个眼前素有“小诸葛”之称的白崇禧，使杨东莼对政治的复杂性有了更实际的体会。白崇禧在谈到“联共反蒋”的可能性问题时的态度，使杨东莼意识到桂系只想打出“抗日”、“开明”、“反蒋”的幌子，来争取国内更多的同情和支持。

这次，杨东莼与白崇禧同住在宜园一个多月，大部分时间都与刘斐相处。其间，经过多次商谈，他同意主办广西省立师范专科学校。他与广西当局具体磋商广西师专办学大计，他坦诚阐述了自己的设想，受到李任仁的认可和积极支持。

10 月初，杨东莼在广西省教育厅厅长李任仁的陪同下来到广西省立师范专科学校。

李任仁

广西师专坐落在距离桂林城四十里的良丰雁山公园。这是前清唐子实仿大观园的形式建造起来的私人别墅（后送给两广总督岑春煊，改名西林公园，岑春煊又转给广西省政府)，青山环抱，池沼岩洞掩映其间，风姿绰约，因有点大观园的味道而远近驰名。园内亭台楼阁古雅，弯弯曲曲的小河可以划艇，奇花异草名目甚多。罕见的就是相思河畔以及校园内遍植桂花树，盛开时，桂花洒满地面，像铺了金色的地毯，香气阵阵随风飘来，使人如痴如醉；还有在红豆院旁遐迩闻名超过百龄的特大相思树等。园外的原野，长满杜鹃花，春暖花开的时候，满山红遍，像高高飘扬的红色革命旗帜。杨东莼对广西师专的选址很满意，这里的清幽环境仿佛跟渌江学院一样。

位于雁山园的广西省立师范专科学校旧址

10 月 12 日，广西师专举行了第一届学生开学暨校长就职典礼。李任仁对杨东莼的学术成就给予了很高的评价，之后双手捧着一枚用红绸包好的校印交给杨东莼，以示郑重授权。

典礼上，首先由李任仁发表训示，阐明开办广西师专的意图①。他说："要谋求中国的出路，便要找农民的出路，着手农村建设，提高农民文化，领导农民作各方面的奋斗。"同时，他代表广西当局又再次强调广西师专的使命："师范专科学校是为着乡村师范而设，乡村师范学校又是为着乡村小学而设。那么，师范专科学校的使命：直接地做生产乡村师范教育的师资的场所，间接地做改造和发展乡村教育的基本动力。"

接着，由筹备主任唐现之介绍学校筹备的经过。

继之，杨东莼作了长篇答词，阐述创办广西师专的特殊意义、自己的决心和办学理念。他说："在这国难当头农村经济日益破产而危机四伏的时候，广西省政府能够拿出12万元的开办费和每年9万余元的经常费来创办师专，实在有它的特殊的意义。"他指出："师专是对现有的学校或过去的师范学校革命而产生的——这便是创办师专的特殊的意义。"

他分析了中国的教育，认为："过去30多年的教育，是从外国移植过来的，是摹仿外国的，是盲从外国的，总括一句话：就是把外国的教育制度、教育设备和教育方法整个地搬运到中国来，当时并不曾估量到中国社会到底需要哪一种教育，也不曾考虑外国的教育其发生的原因其存在的根据在什么地方。……倘若我们依旧一样盲目地摹仿或移植下去，却不顾虑到教育与中国社会的关系，则我可以断定，无论以后搬弄哪一国

杨东莼在雁山园（油画　作者不详）

① 《广西省立师范专科学校简章草案》第三章宗旨第三条规定：本校根据中华民国教育宗旨——中华民国之教育，根据三民主义，以充实人民生活，扶植社会生存，发展国民生计，延续民族生命为目的，务期民族独立，民权普遍，民生发展，以促进世界大同——培植能实现此项宗旨的县教育行政人员及乡村师范、乡村中小学教职员为宗旨（《教育论坛》，1932年第4期）。

的新花样，搬弄哪一样的新名目，结果，依旧无补于中国社会的实际和需要。”

他强调：“我们这个学校办在广西，是用广西人民的膏血来办的，将来你们出校是要替广西社会服务的，所以我们这个学校的根据就在广西。”他阐述了学校的培训目标：培植能实现充实人民生活，扶植社会生存，发展国民生计，延续民族生命这一宗旨的县教育行政人员及乡村师范、乡村中小学教职员。

接着，杨东莼对自己，也对同学们提出了严格的要求。他说：“我们要从今日起，抱定‘我不入地狱谁入地狱’的宗旨，努力干下去。”继而又说：“我远从上海来，一不是想来赚钱，二不是想来培植个人势力，我对于你们用不着客气，也用不着巴结。假使我不尽责，你们可以不客气地监督我，我自己觉得真正无能力干下去时，我便告退，我以一身来，仍以一身去。这是我今天咬紧牙根斩钉截铁对同学们说的话。”

讲到这里，杨东莼停下来，然后又说：“要达到上面所讲的这些目的，除了我们努力干下去，还有干的方法。但是，要谈到干的方法，又非把你们的传统观念和个人本位的习惯改变不可，所以本学期有三点要使你们改变过来。第一，在思想方面，要用团体生活的锻炼，去打破你们以个人为本位的人生观；要用勤劳的任事，去打破你们入学校混资格的观念。第二，要改变你们的生活态度：改革你们的斯文习气，使你们自动地处理一切日常生活。第三，改变你们的传统的学习方法，改变你们依赖教科书的习惯，完全侧重于自动研究、共同讨论及实际工作三者，而尤注重三者的循环性。……我们要有了正确的人生观，得到了良好的学习方法，训练好了向上的生活态度，然后才配谈到干字。”

这既是杨东莼在开学典礼上的答词，也是他就任校长的一篇誓言。抑扬顿挫的讲话，鼓动渲染的演讲，博得了学生们的喝彩。他的讲话被一阵又一阵的掌声所打断，最后的掌声经久不息。

从此，杨东莼的教育生涯与广西这片红色的土地紧密联系在一起，结下了不解之缘。

第六章　“杨把戏”

马克思主义者不是算命先生，未来的发展和变化，只应该也只能说出个大的方向，不应该也不可能机械地规定时日。但我所说的中国革命高潮快要到来，决不是如有些人所谓“有来到之可能”那样完全没有行动意义的，可望不可即的一种空的东西。它是站在海岸遥望海中已经看得见桅杆尖头了的一只航船，它是立于高山之巅看东方已经光芒四射喷薄欲出的一轮朝日，它是躁动于母腹中快要成熟了的一个婴儿。

——毛泽东《星星之火，可以燎原》

一、聘请进步教师

一个魔力演讲家（杨东莼）的到来，让广西师专礼堂的演讲台变成了吸引眼球的小舞台。杨东莼开始也兼一个班的主任，讲伦理学课非常受欢迎。后来学生多了，工作忙不过来不兼了。但他每星期一上午的“纪念周”的报告，也是学生最愿意听的，许多教师家属也闻讯前来旁听。他分析问题精辟，就是行政工作、日常生活问题也能联系到理论上来分析、批判，富于哲理，学术性也很强。

广西师专有两项特别的培养要求：哲学者的头脑和传道者的精神。很明显，从字面含义上，这有利于杨东莼公开地利用各种场合，用马克思主义哲学分析各种实际问题，在课上讲授辩证唯物主义理论，有时他还利用课余饭后，在宿舍、路旁和学生们交谈，他言词锋利，亦庄亦谐，态度平易近人，听者不是鸦雀无声，便是满堂大笑，给人印象很深。往往在旁的学生都来围听。有个学生打趣说：“又围着看什么把戏？”有些学生还亲切地叫他“杨把戏”。

实际上，身为哲学家和“传道士”的杨东莼，能更好地变换“戏法”，达到培养学生的这两项特别要求，当然“戏法”背后的内容，却是具有无产阶级革命色彩的马克思主义。

杨东莼长期研究辩证唯物论和历史唯物论，翻译恩格斯的《费尔巴哈论》、摩尔根的《古代社会》和狄慈根的著作，从哲学上概括了中国革命的形势，看准了革命对象的阵营是有隙可乘，革命力量是可以从敌阵的矛盾中找到生存和发展的道路的。杨东莼常说，我不凑那大地方的热闹，却去经营冷静的角落。实际上，从千里之遥的繁华上海出发那一刻，他心里就有了在偏僻荒凉的广西点燃革命星星之火的愿望。

杨东莼接任广西师专校长，深知办学之道，首先要建立优秀的教师队伍，于是四处招揽人才。朱克靖是大革命时期国民革命军第三军的党代表，是有名的共产党员，又和杨东莼、刘斐是同窗好友，通过广西师专的庶务罗征书得知朱克靖为躲避迫害，化名在北平遵化县任教，于是写信邀请朱克靖来广西共同工作。就这样，杨东莼经李任仁同意，没有向白崇禧报告，又请来一位大革命时期的共产党员朱克靖，以朱笃一的化名，出现在广西师专的讲台上，任教务主任，教世界大势。

朱克靖1931年到桂林，同来的还有北大教授汪泽楷，曾留法勤工俭学，任中共江西省委书记，也化名杜敬斋在广西师专教书，教政治经济学。

1933年1月，杨东莼又聘请了一批知名进步人士来校任教（这些人士中基本上都是共产党员、作家、翻译家），他电邀王伯达前来任教，教社会发展史。稍后，他又聘来了曾经参加过广州起义的朝鲜人金奎光讲教育概论。

朱克靖

在上海，他慕名陈翰笙研究中国农村经济的卓越成就，就请他介绍一人到广西师专教“农村经济”。陈翰笙推荐了薛暮桥，杨东莼表示热烈欢迎。又聘来了经济学家薛暮桥讲中国农村经济，彭仲文教哲学，廖庶谦教自然辩证法，沈起予讲授文学概论，马哲民讲授马克思主义哲学唯物辩证法，梁存真任图书馆馆长，讲授古代文学，张海鳌任乡村师范部班主任。

这些和他一样对普罗（无产阶级）文化热情高昂的学者们，在杨东莼的诚恳劝说下，纷纷从繁华热闹的上海，几经辗转来到遥远陌生的南国。他们对山水甲天下的桂林充满了好奇。沈起予将当时的兴奋感浓缩成了一篇清新隽永的散文《赴桂途上》。通过这篇文章，我们大致可以知道从上海到桂林要经过一周以上的辛苦跋涉，先乘海船到香港，然后搭江轮到广西的门户梧州，换乘“电船”到平乐，再乘一辆长途汽车才能抵达桂林。

与杨东莼对雁山园的清幽美好的印象迥异，桂林起初给沈起予的第一印象是贫穷与荒凉。广西师专距离桂林城 25 公里，孤独地坐落在雁山脚下。出了校门稍稍爬上山腰，桂林至柳州的公路便横穿于此，旁边有片石杂乱堆积在地的小圩集。沈起予在他的《柳州道上》中，讲述了这里的交通不便，以及尴尬落寞的雨中等车场景。“山林中是一片寂寥，只有麻线雨打在树叶上簌簌地响，公路上是泥泞的，连一个披蓑戴笠的赶圩人也见不着。这块不是驿站，自然也没有屋宇。”

杨东莼用革命者的乐观情绪，感染了这些来自舒适的上海，又富有才气的进步学者。他们亲眼目睹底层民众受尽盘剥的艰难生活现状，并感触到桂林城的经济的凋敝和民风的颓落。是对国民政府的腐败无能指责抱怨？还是将共产主义理想付诸行动？他们的研究旨趣各不相同，但共同相信没有什么比塑造如白纸一样的学生的精神生命更为有趣的事了。于是，他们在杨东莼的热情鼓励下，开始各自编写进步教材，把新思潮引入了学校，这也正契合了杨东莼的用意。

当时，学校开设的课程都没有统一的教材，由任课教师编写讲义讲授。有些教师采用一些名著作为教本进行讲授，如《教育概论》，取材李浩吾的《新教育大纲》；《政治经济学》以苏联拉比托斯的《政治经济学教程》为蓝本，结合马克思的《资本论》作通俗的讲授；《社会发展史》以邓初民的《社会进化史纲》为基本教材，讲的是人类社会的发展规律；《世界大势》主要讲资本主义发展到帝国主义阶段的种种矛盾，使学生认识到帝国主义的腐朽、没落和无产阶级革命的不可避免；《中国农村经济》着重讲地主阶级和高利贷剥削，帝国主义的侵略加速了农村经济的破产和农民生活的困苦等。杨东莼自己讲的《伦理学》则着重讲唯物辩证法。

2 月，薛暮桥随着杨东莼来到了桂林。在开学那天，杨东莼、朱克靖

广西省立师范专科学校教学楼

讲完话后，杨东莼要薛暮桥也向全校师生讲几句话。薛暮桥讲了怎样研究农村经济，批评了代表帝国主义和地主资产阶级利益的各农村工作团体的错误主张，讲完后，杨东莼大步走过去，与薛暮桥紧紧握手表示赞赏，从此，杨东莼与薛暮桥成了志同道合的亲密朋友。

薛暮桥

杨潮是左联作家、共产党员、名记者，在广西师专以马克思经典著作《资本论》英译本为蓝本教授英语，翻译共产国际七大文件季米特洛夫所作的《建立全世界反对德国法西斯的统一战线》的报告，以及中国共产党发表的《八一宣言》和“六大”的十大政纲等文件，给进步学生秘密传阅、学习，并指导学生秘密组织反帝反法西斯大同盟。

熊得山对中国史有很精深的研究。他是一位参加过同盟会和辛亥革命，后来又加入了中国共产党的政治阅历甚深的老教授。一次听到一位教师在学生中散布托派荒谬观点，他激动得把手上的喝茶杯掷碎在地板上。杨东莼和他经常就社会问题进行探讨，他们后来合著了一本充满唯物主义色彩的《社会问题政治概要》。

这些杨东莼聘请来的进步教师，把中共“六大”决议精神灌注到这块新开辟的教育园地，以集体主义教育为指南针，革除了传统教育的弊病，开创新教育的途径，给当时沉闷的广西社会特别是教育界“吹来一股新的民主空气”①。

① 万仲文：《桂系见闻谈》，广西师范大学历史系、广西师范大学生产科研处，1983。

陈此生被李宗仁任命为广西师专教导主任，杨东莼和他们“巧妙地利用桂系同蒋介石之间的矛盾，在白色统治下，建立了一个小小的革命据点”，使“广西师专成为除苏区外，当时国内独一无二的公开宣传马列主义、宣传民主思想，实行科学教育方针，学风端正，思想活跃的高等学校”。

杨东莼把广西师专办得像马克思主义学院，学生骄傲地自称广西师专为“小莫斯科”。

朱克靖一家和杨东莼夫妇同住在涵通楼，是雁山花园里最偏僻幽静的一个角落。杨东莼爱唱京戏，时常唱几句《打渔杀家》、《四郎探母》。

我好比，南来雁，失群飞散；
我好比，潜水龙，困在沙滩。
想当年……①

每唱到这些戏词，站在一旁的朱克靖就想起了当年大革命时代的风云人物，与党组织失去联系的这两位共产党员，惺惺相惜，深有同感。但他们没有消沉，相信在广西师专的三寸讲台可以开辟出新的“革命据点”。

杨东莼具有教师气质，处事谨慎周密；朱克靖过去是军人，则相当直率。一次张君劢来校演讲，被朱克靖当面驳得一无是处，他向白崇禧告状，这些勇莽之举，为他们以后的困难处境埋下了隐患。

二、杨、唐之争

杨东莼出任校长后，与由筹备主任改任为教务主任的唐现之在教育思想和政治观点上的矛盾渐渐显露。

唐现之

唐现之毕业于南京高等师范学校，受陶行知早期教育救国论思想影响很深，同时又倾向于梁漱溟的乡村建设和杜威的实用主义教育。他信奉“生产救国、教育救国”的理念，认为：中国衰弱的原因是贫、愚、私、弱、乱，解决社会问题的办法是办好教育，发展农业生产。基于这一认识，他一心想把广西师专办成像陶行知的晓庄师范那

① 赵勤轩、康青星：《朱克靖传》，中共党史出版社，2006：98-99。

样的学校。他要求学生有农民的身手、科学的头脑和传教士的精神，还要注意个人的修养，他特别为学校特设了“田”字校徽。

唐现之为人正直，对社会现状也有所不满，但是不主张学生参加社会政治活动，不主张用革命手段改造中国。在筹建广西师专过程中，唐现之非常注意挑选信仰改良主义的人士来校任教，以便推行他教育救国的办校宗旨。

唐现之完成了筹备工作，开展几个月的教育活动。由于他的教育主张比起当时社会上因循守旧的学校来，要好得多，对学生来说，还是新鲜的。但这种与世隔绝的学习生活，与举国关切的民族危机，疮痍满目的人民疾苦的时局，很不协调。开学初期，师生一起劳动、唱着“锄头歌”清理校园、开荒种菜的活跃热情，逐渐低落，学生们慢慢地感到失望。唐现之的教育主张，未能使学生摆脱时代的苦闷。

杨东莼是一个马克思主义者，认为教育不能脱离政治，尤其在“九一八”事变之后，内忧外患，国难当头，学生埋头死读书根本不符合国家的需要。他不赞成“生产救国、教育救国”，认为：中国衰弱的根本原因是帝、官、封的剥削和压迫，贫、愚、私、弱只是剥削和压迫的结果，是表面现象。如果倒果为因，只抓表面现象，那是自欺欺人。在已沦为半殖民地半封建的旧中国，只有用革命的手段才能救中国。因此，他提倡学生多读社会科学方面的书，关心国事，探究社会现实问题。他主张以马克思主义为指导，面对广西统治者有限度的“开明”和“进步”，在蒋桂矛盾的夹缝里对学生进行马列主义思想的教育，培养一批信仰马克思主义的革命青年。他给教育注入了政治感和现实感。

经过一段时间的浇灌，同学的观点逐渐转变过来了，不再热衷于读十本“生活教育”书，而是忙着去图书馆借阅《社会进化史》、《新教育大纲》等，但是斗争还在继续，反对杨校长的一方依仗当局不准宣传马列主义之势，攻击说：“你们只是唱高调。”“你们整天喊打倒帝国主义，帝国主义会给你们一喊就倒么?”还有的人在课堂上大讲什么“牛克思”、“马克思”，胡说什么牛老老实实地耕田种谷子，而马只会吃牛种出来的谷子。

杨东莼意识到任这些讥讽胡缠下去是不行的，会干扰浪费教学的宝贵时间，必须迅速从办学方针上根本地解决问题：是采用改良主义的办学方针还是采用革命的办学方针？两个办学方针势不两立。杨东莼不但向全校师生提出这个问题，也向广西当局提出这个问题。

当时广西当局虽然害怕马列主义，但又想培养一批以教育为工具，帮助他们搞地方势力的“人才”，输进一些所谓的新鲜血液。因此他们宁愿抛弃改良主义，不让他们培养出一群不懂政治的教书匠。于是，同意杨东莼增聘了几位进步教师，调整了课程，鼓励同学们集中力量学好辩证唯物论、社会进化史和政治经济学。又对教学体制作了革命性的改革；鼓励自觉自学，着重平时考核，不作死记条文、硬背概念的考试。还通过观察考验，将成绩优秀的乡村师范班（中专）学生若干人，提升为师范专科班（大专）学生，使同学们对自觉学习倍增信心。

在广西，有钱人家的子女多去上条件优越的广西大学，而当时广西师专有学生120人，是各县保送的高材生。因为是师范，不收学费饭钱，所以学生大多数是贫苦家庭出身的农家子女，虽然朴实可爱，却也不是白纸一张、一尘不染，有着农民的从一身一家利益出发的自私，小资产阶级的自由散漫，有着读了高等学校取得个资格，以后好找个人出路，或者捞个一官半职等思想。社会尘垢无孔不入，也有极少数受托派思想观点影响。精明能干的“杨把戏”，越来越效仿他的老师李大钊的做法，塑造了优良学风。

杨东莼通过具体了解、分析和研究广西师专在筹建过程中唐现之所制定的办校宗旨造成的思想混乱，用他学到的马列主义理论，加以澄清。杨东莼指出，教育是为政治服务的一种工具，脱离政治的单纯教育是不存在的，不着眼于改革腐败政治而单纯寄希望于教育本身的功能，这是自欺欺人。他还撰文尖锐指出，只是提倡教育救国而不讲政治革命是错误的。“现在正是国难当头的时候，我们在这紧急的时候……至于关着门来高谈教育的救国论，却是自掘坟墓呵！”①

中国到底要靠教育还是靠革命救国？这是每一个中国人都必须回答的问题。而广西师专的宗旨又是什么呢？这是值得每一个广西师专师生都应认真思考的问题。杨东莼还揭露了“教育救国论”的错误实质，认为“办教育的人，只愿在教育中找出路，而忘却政治经济的出路，便是自杀的政策”②。不必触动旧的政治经济制度，只要通过教育就可以使社会由黑暗变

① 杨东莼：《师专前途的希望》，《师专校刊》，1933，1（1）。
② 杨东莼：《师专前途的希望》，《师专校刊》，1933，1（1）。

为光明，由反动变为进步，使国家由弱变强，由贫变富，这实际上是唯心主义观点在教育问题上的表现。

杨东莼还针对唐现之关于中国贫、愚、弱、私、乱等问题阐明了自己的看法。他认为，唐现之是倒果为因。中国衰弱的真正原因是帝国主义和封建势力互相勾结，压迫剥削劳动人民，从而导致农村凋敝、民不聊生。贫穷愚昧只是被压迫被剥削的结果，是现象。只见现象，治表不治根，不但不能救国，而且会麻痹群众。唐现之此时的看法其实与后来有了明显变化的他的老师陶行知的认识也不一样，陶行知就曾批评胡适将中国衰弱归结为贫、弱、愚、私、穷的肤浅看法，认为帝国主义和封建主义才是造成中国衰弱的根本原因。杨东莼指出，老百姓连饭都吃不饱，哪里顾得上受教育、讲卫生？放着社会改造的大事不干，只讲待人接物，应酬礼貌，又岂不是舍本求末、虚伪欺人？

对于广西师专如何办理才具有前途，杨东莼提出了自己理论与实际相结合的想法：

> 第一，师专是半殖民地的中国的师专，是封建残余占有势力的中国的师专；这样的中国，正需要着民族革命民主革命，并非资本主义的经济革命；因为必得如此，中国才有前途。师专要有前途，又必得中国革命先有前途，因此，师专的前途便不得不和中国革命运动结合起来。
>
> 第二，我们既明白地认识了教育和政治经济的关系，又明白地认识了教育的作用，则我们今后的工作，应随着政治经济为转移，决不可使教育孤立。要这样，师专才有前途之可言。
>
> 第三，我们既明白了农民问题的重要性，则我们对农民便应有正确的估价，然后我们去组织农民去训练农民，才有把握。有把握的工作，才有前途，才不致失败。①

在这里，杨东莼要求学生看问题不要停留在表面现象上，而要善于透过现象看本质。当时中国的贫穷、愚昧、弱小、混乱，是社会制度造成的。只有进行社会改造，推翻这个黑暗的社会制度，打倒封建势力，赶走帝国主义，才能改变中国的落后面貌，也才能使中国劳苦大众真正地受教育爱

① 杨东莼：《师专前途的希望》，《师专校刊》，1933，1（1）。

卫生、讲文明懂礼貌。如果要在当时的情况下，在政治腐败、经济落后的条件下来强调个人修养，讲究待人接物，应酬礼貌，这只能是自欺欺人，是根本无法实现的。如同泰戈尔在一则格言中所写：“脱离泥土的树是不自由的。”杨东莼将教育与人民的生存、与国家的命运联系起来，由此可见端倪。

矛盾便由此逐渐激化起来，在同年底寒假前达到了白热化，并扩散到教师和学生中间去，形成了拥唐派和拥杨派，互相摩擦。杨东莼到校前，唐现之已聘用一批教师，其中一个是拥唐派的教育学家张宗麟。杨东莼办学的目的，是培养一批信仰马克思主义的革命青年。师专是培养教师的，但教育学课程不多，只有张宗麟是对教育学较有研究的教师。广西师专的重点课程是社会发展史、唯物辩证法和薛暮桥任教的政治经济学、农村经济。

张宗麟曾意有所指地讥讽杨东莼，对学生说：“我很佩服湖南人，湖南人来广西谋生的很多，挑一担灯草，也可以到处找饭吃，广西几乎成了湖南人的殖民地。”朱克靖立即上去说：“我也是湖南人，我挑的灯草，就不卖给官僚地富之家。”随后，杨东莼在全体师生的集会中，公开批评了桂林是湖南殖民地的错误观点。

1933年初，杨东莼因公外出，广西师专校务由朱笃一代理。杨东莼从上海来信表示，杨（杨东莼）、唐（唐现之）不能并存，唐如不去，杨即不回。于是，广西师专的内部矛盾反映到了教育厅，杨东莼得到广西教育厅厅长李任仁的支持。2月中旬，唐现之调回教育厅，唐聘的教师也陆续走了。张宗麟因与杨东莼意见不合，说杨东莼不重视教育课程，收拾行李离职走了①。

---

① 张宗麟后来在上海参加抗日救亡工作，协助陶行知办生活教育社、国难教育社，任光华大学教授，参加救国会核心组织。1937年，以国难教育社代表身份参加宋庆龄等人发起的营救爱国“七君子”活动。上海沦陷后，编辑出版《西行漫记》、《鲁迅全集》、《列宁全集》等，被日伪与国民党蓝衣社列为暗杀对象。1942年前往新四军淮南根据地，任江淮大学秘书长。1943年到延安，任延安大学教育系副主任。1946年5月经徐特立、谢觉哉介绍入党。1947年后任北方大学文教学院院长、北平军管会教育接管部副部长。新中国成立后，历任教育部高等教育司副司长和高等教育部计划财务司副司长、司长，曾反对机械照搬苏联经验，被错划为“右派”，下放安徽凤阳干校劳动。1976年10月14日在上海病逝。

一些支持唐现之的学生也有走的，矛盾得到解决。从此，学校完全按照杨东莼的教育主张办学，这是学校前进道路上的一个转折点。

唐现之离开前夕，杨东莼为他召开了一个欢送会，会上他赞扬唐现之是学校的开创者和奠基人，同学们的刻苦自学精神是唐现之一手培育起来的。唐现之也在会上称赞杨东莼是博学之士，是教育家，善于教育青年，勉励同学们在杨东莼的教育下发扬苦学钻研的精神。两位教育家给学生们留下颇深的印象。

有几个学生对唐现之调离学校一事不满，要求退学。杨东莼同意他们退学离校。1933 年秋季第二届同学入校后，几位退了学的同学要求复学。杨东莼本着爱护青年的愿望，从他们的前途着想，不计前嫌，宽大为怀，爽然同意他们插入第二届复学。

其实，杨东莼、唐现之之争是进步教育家之间思想认识不同之争，没有根本利益冲突。杨东莼对改良主义教育救国论的批判，实际上就是用马列主义来占领广西师专这个阵地，用马列主义来教育学生。这是杨东莼巧妙地利用自己的合法身份传播马列主义。与此同时，为了在广西师专扩大宣传马列主义，杨东莼还开设一些新颖的课程，如哲学、政治经济学、农村经济、社会进化史等。担任这些课程的教师都能用马列主义观点来分析当时中国的现实，使学生深受启发。在杨东莼的带领下，学生能主动接受马列主义，用学到的马列主义理论来批判改良主义，使教育救国论在广西师专销声匿迹，从而坚持了革命的办学方针。

当时广西师专的情况是很复杂的，尽管唐现之已经离开学校，但留下一些深受唐现之影响的人，更加难以对付的是白崇禧亲自委派的军事教官。白崇禧要扩大桂系军事实力，但是财力困难，所以提出“寓兵于团，寓将于学”的政策，在各地广泛组织民团，在高等学校严格实行军训，各校军事教官由白崇禧亲自委任，校长无权干预他们的训练计划，相反，他们对学校还起监督作用。广西师专开学之始，就设有军训大队部。大队长吴良弼是一个作风粗暴、野蛮专横的旧军官，同学们称他为“牛骨”。

有一天，同学们从军训课野外操练回来，汗流浃背，精疲力竭，人人忙于解绑腿，找水喝，想休息片刻。此时军训执行官一声哨响，要学生马上集合进饭堂，并照例要求十分钟吃完一顿饭。学生们气愤不平，喧嚷起来。吴良弼还怒气冲冲厉声责骂，更激起众怒，喊打连天，这就酿成所谓

“饭堂风波”。事情反映到杨东莼那里。杨东莼来了，先叫厨工把饭菜盖好，劝大家先去歇息一会，另听哨音集合，一场风波便平息了。

性格刚烈的朱克靖却不向军事教官妥协。他规定每星期日下午全校大扫除，所有师生都必须参加。老师也像学生一样光了脚挑水擦地板，军事教官却不来参加，朱克靖叫学生把军事教官请来，他们消极抗拒。星期一早晨照例举行“总理纪念周”，在周会上朱克靖直率地向全体师生批评军事教官。这当然是他们不能忍受的，他们便愤然离校，到南宁白崇禧那里去告状。那时白崇禧还不愿意撕掉进步的伪装。

不久，吴良弼被调离广西师专。继任大队长杨必声（后改名杨德华，参加革命，是一位优秀的共产党员），广西来宾县人。为人正直，思想进步，温文尔雅，作风民主，没有旧式军官那种粗暴专横习气，学生称赞他是“民主队长”，从此广西师专的教育计划就不受干扰了。在他的影响下，其余的几位军训教官的作风也逐渐改变了。杨必声在军事训练上要求很严格，每周按时上课、出操，还有野外操练和夜间演习，都非常认真。在生活管理上则合情合理，尊重同学们的自觉精神，与杨东莼提倡的集体生活、自觉纪律的要求密切配合。

三、提倡自由研究，实施集体教育

很显然，和绝大多数中国其他省份一样，在广西，“三民主义”已经无法再受年轻人的青睐，特别是年轻的知识分子对国民党统治下残酷现实的厌恶，让他们宁可选择相信模糊的未来，而桂系当局另搞一个所谓“三自三寓政策”，即军事自卫、政治自治、经济自给和寓兵于团、寓将于学、寓征于募的政策来号召反蒋，也无法赢得广大群众的拥护。在这种情况下，广西桂系当局为了巩固和发展地方割据，就执行比较开明的政策，允许各种思潮在广西传播。

当时的广西当局不能让人人都信奉他们的思想，学校也不能要求每个同学信仰马列主义。杨东莼根据这种状况，毅然提出了学习上“自由研究”和生活上“集体生活”两个办学口号。自由研究是指思想学术方面。他认为三民主义、马克思主义、列宁主义、资本主义、无政府主义都可以研究。通过自由研究，比较鉴别，才能找到真理。他提出这个口号，是为了应付广西军阀，以便公开合法地宣传进步思想。强调集体生活是为了克服自由散漫、自私自利的个人主义。这对培养艰苦朴素的校风很重要。当时学生身上穿的是学校发的“上海灰”布做的中山装，脚上穿的是草鞋，刻苦学习，生活朴素蔚然成风。

杨东莼结合实际问题反复解释这两个口号。在一次全体同学的集会上，他说，有一位同学在日记里批评我的自由研究与集体生活是矛盾的。自由研究与集体生活确是矛盾的。自由研究要按照个人自己的志向去进行研究，在思想上会各有不同。集体生活却要目标一致，互相协同。允许思想认识上各有不同，而行动上却要协同一致，这必然是矛盾。学校是社会的缩影，社会上有阶级斗争和各派思想，学校里当然也会有各派思想和阶级斗争，这是很正常的。他轻松地运用辩证法，消除了学生对这两个办学口号的怀疑或抵触。

杨东莼又在《师专校刊》上发表了专论，对集体生活加以深刻阐述，集体生活不但使集体成员中的好事得到赞扬、坏事得到批评，而且在事前使想做好事的思想萌芽得到鼓励，想做坏事的动机受到抑制。他不但在理论上这样阐述，也在行动上努力实行。让学生们难以忘怀的是，他对待学生亲如兄长，完全没有校长的架子。

> 他用民主生活和自我批评来加强同学间和师生间的团结，充实团体生活。杨东莼善于接近群众，重视民主、团结与组织观念。在全校师生清洁大扫除的活动里，他说，我们大家都要服从大扫除的组织和分工，我虽然是校长，在大扫除工作中也要听从组长的安排。
>
> 在新年晚会里，学生们提议请校长出来，让年龄最小的那位同学向校长拜年，他就出来让那位同学拜年。学校建成日式澡堂，他亲自示范并指导使用：脱下的衣服放在哪里；哪里是热水池，哪里是温水池和冷水池；怎样先用小桶舀水洗脚，再到温水池里泡……

“自由研究”原是教育家蔡元培主持北京大学时提出的口号，目的是创造一种宽松、民主的环境，引导学生自觉地探求真理，独立地研究学问。杨东莼主政广西师专后，将这一思想带到了学校。杨东莼认为，一个学校，应该允许每个人按照自己的志向和水平、兴趣和爱好去进行学习研究，允许研究各种不同的思潮，传播各种不同的思想，坚持各种不同的观点。通过自由研究，比较鉴别，才能找到真理。因此，他主张，在广西师专，三民主义、马克思主义、列宁主义、资本主义、社会主义、实用主义、无政府主义等思想都可以研究。这种主张，和广西桂系当局的开明政策是相吻合的。这说明，杨东莼提出“自由研究”这个口号，是经过周密的审时度势之后才作出的明智抉择。这是当时向当权者的独裁统治争取民主的一种方式，是利用民主的口号来掩护马列主义传播的一个策略。

为了真正落实自由研究，杨东莼首先从教学方法上进行革新，他反对注入式的“满堂灌”的课堂教学方法，采取课堂授课与学生自学相结合的教学方式。因为自学就可以使学生研究各种不同的思想，理解各种不同的观点。

为了实行课堂授课与学生自学相结合的教学方式，杨东莼要求任课教师和班主任引导每个学生制订自己的自学计划，并要求经常组织学生进行自由讨论。通过自由讨论，大家畅所欲言，热烈争辩，各抒己见，从而明辨了是非，使许多学生开始接受马列主义的观点。与此同时，在杨东莼的指导下，广西师专的图书馆对各种不同思潮、不同流派的图书都兼收并蓄，以供大家自由研究。拿教育方面的图书来说，有杜威的《民众教育》，有陶行知先生的《教学做合一》，也有杨贤江的《新教育大纲》；哲学方面则是唯物论和唯心论的图书都有，西方资本主义国家和苏联社会主义国家的书籍也都陈列于书架上。由于各种流派、各种思想的书籍都有，就不会被人说是“只此一家，别无分店”了，马列主义书籍也就可以开架，不再被看作禁书了。

在杨东莼的影响下，广西师专的许多学生开始接触马列主义书籍，他们起初阅读马列主义的入门书是邓初民的《社会进化史》、田厚的《政治学》、李浩吾的《新教育大纲》，后来进一步阅读了恩格斯的《家庭、私有制和国家的起源》，河上肇的《经济学大纲》，拉比多恩的《政治经济学》和恩格斯的《自然辩证法》及《费尔巴哈论》等。学生通过接触马列主义书籍，思想觉悟有所提高。于是，杨东莼又通过有关任课教师，引导学生进行自由讨论。讨论的问题大多是：中国社会性质和中国革命的性质、任务是什么？中国农村经济为什么落后？中国将向何处去？意大利为什么侵略阿比西尼亚？日本为什么侵略中国？等等。通过自由讨论，许多学生的政治觉悟有了进一步提高，为他们后来走上革命道路，起了启蒙和奠基的作用。

1933 年 6 月 10 日，在“自由研究”学术思想的指导下，广西《师专校刊》出版创刊号，创刊词是杨东莼写的。

广西师专校刊第五六期合刊目录

广西师专校刊第二卷第二三期合订刊目录

《师专校刊》

广西《师专校刊》的创刊词中说：

> 本校为本省一千二百万人之公器，以其现在之筹备情形如何，其趋向如何，其办法如何，凡此等等，都为我父老兄弟诸姑百妹所关心的事件。因此，本处同人认为有发种定期刊物之必要。这便是本刊的目前的最大目的。若将来而言之，则有左列各种使命：报告本校的实施计划、发表本校师生的心行、交换本校师生的意见、讲座教育农业等问题、介绍教育农业等书报、转载关于教育农业有价值的文字。

在第 2 卷第 3 期上，刊载了杨东莼《开校典礼上的致辞》一文，就教育理论与中国的社会结构、经济情形等实际问题进行了精辟的论述。在第 2 卷第 2—3 期合刊上，又刊载了《理论与实际》一文，对当时学生奔赴农村进行社会调查提出了重要的指导意见，他希望学生能通过现象看到农村的深层次问题。该文从四个层次进行分析，精辟地阐明了理论联系实际的原则、方法，通篇都体现着马克思主义辩证唯物主义基本精神。

> 不说无根据的话，这是科学家应有的态度。事实上，离开了实际，我们便无话可说，更无理论之可言。这就是说：理论应基于实际，即理论应有根据；否则，便成为空论，空论却不能运用到实际上去。实际与根据，既是理论的基础，所以实际是否真确，根据是否实在，便是根本的问题。因为不真确的实际与不实在的根据，可以导出谬误的理论。
>
> 科学家处理实际的武器，是统计与调查，是分析与综合，是假设

与实验。但进步的科学家处理实际时所用的武器则不止此，进步的科学家并不从静的方面去处理实际；并不为孤立的事实所制限，却从关联中从联系中去把握事实（即实际）；并不从不变中去追求实际，却从变化中去追求实际。进步的科学家，除掉着重于个别的事实（即实际），却还要着重于一般的事实，除掉着重于具体的方面，却还要着重于抽象的方面，要是这样，才可以把握住真确的实际，才可以获得实在的根据；有了真确的实际与实在的根据，自然可以导出正确的理论。要是这样，理论才可以运用到实际上去，才可以得到理论与实际的真正的统一。

有许多理论，从静的方面看去，从不变中看去，从孤立的个别的方面看去，似乎合于实际；但在事实上，这些理论一点也不合于实际，而且实践这试金石一定要给予这些理论以正确的证明，证明这些理论一定不能用到实际上去。反之，有许多理论，在表面上看来，似乎离开实际很辽远，但因为他们是从动的方面、是从变化中、是从关联中观察并研究得来的，所以实践这试金石却一定证明它们与实际的一致性及统一性。对于这一点，凡是研究科学的人，都应当有真切的体认。

这一期校刊，登载很多各地的农村见闻杂记，我恐怕各同学说些无根据的话，失了科学家的态度，所以我在卷头上贡献我的一点意见，以作各同学的参考。①

这篇七百余字的简短文章，证明了杨东莼对马克思主义哲学的研究已经达到很高的水平。把实践看成理论是否符合实际的“试金石”，其实早在他以前撰写的《唯物论的认识论》文章中，就已经对何为“试金石”的问题进行过论述，但是语言文字却是深奥的，一般人还难以理解。现在的这篇文章却通俗易懂，而且机智新颖，没有使用“真理”与“谬论”这些名词，也没有给“理论”加上“正确的”或“错误的”的形容词，使马克思主义作为行动指南在白色统治下的传播能躲避关注，同时在语言表达上也更容易被学生接受。

杨东莼对马克思主义的研究与传播方法的转变，正好符合1938年毛泽

① 杨东莼：《理论与实际》，《师专校刊》，1933，2（2-3）。

东在《中国共产党在民族战争中的地位》一文中提出的马克思主义中国化的看法：

> 成为伟大中华民族的一部分而和这个民族血肉相连的共产党员，离开中国特点来谈马克思主义，只是抽象的空洞的马克思主义。因此，使马克思主义在中国具体化，使之在其每一表现中带着必须有的中国的特性，即是说，按照中国的特点去应用它，成为全党亟待了解并亟须解决的问题。洋八股必须废止，空洞抽象的调头必须少唱，教条主义必须休息，而代之以新鲜活泼的，为中国百姓所喜闻乐见的中国作风和中国气派。

同时，这篇文章与45年后1978年5月11日《光明日报》上那篇具有划时代意义的特约评论员文章《实践是检验真理的唯一标准》的基本思想是完全一致的。在20世纪30年代初，像《理论与实际》这样简明、扼要、精练的宣传辩证唯物主义哲学思想的文章是较为少见的。

基于杨东莼对农村经济的重视和必须深入实际调查研究思想的引导，很多学生在社会调查中克服种种困难，写出了不少有价值的调查报告。有一位学生在深入广西靖西县农村调查后，写出一篇很有见解的题为《靖西农村见闻杂记》的文章，发表在校刊上。这篇调查报告，从农村的生产与土地，它们之间的关系、主要产品及地租租金等诸多方面进行了非常详细的陈述，并对农村中的买卖不公、高利贷的盛行、洋货的泛滥以及农村中的匪患等问题进行了强烈的抨击。这对城市人了解农村，对农村人的觉醒无疑是很好的宣传教育与思想启迪。

在"自由研究"的口号下，杨东莼努力使广西师专从组织到教学方针，从课程设置到人才培养，都与一般的高等院校不同，具有自己的特色。广西师专远远超出了"师范"教育的范围，成为广西马列主义早期宣传的一个据点。

为了使自由研究大见成效，杨东莼还强调要理论联系实际。为此，他要求师生深入农村做社会调查，以便进一步了解中国社会。1933年暑假，在杨东莼的组织下，由教农村经济的先进教师薛暮桥带队，组织了一批学生到龙州、百色、梧州、玉林和临桂等地进行农村经济调查，了解土地集中情况和各种租佃关系，从而使学生深刻地认识了中国农村社会经济结构和性质。回乡的学生，学校也要求他们进行同样的调查。学生回学校之后，组织力量加以整理，印成《广西农村经济调查》一书。这本书虽然没有正式出版，但对于广西师专学生进一步认识农村阶级斗争，加深对马列主义关于阶级斗争理论的理解，是大有帮助的。这都是杨东莼提倡“自由研究”的重大收获。

“自由研究”并不是漫无目的、任由自便的自由主义的研究，而是有领导有组织的学习研究。因此，杨东莼又提出“集体生活”的口号。什么是“集体生活”呢？他把“集体生活”解释为：团结协作，互助共勉，目标一致，愉快活泼，把学习工作搞好。为什么要强调“集体生活”呢？因为广西师专的学生大多数来自农村，小农经济思想、散漫自私、个人主义等就必然会被带到学校中来。这对于马列主义在广西师专的传播，对于用革命思想武装学生是极为不利的。因此，杨东莼采取“集体生活”来启发教育大家，目的是为了克服自由散漫、自私自利的个人主义思想。

为了把“集体生活”真正落实到日常学习生活中去，杨东莼在广西师专建立了班主任制度。每届学生编为若干个班，每个班就是一个小团体，指定老师担任班主任，具体负责管理班上学生的思想、学习和生活。同时，经常组织召开师生的联欢晚会，还和学校附近的群众联合举办同乐会，交流感情，增进友谊。另外，杨东莼还在学校中倡导成立“生活互助会”，一方面由老师自愿捐出个人微少收入资助学生，另一方面要求经济不困难的学生每月在伙食费中节约一元几角钱，帮助经济困难的学生解决生活问题和购买书籍。结合广西当时的实际，学校还实行严格的训练和学籍管理，经常集体出操，进行军事演习，星期天还要检查内务。因此，全体学生都在紧张、活泼、团结、愉快的气氛中生活和学习，大家充满着朝气，满怀着希望，处处养成集体生活的习惯，培养了集体主义的精神。

广西师专的“自由研究”像蔡元培管理北京大学一样，使北京大学与其他同时期的大学不同，而具有其自身的特点。这种兼容并蓄的办学方针，对学术自由研究来说是不可思议的。但 20 世纪 30 年代的广西师专和蔡元培办的北京大学在教育指导思想上有相同也有不同。相同的是同样主张学术上各种不同观点可以并存，可以开展政论，谁的观点站得住脚、能为大家所欢迎，谁的观点就是正确的、科学的。不同的是，广西师专办教育是从无产阶级的政治出发，而不是单纯从学术研究出发。因此广西师专办教育的指导思想很明确，就是要把广西师专办成为宣传和学习马克思主义的阵地，办成为培养革命教师的摇篮，绝不是要把学术上的不同看法混同为政治上的不同主张；否则不但无法培养出无产阶级的革命战士，反而必然会陷于资产阶级自由化、多元化的泥坑中。

为营造“自由研究”的氛围，杨东莼采取了几项措施。

首先，开设了大量哲学社会科学的课程，除了开设传统的教育概论、教育学、心理学、教育统计、教育史、教材与教法等师范类课程之外，还开设了大量的哲学、历史、政治类的课程，如：社会进化史、中国通史、哲学、自然辩证法、政治经济学、农村经济、政治学、伦理学、文学概论、世界形势等课程，启发学生用新的观点去分析时事和社会问题，以便充分认识时代和社会，明白社会变革的道理，了解当时革命形势与前途。各课程一般不采用固定的课本，教学方法不是采取注入式，而是提倡课堂讲课与学生自学和小组讨论相结合的方式，上课时老师提出一个大纲，学生一面听，一面记笔记。

其次，鼓励学生广泛阅读。学校的图书室对各种不同思想、不同流派的图书都兼收并蓄。如哲学方面，有唯物论的书，也有唯心论的书；有西方资本主义国家的书，也有社会主义国家苏联的书，供学生们自由研究。学生上午一般上三四节课，下午就到图书馆阅览室看书，每周除两个下午上军训课外，其余时间几乎都在图书馆或教室活动，时间全由学生自由支配。每个学生除依照各科老师的布置进行学习外，还制订了个人的自学计划，规定一个时期学习的目标、内容、进度，以及要解决的问题和具体时间安排等。

杨东莼的教育方法是启发式，引导学生自学。每天只上午上课 3 小时，下午便是自由活动的时间了。虽说是自由活动，学生却都到图书馆去选阅自己爱看的书，并组织各种讨论会。而校园内，无论是在碧云湖畔，或是相思洞里，却是静悄悄的，没有半个游玩的学生。大楼底层是一排教室，一一看过去都满是人，同学们端坐着在认真读书；若干个空座位，那是到图书馆去了的。晚上自修，大家在汽灯的照明下用功，除了汽灯发出微微的沙沙响声外，教室里静悄悄的。如果是在冬夜，窗外月黑风紧，寒气袭人；而教室里的两个炭盆，火光通红，同学们更一丝不苟地用心在书本上追逐，仿佛要攫取一些什么东西似的。图书馆除大量购买当时所能买到的马克思主义著作和其他进步书籍外，也购买了反马克思主义的如托派和形形色色改良主义的著作，让学生自由讨论，以培养他们的辨别能力。

事实证明，这样的教育方法，比单纯灌输马克思主义思想更能启发学生的政治觉悟。当时红七军、红八军起义失败，广西党的组织处于瘫痪状态，后来广西师专同学成为重建广西党组织的骨干力量。

再次，设立了班主任制度。班主任主要负责对学生进行思想和生活上的指导，学校要求学生每天写日记，由班主任批阅，鼓励学生在日记中畅所欲言，班主任则给予必要的指导和帮助。学生与老师的交往也很频繁，学生们经常到老师家访问，有时晚饭后同老师一起在学校附近的乡间公路上或校园里散步交谈，师生关系亲密无间。杨东莼认为，这是培养自由研究风气的一种有效方法。提倡自由研究，不是不要指导，也不是不要批评。班主任制度是使教师与学生紧密联系，共同促进教学的一种新的探索。

此外，倡导实地学习。杨东莼认为，实地学习对学生的成长十分重要。“因为我们所规定的课程，都是活的知识与活的技能，而不是死的书本，比如教育行政、乡村自治、医学常识、图书馆常识等，都完全是从实地学习方面入手的。”为此，学校组织学生深入广西各地进行社会调查，进一步了解中国的社会和农村。杨东莼曾在担任校长的典礼仪式讲话中，重申教育厅厅长李任仁说的办学宗旨：“政府创办师专，就是要着手改建农村的经济和政治。”李厅长提出的宗旨很宏观，而杨东莼提出的教学措施却非常细致具体：

> 第一步是建立农作场。这里面包括有土壤化验室、育种室、储藏室、农产物陈列室、仓库，等等。要使你们每个人在这农作场获得丰富的农业知识，你们有了这种知识以后，才有资格去联络农民去改建农村。因为你们现在对于这种知识还比不上一位普通农民，这样想去联络农民去改建农村，又怎样能够取得农民的信仰呢？所以我们决定在这一学期里面，除掉你们学习些基本科学以外，其他时间大部分都用在农作场上，你们对农业知识有了充分的准备，然后再来谈联络农民与改建农村。第二步便是建立工作场。工作场初步计划，是首先开办木工、金工、印刷工，其次再进到漆工、竹工以及应用化学工业。
>
> 我们预定聘请几位工场指导员，招收几十位艺友，首先制造我们自己的用具，然后制造各种农具、日常用具、文具、儿童玩具，以及动植物标本，等等。以后农场的出品和工场的出品，除掉自己应用之

外，剩下的大部分都交给合作社，要合作社去应付社会的需要。要这样，方逐渐地可以合于生产教育的宗旨。一般穷苦的学生，有了这些机会，你们便可一面在校读书，一面在校作工，半工半读，这是何等有乐趣有意义的生活。你们要和农民做朋友，你们便应有长期的训练，便应有充分的准备，便应有农工的身手，把事实摆在农民面前，然后才能够使农民信仰你们，你们也才有能力到农村中去，去领导农民作各种事业的改进。①

杨东莼为什么也很重视农村经济调查工作？原因是当时党的六大通过决议，指出中国还是半殖民地半封建社会，中国革命还是反帝反封建的，以农民土地革命为中心的民主革命，所以，讲农村经济，实际上是宣传党的六大路线。

由于广西师专学生都来自农村（当时广西省几乎没有工业），而且由各县保送，九十几个县每县都有学生，所以便于了解广西的农村经济情况。薛暮桥来广西前，陈翰笙给他一个任务，要他利用教育机会进行广西省的农村经济调查。

由薛暮桥介绍，杨东莼聘请了同在陈翰笙领导下做农村经济调查工作的刘端生来教农村经济调查。当时中国革命处在十年土地革命阶段，所以大家对农村经济的研究有很大的兴趣。薛暮桥在讲了中国的农村土地关系、租佃制度、雇佣制度等以后，就把 120 个学生按地区分成 3 组，各自讨论本地区的农业生产关系。经过半年教育和讨论，薛暮桥已经大体上掌握了广西省的农村经济情况。

这年暑假，在杨东莼的支持下，薛暮桥印发了几百张农村经济调查表和 1 万多张农户调查表，要学生进行一两个村的概况调查和全村农民的分户调查。薛暮桥带着学生刘敦安到苍梧、龙州、柳州等地作了一个多月的实地调查，还访问过曾为红八军根据地的龙州的下冻。开学后，薛暮桥和刘端生在几个学生的帮助下，整理了这些大量资料，写出了《广西省农村经济调查报告》，成为研究中国农村经济的珍贵史料。

调查农村经济的这年暑假以后，广西师专又招了一班学生，并附设乡村师范。

① 杨东莼：《在师专开校典礼上的答词》，《师专校刊》，1933，2（3）。

广西师专成立初期，在学校附近的雁山村开办了一间村民小学（夜校），由学生负责办理。同时又在离校三四里的良丰圩上设立了一个民众教育部，陈列书报，出版墙报，代写书信及农村应用文。每逢圩日开展文化服务，帮助群众解决疑难问题。这样做的目的是为了使学生有更多接触现实、了解社会的机会。

杨东莼把集体训练视为学校一切活动的灵魂，通过各种组织活动的训练，培养学生的集体主义观念、行动、精神。

广西师专学生大多数来自农村，受分散的小农经济思想的影响，或多或少沾染了自由散漫、狭隘自私、个人主义、因循守旧等思想和习气。为了克服这些不良习气，杨东莼到校不久，就在纪念周中多次作了关于集体生活问题的报告。在1933年初出版的一期《师专校刊》上，他发表了一篇文章《论集体生活与自我教育》，从理论上全面阐述了当时所处时代的特点，集体主义精神的重大意义，深入分析了个人主义思想的社会根源及其落后性，论证了自我教育的必要。在1933年出版的《战时教育问题》一书中，杨东莼又提出：集体主义的自我教育能把教育与现实生活打成一片，把学与用、知与行联系起来；它是理论与实践统一的教育。它的最高原则，就是在一切集体生活中，在一切集体组织中，于一定的计划之下，把一切活动、一切工作以及经常发生的事件，都认定是教育活动的主要内容，也即是教育活动本身。这些思想对同学们的影响很大。

杨东莼带领教师们设计了许多集体活动的措施，使大家在不知不觉中习惯于集体生活，陶冶了集体主义的精神。

首先，为集体生活安排了必要的物质条件。学生除入学交少量学费及一些个人生活用品自备外，都是公费。每人发两套衣服，一件棉大衣，毛巾、肥皂、笔记本也都统一发放。膳食每月6元，由各班学生代表组成膳食委员会自行管理。医药由卫生所全包。军训、宿舍的床位以班为单位，浴室是集体澡堂。编队、出操、内勤等，也都按照集体生活的要求安排。

其次，以制度加强学生之间的交流。杨东莼采取了一些很细致的措施：比如各届学生的编班，尽量把有同乡或老同学关系的学生分开，以避免形成小团体；各班教室的座位每学期要重新变动；宿舍是三四十人同住的大房间，床位也是每学期调换一次；膳厅的座位是全校各个班混合编席的，每个月末重新调换一次。这些措施看起来是小事，也颇繁琐，却增加了学生间互相接触、相互了解的机会，增强了学生的集体主义精神。

再次，成立了各种学生团体组织。为提高学生的合作意识与共事能力，杨东莼鼓励学生通过民主选举产生各种自我管理的组织。杨东莼语重心长地对学生们说："所谓组织，第一就包含有一个团体应保持严密的关联的意味，第二就包含有一个团体应具有铁一般的纪律的意味。"当时日常生活的团体，规模最大的是"健康委员会"，分膳食、体育、清洁、游艺4组；第二是出版委员会，分壁报、校刊、编剪、通讯4组；第三是剧团；第四是远足旅行团；第五是田间的工作小组。学校里经常组织各种文娱活动，有音乐演奏、唱歌、弈棋、打球，每学期开两三次联欢晚会，师生合演话剧和表演各种游艺节目，晚上娱乐晚会，校长、老师也出节目，杨东莼的京剧清唱《四郎探母》最为叫座。全校充满着团结和谐的气氛。

集体生活中最富有教育意义的是每隔一段时间（约为两三个月），分班分组召开一次"生活促进会"。会上各个同学自己主动汇报这段时间的思想、学习与生活状况，进行自我批评，争取同学对自己的帮助，也可以对别人提出意见或批评，这就是集体生活中的自我教育。由于大家都抱有进步要求，争取别人帮助的愿望，所以进行自我批评就没有什么思想负担；又由于大家都是从帮助同学进步的愿望出发，进行善意的批评，这种批评就易于为对方所接受，既加深了同学之间的相互了解与团结，又促进了自觉纪律的养成，以至于军训大队敢把枪支、弹药存放在学生集体宿舍的枪架上，而从未发生问题。

集体生活给学生带来的最重要的是思想观念的变化，在理论学习的基础上，在杨东莼的引导下，以工人阶级的集体主义与资产阶级的个人主义相对比地提出来，揭示资产阶级的贪婪冷酷，小资产阶级的自私和农民的狭隘。运用批评和自我批评的武器，在朝会、纪念周和其他场合，对各种错误与缺点进行批评，分析其错误和缺点的性质和原因，从道理上提高认识，而不勉强别人接受。有个别同学自由散漫，举动怪诞，别人不敢说，杨东莼作为校长就在纪念周上说到他，指出他这是流氓无产者的意识，不利于集体生活，使他有所收敛。

学期末各班举行总结性的批评和自我批评，对己对人都发了言，肯定进步，批评缺点。学生们感觉到集体的鼓励与推动，增进了互相间的友谊。一次冬季互助会评寒衣补助，不好意思提出要求的贫寒学生被"揭发"出来，并且被批评为有爱面子的小资产阶级意识，最后提出批评的同学一致同意把寒衣评给他们。杨东莼创造的集体温暖，激励着学生更加热爱集体。

由于广西师专实行这种集体主义的自我教育，学生均能自觉地遵守纪律，学校就用不着将消极惩罚的手段加于学生。违犯校规受学校行政处分的事在当时几乎是没有的。更重要的是提倡自我批评，让学生们有问题能自觉解决，借以维护团体纪律。军事训练中的一次实弹射击，有两个学生私藏了两颗枪弹，在射击完毕散队回校的路上，他们朝天放了两枪，当成好玩的事。事后，学校并没有给他们纪律处分，而是让他们当众检讨，使本人和大家都受到教育。这在当时是从未有过的新鲜事。

虽然广西师专远离桂林城20余公里，师生们并不感觉生活枯寂，而是觉得严肃、活泼、舒畅、充实，弥漫着互相帮助、共同进步的风气。杨东莼办理下的广西师专声誉日隆，一些在桂林县城的学校慕名而来。如三高中曾组织师生到广西师专参观学习，一名叫“蒙谷”的学生身临目睹，得到证实：

> 他们的联欢节目丰富多彩，对我们的款待情真意切，学生们的谈话，才情横溢，常夹着一些“唯物”、“唯心”、“逻辑”之类不常听的新名词，甚至“暴动”、“打土豪”等吓人的言词，特别是他们把“痞子”喊得很响。就是毛泽东在《湖南农民运动考察报告》中说的革命先锋，国民党右派、地主豪绅污蔑农民运动为“痞子”运动、“糟得很”的村农会办事人。他们却以“痞子”自居，还不是甘当革命先锋的表示吗？他们的思想觉悟、理论水平及其精神面貌的巨大变化，使我“士别三日”之感油然而生，因为这一些都是我融县的同乡和融中的同窗好友莫一凡、路璠诸同学告诉我的，发生在他们身上的事，而我们和他们的分别不过一二年啊！
>
> 师专每周有班车来桂林，他们轮番来玩，我几乎每周都能和他们一二个人晤谈。他们的谈话无所不包，也无所顾忌，使我对他们的教学、生产、军训、文娱和各种各样的矛盾斗争，乃至师生之间的关系、校内外有关的人和事，都知道个大概。他们谈得很真诚、很坦率，也很随便，喜怒笑骂、放浪形骸，秘闻、轶事都作为笑料、谈资，尽情絮聒，诸如偷看“禁书”、分伙食尾子、吃狗肉“打牙祭”，都眉飞色舞地津津乐道。听讲得多，我知道的事情也多，感动多，感染也深，

时间越长，感情越密，以至同其休戚，分享其乐，思想感情几乎融为一体，成为校外学生了。

我感到，也看得出，他们不断和我晤会，喋喋不休地传递信息，除颂扬他们学校的思想作风、成效功绩，表明他们在掌握现实和追求未来之外，也在做我的工作。他们是重视思想工作，要求理论联系实际的。做我的工作，实际上就是动真格的革命学步，革命实践的尝试。我觉得他们选我为对象，是对我的信任，高山流水之情，深于桃花潭水，实际深感激而衷心向往。击水弄潮之心勃然萌动，决定投考师专，和他们共滚一身泥，同享血与火的欢乐。①

在这种美好的集体氛围感染下，1935 年秋季，蒙谷考入了广西师专。当时，像他这样的学生很多。

四、办好“小莫斯科”

1. 制定学校章程

杨东莼在广西师专任校长期间，制定了《广西省立师范专科学校章程》(简称《章程》)，体现了他对教育理念、办学宗旨、培养目标等的理解及对全校师生的要求。《章程》拟定的办学宗旨明确要求：本校所培养的学生应具备这样的德性：“康健的体魄、劳动的身手、艺术的兴趣、科学的头脑、哲学者的目光、传道家的热忱、平民的生活、纪律的行动、组织的能力、义勇的精神、友爱的性格。”

该章程规定了学校管理运行的原则，提倡构建一种师生互爱互助、共同进步的和谐关系：“生共同生活，教者以身作则；注重自学辅导，培养共学精神；师生合作服务学校及社会。”

该章程还规定了学习范围，日常必习的几项科目如待人接物、修养身心、学校服务这三项，特别注重培养学生的人品。这些日常必习的科目由班主任进行考查。

在《广西省立师范专科学校第一届招生章程》的投考资格一项中规定，符合以下这些条件的考生可以前来投考：“对于教育事业有深厚之兴趣者，

① 蒙谷：《温馨的摇篮　革命的熔炉——缅怀师专母校的峥嵘岁月》，魏华龄、何砺锋：《三十年代广西师专》，漓江出版社，1992：105-106。

有志之于乡村事业且对于乡村情形有相当明了者，态度大方和蔼可亲者。”

在学制方面，杨东莼也敢于打破常规，破格提拔人才，允许学习成绩优异的学生跳级，乡师一年级成绩优异的学生李隆（新中国成立后曾任广西省委统战部部长）、刁剑萍、潘伯秀、陈大文、黄子爵、毛呈林6人入校一学期后，免试跳级转入专科一年级第二学期肄业。

2. 教师的八条标准

杨东莼认为，育人必先人育，要把教育搞上去，必须先有一支过得硬的教师队伍。在《广西省立师范专科学校章程》中，杨东莼提出了教师的八项规定：

(1) 对于教育有深长的兴趣；

(2) 对于学校有爱护之热情；

(3) 对于同事能和衷共济；

(4) 对于学生能以身作则；

(5) 对于自己能自强不息；

(6) 对于社会能公而忘私；

(7) 对于真理能竭力拥护；

(8) 对于人格能始终保持。

在这八条标准的鞭策下，杨东莼请来的一批进步教师，精诚协作，风雨同舟，投身广西师专的教育事业，以极大的热情推动了学校的发展。

3. 确立广西师专的校训

执掌广西师专时期，杨东莼非常注重思想教育，树立优良校风，他提倡集体精神，勤奋读书，师生合作，以诚相待。杨东莼还根据《学记》中的基本思想，确立了作为师范院校的广西师专校训：“尊师重道，敬业乐群。”八个字看似平易，实则内涵丰富。

“尊师重道”来源于《学记》中“大学始教，皮弁祭菜，示敬道也”。之所以要求用新鲜的蔬菜、水果等祭祀先圣先师，以示尊师重道之意，是因为“凡学之道，严师为难。师严然后道尊，道尊然后民知敬学”。尊师与重道是同一件事的两面：师与道相联，教师与学问相通，因而，尊师就是重道，尊重教师就是敬重学问。

“敬业乐群”来源于《学记》中“一年视离经辨志，三年视敬业乐群，五年视博习亲师，七年视论学取友，谓之小成；九年知类通达，强立而不反，谓之大成”。之所以要在第三年考查学生是否专注于学业，乐于与人群相处，是因为它影响着学生日后能否“小成”乃至“大成”。敬业乐群是大成的基础，敬业要求学生执磋并专注于学业，乐群则要求学生乐于并善于与他人合作。做到这一点，才谈得上化民易俗，也才能治国平天下。

具体而言，“尊师”要求学校形成尊重教育、尊重师长、尊重知识、尊重人才的风气，学生要养成尊师的品德。“重道”要求师生树立科学精神，追求真理、崇尚科学、坚持正义、善德立身。“敬业”要求师生专致学业、忠于职守、笃学求精、勤勉创新。“乐群”要求师生善于合作、诚信宽容、厚生益众、同舟共济。

于是，“尊师重道，敬业乐群”不仅成为广西师专的校训，也成为许多师生的生活准则。

4. 纪念周讲话

为了活跃广西师专的学习风气，培养自由研究的精神，经过举办各种问题的报告会，请老师轮流作专题演讲或时事分析。杨东莼在纪念周上的讲话，内容非常充实和精彩。他往往将学生在学习中出现的实际问题，提高到理论上作精辟的分析，对同学有极大的启示和教育意义，所以同学很喜欢听他的报告。据陈大文回忆：“第一任校长杨东莼，当时只有三十多岁，他学识渊博，语言动听，说服力强，他每次讲话好似一个磁场，把人们的注意力都吸住了。全校师生除了少数王公度分子外都对他很敬仰很钦佩的。”

广西师范大学现在的校训仍是“尊师重道，敬业乐群”

杨东莼也经常想尽办法，邀请外来知名人士来校演讲，帮助学生开拓眼界。1934 年 1 月，有一位地理学家田曙岚①骑自行车旅行全国，途经桂林，杨东莼和他是老朋友。9 日

① 湖南醴陵人。原名田澍，为杨东莼同乡，著名地理学家。1923 年肄业于北京中国大学。1925 年后，长期任中学教员。曾于 1933 年 5 月至 1934 年 2 月游历广西境内 40 个县，并将期间的所见、所闻，撰写成一本书《广西旅行记》（中华书局，1935 年 9 月初版，1938 年再版），他与杨东莼的这次交往，被载于这本书中“良丰之游”一节。

上午，杨东莼与秘书钟纬组、教员朱少希等自良丰来，与田曙岚见面，倾谈甚久。杨东莼热情邀请田曙岚同往广西师专，田却答复“尚有俗事待办，期待以异日”。

次日，田曙岚又接到杨东莼的来函，邀请他到广西师专讲演，并游良丰胜迹，且告知已经在学校公布讲演消息，希望不要推却。田曙岚考虑到，广西师专是广西最高学府之一，且校舍建于良丰第一胜景之西林公园中，为考察当地文化及欣赏佳景，当即答应此事。

1月13日、14日，田曙岚在广西师专礼堂分别向甲、乙组学生（因全校学生人数颇多，礼堂不敷全坐，故分甲、乙二组）讲演，在杨东莼的提请建议下，他特意讲到1933年间到江西中央苏区旅行的细节，通过这个长达四小时的报告，使学生们对于中国共产党所领导的武装斗争深得人民的支持，苏区社会安定、人民生活幸福的欢乐情景，有了深刻的印象。他的讲话非常生动，首先说：“我怎样能够进入苏区呢？我在自行车上挂上一个牌牌，上面写着‘我是地理学家，政治、军事我不懂。’到了路口，放哨的儿童团问我要‘路条’（通行证），我说明来由，他们很讲道理，便让我进去了。”

虽然是几句话，他对苏区的感情确自然地流露出来了。他把在中央苏区的所见所闻如实地作了报告，学生们听了甚为兴奋、想不到在黑暗的旧中国里，居然还有这样一块净土，使大家对中国革命前途感到乐观，思想有所向往。

杨东莼培养同学的自觉学习不是用苦口婆心的说教，而是创造让大家自觉学习的条件，启发引导同学走上自觉学习的道路。首先是让大家的生活安定下来，有团结友爱的基础；再批判改良主义，端正为进步而学习的方向，逐步养成勤奋学习的学风，做到阅览室里座无虚席，全校到处没有闲人。这是广西师专的全盛时期。

马列主义的生命活力在广西师专迅速发展，革命锋芒跃跃欲试，像一轮从地平线喷薄而出的红日。

学生越来越热衷在壁报发表文章，喜欢与人辩论。这些苦心浇灌出来的花朵，如在良丰西林公园里争奇斗艳一般，杨东莼和进步教师见状喜在心头。但是，又考虑到怎样才能保护这块在白色环境中几经周折才争取到的红色阵地，让自由研究的局面更长久地维持下去，杨东莼要求学生在行动上要谨慎稳妥，避免漂浮、幼稚的表面“左”倾。同时又语重心长地劝学生们要购置些进步书籍，将来出去案头多几本书，总有利于随时请教。杨东莼说，你们是宾阳的饭碗（宾阳是广西出产瓷器的一个县），将来出去是要受人敲敲打打的，因此要准备接受斗争的考验。

晴朗的天空迟早会出现一片阴云。他遇见这场斗争必然是曲折的，黄金全盛时代不可能长期存在。

当时学生们在比较系统地阅读了一些理论书籍后，对社会有了基本的认识，迫不及待地要把所学到的新观点新见解向外宣传，常有不顾环境，偏激、过火之处，因而引起杨东莼的担忧。杨东莼便在纪念周讲话时给学生敲警钟。如：“民主问题与阶级问题”、“资本主义的路我们应该走吗”、“五四运动的真正意义是什么”、“广西农业机械化问题”，等等。

在杨东莼的领导和协调下，广西师专的第一、二届办得生机勃勃，培养了广西革命运动一批忠勇战士和广西中等教育的一批骨干力量。

五、“离开在意料之中”

杨东莼为落实其办学思想，聘请了一批进步教师，其中大多数是共产党员和进步知识分子；同时开设了大量新兴社会科学课程，组织了许多关于中国社会性质和中国革命问题的讨论。这种新的教育和学习方法得到了学生的拥护，也使广西师专名声大振，被誉为白色统治下的“红色据点”，这引起了广西当局的注意。

1933年秋，有几个原广西党政研究所（简称“党所”）的学员或职员进入广西师专读书。王公度曾任党所的教育主任，王公度此时任国民党广西省党部的常务委员，广西省政府委员，第四集团军总政训处长，南宁军校政训主任。他曾留学苏联，深沉多谋，正在培植党羽，扩张势力。杨东莼把这几个人看作是王公度派来的。这几个人表面很守校规，也积极地阅读进步书籍，暗地里却搞阴谋诡计，把杨东莼及其他进步教师的言行和活动秘密报告给王公度。

10月，广西师专举行建校一周年校庆大会，邀请各界来宾出席。桂林专员田良骥是杨东莼和朱笃一的同乡同学，也来参加。开会前一天，杨东莼被白崇禧邀去南宁，校庆会委托训育主任朱笃一主持，朱笃一作了一个言辞激烈的反蒋抗日的讲话。当庆祝大会结束的时候，主席台上放着几箩花生，朱笃一举手大呼一声“暴动”，大家就抢起花生来。这本是戏言助兴，但李志成等却向王公度报告说，朱笃一在训练学生暴动。他们便把朱笃一的讲话，广西师专开设的“社会发展史”等课程，教师讲课时所阐述的马列主义观点，都报告给王公度。王公度负责桂系的特务工作，自然就把他所收集的情报向白崇禧汇报。

一些没有抢到花生的学生，朱笃一笑他们“没有用”。然而，就是这些“没有用”中的极少数学生，把朱笃一的行动绘声绘色、加盐加醋地密告到白崇禧那里，说朱笃一在广西师专搞“暴动演习”。

4月，白崇禧接到密报，来桂林，心想朱笃一在广西师专搞暴动演习，胆子真大，还作了一个红色报告。那么，朱笃一究竟是什么人，有如此大胆呢？于是，他向有关人员打听，朱有多大年龄，个子有多高，什么脸盘？经过一番询问，白崇禧心里便怀疑朱笃一可能是朱克靖，他也是湖南醴陵人。为了弄清究竟，白崇禧把桂林县的县长田良骥找来。此时的田良骥也不敢隐瞒，只得如实告诉白崇禧说，朱笃一就是朱克靖，事后白崇禧对广西师专的学生说：“朱笃一就是朱克靖。北伐时，他是第七军的党代表，我们同桌吃过饭。清党时，他逃到北平郊区种菜，我在北平又撞见他。他怎么暗中来广西传播共产主义，这是绝对不允许的。”

田良骥知道事情不妙，私下将情况告知杨东莼和朱克靖。杨东莼和朱克靖感到问题严重，就去见正在桂林家中养病的教育厅厅长李任仁。一走进李公馆就看到白崇禧在座。杨东莼为保存广西进步力量，不愿连累李任仁，自己承担责任说：“朱克靖是我聘请来师专讲课的，没有向李厅长和您报告，我很抱歉。”接着，白崇禧问朱克靖来桂林工作为什么不跟他“打声招呼”，朱克靖当即表示，他即将离开广西。

此时，精明的白崇禧当然不愿得到一个迫害进步人士的恶名，次日，他用小汽车将朱克靖从雁山西林公园接到桂林一家豪华的大酒店，设宴招待他，并请一些社会名流作陪。席间一阵寒暄之后，白崇禧表示同意他离开桂林，并赠送他1000大洋的旅费。

5月，朱克靖被“礼送出境”后，杨东莼的处境更为艰难。正当他返校并告诉大家目前面临的困难情况，与薛暮桥等进步教师商量是否向白崇禧提出辞职一事时，送报人员送来了当天的桂林报纸。打开一看，报纸上刊载一条消息：“杨东莼辞职照准”。白崇禧以这种“体面”方式给杨东莼一张逐客令，杨东莼被迫辞去广西师范专科学校校长职务，接任的是当时任贵县中学校长的罗尔棻。

据薛暮桥回忆，杨东莼曾说，“离开是意料之中的”，白崇禧转变如此之快是有政治原因的。那时十九路军在福建建立人民政府，要求与红军合作。当时中央苏区在王明“左”倾路线主持下，说十九路军有比蒋介石更大的欺骗性，拒不出兵援助（如果主力红军出击浙江，切断进攻福建的蒋军的后路，福建人民政府是不会这样就垮台的），这使白崇禧看到联共反蒋的幻想完全破灭，所以走上了坚决反共的道路。杨东莼的分析，也再次印证了他的教育为政治服务的观点。

“杨把戏”被迫离开广西师专，学生们对广西当局极为不满，认为杨东莼是被白崇禧赶走的。在杨东莼离开广西师专的那一天，学生自动来到师专操场，欢送他们的校长，并要他讲话。在这个离别的场面，杨东莼对广西师专一年半的大转变进行了总结，他说，许多学校的学生有意见没处说，厕所里写满牢骚话，我们学校的厕所没人乱写乱画，只有一处有“姜太公”三个字，也不是我们同学写的，这是我们的民主精神的胜利。

接着，他语重心长地告诫学生，离合本来是人生常事，天下没有不散的筵席。他要离开广西师专是在意料之中，大家不要为他今日离开而感到大惊小怪，要把眼光看得远些，将来定有重逢之日。接着，他讲了战国时鬼谷子两个学生的故事：战国时鬼谷子有两个学生，一个叫孙膑，一个叫庞涓。孙膑能力很强，他看不起庞涓；而庞涓气量狭窄，疑心重。他们俩一出校门来到社会，就相互厮杀毫无同窗之情。他劝同学们不要学习孙膑和庞涓，要团结，要相互帮助，切勿猜疑，求得共同进步。

杨东莼又说，广西师专的创办，李重毅（李任仁）先生是出了力的，他关心这所学校，关心同学们，有事可以找他。杨东莼还亲切地告诉大家：“以后如有机会相见，不要再叫我杨校长，只叫我杨东莼或者直接叫老杨。”

离开广西师专后，杨东莼前往桂林办理移交，和薛暮桥等要离开广西师专的进步教师住在一起，外出行动，发现有特务追随，昼夜都有特务监视他们。显然，广西的特务不高明，暴露了自己的身份。于是，他们找到田良骥，田说：“在桂林我能保证你们安全，但在路上一路民团查问，可能会有麻烦。”杨东莼建议由几个人出面写信给白崇禧，要求保护安全出境。白崇禧竟然亲自到旅馆来看望杨东莼他们，假惺惺地说：“朱克靖是大名鼎鼎的共产党，我也没有为难他，还送了旅费请他吃饭，你们何必害怕？既然你们不愿留在广西，我也不强留你们。”白崇禧给了杨东莼一个沿途民团免予搜查的护照，保证他和其他进步教师安全出境。当天晚上新校长也来请他们吃饭，补发了一个月的工资，也享受了“礼送出境”的待遇。

杨东莼和薛暮桥同走，一路上民团看了护照就不检查他们，他们“体面”安全地离开了广西。

六、杨东莼走后的广西师专

杨东莼离职后，白崇禧曾到广西师专学生集会上讲话，攻击马克思主义，谩骂共产党，指责杨东莼宣传进步思想。

王公度是李宗仁、白崇禧在20世纪30年代初的亲信，是当时其内部组织“三民主义革命同志会”的核心人物，与李宗仁有亲戚关系，是由李宗仁报送的“留苏生”，身兼数职，既是第四集团军总政训处长，军校、民团干校也在他手上，部队和政府基层布满了他的人。他还想将广西师专抓到自己手上，总想排斥杨东莼，换上他的人。杨东莼多次向李任仁表示：王公度是阴谋家，有野心，要提防，未引起李任仁的注意。先是李任仁因用杨东莼受到攻击，引病辞去教育厅厅长职务，随后杨东莼又走了。王公度趾高气扬，带着他的一批人进入广西师专，住进杨东莼住过的涵通楼，对广西师专学生进行明查暗访，想找到攻击广西师专的把柄。学生们因为确实没有什么政治组织和活动，只不过读书、发议论和写文章而已，也抓不到任何把柄。

5月，新校长罗尔棻到职了。留美的雷沛鸿当教育厅厅长，并不买王公度的账。所以王公度撵走杨东莼后，一时也难以占有广西师专，这就出现了一个过渡期。罗尔棻学医，当贵县中学校长有成绩，祖辈是大地主，本人不问政治，容易控制，就被选上了。桂系第三号人物、省主席黄旭初找到罗尔棻谈话，道出了真情：“原来以为他们（杨东莼等）对共产主义讲讲就罢了，谁知却干起来了。”

其实罗尔棻与广西的老共产党员陈勉恕是好朋友，和陈此生也要好。罗尔棻去看陈此生，又认识了李任仁，以后常去为李任仁看病，和李任仁也很熟了。罗尔棻去广西师专前，曾到过李任仁的会仙老家。李任仁嘱咐罗尔棻说：“杨东莼在师专没有什么秘密活动，只是允许学生自由研究罢了。你到职后，对师专学生，请本爱护之旨，予以对待。”罗尔菜到职不久，黄旭初给他一封信，开列了一个学生名单，叫他注意。名单上第一个就是刘敦安，还有梁泽晋等。罗尔菜设法暗示刘敦安，又直接找梁泽晋谈话，劝他们借故离校。事后黄旭初问起名单的事，罗尔菜说他们都有所改正，这件事就过去了。

一年半的时间虽短，杨东莼给广西师专带来的影响却是长久的。在课余时间，广西师专的学生会经常兴奋地讲述一些历历往事：朱笃一当面批判张君劢演讲，薛暮桥等老师批判教育救国论不能解决问题，梁漱溟讲的乡村建设、乡村教育的改良主义行不通，蒋介石的所谓新生活的混账，等等。学生间谈的多是这些敏感而倾向性很强的问题。

1935年秋季，由于日本帝国主义的步步紧逼，抗日浪潮高涨，蒋桂矛盾加剧，新校长的无能，李任仁征得白崇禧的同意，派陈此生任教务长，陈此生因在广西师专时期受杨东莼的影响，对马克思主义哲学几乎入了迷。陈此生和杨东莼一样，从上海等地聘来陈望道、施复亮、马哲民、邓初民、杨潮、夏征农、熊得山等名教授，其中也有早期共产党人，继承和发扬了广西师专初期的优良革命传统。

白崇禧把杨东莼驱逐出境了，但他除不尽杨东莼在广西师专播下的革命的种子。不久广西师专学生刘敦安、麦世法、梁寂溪等在香港被吸收加入共产党，参加了重建广西党组织的艰巨工作。

1943年12月，“大别山惨案”(即广西省立师范专科学校毕业的刘敦安等中共党员被广西军阀李品仙残酷地活埋)发生后，李宗仁到安徽立煌(现名金寨)检阅第五战区部队，皱紧眉头对其部下说：“为什么杨东莼训练的干部如此成功，你们训练的干部这样蹩脚呢?”李宗仁的这一言语，恰好证明杨东莼成功地把广西师专变成了培养进步学生的革命摇篮。

第七章　抗战救亡

争取民族的解放，不单是中国人民的天经地义，而是任何被压迫民族的天经地义。敌人的压迫愈严重，中国人民对民族解放的要求，亦愈高涨。尽量的组织民众，一心一德的拿铁和血与敌人作殊死战，是中国民族的唯一出路。

——《上海文化界救国运动宣言》(1935年12月12日)

1934年6月，杨东莼离开广西前往上海，积极投入抗日救亡运动，并依旧从事他的写作。经同样有流亡日本经历的早期共产党员钱亦石介绍，杨东莼参加了教育座谈会，同时加入了陈翰笙等发起的中国农村经济研究会[①]，以及陶行知主办的生活教育社。杨东莼经常拿出手中并不丰厚的稿酬，尽力去支持这些组织。

1935年《青年界》第1期刊发了杨东莼的《八本〈说文解字〉伴着我到了北京》，文章回忆了当年他从长沙到北京时，原本随身携带的是八本代表旧文化、旧教育体制的《说文解字》，来到北京大学后接受了新文化、新式教育的洗礼，开始转而接受新式教育，以新的视角和新的方法来研究中国

① 中国农村经济研究会，是中国共产党领导下的研究中国农村经济的学术团体。简称农研会。1933年在上海成立。该会由理事会领导，陈翰笙任理事会主席，吴觉农任常务理事。1933年创办《中国农村》月刊，其后创办中国经济情报社和文化资料供应社，向各报刊提供经济论文和经济资料。不久又成立新知书店，主要出版马克思主义著作，宣传中国共产党的方针政策。农研会强调运用马克思主义的观点分析和研究中国社会。农研会成员通过农村调查的实际材料，论证了中国是一个半殖民地半封建的社会，需要进行反帝、反封建的土地革命，从而为中国共产党的土地革命做了理论上的论证。

古代经典著作，且已经慢慢熟练地学习和使用白话文，并进而推广白话文。

杨东莼青年求学时的转变经历，恰恰反映了当时白话文运动和白话文的流行，是随着中国的新文化运动在全国开展起来，相继引起诗歌的革命、小说的革命以至整个文学的革命。如果说，“五四”中流行的许多思想因素都曾有过复辟回潮，那么，最有力、最不可逆转的稳定性因素就是白话文运动所确立的语言文字改革。因此“五四”新文化运动就是一场以白话文的普及和推广为重要特点的深刻的思想革命和文化革命。

提倡白话文，使历史教科书的文字表述有了新的发展。到 20 世纪 30 年代，使用白话文写成的历史教科书的使用已进入繁荣期。1935 年 2 月，上海北新书局出版了杨东莼编著的教科书《高中本国史》，该书“完全遵照部颁新课程标准编辑而成，供高级中学本国史教学之用”，经过多次修改和增补，发行量很大。杨东莼在编著该书时，不仅吸收了当时史学界的最新研究成果，还大量融入了自己的研究心得。因着日本帝国主义侵略中国的时代背景，这本书和当时流行的其他历史教科书一样，充满了抗日救亡的爱国主义色彩。就编著的目标，他写道：“叙述中华民族的拓展，与历代文化政治社会的变迁，以说明本国现状的由来：同时注重近代外交失败的经过及政治经济诸问题的起源，以说明本国国民革命的背景，指示今后中华民族应有的努力；至于过去政治经济诸问题，其有影响于现代问题，并培养其观察判断的能力。”①

杨东莼长期从事教育，对国内教育问题尤其是高等教育问题十分关注。早在 1929 年，他就在《北新》杂志上发表了《中国过去教育的批判》，他运用马克思主义唯物主义哲学中的“经济基础决定上层建筑”的观点，结合自中世纪以来西方以及日本的教育变化和发展，揭示中国长期以来在农业经济基础上建立的封建专制主义教育的种种弊端和八股取士对知识分子的荼毒，进而分析自辛亥革命及“五四”新文化运动以来，中国近代教育虽然发展很快，但仍存在农业经济思维下的封建主义教育残余，还没有完全成为自新思想、新文化指导下的新式教育，他认为当下应该“谋求适合于中国国情的中国教育”，而不是简单地照搬照抄西方和日本的教育模式，中国的教育要适应于经济发展的状况和社会的需要。

---

① 杨东莼：《高中本国史》（上册），北新书局，1935：1。

当时上海的教育文化界掀起了一场读书运动，习惯透过现象看本质的杨东莼在《青年界》发表了文章《评所谓读书运动》。他认为，有些人说这个读书运动是因为书店老板想销行他们的出版物而形成出来的，这个解释未免滑稽。依照他的解释，这次读书运动具有重要的时代意义，这场运动的方向是对的。杨东莼反对学生读书的目的是“救国”，结合最近兴起的所谓的“读书运动”，谈了一下自己对读书和教育的看法。他认为，读书运动的兴起，是缘自中国农村经济的解体、市场经济的兴起和现代教育的普及，建议当今学生读书，必须和社会现实高度结合，要有意识地把握着现实，而且读书要合理化，“要用最经济的方法，去读最有用的书”，杨东莼列出了他推荐学生阅读的书目，尤其是以有关马克思列宁主义的书籍为重。杨东莼不遗余力地宣传马克思主义唯物史观，体现了他在教育理论上的高瞻远瞩。

与杨东莼富于历史洞察力的分析方法截然不同，这期的《青年界》杂志同时刊登了在苏州中学任英语教员的弟弟杨人楩的《读书论》。从分析现实读书的种种动机出发的杨人楩，得出了令普通人瞠目结舌的结论，这显然迥异于杨东莼的理性思考。杨东莼认为：“这一回的读书运动，实在是教育上的一个重大问题。如果社会是健全的而不是病态的，如果教育本身没有缺点，则那里会来这么一个读书运动呢？我们并不反对读书，不但不反对青年们读书，就是教授们学者们也应读书。”① 杨人楩悲观而自信地坚持自己的观点：

> 在这社会里，最少在这会里，读书是没有目的的；为学问，为兴趣，为吃饭，为老婆，为做人，为爱国，为革命，为身份，这些都是不通之论；或者因为是办不到，或者因为是不应该，或者因为是犯不着。所以，我们不要读书。我们既已读了书，不必定要送我们的子弟去读书；最少在我们没有饱饭吃以前应该如此。“人不读书，不能成人”，这话是没有证据的；不读书只不过不是一个读书人而已，他还是个十十足足的人。②

杨东莼的提倡读书，与杨人楩的反对读书，其实共同包含了对当时的教育失败不满，只不过，杨东莼对教育的前景充满革命者的乐观情绪，而

① 杨东莼：《评所谓读书运动》，《读书杂志》，1931，1（6）。
② 杨人楩：《读书论》，《青年界》，1932，2（3）。

杨人楩则是号召大家以无为之为来应付这种失败带来的苦闷。

这篇观点激烈的《读书论》，1931 年 5 月，杨人楩在苏州中学的一次纪念周上也曾对学生讲过，他和杨东莼一样具有演讲天赋，他的演讲完毕，台下就会掌声如雷。

在民国时期，学校派系斗争遍地，杨人楩一个外来人在苏州自然很容易被他人捕风捉影式地攀扯，一篇匿名发表的文章《苏州中学之演讲风波》，对杨人楩极力造谣中伤。遭到排斥后的杨人楩黯然离开了苏州中学，也成就了他人生中的另一个契机：赴英国剑桥大学留学。

1935 年，杨东莼在《青年界》发表了文章《现代美国文明的自己批判》，介绍美国文明的进程中，通过不断的“否定之否定”的自我批判，文明得以不断发展和完善，形成了领先于世界的科学和产业化的文明，以唯物辩证法的思想介绍了美国文明。

在上海抗日救亡运动中，出版有不少进步刊物，这些刊物的主编，常在“功德林”、“觉园”素菜馆一类地方邀请撰稿人吃饭，一面吃饭，一面约稿。杨东莼对青年知识分子更是热情奖掖扶持。一次约会上，杨东莼对孙冶方冶学作了评价，说冶方冶学谨严，不轻易为文，他答应要写的文章，必定认真负责写好，只是时间不能急，因为冶方不仅在构思上要费脑筋，而且在行文上对每一个字句都要推敲的，写文章虽慢，但写出的东西很有分量。年仅 21 岁的张劲夫此时刚刚加入共产党，担任陶行知主持的大场山海工学团团长。杨东莼的这番话引起了他对孙冶方的文章的重视。

杨东莼和孙冶方都是 20 世纪 20 年代参加革命的老同志，在钻研马克思主义理论上都下过苦功夫，在学术上都有较高水平，当时杨东莼在文化界熟人很多，在工商界、政界中也有不少社会关系，因此在这些人中开展抗日救亡统一战线工作，他做了很多事。尤其对张劲夫这样的青年来说，帮助是很大的，帮他们做了许多他们当时难以做到的事。他对地下党组织很尊重，凡提出要求，如请他出席张劲夫等组织的集会演讲，几乎是有求必应。张劲夫记得有一次在北京路青年会组织“五四”纪念会，他到会演讲，热情洋溢，说理透辟，语言生动，得到听众的热烈鼓掌欢迎，反应很强烈，说明他是一位出色的宣传鼓动家①。

---

① 张劲夫：《怀念集》，中共中央党校出版社，1994：140-141。

1935年，由“中国左翼文化总同盟”中的党团成员，同时又是社会科学家联盟中的党团领导成员曹亮①介绍，杨东莼再次恢复了党组织关系。杨东莼和曹亮一样，在白色统治之下，逐渐成长为周恩来直接领导的优秀地下工作者。

一、参加上海文化界救国会

在中日民族矛盾极其尖锐、全面战争一触即发的情形下，满怀爱国主义情怀的杨东莼开始参加抗日民族统一战线工作，与沈钧儒、陶行知、章乃器和曹亮等在南京发起组织救国会，通过不断发表文章和进行演说，宣传抗日主张。

在酝酿筹组上海文化界救国会时，沈钧儒、陶行知和杨东莼等人开始以聚餐形式进行活动，第一次活动在南京饭店吃饭，只有陶行知、杨东莼、曹亮等八九人。席间，沈钧儒说：“要参加就要准备坐班房，甚至砍头，否则就不参加。”杨东莼不为形势所惧，积极参与筹备组织工作。

1935年12月12日，杨东莼参与发表了《上海文化界救国运动宣言》，此次宣言共有马相伯等文化界三百余人，宣言的背景是，“鉴于中华民族的危机日迫，整个华北又将成为第二个‘伪满’，特发起救国运动”。宣言的主张内容是：

一、坚持领土和主权的完整，否认一切有损领土主权的条约和协定；

二、坚决反对在中国领土内以任何名义成立由外交策动的特殊行政组织；

三、坚决否认以地方事件解决东北问题和华北问题——这是整个的中国领土主权问题；

四、要求即日出兵讨伐冀东及东北伪组织；

---

① 曹亮（1904—1992），忠诚的共产主义战士，中国共产党杰出的地下工作者。1934年，他在上海由田汉、阳翰笙同志介绍加入中国共产党，先后在周恩来、郭沫若等同志的直接领导下工作。三十年代是革命文艺大发展的时代。在中共的文委领导下，建立了“中国左翼文化总同盟”（“文总”）。曹亮入党后，成为文化总同盟中的党团成员，又是社会科学家联盟中的党团领导成员，因而成为杨东莼的入党介绍人。

五、要求用全国的兵力财力反抗敌人的侵略；

六、严惩一切卖国贼并抄没其财产；

七、要求人民结社、机会、言论、出版之自由；

八、全国民众立刻自动组织起来，采取有效的手段，贯彻我们的救国主张。①

救国会是一个什么样性质的组织呢？救国会是中国共产党领导的人民民主统一战线的一个左翼政派。救国会的主要负责人有沈钧儒、章乃器、邹韬奋、李公朴、沙千里、史良、王造时、陶行知等人，杨东莼也在救国会积极承担了一些重要工作。

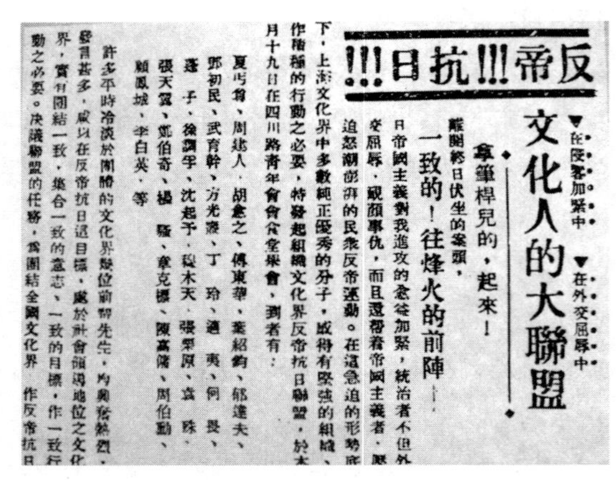

反帝!!!抗日!!!

文化人的大聯盟

▼在侵略加緊中▼在外交屈辱中

拿筆桿兒的，起來！

離開終日伏坐的案頭，

一致的！往烽火的前陣——

日帝國主義對我進攻的愈益加緊，統治者不但外交屈辱，靦顏事仇，而且還幫着帝國主義者，壓迫怒潮澎湃的民衆反帝運動。在這急迫的形勢底下，上海文化界中多數純正優秀的分子，咸得有堅強的組織、作積極的行動之必要，特發起組織文化界反帝抗日聯盟，於本月十九日在四川路青年會會食堂集會，到者有：

夏丏尊、周建人、胡愈之、傅東華、葉紹鈞、郁達夫、鄧初民、武育幹、方光燾、丁玲、適夷、何畏、蓬子、徐調孚、沈起予、穆木天、張季屏、森殊、張天翼、鄭伯奇、楊騷、章克標、陳高傭、周伯勳、顧鳳城、李白英、等

許多平時冷淡於團體的文化界地位前輩先生，均興奮熱烈，發言甚多，咸以在反帝抗日這目標，處於社會領導地位之文化界，實有團結一致，集合一致的意志、一致的目標，作一致行動之必要。決議聯盟的任務，爲團結全國文化界作反帝抗日[illegible]

“九一八”事变后，“文化界反帝抗日联盟”成立时的宣传报道

“一二·九”运动之后，抗日救国运动在全国范围内蓬勃发展，为“团结全国救国力量，统一救国方案，保障领土完整，谋取民族解放”，促成全国各党派的团结合作，共同抗日，全国20多个省的60多个救亡团体的代表，于1936年5月31日，即“五卅”纪念日的第二天，汇集上海，召开了全国各界救国联合会（简称“全救”）成立大会，会议是在上海博物院路中华基督教青年会全国协会的一间会议室秘密举行的。会议发表了赞同和支持中国共产党建立抗日民族统一战线的主张。

全国各界救国联合会成立之后，根据《宣言》和《纲领》中提出的任务，对各党各派做了大量的工作，推动各党各派联合抗日。“全救”打电话给张学良、杨虎城、傅作义等，并派出一些人同各地实力派进行接触，宣传“全救”的政治主张，了解他们的态度。当时“全救”在这方面的一件大事，是处理“两广事变”。杨东莼成了参与这件重大事件的重要成员。

① 《上海文化界救国运动宣言》，《大众生活》，1935，1（6）。

二、“两广事变”

1936年6月1日，两广实力派李宗仁、白崇禧、陈济棠等，为了维护其在两广的地位，以“抗日救国”为名，联合进行反蒋，从粤汉铁路和湘桂边界出兵北上，进兵湖南，蒋介石对两广军准备武力对付，形成“两广事变”（也称“六一运动”）。事变发生后，毛泽东代表中共发表了谈话，提出“西南抗日反蒋的军事行动，客观上是革命的进步的行动”，并且表示了支持的态度。而事变中，李宗仁等派人同“全救”接触，探听“全救”对这一事变的态度，实际上是急需增加反蒋抗日的政治资本，想通过“全救”了解中国共产党的态度，要求“全救”支持他们。他们提出，希望“全救”派负责人去两广，直接接触。“全救”常委会及时研究了“两广事变”，以及“全救”对这一事件应持的态度。

“全救”认为，日本帝国主义进一步加紧侵略，其豢养的伪蒙军已开始入侵绥远，民族危机日益严重，在这种形势下，西南领袖提出抗日主张，并宣布北上抗日，这是值得欢迎的。但是，应当真正从抗日救国出发，以国家民族利益为重，团结抗日，不宜轻率对内用兵，酿成内战，“内争不容再有，御侮不能再缓”。不要“鹬蚌相争”，免使日本侵略者“渔翁得利”，希望国民党中央政府和两广方面迅速结束大军僵持的局面，共同抗击日寇。

至于杨东莼如何被选中担任“全救”代表赴南宁，他的同乡好友刘斐曾说：

> 对救国会方面，桂系先有电给陈邵先，要他邀请沈钧儒赴桂，陈把这个电告诉了杨。当时救国会方面认为沈老不宜赴桂，因杨东莼过去在广西工作过，就决定派杨去，并由陈邵先电广西，得桂方同意。但杨本人因为过去在广西工作，是跟桂系闹翻了才离开的，怕有不方便。杨和我既是同乡又是同学，所以他先打电给我问我赴桂是否适宜，我曾回电促他赴桂。①

杨东莼到南宁后参与商讨“两广事变”的实际情形，据刘斐回忆：

> 广西自陈济棠垮台之后，各党各派人物就集中到南宁，桂系也乐

① 刘斐：《两广“六一事变”》，文史资料工作委员会：《文史资料选辑》第1卷第3辑，上海人民出版社，1980：17。

得利用他们作为反蒋抗日的政治资本。当时他们都集中在宜园，李济深也住在那里。李宗仁的夫人郭德洁每天都到宜园去，一去就坐在李济深房里，以便打听各方的消息。

当杨东莼代表救国会到达南宁时（杨到达南宁前后只留一个星期），最初也被接待住在宜园。他到时打电话告诉我，我就到宜园去看他，了解救国会对这次事件的大概意见。他问我广西的情况如何，我说："广西嘛，一块钱小赌本，只拿出六毫子在桌面上赌，还有四毫子留在口袋里。"杨领会我的意思，就从宜园搬到我的住所来寄寓。

那时桂系邀请救国会派代表到南宁来，有两层意思：一、借救国会以自重，增加桂系的政治资本；二、知道救国会受中共领导，想从救国会代表方面知道中共对抗日和反蒋的态度。那时自称"中共驻港代表"的胡鄂公，是把抗日和反蒋同时提出的，因而桂系更有彻底明白中共政治活动的必要。正如前面所说，那时蒋、桂双方的形势是外张内驰的。蒋尽管装腔作势，但始终按兵不动，很欢迎我（刘斐）去从中调停。在桂系方面，虽在政治上运用各党各派来增加声势，发动学生游行示威来形成紧张局面，但仍在寻找和的途径。上面已经说过，我之两次赴广州，就是这方面的具体表现。现在和已经有了头绪了，但要和就不但要说服部下，并且对各党各派也必须有个交代。

杨东莼之来，正式和谈已在骨子里开始的时候，所以李、白对杨这次来广西极为重视。杨到南宁的第二天，就由李、白接到当时的总司令部去谈话。杨把救国会的主张以及抗日民族统一战线的道理说了一遍，同时表示反对广西开府反蒋。李、白（尤其是白）觉得杨的话很有道理（其实是对李、白当时情况下很有用处），于是第二天、第三天又连续约杨到总部谈话。这两次谈话，李、白和黄旭初等都在座。第二次谈话出席的还有廖磊、夏威等军事方面的高级将领。第三次的谈话，人更多出一点，出席的有邱昌渭、王公度（托派）及各厅长等政治方面的人士。在这两次谈话时，首先都是由白崇禧发言，说"请杨先生谈谈救国会的主张"。杨以责任所在，就把头一次同李、白谈过的那一套说了一遍。杨每次从总部回来，都同我分析研究，最后的结论是：李、白是借杨的话来转弯，以便为和平扫清障碍。正在这个时候，宜园的各党各派闹着要在广西开府，他们内定李济深当主席，胡鄂公任秘书长，彭泽湘也安排了一个什么名义。

在杨东莼到南宁第五天，总部召开各党各派各团体的联席会议，李宗仁坐在李济深的右手。我记得在宣布开会后，有的在发言，因李济深的眼镜上的螺丝钉脱下来了，李宗仁即拿出小刀替李济深修理眼镜，会场简直不像讨论开府那样十分严重的问题。白崇禧则坐在长会议桌的一端，手拿着一叠电报，一面看电报，一面在电报上写些什么，并且在整个会议时间内，离开会场到外面好几次，对开府这样重大的问题，也好像是若无其事似的。至于黄旭初、夏威、廖磊、邱昌渭等，在会场上根本是呆若木鸡，一言未发。

大约三小时的会议，在李济深宣布开会和讨论议题过程中，争先恐后地发言的，甚至一而再、再而三地发言的，就是胡鄂公、章伯钧、彭泽湘、刘芦隐这些人。他们一致强调要立即组织政府，意见可说是一边倒。直到快要散会的时候，白崇禧站起来说："还是听听救国会的意见吧，请杨东莼先生谈谈吧！"我正坐在杨的旁边，觉得关键已经在他身上了，兴奋地从桌底下踢了他一脚。杨随即谈了约半个小时，内容同以前和李、白谈的完全相同。杨说完之后，白崇禧没等别人发言，就向李济深说："好吧！既然如此，关于开府的问题，还是从长计议吧！"这时，李济深也只好说："以后再谈吧！"就宣布散会。从这次会议以后，就再没有开过这样的大会了。①

留日归来的刘斐被白崇禧任命为第四集团军高级参谋兼广西民团干部学校教育长。1936 年刘斐奉命策动广东陈济棠联合桂系反蒋（介石）。"两广事变"爆发后，又应程潜之约，积极为蒋、桂和解斡旋。作为整个事件的参与者，他的回忆非常详细，也具有较强的真实性。只是需要进一步理顺会议时间，以便廓清杨东莼在"两广事变"中所扮演角色。

1936 年 8 月 22 日，杨东莼以救国会成员身份，参加李宗仁主持的广西各界欢迎李济深、刘芦隐及各地抗日救国人士大会。杨东莼到广西后向李宗仁、白崇禧谈了救国会的主张和抗日民族统一战线的道理，同时表示了对广西反蒋的异议。杨东莼在出席新桂系高级干部会议上，深刻分析了当

① 刘斐：《两广"六一事变"》，文史资料工作委员会：《文史资料选辑》第 1 卷第 3 辑，上海人民出版社，1980：17。

时的国际国内形势，阐述了建立抗日民族统一战线的必要性和重要性。并且恳切向与会新桂系高级干部提出改变“反蒋抗日”的主张转变为“逼蒋抗日”——“促蒋抗日”——“联蒋抗日”，并且停止内战，一致对外。当杨东莼与李宗仁、白崇禧等刚谈完，夏威、廖磊来了，李宗仁、白宗禧叫杨东莼再说一遍，杨东莼了解其意，复述了一遍；最后邱昌渭来了，李宗仁、白崇禧想杨东莼再说一遍，杨东莼说：“实在讲话太多了，需要休息，最好请王公度先生把救国会的主张告诉他们”。①

23日，杨东莼去看望李济深，见郭德洁在李房里寸步不离。杨把救国会的主张告诉了李济深。鉴于任务已经完成，他准备到白崇禧的第四集团军总部去辞行。李宗仁、白崇禧、黄旭初一致要求杨东莼多住几天，因为还要召开所谓的“各党各派”的“联席会议”。②

24日，杨东莼又应邀出席李宗仁召开的联席会议，参与讨论成立抗日政府问题。会议初步拟定名称为“中华民国国民救国委员会”或“中华民国临时政府”。在政客云集的联席会议上，围绕“开府问题”，双方吵得不可开交。当所有的犀利目光盯在这个外表柔弱的文人学者身上时，他冷静自若地当着大家的面，再次分析了当前形势，阐述了抗日救国的主张。他不卑不亢，理论精辟，博得了在座高级军政人员的赞赏和掌声。正是这次在广西“群英会”上与各党派巧于周旋、捍卫“和平”的政治活动，让李宗仁、白崇禧对杨东莼刮目相看。他们认为：杨东莼不仅“智高、才大”，而且政治嗅觉灵敏，活动能力极强。曾被“礼送出境”的杨东莼重新获得了桂系的信任。

白崇禧请救国会代表杨东莼来无非是要杨东莼替他解围，从而使他自己对云集于南宁的各党各派有个说法或是和谈借口。8月26日，刘斐受李宗仁、白崇禧指派为代表，再度赴粤见蒋介石，表达和平愿望，并正式斡旋和平。他到黄埔会见蒋介石后，经过一番口舌，终使蒋介石同意了广西方面提出的和解条款。8月30日，李宗仁、白崇禧致电蒋介石，欢迎他派代表入桂和谈。

---

① 何砺锋：《杨东莼与广西》，《纪念杨东莼先生文集》，广西师范大学出版社，1994：81。

② 何砺锋：《杨东莼与广西》，《纪念杨东莼先生文集》，广西师范大学出版社，1994：81。

9月2日，蒋介石派居正、程潜、朱培德为代表到南宁商谈和平。3日晚上，李宗仁召集白崇禧、黄旭初、潘宜之、王公度、李任仁在广西省政府大楼举行会议，讨论战和问题。4日上午继续讨论。李宗仁说，“六一运动”（即“两广事变”）以来，虽与各方面有密切联系，但只有救国会（杨东莼代表）寄予精神上的支持；张学良尽管坚决抗日，但倒蒋未必参加；刘湘则始终不肯一同露面。在上述情况下，广西独立支撑，财政断难持久。如果答应抗日，而又维护广西现状，应以和为上策。于是拟定了九条和议方案。9月17日，蒋介石、李宗仁在广州会晤，“两广事件”遂告和平解决。

和平实现后，随即开始了和平条款的执行。由于刘斐在“两广事件”的和平解决中，担负了保证广西履行条款的义务，特别是要保证广西在国民党中央决定抗日时如约出兵。因此，从广州回到南宁后，他为了保持在蒋桂之间的超然地位，便于公正执言，遂决定不受委于任何方面的职务，计划10月初到湖南南岳休养。杨东莼也准备离开南宁，一些广西师专的学生听说杨校长来了，便纷纷来到他的住所。杨东莼高兴地告诉他们：“在师专，我和张宗麟合不拢。近年来，在上海却和他合作得很好。”①

三、“西安事变”

蒋介石消极抗日、积极剿共的做法，使东北军忍无可忍，因为东北军的最大统领张作霖在“皇姑屯事件”中被炸死，而他的儿子张学良，这个既聪明机智又热血沸腾的青年接替他成为新头领。“九一八”事变，使东北军丧失了赖以生存的根据地，背井离乡，饱受苦楚，身负国仇家恨，还被民众误解，军营里厌倦内战的情绪日益弥漫。在毛泽东发表停止内战的公开信后，张学良和共产党开始有了联系，双方对过往的恩怨开始相互谅解，在抗日的认识上谋求一致。

12月12日的夜间，张学良包围了位于西安东边为蒋介石精心安排的公馆住所。他的部下开火打死了蒋介石的30名随从，他手下的一个军官则

---

① 新中国成立后，张宗麟任教育部高等教育司副司长。广西领导与教育部商量广西大学校长人选的时候，主管高等教育的张宗麟极力赞成杨东莼出任。这不但是“君子不念旧恶”，而且也是出于对杨东莼是非分明、坚持原则以及他卓越的办学才能的充分认可。

把蜷缩在假山石缝里、表情惊恐的蒋介石背了出来。这场惊心动魄的兵谏事件，被称为“西安事变”。

突然的政治事变给在“蒋桂”矛盾中长期处于弱势地位的新桂系，似乎送来了一块烫手山芋。此时，作为一名共产党，杨东莼要执行中共对新桂系高层的统战任务，他紧急地拨通了刘斐的电话，告知将到刘斐在湖南南岳的住所来。不久，杨东莼到南岳，告诉了刘斐救国会对这次事变的态度，然后同他去桂林见李宗仁、白崇禧。李宗仁、白崇禧再次与杨东莼探讨对时局的看法，杨东莼反对胡鄂公与章伯钧等的做法（他们极力要李济深乘机推动李宗仁、白崇禧起事），尖锐地指出中共的抗日民族统一战线是坚定的，“西安事变”的结果最终还是会由统一战线来决定，并赶到梧州戎墟看望李济深，要李济深不要上了胡鄂公等的当。

后来，事态的发展果然被杨东莼一语言中。经过张学良代表的东北军、中共以及蒋介石的妻子宋美龄三方政治势力之间十多次的紧张会谈，“西安事变”的结果以表面上的妥协告终，蒋介石被迫接受“停止内战，联共抗日”的主张，促成了第二次国共合作。

这样，李宗仁、白崇禧不仅对杨东莼和“全救”加深了好感，也对抗日民族统一战线加深了认同。

四、参加生活教育社

圆满完成了沈钧儒交代的任务后，杨东莼返回上海继续从事救国会的工作，他还经常出席生活教育社的各种会议。

“八一三”抗战爆发，杨东莼参加了抗日救亡工作，搞训练班，支持“孩子剧团”。

1937 年上海“八一三”事变

1932年10月1日，上海山海工学团在宝山县大场成立。工学团的取名，源自陶行知的生活教育理念。

> 什么是工学团？工是工作，学是科学，团是团体。说得清楚些是，工以养生，学以明生，团以保生。说得更清楚些是，以大众的工作，养活大众的生命；以大众的科学，明了大众的生命；以大众团体的力量保护大众的生命。工学团是一个小工场，一个小学校，一个小社会。在这里包含着生产的意义，长进的意义，平等互助，自卫卫人的意义。它将工场、学校、社会打成一片，产生一个富有生活力的新细胞。①

这时，陶行知提倡“国难教育”，与中国共产党领导的抗日救亡运动密切地配合，陶行知也由一个改良主义的教育家逐渐转变为人民教育家。原来在广西师专与杨东莼不合的张宗麟也跟着转变了，他积极参加了上海的抗日救亡运动，而且在文化教育界的抗日救亡运动中与杨东莼经常碰头，时常一起工作。后来，张宗麟也加入了中国共产党。

1935年，杨东莼参与了陶行知在上海大场办山海工学团的工作，后来他在回忆中说他们当时奔走了一天，才搞到一点钱，工学团才能过年，他极力称赞陶行知“孜孜不倦，锲而不舍”的办教育精神。同样，陶行知对杨东莼在工学团展现的才干非常认可，曾因未见到杨东莼，而在日记里表示遗憾。1938年10月12日，陶行知在宜昌致函吴涵真，信中写道：“弟于上月二十八早到长沙……二十九日对新安旅行团谈话后，即赴衡阳对湘省中学以上集中军训学生四千余人演讲。薛暮桥先生曾约朋友十余人茶叙，东莼先生下乡，未得相见。”

虽然工学团办学条件艰难简陋，但在陶行知、杨东莼、刘良模、张宗麟等教育文化人士的共同支持下，却办得生气勃勃。当时参观山海工学团的记者孙连芳在一篇报道文章里描述：

> 当我们没有到那里的时候，总以为山海工学团的联合办事处，至少有普通小学一样的场所；谁知到了那里，真出乎我们的意料之外。那是一所又矮小又破旧的平房。一起十二间，围成口字式，里面找不

① 华中师范大学教育科学研究所：《陶行知全集》（第2卷），湖南教育出版社，1985：636。

出一块地板，尽是历久未修的泥地。但是扫除得很清洁。正中是礼堂，也是幼儿园活动的场所，也是各种集会的地方。礼堂的左右是图书室、寝室、厨房。东厢是会客室，幼童寝室，西厢是科学馆、工作室。前面是办公室。会客室中放着一张粗陋的大菜桌，四围放着几只藤椅，壁上悬挂各种图表和小先生教人的成绩。……

屋子的外面，左右后三面是园圃，种着各种蔬菜。前面是一块旷场，除了一架普通的滑梯外，没有什么设置了；场的三面围着灌木，造成了一带自然篱笆，别有风趣。总之他们的布置和设备，虽说是简陋，但确是很合于科学很合于经济原则的。①

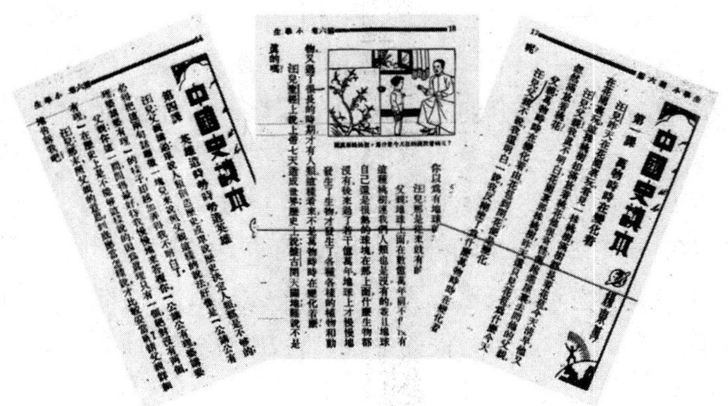

1936 年《小学生》杂志连载杨东莼编著的历史教材

1936 年，上海大众文化出版社邀请杨东莼担任主编，陶行知、章乃器、钱亦石等执笔，编辑“大众文化丛书”。此外，杨东莼还应邀撰写了一系列形式活泼的历史教学文章，如在《小学生》的“中国史读本”专栏上刊登的《第一课　万物时时在变化着》、《第二课　变化的法则也适用于人类社会么?》、《第四课　英雄造时势时势造英雄》、《第五课　我们为什么要学历史呢?》等。这些文章通过好问的汪儿和渊博的父亲两个角色之间的对白互动，把枯燥乏味的历史课演绎得活灵活现。从这些标题就可以看出作者的辩证唯物主义历史观。

5 月，杨东莼在《大众教育》先后发表文章《一个学校的团体训练的实验报告》和《一个学校的团体训练的实验报告（续创刊号）》，这份实验

① 孙连芳：《参观山海工学团后》，《进修半月刊》，1935，4（6）。

报告集中显示了他办学的坚韧意志和创新精神。至于这份关于广西省立师范专科学校的实验报告的由来，如他说的：

> 这个实验报告是我和许多同事在广西省立师范专科学校的一段经历。离开广西回到上海，又整整两年了。在这两年中，和几位从事教育的朋友，谈及这个学校，他们知道这个学校训练学生的方法，和普通学校有点两样，便督促我把它当做实验报告写出来，不过有一点应该声明的，是我手边没有材料，这里所记的，都是凭我的记忆而来的，其中如有错误还待后来更正。①

在实验报告的前一部分，杨东莼摘录了他在师专校刊上曾刊登的《我们对团体训练应有的认识》中关于团体训练的内容与方法的部分。杨东莼说："在这篇论文中，我大致地把团体训练的意义说明了。但在实施方面却很困难。我记得在师专五六十次纪念周中，关于团体训练的报告几乎占了百分之八十以上的时间，每一次报告，都是从团体训练的理论方面谈到实施方面，或是从实施方面引到理论方面，或是从每一个行动中去指出团体训练的意义，反反复复，都集中在团体训练一个总目标之下。师专实施团体训练，在那时只有一年半的期间，虽然在此短短期间，谈不到美满的效果；但实际上却发生了不少的效力。"②

5 月 27 日，他又进一步把广西师专团体训练的实施情形，分学生生活、异样的编制、各色各样的团体活动、集体研究、实习问题、领袖问题几个方面进行了阐述，并对师专实行团体训练的优点与缺点进行了概括：

> 现在说师专实施团体训练后的优点：
>
> 第一是自我批判的严厉执行。每经过一次团体训练之后，都有一次自我批判。剧团演出之后，远足旅行归来之后，实习终结之后，都有一次严厉的自我批判。在自我批判中，都能顾到以团体为中心的活动，丝毫不带着意气。每经过一次自我批判后，便能把前一次的缺点和过失改变过来。我相信，这样的训练，比较一般学校的处罚和训话，要来得有力量些。
>
> 第二是自动能力的加强。关于这一点，我只举一件事实，便可以

---

① 杨东莼：《一个学校的团体训练的实验报告》，《大众教育》，1936，1（1）。

② 杨东莼：《一个学校的团体训练的实验报告》，《大众教育》，1936，1（1）。

证明出来。桂林城内，设有一所省立第三高级中学校，全校师生二百余人，要到师专来参观。桂林离师专有五十里，步行来参观，至少要在师专住宿一晚或二晚。三高中学校当局把这个意思告诉我，我在纪念周时就把这个意思转告全体学生。报告之后学生方面，就决定了由膳食组筹办三高中师生的伙食，由游艺组筹备和师专和三高中的联欢会，由体育组筹备三高中和师专的球术混合比赛，此外又由全体师生都来了，师专学生所办的招待，果然有条有理，丝毫用不着学校当局担心。预备着的节目，如联欢会和球术混合比赛等，也都举行了，而且成绩很好。三高中的师生在师专住宿两晚，整整逗留了一天半，但师专学生的经常工作和经过活动，却并没有因此而停顿下来。到第三天晚上，我因为地位的关系，在体育场举行了一次招待三高中师生的茶会，师专全体学生一律参加。在会场上，我把师专团体训练的意义报告了一遍，接着便是三高中校长的答词——一定不会有这样的良好的结果，并且即令由学校当局出面招待，或由学校当局指导学生出面来招待，其意义也要较这样的办法来得微弱些。

第三是学习能力的提高。师专第一届学生九十余人，现在已毕业了，并且分发在广西各地教育界或军届担任工作，据许多从广西来的朋友告诉我，说他们的能力确实不错。我相信，这是实在话。因为师专的集体研究，虽不完善，但是研究的精神，的确朝着这方面走。我在师专的时候，我已经看见学生对一个问题的分析，能够把握住核心；对歪曲的事实和理论的文章，能够指出其歪曲的由来；并且文字的发表能力，也有一个相当。最可贵的，就是九十余个学生中，其学习程度，固有相当的差别，但学习能力的水准，都还差不多。实不相瞒，我在师专并没有严厉地举行考试，而学生对考试，也视为无关轻重；但他们的学习能力毕竟能够提高，这不是团体训练的结果，又是什么呢？

第四是民主精神的养成，在学校当局应保持住这种民主精神；因此，每一个决议或每一个结论，便成为师专全体学生大多数人的决议或结论。但在讨论的时候，却让个个人都有充分发表意见的机会，意见只管不同，可是发表能够畅所欲言的发表。不过辩论到了最后的时候，如果所得的结论，经过大多数人的拥护，则反对派应该遵守大多数人的意见；否则，还可以提出来再讨论。这样所得的结论，既不含有强迫的性质，也不带有强奸的性质，而真能合于民主的精神。

第五是开诚布公的精神的养成。在团体训练中，决不能有阴谋；而应该始终保持开诚布公的精神。前面说过，我个人在学生中没有工具，不但如此，甚至我不肯和每一个学生作秘密的谈话，我要说什么，我便向着大家来说。要这样，才能表示出开诚布公的态度。在学生方面，因为实施团体训练的缘故，所以一切活动，都是团体的活动，如果一有阴谋，马上便会被人窥破，而予以无情的批判。这样，便愈加不能不保持着开诚布公的态度了。根据这个道理，所以有许多不良的现象，根本就不能够发生出来。现在我可以举两个例子来说。一个是厕所变成了报馆，这是一般学校的现象。厕所的板壁上每每写着“校长吃油饼”、“某教员和某女学生有XX关系”、“某男学生与某女学生有XX关系”、“某教员不学无识”这一类的字句，于是厕所变成了报馆，学生要发泄牢骚，就在这上面来发泄。但在师专却不然，师专自开办以来，厕所的板壁始终没有一个字。关于这，学校当局并没有暗示过，从来也不曾说过“如果在厕所写字一定受惩罚”的话，其能够办到这一步，就因为师专实施的团体训练，保持着开诚布公的态度，有的是自我批判和民主精神，根本上就用不着在板壁上来发泄。一个是学校当局暗示学生作伪，譬如学校当局一听到有某政治上的领袖要到学校来参观，于是从校长起直到工人止，都忙个不得了，赶紧叫工人打扫，赶紧叫学生整理，并且事先校长还得向学生说：“今天某某会到学校来参观，大家应该振作精神，这与学校名誉有关，希望大家注意。”某某来参观时，真的表现出学校井井有条，学生精神百倍，因此获得一个好评，但某某一去情形便两样了。像这样的做法除了替校长造名誉，抬高身价，除了叫学生作伪以外，又还有什么意义呢？师专便不然，校外的人只管来参观，我们的生活和活动，还是照旧不改，甚至连参观的人参观去了以后，连学生还不明白来参观的人是什么人。我相信，这样实际的教育，比教员在教室里讲一千遍礼义廉耻，还要来得有力量些。

第六是男女同学的实验的成功。男女同学，本来是用不着怀疑的事体，但在一般学校中，把男女界限分得太严，或男生把女生尊为皇后，把女生宿舍称为“东宫”或“西宫”或女学生故意打扮得趋时，这样一来，自然会发生许多纠纷。假使女学生除了生理上的阻碍以外，其他一切工作，都能和男学生一样，具体地说，即是积极地参加团体活动和集体研究，男学生所能担任的工作，女学生也能担任，丝毫不放弃每一个团体活动的机会，我相信，时日长久，男女的界限自然就没有了。在师专便能办到这一点，因此，师专的男女同学，不是形式的，而是实在的，不但不曾发生过纠纷，而且真正能够办到男女负担同样工作的地步。此外，如组织能力的加强，办事能力的加强，对于实际问题的处理的合宜，也都是由团体训练得到的良好结果，可惜限于篇幅不能详细介绍。

其次，我们要谈到缺点方面。

第一是没有做到学校生活和社会生活打成一片的地步。师专设在离桂林城五十里的良丰，学生的活动，除了以简单的农村做对象以外，简直不和城市接触，即令接触，而桂林也只是一座古老的城，并没有近代都市的色彩。因此，学生在学校所学习的社会科学，除了农村调查一门很有成绩以外，都不能和实际问题联系起来研究，他们在书本上虽然明白了资本主义的生产是怎样一回事，但他们没有看见过近代的工厂，也没有看见过近代的工人。

第二是教职员和学生受了过去传统的教育太深，一时不容易接受团体训练。师专实施团体训练，在客观的条件上绝对没有可能，有的便只是一些主观上的力量。如果主观上的力量过于薄弱，则决无实施团体训练的可能。在实施团体训练的初期，我们实在和过去传统的教育精神，作了无情的斗争。经过这种斗争，才逐渐建立起团体训练的精神，但少数教职员和学生，仍在暗中不断地反对我们的主张，因此我们的斗争，也没有停止过一天。这中间我们实在费了许多时间与精力，经过不断的斗争，才有后来的结果还不止此。

第三是我们忽略了对外的宣传和解释，没有把学校所实施的团体训练的意义和实况向社会报告，尤其是没有把这种意义和实况，向其他学校报告，于是惹起了许多无谓的误会和谣言，而动摇了师专学生中意志薄弱的人对团体训练的信念。同时，有少数学生，又过于热情，并不了解当前社会的性质，于是在言论和行动上又发生了不少足以惹人误会的地方。这种幼稚的倾向，在我并非不知道，但要来纠正时，其行动其言动却又成了过去之事了。

总之，据我过去的经验，优点实多过缺点，也可以设法挽救，所以，我始终相信团体训练是一种新的训练方法；是一种最有力量的训练。我十二分诚意地希望从事于教育的同志，来讨论这个问题。①

9 月，大众文化社出版了杨东莼的专著《国际新闻读法》，该书被列入“大众文化丛书”第一辑。同时，杨东莼与复旦大学法律系教授宁柏清合编的《法律大意》一书，在上海北新书局出版。

“教育学是一种迷念他人成长的学问。”杰出的教育家多是全方位地关心青年学生，从其品行到学业，乃至就业，杨东莼也不例外。因抗战来临，原有的教育面临诸多不适应战时环境，教育成为很多报刊媒体的关注热点，杨东莼在广西师专的团体训练的成绩，使他在教育界名气渐涨，对战时条件下如何开展教育的论述异常丰富起来。“《申报周刊》最近很注意到青年问题，关于青年的职业问题、出路问题和学习问题，在周刊上都有过不少的论述；昨日编者约作者谈谈青年修养问题。”② 此外，他还在《申报每周增刊》发表了《青年的升学问题和职业问题》、《书院与学校》。在《知识与生活》发表了文章《教育上的一个重大问题》。

他还在《青年界》先后发表了文章《青年和职业》、《国难时期中没有暑假》。这两篇文章号召和呼吁战时的学生不要贪图假期和享乐，而要积极振作起来，努力学习文化知识、参加学生运动，要对未来从事职业的有一个清醒的认识和理性的选择，以自己的方式积极投身抗日救亡，为民族复兴和国家重建积蓄后备力量。

1936 年 10 月 10 日，上海迎来了短暂祥和的“双十节”，即国民党政府的国庆节。和以往一样，新闻舆论界要组织刊发“辛亥革命”话题的纪念文章。杨东莼是近代史研究方面的著名学者，他在《申报每周增刊》发表了《论辛亥革命》，他在文中大声疾呼，全面发动民众，巩固抗日救亡的统一战线。

---

① 杨东莼：《一个学校的团体训练的实验报告（续创刊号）》，《大众教育》，1936，1（2）。

② 东莼：《青年修养问题》，《申报每周增刊》，1936，1（31）。

在二十五年双十节的今天，我们为着纪念辛亥革命，为着不忘记革命领袖孙中山先生的遗教，并针对着目前最危迫的情势，至少我们应该明白：

第一，古语云："皮之不存，毛将附焉?"我们当目前国难空前严重的时候，应当牢记此语。今后的中国究竟应走那条路？德意的路呢？还是苏联的路呢？还是英美的路。这不是当前最紧迫的问题，却是最后的话。我们为着要完成辛亥革命所未完成的反帝任务，当前最紧的，就是抵抗敌人的侵略，保全国土的完整，这是我们生息寄托的所在，如果不能抢救将要沦亡的中国，则其他一切都是空话。因此我们希望大家抛弃旧怨，携手地结成巩固的救亡阵线，抢救将要沦亡的祖国。

第二，救亡的方式，当然很多，但我们不要忘记辛亥革命的教训，更不要忘记中山先生的遗教，把救亡的行动和民众的行动分开。中山先生说："凡武力与帝国主义结合者无不败，反之，与国民结合以速国民革命之进行者无不胜。"又说："欲使武力与国民深相结合，其所由之途径有二；其一，使时局之发展，能适应于国民之需要，盖必如是，然后时局发展之利益归于国民，一扫从前各派势力瓜分利益及垄断权利之罪恶。其二，使国民能自选择其需要。盖必如是，然后国民之需要乃得充分表现，一扫从前各派包揽把持隔绝群众之罪恶。"(《总理全集·北上宣言》)这是至理名言，目前的救亡运动，一定要做到这一步，才有成功的希望。

第三，中山先生说："联合世界以上平等待我之民族，共同奋斗。"这又是至理名言。目前国际和平阵线与侵略阵线，界限分明，壁垒森严。我们为着要完成辛亥革命未完成的反帝任务，为着实现中山先生的遗教，求中国的独立自由，毫无疑问地应当加入和平阵线以抵抗侵略阵线。只有这样才是中华民族的生路。

第四，我们赞成统一，反对封建式的割据。但现阶段的统一，是有着新的内容的，一定要以新的内容，来决定形式，这统一才有希望所谓新的内容；第一就是抵抗敌人的侵略，保全国土的完整；第二就是统一要实际上代表着民族利益和国民利益。

以上四点，是当前起码的工作，我们希望从今年的双十节起能够逐渐见诸事实。[①]

1935年12月，中共中央召开的瓦窑堡会议正式确立了中国共产党关于建立抗日民族统一战线策略的总路线，提出“党的任务就是把红军的活动和全国的工人、农民、学生、小资产阶级、民族资产阶级的一切活动汇合起来，成为一个统一的民族革命战线”。1936年5月5日，中国共产党向国民党政府发出《停战议和一致抗日通电》，将“抗日反蒋”政策转变为“逼蒋抗日”政策。8月25日，中共中央致书国民党，再次呼吁停止内战，建立抗日民族统一战线。杨东莼对抗战救亡局势提出的四点看法，显然与总路线思想一致。

1936年，杨东莼在《现世界》发表了文章《我们怎样纪念今年的双十节》，从三个方面表达了对于辛亥革命的看法：第一，辛亥革命推翻了两千多年的封建帝制，建立了资产阶级民主共和国，这一点是值得肯定和纪念的，第二，辛亥革命推翻了清朝的专制统治，只实现了民族主义的一部分，并没有彻底地完成反帝任务；第三，辛亥革命推翻了清朝的统治之后，却抛弃了孙中山的民生主义，导致民主政治和民主意识方面存在严重滞后的问题，由此可以见出，杨东莼是辩证地看待辛亥革命的得失，并指出到目前为止革命的任务并没有完成。

11月，他在《新世纪》杂志发表了《辛亥革命的意义及其教训》，内容与建议基本与《论辛亥革命》大体相同。

这三篇关于辛亥革命的纪念文章，体现了一个马克思主义史学家的一贯理智与冷静，共同揭示了处于国难之际的中华民族的求存之路：“我们为着要完成辛亥革命未完成的反帝任务，为着实现中山先生的遗教，求中国的独立自由，毫无疑问地应当加入和平阵线以抵抗侵略阵线。只有这样才是中华民族的生路。”[②]

11月23日，国民党当局深夜悍然逮捕了救国会领袖沈钧儒、邹韬奋、章乃器、李公朴、沙千里、王选时、史良七人，这就是震惊中外的救国会“七君子”事件。杨东莼恰巧当晚已在赴长沙的路上，逃过国民党当局追捕这一劫。

---

① 东莼：《论辛亥革命》，《申报每周增刊》，1936，1（40）。

② 东莼：《论辛亥革命》，《申报每周增刊》，1936，1（40）。

1937年5月，上海北新书局出版了杨东莼的专著《经济概要》。

7月7日，日军炮轰宛平城和卢沟桥，发动了对中国的全面侵华战争。“卢沟桥事变”标志着全面抗战的爆发。紧接着，8月13日，日军向上海大举进攻，以租界和黄浦江中的军舰为作战基地，炮击闸北一带，中国军民奋起反击，这就是“八一三”事变。第二天国民党政府发表了《自卫抗战声明书》，宣告“中国决不放弃领土之任何部分，遇有侵略，惟有实行天赋之自卫权以应之”。当地中国驻军第九集团军在总司令张治中的指挥下，奋勇抗击日本侵略军。惊天动地的中日淞沪会战开始打响。

“八一三”淞沪战争，促使包括杨东莼在内的广大爱国知识分子以高度的民族责任感投入到抗战救国的斗争中，他们编辑出版抗日报刊、创作抗日文艺作品、进行抗日演讲，鼓舞和激励着中华民族开展抵御外敌侵略的正义斗争，为抗战准备了精神食粮。

他在《要求政府立即对日绝交》中认为，日本军国主义分子对中国发动全面侵略，目的就是灭亡整个中华民族和中国文化，并且动用了大量的汉奸分子和亲日派进行侵华理论宣传，破坏全国人民对中央政府的信任，所以建议国民政府应该动员一切可以动员的力量，在争取国际社会的同情和援助的同时，果断与日本政府绝交，全面投入到抗战斗争中。

在《我们怎样纪念今年的双十节》一文中，杨东莼除了纪念和歌颂辛亥革命的卓越贡献外，还分析了辛亥革命没有彻底完成反帝反封建的任务，同时随着日本军国主义的大举进犯，国内矛盾发生了急剧变化，呼吁全国人民继承孙中山先生遗志，全体动员、集中力量，共同抵抗日本帝国主义对中国的侵略和奴役，同时建议国共两党继续精诚合作，共同抵御外敌，维护中华民族尊严。

同时他在《一个小小的建议》中指出，知识分子在日常工作进行的同时，千万不要忘记教育自己，这样才能克服知识分子自身的弱点，不断地向前迈进，同时也要注重在工作中的创造性发挥；在他的《纪念辛亥革命与当前的抗战》一文中总结了辛亥革命的意义与历史教训，号召和鼓励国共团结，发动民众实行全民族抗战。他认为只有这样，才能彻底击败日本帝国主义的侵略，实现中华民族的解放。

他还认为，要实现中华民族的真正解放，还要在抗战的同时实行孙中山先生的三民主义，唯有如此，才能建立独立自由幸福的新中国。杨东莼在《战时教育问题》一文中认为，知识分子在历次改革运动和革命运动起到了很积极的作用，因此必须重视抗战时期的教育，在战时教育方法上，要实施集体主义的训练方法和集体主义的自我教育，战时教育的具体实施必须遵循为抗战服务和教育合理化两大原则，只有做到以上几点，教育者才能将自己的本领发挥出来，服务于抗战，并把文化传承下去，树立新文化的基础。

淞沪战争坚持三个多月后，杨东莼和其他抗日积极分子一样，都面临着转移阵地而被迫流亡的生活，当然这种流亡的意志是向前积极努力奋斗的。

1937 年 9 月 16 日，上海战时普及教育服务团成立，杨东莼担任主席，陶行知、刘良模、吴涵真、沈体兰、张宗麟等 9 人担任理事。组织来自中华普及教育协会、国难教育社、生活教育社的成员 200 多名，深入里弄、农村、工厂、军队，采取办小学和训练班等方式，组织弄堂学校、流浪儿童学校、民众学校等，进行抗日救亡基本知识的宣传和教育。服务团还走入难民收容所，在简陋的芦棚里，在千百万难童的围聚中，执起教鞭；在没有薪金，时常受到租界的搜查和逮捕威胁的条件下，无私地为难童服务。

普及教育運動的推進

STEPS IN THE ENCOURAGEMENT OF POPULAR EDUCATION

全國著名

華生電扇

20 世纪 30 年代上海普及教育运动的推进情况宣传

1937年底，杨东莼与上海生活书店领导人邹韬奋、钱俊瑞、金仲华、张仲实、沈兹九等左翼文化人士14人在香港同住一个旅馆，商量路程，12月2日集合结伴前往汉口。寻常的流亡生活，在途中总是要在隐藏状态中，这一次人数较多，有时浩浩荡荡公开出发。这次奇特的流亡生活途经梧州、玉林、柳州和桂林，每到一地，都有无数青年来访或邀请他们向群众演讲。邹韬奋在他最后一本遗著《患难余生记》中称为“别开生面”的流亡生活。他说：“我们经过沿途各地，都有这样的情况，到桂林因学校多，就更忙。我们这一批朋友，戏称自己这一群为‘马戏班’，这当然并不是说我们会做什么‘马戏’，却是说我们形成了一群：金仲华讲国际问题，张仲实讲思想问题，钱俊瑞讲农村经济问题，杨东莼讲战时教育问题，沈兹九讲妇女问题，我讲团结抗战问题。到一处便有许多青年朋友和我们商榷这个问题，讨论那个问题，热闹得什么似的。”12月中旬，杨东莼随“马戏班”大概于两个星期之后抵达汉口，除杨东莼外，他们都集体住在汉口“文化街”（交通路）金城文具公司楼上。他们此行目的是恢复出版《抗战》三日刊，杨东莼则另有其他工作打算。

杨东莼随后来到长沙，住在长沙市上藏圆岭42号。由于他过去和张治中相识，为了便于开展抗日工作，他担任了以张治中为主席的湖南省政府的高级参议，主持当地救国会的工作，并经常和八路军驻湘办事处主任徐特立联系，推进湖南抗敌后援会的抗日宣传活动，对《观察日报》的编辑出版予以帮助。徐特立几次到杨东莼家里来，告知政治情况，指导抗日救亡活动。杨东莼的家中经常有救国会的朋友来往，郭沫若、沈钧儒、邹韬奋等来长沙时，都与杨东莼有密切联系。

1937年7月24日，湖南省人民抗敌后援会成立。长沙人民抗敌后援会在省党部开会，扩大了参加单位，改称为湖南人民抗敌后援会并通过该会章程，成立了宣传队。“八一三”抗日战争爆发后，薛暮桥到南昌出版《中国农村》战时特刊。年底南昌危急，《中国农村》战时特刊自第十二期起移到杨东莼家里办理编辑、出版，受到杨东莼的资助。杨东莼知道薛暮桥和罗琼两夫妻生活困难，便留他们住在家中，提供食宿，并介绍薛暮桥到长沙文化界抗敌后援会负责宣传工作。

为发动民众支持抗战救亡，杨东莼在1939年《中国农村》第5期发表了《利用文化机构来动员农民》，这是他在湖南文化界抗敌会（简称

“文抗会”）的工作经验总结。文章开篇便指出全面抗战十七个月来的血的教训，指明了“政治进步”与“动员民众”也是巩固抗战统一战线的最基本条件：

> 政治进步赶不上军事发展，民众动员赶不上军队动员，致使抗战不能顺利地展开，并遭受了许多不必要的损失。现在抗战已进到第二期，从整个抗战形势来看，虽然于我有利，对敌不利；但是，由于种种客观条件的限制，今后工作，将愈见艰苦。我们要突破这种艰苦环境，争取民族最后胜利，不用说，巩固民族团结，是最基本的条件；而力求政治进步与加紧动员民众，真正做到全民族全面抗战的地步，也同样是最基本的条件。因此，政治重于军事，与民众重于士兵，的确是当前最现实的最基本的口号。①

接着，他进一步分析了民众动员不起来的主要原因：

> 民众为什么动员不起来？形式主义的与组训民众工作为什么收不到实际的效果？强制的征兵为什么会惹起民众的反感？这主要的：是由于政治基层不健全，是由于民众没有参加政治生活的机会，是由于对民众生活改善的不够，是由于民众生活没有同当前抗战紧紧地联系起来，因此，一切概念的宣传，一切由上而下的命令，都不能鼓动民众自发地自觉地起来参加当前保卫祖国的神圣战争。②

针对抗战十七个月来的血的教训，他认为把民众动员起来要做到“由上而下”和“由下而上”两种方式相结合。

> 我们认为动员民众，“由上而下”和“由下而上”两种方式，有着同时并用的必要。我们认为：要从“由上而下”的动员来展开“由下而上”的动员，要从“由下而上”的动员来促进“由上而下”的动员，两者不但不是对立的方式，而应该是相互为用的方式。只有这样，才能够真正做到民众与政府打成一片的地步，才能够真正把民众动员起来。③

此时，临近四十岁的杨东莼有着丰富而系统的普及教育经验，他结合

---

① 杨东莼：《利用文化机构来动员农民》，《中国农村》，1939，5（5）。

② 杨东莼：《利用文化机构来动员农民》，《中国农村》，1939，5（5）。

③ 杨东莼：《利用文化机构来动员农民》，《中国农村》，1939，5（5）。

文抗会过去的一些好办法，从机构方面、机构的性质、组织和工作、具体方面、工作方法和工作精神几个方面，分层次详述了文化机构如何能更好地动员民众参与抗战，同时另外补充了一些个人意见：

> 第一，上述办法是以农民为对象的，他如工人店员学徒，也可以根据上述办法加以斟酌损益而另定办法。第二，上述办法是就后方来说的，如果这些地方沦为战区，它的组织便应随着工作内容来改变。第三，各乡村实施这种工作。但为了彼此间的联系，为了相互学习，为了有一个总的指导机关，其最妥善的办法，就是有一个总的刊物，来担负起这些任务。第四，如果要实现这个计划，还需要成千整万的知识青年的热烈参加，知识青年正因为没有适当工作而感觉苦闷，现在正是良好的工作机会，笔者希望能有多数知识青年来响应这个计划，并促成它的实现。①

五、“生活力”的再认识

杨东莼经过多年的教育实践，他对教育学的研究已经有了自己独特的认识。在生活教育社，他与陶行知有了很多接触，或多或少受到陶行知的生活教育理论影响。陶行知将教育与实际生活创造性地全面联系起来，“在社会伟大的学校里，人人可以作为我们的先生，人人可以作我们的同学，人人可以作我们的学生。随手抓来都是生活书，都是学问，都是本领”。

那么生活教育的目的是什么呢？答案是造就有生活力的国民。陶行知认为传统教育是“吃人的”教育，“消灭学生的生活力，创造力；他不教学生动手，动脑”。从小学到大学，十六年的教育一受下来，便等于一个吸了鸦片烟的烟虫。学校必须给学生一种生活力，使他们可以单独或共同去征服自然，改造社会。

杨东莼对陶行知关于生活力的重要性观点表示认同。尽管受到一定的生活教育理论影响，杨东莼的教育思想仍是富有自己的创见的，并且具有鲜明的辩证唯物主义色彩。与陶行知不同的是，他是一个马克思主义者，认为马克思主义是真理，真理就可以用于阐释和指导人类社会的一切问题，当然包括教育。他认为，生活力不只是指强壮的身体，坚强的意志也是生

① 杨东莼：《利用文化机构来动员农民》，《中国农村》，1939，5（5）。

活力的构成要件。确实，“生活力”这个教育学概念在20世纪一二十年代初，由基督教传教士引入中国，一直是要呼吁中国教育要重视体育教学的口号。提出“生活力”的精神层面含义，在教育界无疑是新鲜的。但这对杨东莼深厚的哲学研究造诣来说算不了什么，擦出思想火花的正是与狄慈根的唯物主义认识论。“生活力”的两要件构成说，实际上和大脑与意识之间的辩证关系的逻辑演绎相同。

在北京大学就读期间，杨东莼就已显示出很强的教育和宣传能力。他将教育方法与抗战宣传有效融合起来，用强烈的革命乐观情绪号召：每个人都要以斗争的精神，保持青年时代的生活力。

所谓生活力，决不是不可捉摸的东西。从肉体方面来说，健全的身体，自然使构成生活力的要件。说得到做得到，便全靠健全的身体。从精神方面来说，坚强的意志，同样也是构成生活力的要件。古人说“精神一到，金石为开”，便是这个意思。但坚强的意志，必得建立在正确的人生与社会观念之上，才算得数，才做得用。健全的身体和坚强的意志配合起来，才具体地表现出一个人的活泼的生活力。

怎样保持这样的生活力呢？怎样使这样的生活力强大起来呢？万万事物都是从矛盾中发展起来，人类的生活，也一样从矛盾中发展起来。有了生活的矛盾和矛盾的生活，就有生活的斗争和斗争的生活。只有生活的斗争才能克服生活的矛盾；也只有斗争的生活才能克服矛盾的生活。人生旅程中一点一滴的斗争，都不说是白费的；即令斗争失败，也不是白费的。这一点一滴的斗争，不但保持了这活泼泼的生活力，并且不断地强大了这活泼泼的生活力。生活力的矛盾并没有止境，生活的斗争和进步也就没有止境。生活的斗争没有止境，生活力才保持得住，才强大得起来。孙中山先生四十年的革命生活，就是四十年的斗争生活。他在四十年中，不知经过了多少波折，不知遭遇了多少失败；但他能够四十年如一日，具有青年时代活泼泼的生活力，就全靠他的斗争的生活和生活的斗争。古今来多少学术上的发明家，在他们的研究过程和发明过程中，也不知经过了多少波折和失败，但他们能够“乐此不疲”，保持着青年时代的生活力，也全靠他们的斗争的生活和生活的斗争。李商隐的诗，我记得有两句是“春蚕到死丝方尽，蜡炬成灰泪始干”。这正描写出斗争的生活和生活的斗争的精神，

有这样的精神，才能够保持住青年时代活泼泼的生活力，并且能够把他强大起来。①

1937年冬天，杨东莼的四女杨周之夭折，于是，他回了一次醴陵老家，住在角鲤池10号。他满怀悲伤愧疚，但仍为教育文化统一战线笔耕不辍。同年，杨东莼与熊得三②（又名熊得山）合著的《社会问题政治概要》一书，在上海北新书局出版，后被收入《高中公民》系列丛书。同时，他还在《兴华》发表了文章《教育的失败怎样解决》，在《申报每周增刊》先后发表了文章《谈青年的生活》、《中国的文化问题》、《青年的读书问题》、《青年的婚姻问题》、《青年的职业生活》。

六、组织湖南文抗会

1937年12月初，文抗会开办战时常识训练班和其他各种训练班。以吕振羽为首的研究部开办免费战时常识训练班，每4周一期，前后共开办6期，连同函授班共训练学员800多人。各期开设课程不尽相同，杨东莼主讲“中国革命史”，薛暮桥主讲“战时经济”。

文抗会机关设在长沙市学宫街18号，文抗会成立初期没有建立党组织。但是，工作的主要组织者和领导者多是共产党员，杨东莼就是其中之一。文抗会实际上是救国会的化名，杨东莼利用他同张治中的关系，以及

---

① 杨东莼：《生活力》，《京沪沪杭甬铁路日刊》，1937（1823）。

② 熊得三，即熊得山，1891年生于湖北江陵熊河镇吴桥村熊家大湾，原名熊学峻，字子奇，又字德山、德三、康年。清末留学日本，肄业于明治大学，先后加入共进会和同盟会，还与胡鄂公在保定成立共和会。辛亥革命爆发后任北方革命总司令部指挥处秘书长。五四运动后接受马克思主义理论，与胡鄂公等在北京组织马克思主义研究会。在天津发刊《大中华日报》，任编辑。1922年在北京创办《今日》杂志，宣传革命，并加入中国共产党。其后熊得三回乡，任武昌《商大周刊》主编、武昌法科及中山大学教授。1928年与李达、邓初民等人在上海创办昆仑书店，昆仑书店的出版物一直遭到国民党当局的查禁。1932年底昆仑书店被以“宣传赤化、危害民国”为由，遭查封。在昆仑书店存在的这几年时间里，出版了马克思主义著作和社会科学译著达数十种。如杨东莼的译著《机械论的唯物论批判》。1929年，熊德三加入中国社会科学家联盟和中国互济会。1932年任教广西大学，直至1939年逝世。著有《中国社会史研究》、《社会问题》，译有《物观经济学史》、《欧洲经济通史》及《西方美术东渐史》等。

张治中同国民党省党部（CC分子）之间的矛盾，为抗敌后援会出谋划策，取得完全公开合法的地位。

1938年1月，中共湖南省工委成立后，加强了对党对文抗会的领导，并成立了支部。此时，杨东莼中共党员的身份尚未公开，这也是根据统战工作需要，为今后工作开展留有余地。文抗会的任务是拥护全国抗战，宣传救亡理论，指导民众的救亡工作，训练其技能以适应战时需要，提高民众的文化水平，并就宣传、组织、文艺、教育、新闻、出版、研究诸方面的工作做了规划。按照工作大纲，文抗会的任务是在中共工作人员的领导和推动下，团结各方面进步人士，广泛开展抗日救亡工作。

文抗会成立后，活动经费仅为30元，却要维持四部工作费用和70多个干事的伙食，实属不易，后来常务理事会议决定：凡常务理事和四部主任不得在会用餐，本地工作人员及自己有能力筹费的流亡工作人员，亦照此例。文抗会工作人员的生活艰苦，经常吃的是萝卜、辣椒等食物。在经费拮据、生活困难的情况下，文抗会工作人员情绪饱满，工作不曾松懈。

上海、南京失守后，大批的文化人和青年学生云集长沙。为了把更多的人团结在抗日统一战线中，以适应抗战的需要，文抗会理事经过多次讨论，决定召开第二次会员大会，广泛地吸收新会员，改组文抗会。吕振羽等人将改组计划告诉了国民党省党部特派员赖琏。

1938年2月16日，湖南省文抗会改选理事，改选前省党部特派员赖琏召集文抗会翦伯赞、吕振羽、李仲融、陈润泉四个常委谈话，拿出一张60人的理事名单，强迫文抗会通过，否则便要解散文抗会。2月17日早晨，翦伯赞要求在理事名单中增加杨东莼、刘岳厚二人，但赖琏坚决不同意。

当天，文抗会第二次会员大会在青年会礼堂正式召开，到会800余人。大会选举康德、吕振羽、杨东莼、翦伯赞、李仲融为主席团成员。改选后的文抗会全由国民党右派一手包办提名。这样一来，文抗会雄壮的集体歌声听不着了，大幅的抗敌漫画看不见了，读书会、座谈会无影无踪了，有如苏联作家屠格涅夫讽刺的“睡眠的皇图”一样，寿终正寝了。

选举会议结束后，杨东莼立即写信给在汉口的沈钧儒等救国会同仁，告知这件事的原委，以此提醒他们提高警惕。

衡山先生并转俊瑞、志让、韬奋、仲实、仲华、晓村、昆仑、宝驹、千里诸兄：

弟抵湘之前数日，田汉兄以湖南文化界抗敌后援会未能尽量网罗在湘文化人，遂在远东咖啡店以私人名义招待在湘文化人，到会者近二十人，一致表决加入文抗会。上月二十六日，田汉兄又召集更广大之茶话会，到会者百余人，会中亦有人言及充实文抗会，扩大文抗会，以谋在湘文化人大团结之实现。文抗会接受两次茶话会到会诸人之要求，遂决定征求新会员，并于本月十六日下午举行第二次会员大会，借以检讨过去工作，商量今后工作计划。同时文抗会并呈报党政机关，请其派员出席指导。十三、十四两日，文抗会两次派人至省党部，均未遇见党部重要职员。十六日上午，又至省党部，党部方面遂提出增加新理事七十人之议，并限定依照名单一次通过，不得增减一人。文抗会接受党部所提办法，但文抗会方面须斟酌实际情形，网罗全体文化人，故对理事问题，亦提出一对案，即在七十人中，由文抗会推荐十人。结果，文抗会提出九人，薛暮桥、曹亮诸兄均在内，惟东莼一名经党部取消。十六日下午一时举行大会，到会者有三百余人，党部书记长出席指导，大会推举东莼、康德、吕振羽、翦伯赞、李仲融五人为主席团。当开会时，多数会员均估计大会必因理事问题而惹纠纷，大会结果必难圆满。讵知讨论理事问题时，经主席团向大会再三诚恳说明统一战线之重要，竟得依照名单顺利全体通过。大会至下午五时始宣告散会。

以上所述，系当日开会实况。惟经过此次大会后，理事徒有空名，工作之展开，犹有待于干部之努力。特文抗会与各方摩擦，将因此大会而消灭。文抗会真能体现在湘文化人之统一战线，则为大会之最大收获耳。

此间妇女工作得到张主席女公子素我之助，颇形展开。其他如伤兵难民工作，得到刘良模兄之指导，亦渐有进步。东莼于二十四五左右赴汉，并参加亦石追悼大会。

专此。谨致

民族革命敬礼！

东莼手上

二月十七日上午十一时

5 月，中共湖南省工委设立军事部，确定了特定环境下开展军事工作的方针和策略。根据国共双方关于共产党在国民党管辖区不能孤立抓武装的规定，省工委把重点放在加强军事统战工作上。华容、岳阳、南县、安乡等地中共党组织还举办游击队和自卫队训练班。第七十军军长李觉，字云波，七十军遂以“云”字为代号，故该训练班又称“云干班”[①]。李觉率第七十军在上海作战时与中共上海办事处主任和八路军驻上海办事处主任潘汉年接触，同意由共产党派人帮助他办干训班，以提高部队素质。此事经中共长江局周恩来同意后，即派曾任红七军政治部主任的陈希周为班主任，并在长沙、武汉两地设招生办事处，分别由杨东莼、朱江户负责。

6月，杨东莼自长沙来到上海，向沈钧儒汇报湖南各界抗敌情况，“言及长沙方面友人均主张有组织，王昆仑先生亦主张有组织”，沈钧儒在6月21日出席第四次座谈会上[②]，将杨东莼所汇报情况向会议作报告，并提交会议讨论应如何组织问题。讨论时沈钧儒指出“根据最近形势，公开组织的确不可能”，可成立一个骨干的组织，“但必须严密，而且朋友之间的缺点和优点必须相互了解”。经讨论得出如下结论：“一、要有组织；二、组织要严密；三、不收会费；四、最高干部会议参加者应各有部门。”会议基本上采纳了杨东莼的意见。

7月，杨东莼在《中苏》杂志发表了《抗战一年来的湖南》，他认为湖南所处的地理位置十分的重要，因此它在抗战中所负的任务，也就特别重大。湖南省政府也采取了积极备战的措施：湖南已充盈了战时空气，湖南的政治设施，已经朝着新方向在发展，民众运动积极蓬勃发展，配合当时的抗战氛围。保卫大武汉，成为这一期抗战的中心工作，但要保卫大武汉，就必得保卫江西与巩固湖南，随着日寇侵略的深入，局势的紧张，三千万湖南人民不能不赶紧组织起来，在党政当局领导之下，来巩固湖南，来保卫湖南，这便是当前唯一的中心工作。

---

① “云干班”教员大多是思想进步的共产党人和进步人士；课程设置是7分政治3分军事。政治课主要讲授《目前形势和我们的任务》、《大众哲学》、《政治经济学》、《抗日军队中的政治工作》等，在“总理纪念周”中讲解《论持久战》、《论新阶段》等毛泽东著作。

② 沈钧儒与原救国会同人沙千里、李公朴、史良、艾寒松、金仲华、邹韬奋、沈兹九、胡愈之、杜重远、张志让等开会讨论“需否成立组织”和讨论钱俊瑞等三人起草的《纲领》和《主张》。

1938年8月13日，是“八一三”抗战一周年纪念日。张治中是“八一三”淞沪抗战的统帅，他希望到时能开群众大会来庆祝。然而，省党部却下密令，机关学校一律不准参加。杨东莼与薛暮桥等商量，由抗敌后援会动员几千青年开了一个热烈的大会，并请张治中亲临致辞。张治中非常高兴，特意批准每月拨给抗敌后援会经费五百元。

当时湖南许多青年到徐特立的住所犁头街，要求北上抗日。张治中为了抵制这些事情，曾准备组织一个湖南人民自卫军之类的团体，要杨东莼去当政治部主任，后来被廖维藩所破坏，杨东莼也没有去那工作①。

9月20日下午6点，邹韬奋、范长江、沈钧儒等一行6人从南昌转到德安前线慰问抗战将士，中国青年记者学会湖南分会举行了一个小型的谈话会，杨东莼参加并简略地介绍了沈钧儒、范长江、邹韬奋、王炳南四位先生。24日，沈钧儒抵达德安、星子一线的某军军部，嗣后赴南昌了解当地的抗敌后援工作情况后，即赴长沙。往访长沙抗敌后援会工作的救国会友人杨东莼和薛暮桥。30日，湖南省民众抗战统一战线委员会成立，张治中、覃振、徐特立、任作民、翦伯赞、杨东莼等64人为委员，张治中、覃振、徐特立等19人为常委。

11月12日，因长沙大火②，抗战形势严峻，而原本经周恩来同意赴延安的杨东莼，在桂林八路军办事处李克农的指示下，接受广西桂系邀请办理广西地方建设干部学校（简称“广西地干校”）。

---

① 据1960年6月25日，苏镜、彭振铎、陈海波访问杨东莼的记录。

② 长沙大火又称为“文夕大火”，是1938年11月13日凌晨发生在长沙的一场人为毁灭性火灾。因应日寇的进犯，国民党当局采用焦土政策，制定了焚烧长沙的计划。但在计划正式实施之前，一系列偶然因素却让这场火灾变得完全不受控制，最终导致长沙30000多人丧生，全城90%以上的房屋被烧毁。也让长沙与斯大林格勒、广岛和长崎一起成为第二次世界大战中毁坏最严重的城市。中共组织及进步团体因此被迫转移。杨东莼本来打算到延安去，已得到周恩来同意。偏巧广西当局要物色一位得力的人来筹办地方建设干部学校，杨东莼便成为遴选的对象。

第八章　再为“冯妇”

知与行，不可分；
文与武，在一身。
理论与实践打成一片；
抗战与建国本是一程。
我们以这样的精神，打通教学做，
我们以这样的认识，团结军政民。
……

——广西地方建设干部学校校歌

一、“约法三章”

在广州、武汉相继沦陷后，李任仁曾有过预计，当时白崇禧估计蒋介石可能与日本谈和，一旦谈成，首先恐怕要吃掉桂系。因此当白崇禧受任桂林行营主任时，企图重演“两广事变”时的故伎，罗致进步人士以自重，想要杨东莼当行营秘书长，李任仁当《广西日报》社长，胡愈之为副社长(手令已经下达)。杨东莼与李任仁等商量后，认为桂系寡信善变，他们如果接受这些任命，一定要请一些进步人士协助，一旦蒋桂之间又握手言欢，对请来的进步人士就不利。随后，李任仁称病不到任，杨东莼也以借口婉拒。

1938 年 10 月，杨东莼应国民党战地党政委员会副主任李济深的邀请，准备赴重庆到国民党战地党政委员会供职。他从长沙出发经衡阳辗转来到桂林。在桂林，他只作短暂逗留。他先到了八路军桂林办事处，看望了处长李克农，此举实际上是接转党的秘密关系。穿着一身褪了色的八路军灰布军装、身材魁梧、戴着黑墨镜的李克农和身穿长袍、白皙儒雅的杨东莼看上去截然不同，但说起国际、国内形势，尤其是如何坚持落实党中央的抗日民族统一战线的方针，两人滔滔不绝。

接着，杨东莼拜会了老朋友李任仁，而李任仁当即把杨东莼来桂林的消息，通报给了广西省政府主席黄旭初。黄旭初得知杨东莼来到桂林，高兴得跳了起来。当时，桂系处在中国共产党的抗日民族统一战线策略和国共第二次合作条件的影响下，为了防止蒋系势力侵入广西地盘，李宗仁、白崇禧接受周恩来的建议，创办了广西地方建设干部学校。他们把这件事交给留守广西的黄旭初打理。黄旭初受领任务后感到头痛的事是物色最合适广西地干校的教育长。而杨东莼的到来，正是一场及时雨，梦寐以求的教育长真是“踏破铁鞋无觅处，得来全不费工夫”。于是，黄旭初连夜登门造访，千方百计要挽留杨东莼在桂林做广西地干校的教育长。杨东莼却说“只能代拟计划，不能留桂工作”，拒绝了黄旭初的要求。

八路军桂林办事处所在地

黄旭初苦口婆心也未能说服杨东莼留在桂林。于是，他跑到白崇禧那里，请白崇禧出面挽留。白崇禧想了想 1934 年秋杨东莼离开广西的境况，深感无地自容只能麻烦自己的老师李任仁了。经李任仁的再三劝慰，杨东莼才勉为其难，与李克农商量，征得同意，经中共组织批准，才答应留在桂林。但是他有要求。他对李任仁说：“要我办的话，请转告黄、白，用人由我负责。训练内容与方法要依照我所拟的计划，并且我社会关系复杂，来往的人各党派都有，黄、白不可因此听特务的造谣与离间。果能答应这三条，我可以再作冯妇。”①

① 出自杨慎之：《杨东莼年谱》卡片资料（未刊本）。另有一说，关于杨东莼跟广西当局约法三章，向黄旭初提出了办校的三个条件：一是广西地干校的人事安排，由他向校长负责，不受省人事部门的牵制，同时说他平时接触的人，各方面都有，希望黄旭初毋听信外界谗言，以免发生不必要的误解；二是为了简化行政手续，适应战时工作，凡广西地干校的训练计划、课程设置以及训练方法，都由教育长负责向校长报告，经校长批准执行，免去经报送省教育厅的审批环节；三是“行政院”有规定，凡省市高级干部，都要到重庆“中央训练团”受训，他因为身体欠佳，行动迟钝，请准予免训。

白崇禧、黄旭初如此信任杨东莼，把广西地干校的大权交给他，也是有一个过程的：第一，1932 年至 1934 年，杨东莼曾在广西师专任校长，虽然后来被撵走了，但白崇禧对他的人品、他的学识和办学思想都有了初步了解和认识；第二，也是主要的一点，1936 年，李宗仁、白崇禧与广东陈济棠联合发动旨在倒蒋的“六一”事变。此时，蒋军压境广西，蒋、桂战争大有一触即发之势。就在此时，大批反蒋人士云集南宁，力劝李宗仁、白崇禧在邕开府反蒋。唯有杨东莼代表救国会，力排众议，劝告李宗仁、白崇禧在日本帝国主义大肆入侵中国面前，应以民族利益为重，放弃组府反蒋，实行逼蒋抗日的方针，用和平方式解决蒋、桂矛盾，才是上策。李宗仁、白崇禧接受了这个建议，从而避免了一场蒋、桂战争。

李宗仁、白崇禧认识到杨东莼是以大局为重、捐弃前嫌、品德高尚的人，认为他能担当广西地干校教育长的重任。

杨东莼提出的这些条件，白崇禧、黄旭初一概应允。他们立即召开高级幕僚会议，并请杨东莼参加。会上一致通过了杨东莼草拟的计划。白崇禧在会上就杨东莼提出的条件，加以解释和承诺。这样，杨东莼被白崇禧、黄旭初等挽留在桂林，做了广西地方建设干部学校的教育长。

校长名义上是黄旭初，然而，他当时既是国民党广西省党部的主任委员，又是广西省主席。此外还有无数的社会应酬，已忙得不可开交，哪有时间来顾及广西地干校的事呢？虽说杨东莼名义上是教育长，实际上广西地干校的大政方针、人事任免、计划实施，全由他定夺，所以，与其说他是教育长，不如说他是实际校长更确切。

二、参加桂林生活教育社

1938 年 12 月 15 日，来自全国各地的晓庄校友、山海工学团团员、生活教育之友及教育界、文化界来宾共 300 余人，聚集在桂林中山纪念学校礼堂里，隆重举行生活教育社成立大会。经社员大会选举，陶行知被一致选为理事长，同时选举出了 33 位理事。杨东莼与他的办学思路曾有矛盾的唐现之均为理事，二人此时却关系融洽。理事会每 3 月举行一次，由理事长召集。其主要任务是执行社员大会的工作计划，指导并督促常务干事会及各种委员会的经常工作及特殊事项。常务干事会直属于理事长，下设总务、组织、编辑、服务、调查设计 4 个部和 1 个专门委员会。杨东莼参加了此次盛会，并被推荐担任调查设计部的常务干事，主要负责调查生活需要、设计教育方案等。同年，杨东莼组织生活教育社同仁编辑了《战时教育论集》，该书由广州生活书店出版。

生活教育社虽然是一个民间的教育学术团体，是以信仰生活教育理论的同志组成的。用陶行知的话说："生活教育社是教育界的大家庭。它是教育思想者的团体，又是培养教师的团体，又是一般人学习生活和知能的团体，又是一个共同生活体。"但实际上，它不仅仅是一个教育团体，而且也是一个争取民主自由、倾向进步的政治团体、爱国团体、革命团体。中国共产党的重要领导人董必武、徐特立、叶剑英等人，还常常应邀到生活教育社作报告，介绍解放区的抗日斗争和教育情况。有人曾认为，生活教育社的社务"实际为中共地下党所掌握"。

1938 年 1 月初，战时出版社出版了杨东莼的专著《战时教育问题》。关于战时教育问题，他曾在《文化战线》与《战时教育》这两种刊物上，发表过不少的意见，他认为"但都没有系统，而且不很完备"，便比较系统详细地撰写了该书。全书共分为七个部分：一、平时教育与战时教育；二、中国过去教育的缺点；三、什么是战时教育的任务；四、战时教育的最高原则；五、战时教育实施方法；六、战时教育实施问题；七、结尾。

书中内容是他曾担任上海市战时普及教育服务团主席时的经验总结。那是一份需要有政治家眼光、教育家胸怀、布道者精神的复杂差事，不到四十岁的杨东莼有灵敏的头脑、充沛的精力，工作游刃有余。他相信"抗战愈持久，新中国的建立便愈有希望。新的教育制度的建立便愈有前途"①。同样，艰苦的战时教育环境能给中国带来新的文化启蒙契机，无疑这也是一种辩证的认识。他向处在第一战线上的广大教育者热情呼吁：

> 第一，全国教育工作者应站立在自己的岗位上，集中自己一切力量，支持抗战到底，并充实增加抗战的力量，同时还得替行将到来的新中国建立起新文化的基础。第二，全国教育工作者应站在民族自主

① 杨东莼：《向全国教育专家与教育工作者的一个建议》，《战时教育》，1937 (4)。

的立场上，在民族解放战争中，求得中国教育的独立自主。以这一战争过程中，提炼出新的教育经验，建立起新的教育理论，要切切实实地来一个教育改革运动，来一个教育运动。①

关于这个热情呼吁的阐述，也见于他在1937年10月23日《战时教育》发表的另一篇文章《向全国教育专家与教育工作者的一个建议》。

在教育破产的呼声中，许多热情而苦干的教育家，也正在个别地作改革教育的尝试。像梁漱溟先生在山东邹平所实施的乡村建设的教育，像米迪刚先生在河北的定县翟城村所实施的村治教育，像陶行知先生所倡导的生活教育与他所主持的山海工学团，像晏阳初先生在河北定县所实施的平民教育，像黄炎培、江问渔、杨卫玉诸先生所主持的职业教育，像雷宝南先生在广西所主持的国民基础教育，像高钱四、俞庆堂诸先生在无锡所主持的江苏省立教育学院，像彭一湖先生在湖南衡山所主持的平民教育，像邵爽秋先生所倡导的民众教育……都是在教育破产声中出现的教育改革运动。对他们的热情与苦干的精神，我们表示着最高的敬意。但是，针对着当前神圣的对日抗战，我们却诚恳地希望诸位及全国教育专家有一个更进一步的表示。

中国教育应该来一个彻底的改革，是全国教育界所公认的事件，是全国学生最迫切的需要，并且，如上所述，在过去已经有着不少的教育专家，正在对教育的改革，作个别的尝试。不过，要在哪样的时机与条件之下，才能够完成教育改的任务呢？我们的答案是：只有在当期全面抗战的过程中，联合全国教育专家与教育工作者，才能够完成这个任务。②

杨东莼对拯救“教育失败”而作出的各种教育改革行为是极为赞赏的，他自己也加到陶行知的生活教育团队中，然而内心革命情绪激荡的他，更希望教育领域在抗战的伟大时代里来一次“彻底的改革”，即建立一种新的教育制度。

按照马克思主义经济基础决定上层建筑的观点，只有新的中国才能有新的教育制度。因此，他认为：“新中国的建立，不但需要新的政治经济制

① 杨东莼：《战时教育问题》，《战时出版》，1938：42。

② 杨东莼：《向全国教育专家与教育工作者的一个建议》，《战时教育》，1937(4)。

度，同时也需要着新的教育制度，新的教育制度，不是在新中国建立了之后一天两天就成长出来的，也不是独自孤立生长出来的。恰恰相反，它是要在抗战相当久的改革过程，是要配合着政治经济诸部门的改革逐渐形成出来的，它是要在抗战的过程中逐渐产生出来的。”① 可见，抗战的过程也是建国的过程，而建国的过程就是追求政治民主的过程，只有新的政治民主制度才能产生新的教育制度，杨东莼运用辩证唯物论中普遍联系的观点，以及整体与部分之间的关系，分析政治与教育的关系，这与他在广西师专时说的教育是政治的延伸、教育为政治服务的观点一致。

全面抗战以来，学者角色正在让位于教育家身份，而教育又与政治有着的千丝万缕的联系，杨东莼的人生是否会顺势从教育家向政治活动家转化呢？毕竟他在第一次来广西时，已有过置身斡旋“六一事变”等政治大场面的经历。

2 月 10 日，杨东莼在《战时教育》代表陶行知发表了《生活教育的远景（代论）》。他的教育、时政类文章延续了以往的哲学论文风格，富于逻辑演绎，结构严密。更多抗战教育和宣传领域的实践，使马克思主义哲学“工具”在他那被运用得出神入化。他通过倡导“集体主义的自我教育”，进一步丰富了生活教育的内容。“八一三全面抗战发动以后，生活教育更发展到一个新的阶段，集体主义的自我教育这一口号的提出和获得教育界大多数人士的响应，便是这新阶段的特征。”②

“生活教育”是一种有别于传统教育的办学理念。杨东莼认为：“生活教育能够发展到这一新的阶段，其主因就是由于生活教育一开始就把握住了客观的现实。今天的客观的现实，便是抗战保国的伟大运动；因此，生活教育的远景，就必得是这一伟大运动的具体反映。”③ 他提出，生活教育的整个工作，应该是着重在两方面：“第一是从支持持久战的立场来说，我们应该担负起那一切传统教育所不能担负起的工作。”“第二，从建国的立

---

① 杨东莼：《向全国教育专家与教育工作者的一个建议》，《战时教育》，1937 (4)。

② 杨东莼：《生活教育的远景（代论）》，《战时教育》，1939，3 (12)。

③ 杨东莼：《生活教育的远景（代论）》，《战时教育》，1939，3 (12)。

场来说，我们应当担负起建国运动中的成千上万的干部的培养工作。”①

杨东莼认为，生活教育符合战时教育的实际需求，但是当时也有一些固执的教育界人士对生活教育持怀疑否定态度，“那些反对战时教育主张维持教育现状的教育家惟一理论根据，就是说：因为今后建国的干部，要从现行学校制度培养出来，所以无论战局达到如何严重的局势，学校现行的教育制度是要努力维持的”②，持着此种理由的人多半是政治上的改良主义者。

事实上，陶行知的“生活即教育”既不是把教育与生活符号化，把教育原始化、低级化，也不是杜威“教育即生活”的“翻版”，与“教育即生活”有根本的不同，它以反对传统教育和洋化教育、建立新型的人民教育为宗旨，强调生活与教育的一致性，认为生活含有教育的意义和作用，生活教育要与社会生活相联系，教育要与生产劳动相结合，教育要为人民大众谋利益，为反帝反封建、建立民主自由的新中国服务，这就是“生活即教育”的实质③。可以说，陶行知对待教育的看法是纯粹的，他全身心都沉浸在教育的“理想国”里，即便这个美好的“理想国”生存发展何其艰难；而杨东莼把教育看作是为政治服务的工具，两人不同的受教育背景和工作经历，是他们对“教育”概念界定发生差异的重要因素。然而这种差异却不是绝对的。杨东莼作为马克思主义信仰者，他与生活教育的早期倡导者一样，都对传统教育持着批判态度，当然在某一阶段，为了抨击现实的“教育失败”，他也辩证地阐释了传统书院的长处，即在于对学生的精神塑造上。陶行知曾在哥伦比亚大学师范学院正式从事教育学的元研究学习，并成为美国教育学家杜威的高足，他的教育理论是成系统的，他结合了中国当时的历史实际，在批判传统教育的同时，吸收了杜威的教育思想，创造了以“生活即教育”、“社会即学校”、“教学做合一”为核心的生活教育理论体系。

有一点却是能直接感受出来的，即陶行知对教育的感情炽热深厚，杨东莼对教育也充满热诚，但陶行知有一股对教育本身的纯粹，即注重教育

① 杨东莼：《生活教育的远景（代论）》，《战时教育》，1939，3（12）。

② 杨东莼：《生活教育的远景（代论）》，《战时教育》，1939，3（12）。

③ 周洪宇：《人民之子——陶行知》，湖北人民出版社，2011：183。

对个人生活与社会发展的重要性，这一点突破了他的老师杜威的教育目的论中“教育即生活”的口号。杨东莼是马克思主义者，更侧重的是教育的工具性一面，即教育为无产阶级政治服务、为经济建设服务以及马克思主义有关人的全面发展的思想。两人对教育与政治之间关系的认识有所不同，差异在20世纪30年代初表现最明显，否则，杨东莼在广西师专时不会与唐现之因办学方针的问题产生那么大的矛盾。

陶行知的生活教育体系是不断发展完善的，杨东莼的教育思想是从唯物主义辩证法思想与长期艰苦卓绝的教育实践结合得来的，也随着实践经验的增加而不断调整。杨东莼的教育实践始终在贯彻中共在不同时期提出的教育方针。作为政策的执行者，尤其是作为一个地下党员，在白色统治之下如何能贯彻中共的教育方针，杨东莼需要在办学的方法以及就学校问题与广西当局政府的协调上作更多的细节考虑。如果说陶行知是一位伟大并富有创见的生活教育“总设计师”，那么杨东莼则是一个出色的集体主义教育的“工程师”。

在1938年11月，毛泽东在中共六届六中全会上所作《论新阶段》的报告中，将抗战时期的教育政策论述得非常具体。毛泽东指出：“在一切为着战争的原则下，一切文化教育事业均应使之适合战争的需要，因此全民族的第十个任务，在于实行如下各项的文化教育政策。第一，改订学制，废除不急需和不必要的课程，改变管理制度，以教授战争所必需之课程及发扬学生的学习积极性为原则。第二，创设并扩大增强各种干部学校，培养大批的抗日干部。第三，广泛发动民众教育……”他还突出强调：“伟大的抗战必须有伟大的抗战教育运动与之相配合，二者之间的不配合现象亟应免除。”① 杨东莼主持的广西地方建设干部学校也正是在第二次国共合作新阶段开设的。

当有人对生活教育产生质疑时，杨东莼驳斥道：“我们不主张废除现行学校制度，也不主张停办各级学校，但我们应该严正地指出：抗战与建国是同时并举的，抗战过程即是建国过程，绝不是说在抗战完结之后再来从事建国运动。建国干部的培养，绝不是孤立的事情，而必得紧紧的和当前抗战配

① 毛泽东：《毛泽东同志论教育工作》，人民教育出版社，1958：33-34。

合着。要从抗战实际生活当中，培养出成千整万的建国干部，并且只有这样的干部，才能够切合建国过程的需要。生活教育的理论和方法，正和当前建国干部问题相配合。生活教育主张从抗战实际生活中去培养建国干部。”①

毋庸置疑，建立新的民主政治制度是一项复杂长远的工作，需要全面筹划，因此生活教育也应配合政治变化的需要，在全国有计划、有系统、全面地组织起来，而不能是各自为政、各行其是。“虽然如此，但生活教育本身还多少有些缺点，即生活教育对教育工作的计划性、系统性和全面性还不够充分，这于培养建国干部问题上，多少还表示着一些弱点。”② 这一点是针对当时各地蓬勃兴起的生活教育社出现的一些问题而言的。因此，他强调：“我们希望今后的工作，能够克服这些缺点，充分地发挥生活教育的计划性、系统性、全面性。”③

在桂林，杨东莼所扮演的角色继续在教育家与政治活动家之间转换。1939 年 3 月，孙科、邵力子等在重庆办了一个“中苏文化协会”，这个组织实际上由左派人士负责，做了一些介绍苏联的工作，因此，不少人提出，桂林也得成立一个“中苏文化协会”分会，对此，“孙科派”的行营政治部主任梁寒操一开始就认为分会会长非他莫属。因为一则他还打着“孙科派”的“亲苏”的招牌，二则他当时已经和 CC 派拉上了关系，在第一次反共高潮中表现很坏，于是，为了不让梁寒操掌握这个机构，杨东莼与胡愈之、范长江、张志让、姜君辰④，经常每星期以聚餐为名聚谈一次，他们决定了一个对策，就是由范长江去找李宗仁的夫人郭德洁，请她出面担任“中苏文化协会”广西分会会长。郭德洁一口答允，同时对于杨东莼他们打算办俄文训练班、翻译和出版苏联书籍等计划，她都表示同意，并且主动地表示，会址、经费等由她负责。

三、实施集体教育

杨东莼当时是地下党员，他的工作直接由李克农⑤领导，有时通过中

① 杨东莼：《生活教育的远景（代论）》，《战时教育》，1939，3（12）。
② 杨东莼：《生活教育的远景（代论）》，《战时教育》，1939，3（12）。
③ 杨东莼：《生活教育的远景（代论）》，《战时教育》，1939，3（12）。
④ 这些人都是在桂林的文化界进步人士。
⑤ 当时任八路军驻桂林办事处主任。

共党员、广西地干校秘书周钢鸣①联系，或通过事先安排好的聚餐会形式接受党的指示（因为李克农当时能以公开身份活动），所以，广西地干校的教育训练工作，实际上是在党的领导下进行的。

在广西地干校地下有两个党员支部，一个是外来的党员支部，支部书记周钢鸣，受中共南方局领导；一个是地方党员支部，支部书记张海鳌（后改名为路伟良），受陈伟岸领导。这样做的用意是组织关系分散一点，太集中了容易出问题。干校的党员人数多，覆盖面广，党的方针政策可以行政方式层层贯彻执行，以保证党在干校的领导地位。

按照什么样的教育方针来办广西地干校呢？这是杨东莼主持广西地干校所面临的首要问题。广西地干校筹备工作开始时，恰好老革命家徐特立从衡阳来到桂林。徐老是一位资深的教育家，在延安时他是中共中央宣传部副部长，主持延安的教育工作，对延安抗日军政大学、陕北公学的办学方针、原则了如指掌。杨东莼来到徐老下榻的饭店，以小学生求知的心态，恭恭敬敬拜徐老为师。徐老介绍了解放区“陕北公学”与“抗大”的办学经验，并以借鉴这些经验与杨东莼共同研究了广西地干校的办校方针，简括说来是：坚持抗战、团结、进步；培养民主精神和民主作风；提倡集体主义精神。这无疑等于是在国统区办了一个延安式的“抗大”。

广西地干校在教育长（杨东莼）办公室下设总务处（主任宾旭东）、教导处（主任秦柳方，教务股长是潘逸耕，训导股长是张海鳌）、军训处（主任是郑清淮）。此外，还有辅导室、图书资料室、医务室、印刷厂等。

在杨东莼的办公室里，除有两位专职秘书，为杨东莼搜集资料，在杨东莼作“精神讲话”或请人来作专题报告时做速记整理材料外，还有两位指导员，即司马文森、周钢鸣。司马文森做文书工作，周钢鸣名义上是校刊主编，实际上是李克农与杨东莼之间的联络员。杨东莼是李克农直接领导的秘密党员，凡广西地干校的工作报告与上级党的指示，多是通过周钢鸣上报下转，杨东莼的党费也是请周钢鸣转交的。

从选址到筹建校舍到拟定各种计划，杨东莼都费尽心血。他经常笑着对身旁一起劳动的学生说：“我们要在一张白纸上绘出美丽的图画。”

广西地干校的从无到有是杨东莼“一切从实际出发”思想的生动的践履。校址选在桂林城区东北郊的尧山西麓天圣山一带。杨东莼选择此处作

① 他是从《救亡日报》来干校工作的，《救亡日报》归李克农领导。

为校址是基于两个考虑：一是为避免空袭警报的影响，二是可以减少政治上的干扰。校舍也充分体现了战时建筑的特色——简易、质朴、实用。除了利用三间破庙外，学校的房舍没有一间砖瓦盖的房子，“都是木柱作屋架，上盖竹瓦，四壁用切碎的稻草拌合泥沙石灰浆批烂板”①。广西地干校的学习条件也十分艰苦，教室没有桌椅，还兼作饭堂，吃饭时菜盆摆在地上，学生们围坐小板凳用餐，睡“太平铺”，“多少暴雨之夜，移床避漏；狂风入室，补壁塞孔”②。没有电灯，更没有自来水，吃的是普通饭菜。

从 1939 年 1 月中旬开始施工建筑房舍，到 3 月中旬第一期学员进校，全校学员和教职员工已达七八百人。在短短两个月中，建成了能容纳如此众多人员的房舍及必要的设备，完成了广西当局要广西地干校尽早开学的要求，可见杨东莼的行政组织能力之强。

广西地干校的工作人员来自各方，进步力量占主要地位。在八路军驻桂办事处和广西地下党的周密安排下，大批中共党员和进步文化人、爱国民主人士进入广西地干校任职任教。担任行政工作的有秦柳方、周钢鸣等，肖敏颂教《抗战形势讲话》，李紫翔教《通俗经济学讲话》，姜君辰教《社会发展史》，张志让、张铁生讲《国际形势讲话》，赖少其、黄新波、廖冰兄、刘建庵辅导抗战文艺宣传。

大部分教职员都由杨东莼物色，聘请政治上进步、术业有专攻的专家、学者担任授课的教员，如宋之光、司马文森、向仲华、胡愈之、姜君长、夏衍、洪深、熊佛西、欧阳予倩、阳翰笙、金山等，从而保证授课质量。他们中有广西师专的毕业生，各地救国会的成员，中国农村经济研究会、生活教育社的社员，曾在桂林《救亡日报》社、湖南书报供应所等工作的人员。1939 年春有一个 29 人宣传队，抗战初期在国民党军队担任抗日宣传工作，后来被排挤，遭到裁撤，转移到桂林，经人介绍，杨东莼全部接收，留他们在干校工作，担任小组指导员和助理指导员③。

---

① 严沛：《杨东莼与广西地方建设干部学校》，广西师范大学社会科学联合会：《纪念杨东莼先生文集》，广西师范大学出版社，1994：124。

② 严沛：《杨东莼与广西地方建设干部学校》，广西师范大学社会科学联合会：《纪念杨东莼先生文集》，广西师范大学出版社，1994：124。

③ 秦柳方：《辛苦耕耘　培育新人——杨东莼在广西地方建设干校》，《学术论坛》，1983（1）。

干校于 3 月开学。干校的课程设置，是按照七分政治、三分军事的原则开设的。学生按军事训练编制，纪律比较严格，伙食方面由学生参加管理，账目公开。授课形式是设大队、中队、小队三级指导员，主持三级政治、军事训练。教授方法是实行课堂讲授，名人如郭沫若、叶剑英、白崇禧等报告与小组讨论相结合，使学校的教与学生动活泼。课外活动也丰富多彩。原计划每期训练五个月，其中一个月实习。第一、二期学生各有 500 多人，由各县报送过来，其中，为适应抗战需要，南宁、梧州、玉林三个专区的名额每期约占百分之八十①。

这些学员绝大多数是来自广西偏远山区的农家子弟，平素过惯艰苦朴素的生活。抗战进入第二阶段后，桂林人口骤增，物资供应越来越紧张，物价不断上涨，学校经费又有限。这时，杨东莼强调师生要过好战时生活，提倡艰苦朴素，节约崇俭。

广西地干校的小组指导员与学员同吃同住同参加建校劳动。杨东莼住在天圣山西麓一间竹屋里，也时常参加劳动。生活条件和其他人一样，有时进城也得靠自己的两条腿步行。学校起初没有汽车，粮食及日常给养靠骡马运进来。为了节省办公费的开支，他常常亲手翻粘用过了的旧信封，在战争年代，回纹针很贵，他就用棉条纸搓绳代替回纹针装订文件。有时他翻粘好一个信封或用棉纸绳订好一帙文件，会顿时愉悦起来，并常常自言自语念起“半丝半缕，恒念物力维艰”这句传统治家格言。物质条件虽然困顿，全体师生的精神却十分振奋，校园里洋溢着一种积极愉快的气氛。

杨东莼把中共的“坚持抗战，反对投降；坚持团结，反对分裂；坚持进步，反对倒退”的政治主张作为学校工作的指导方针，力争贯彻落实。在建校的最初一段时间里，有些小组指导员感到这个学校的教材内容进步，训练方法较之以往学校有所革新，图书资料里进步书报很多，当时还未发现有反革命破坏活动，因此，他们一下忘乎所以，好像到了解放区，公开拿着《新华日报》、挟着《联共党史》到处走，随地读。李克农了解到这种情况后，就及时要杨东莼和学校党支部分头找这些“鲁莽”的指导员做思想工作。这种现象很快就停止了。

---

① 秦柳方：《辛苦耕耘　培育新人——杨东莼在广西地方建设干校》，《学术论坛》，1983 (1)。

杨东莼一方面要制止一部分过分“热情”学生的莽撞行为，另一方面还要打击校内的国民党特务和托派分子在第一、第二大队散布中共投降资产阶级的谣言，防止他们破坏抗战、破坏干校的训练活动。据秦柳方回忆：

> 在一、二期学生学习期间，也曾发生了以下几件事：有一个唱歌指导员，他每星期六进城，住在桂林乐群社，经常把学校情况写成材料，是乐群社服务员在他房间的字纸篓内发现的，此人，值得怀疑。还有学校图书馆的一位助理员，是广西省政府一位人士介绍来的，学校图书都是经过选择的，这位助理员却自己带了几本有托派观点的理论书，向学生介绍，被小组指导员发现了。还有一个图书馆助理员，很年轻，是个中学生，言谈中，坚决反对共产主义，但这个年轻人不一定有什么组织关系，属于思想顽固。这三个人，东莼同志分别要他们自动离校，另找工作。①

上级党组织指示，不要使用“特务”和“托派”的词儿来指责他们，可以通过团结教育思想进步的学员，向他们的反革命言行作正面的批判斗争，使他们陷于孤立，打下他们的反动气焰。这样做，不但没有暴露党支部，还提高了地下党员们的斗争策略，于是，杨东莼首先在每周的精神讲话中进行揭露、批判，发动党员，学生组织——生活竞进会在小组、分组讨论中进行批判斗争。他意识到只有开除这些害群之马，才能维护全校团结抗战的局面。对混进来的三个国民党特务（校部教唱歌的白原，图书馆资料室的王煜和第二大队的小组指导员朱某），杨东莼果断地采取行政手段把他们辞掉了。至于学员中的托派分子董国忠和莫某等，未作处理，把他们留在第一、第二大队里作反面教员。事后，李克农认为杨东莼的处理办法，既做得及时，又很有策略。

广西地干校的小组指导员经常相互间讨论，没有去过延安的潘超曾问从“抗大”来的林云峡：“这里的训练方法同延安的抗大比怎么样？”他说：“有很多地方相似。”

自广西地干校第一期训练结束后，学校的党小组会就不开了，改为单线联系。联系人从周钢鸣改为司马文森。

---

① 秦柳方：《辛苦耕耘　培育新人——杨东莼在广西地方建设干校》，《学术论坛》，1983（1）。

在广西地干校第一期学员结业时，按广西当局规定，学员一律要加入国民党、三青团。对此，杨东莼曾在全校大会上作过一次关于三民主义的讲演。会后，指导员潘超问周钢鸣："东公为什么在这个时候作这个报告?"周钢鸣反问："你有意见么?"潘超说："我对他的报告本身没有意见，也没听到大队的小组指导员有什么意见。"周钢鸣这才说："这个报告是克农同志的授意，这个时候需要作这样的报告。东公报告的内容是根据《中国国民党第一次全国代表大会宣言》的精神讲的，所以我们提不出意见。"杨东莼对指导员并没有执行广西当局"强迫入党"的决定，而是采取"自愿"的原则。他还将学校发动学生集体参加国民党、三青团的时间，定在训练结束最后一周举行，所以，并不影响中共党组织在学生中提前秘密发展党员。这就为广西地干校留下了大批进步力量，为广西地干校后来改变训练任务，筹办梧州、百色、南宁、柳州等五个"专区训练班"创造了条件。

1939 年 4 月下旬，国民党不顾全民抗战的紧迫形势，已在全国掀起第一次反共高潮。周恩来代表中共中央赴皖南指导新四军工作途中在桂林作了短暂停留，此时的桂林浓绿蔓延，漓江两岸风景秀丽。桂林文化教育界获悉后，特在大华饭店举行欢迎宴会，杨东莼与田汉、胡愈之、夏衍、欧阳予倩等各界人士 100 多人出席。宴会结束后，周恩来又在桂林市参议会会议室接见了文教界的中共党员和爱国民主人士杨东莼、千家驹、胡愈之、张志让、周钢鸣等数十人，周恩来与他们作了长达 3 个小时的谈话，周恩来在分析抗战形势和任务的同时，着重通过列举事实，揭露国民党顽固派刻意制造摩擦，号召大家要保持高度警惕，随时严防国民党的反共阴谋，巩固和扩大抗日民族统一战线，坚决粉碎国民党顽固派制造分裂的图谋，争取抗日战争的最后胜利。他在讲话最后，对他们作出指示：在广西要搞好统战工作，吸收大量文化人到广西来，重点是把文化人团结起来。"巩固扩大抗日民族统一战线，对顽固派要进行斗争，粉碎其假抗日、真反共的阴谋。在斗争中要注意策略，注意斗争方法，善于保护自己安全，免遭反动派迫害。"①

周恩来的慷慨陈词，让杨东莼增添了抗战到底的决心和必胜的信心，

---

① 中共广西壮族自治区委员会党史研究室：《广西抗战纪实》，广西人民出版社，1995：5。

激发了他与国民党投降派和顽固派进行不懈斗争的勇气。他也一直把周恩来对广西统战工作的指示牢记于心，作为自己行动的指南。

智者千虑必有一失。1939 年 5 月 21 日，叶剑英去南岳游击训练班讲学归来，经过桂林，应黄旭初的邀请①，与白崇禧骑马并行来到干校，向全校师生作题为《当前战局之特点》的演讲。演讲会由杨东莼主持。叶剑英在露天操场作报告时，杨东莼在讲台上对叶剑英表示既崇敬，又亲热，事后，李克农就这一事批评他说：“应当严肃，不应当亲热，以免引起别人的怀疑。”那时，广西的政治环境还比较开明，白崇禧也力邀各类进步文化团体和知名文化人士来广西，加之叶剑英在第二次国共合作期间是以公开身份活动，在青年学生中声望很高，杨东莼因此对叶剑英表现亲近。

叶剑英的演讲开头是分析国际国内斗争形势，然后强调只要坚持抗日民族统一战线，充分发动全国人民坚持抗日持久战，我们是有办法，有力量打败日本帝国主义的。他在报告中，列举了八路军、新四军在敌后开辟战场，和建立抗日根据地的战果，还具体讲到如何对付日本鬼子，他在讲话中不时插点广东话，讲得有声有色，引得大家发笑。会后，在学员小组讨论会上，学员们说：“叶将军的报告，给大家树立了抗战必胜的信心，受到了很大的鼓舞。”当时干校内部政治情况比较复杂，有特务、托派在里面捣乱，但自从叶剑英来校作了报告后，敌特分子在大队的公开破坏活动就停止了。

杨东莼秉承广西师专注重学生学习和积累知识的学风，鼓励师生多读书看报、关心时政。当时广西地干校的图书资料室有许多进步的书刊，如《救亡日报》、《新华日报》、《群众》、《世界知识》和《生活周刊》。杨东莼还经常邀请全国各地云集桂林的文化名人和知名人士来校作时事形势及政治报告，李宗仁、方振武将军，叶剑英将军，著名学者胡愈之、沈钧儒，著名作家夏衍，戏剧家田汉，记者范长江、石西民、黄药眠，民主人士刘清扬、王造时、陈此生，日本反战作家鹿地亘等都到广西地干校作过演讲。仅 1939 年 3 月 18 日至 6 月 26 日，广西地干校就举行了全校性的时事座谈会 13 次，如田汉作了《艺术宣传》的讲演，李任仁作了《地方自治与参议

---

① 据薛暮桥回忆是杨东莼主动邀请叶剑英的。

会》的报告，李宗仁作了《我国抗战形势与国际动向》的报告，等等，鼓舞和教育了全校师生。

“如果去掉了民主精神和民主作风，干校就培养不出抗战需要人才。”这是杨东莼常说的一句话。

实施集体主义教育，既是战时的需要，也是杨东莼从政治上造就学员革命性的一项原则。他特别重视与提倡集体主义精神，强调学员自动、自觉，其要旨就是反对个人英雄主义，养成团结互助、助人为乐的情操。这一点，杨东莼形象地归纳为：“手携手，一路走。”他从培养民主精神和民主作风入手，吸收师生参加学校的民主管理，让他们充分发表各种不同意见，并在实践中增长才干。

他把曾在广西师专推行的“集体生活”发展成了“集体教育”。他说：“集体的自我教育正是要打破自私自利的个人主义，正是要从一切集体活动中发扬互助友爱的精神，正是要从集体的纪律中去养成完善的工作者应有的修养和工作态度。”他认为，集体教育与个人主义是根本对立的，要实施集体教育，就必然打破自私自利的个人主义，要发扬互助友爱的精神，用集体的纪律约束大家，使每一个工作者都具有良好的修养和为集体服务的工作态度。

值得说明的是，集体主义教育思想并非中国的独特创见，苏联是最早形成苏维埃的集体教育模式，它以马克思关于个人与集体的关系原理、共产主义社会教育的目的为出发点，经列宁到克鲁普斯卡娅到卢那察尔斯基到凯洛夫、马卡连柯集大成。

集体主义教育思想是马卡连柯教育思想体系的基础和核心。马卡连柯说：“我们的教育任务就是要培养集体主义者。”他要求创造一种方法：“它既是一般的和统一的，同时又能使每一个个人有发展自己的才能、保持自己的个性、按照自己的志向前进的可能。”这个方法就是集体主义教育方法①。

马卡连柯在他的名著《教育诗》中，以高尔基儿童教养院改造的过程为例，说明了集体主义教育的方式及优势。马卡连柯摸索着建立并锻炼学生集体。他对每个学生的性格、脾气、缺点、长处都分析得透彻，观察准

① 吴式颖、任钟印：《外国教育思想通史》，湖南教育出版社，2002：733。

确细致。他把学生分成几个联队，指派了队长，发挥学生的积极性、主动性和创造精神，让学生集体做了大量工作。待条件成熟，他又及时变指派队长为选举队长，并在有些联队不设固定队长，培养学童能指挥别人也能被别人指挥的习惯，树立集体中的民主作风。

马卡连柯把教养院迁移到贫穷、恶臭的库里亚日。师生用双手在新学校建立了马房、猪圈、木工场、金属加工场……学生们进步很快。不久教养院征服了旧库里亚日当地民众的愚昧、自私，建立了庞大、坚强的教养院集体，甚至转变了当地人的落后认识。马卡连柯的确为国家挽救了不少流浪儿，减少了不安定因素，培养了大批有用之材。教养院的成功，引起苏联国内的大学生、工人、新闻界人士和国外一些人的注意，高尔基也曾到教养院参观。

万里之遥的库里亚日与千里之外的延安，和杨东莼脚下的天圣山有着天壤之别，就像延安的窑洞和广西的岩洞呈现的外观差异。直接照搬照抄已有的办学模式，就会像鲁迅说的那样，“拿来主义”怕未免有些危机。对于苏联的集体主义教育思想，延安“抗大”的成功经验，广西地干校都需要根据实际进行转化。相似的是杨东莼要和几百名学生组成的大集体，像马卡连柯一样不畏艰难、百折不挠，行走在泥鳅背似的泥巴地里，共同用双手建起新校园。他与学生一样扛着一捆捆沉重的毛竹时，也会考虑一些其他的重要问题，因为他要把握好广西地干校与广西当局的微妙关系，这关系到干校推行集体主义教育的成效。

他把干校的训练方针概括为六条，尽量淡化苏维埃的痕迹：1. 提高学生自动的精神；2. 养成学生自觉的纪律；3. 培养学生自治的能力；4. 实施集体教育；5. 实施战时生活，强调动员精神；6. 注意理论与实践的联系。他指出，这六条“训练方针，是以集体教育为中心的，即自动的精神，自觉的纪律和自治的能力，都是用集体教育培养出来的，战时生活和动员精神，都是透过集体教育体现出来的，而理论与实践的联系，则只有靠集体教育的伟大力量，才能够完成。因此，简言之，本校的训练方针只有一个，就是实施集体教育”①。

集体主义精神教育就是教导青少年团结友爱，彼此互助，正确对待并

---

① 杨东莼：《广西地方建设干部学校的自我介绍》，《建设研究》，1939，1（1）。

处理个人与集体，充分认识到个人只有在集体中、在社会中才有可能充分发挥多方面的才能，从而最终导致青少年树立为共产主义理想而奋斗的信念。在杨东莼的主持下，集体教育被贯彻到整个教育训练过程中，广西地干校内开始呈现出“互相帮助”、“团结友爱”、“互教共学”和“手拉手，一路走”的生动活泼局面。如马卡连柯在办理高尔基儿童教养院时所说：“风格和格调永远遭到教育‘理论’的白眼，然而这却是集体教育中一个最主要的部分”，“许多儿童机关所以会失败，就是因为他们里面没有形成一种风格，没有形成习惯和传统”。不论在他所作的报告中，还是在他亲自主持或参加的各种会议中，杨东莼都反复强调集体教育的重要性。担任教学工作的指导员在讲课中，小组指导员在指导小组训练工作中，也都认真贯彻执行集体教育这一指导方针。在集体教育的方针指导下，全校师生员工都坚持团结，反对分裂，鼓励进步，鞭挞倒退。集体主义的习惯和传统在逐渐养成。

1939 年，《救亡日报》的记者“海蓝”曾专访杨东莼。他认为，“干校的教育长杨东莼先生，是一位精明负责的教育家”。杨东莼满脸喜悦地向他讲述了干校开办四个月来的经验：

> 学生的政治认识已有很快的进步。生活亦由散漫变为有纪律，工作依旧保持高度的热情，这是四个月来进步的地方。但我觉得这进步还是不够的，还得努力来克服那些存在着的缺点，那就是我们所谓的三害：“自由主义”“个人主义”和“理想主义”的作风，就是无论工作和学习都只按着“兴趣”来进行；所谓个人主义作风，就是对社会国家的认识不够，缺少社会国家观念；所谓理想主义作风，就是离开了现实的目前，而虚讲理想，这点是比较年轻的人常常要犯的毛病。要除掉以上的三害，必须以严格的军事化来克服“自由主义”作风；以集体生活的精神来克服“个人主义”作风；以实际问题的了解与解决即以“接近实际，脚踏实际”来克服“理想主义”作风。今后并且现在已开始，我们全校一致的用最大的努力来灭除三害，以达到我们对干校的真正理想的实现，但这是很艰巨的工作，因此用怎样的方法来训练这些来自各种不同的生活方式和有着不等的知识水准的青年，成为我们负责训练的人目前主要的课题。在原则上，我们的训练方法，

是一般的训练和特殊的指导相辅着行。①

如同杨东莼所讲的，来干校受训的学生确实参差不齐，“初进来的时候，确是一支杂色军队：有些从乡下来的，有些从都市来的，有公务员，有参加过救亡团体的工作者”②，要把这样一支“杂色军”，变成富有战斗力的“正规军”，走向抗战救亡的第一战线，这就是杨东莼作为教育长担负的重要使命。他满怀信心地说：

干校所培植的干部，影响广西基层政治机构甚大。因此，学校当局，不论对在校或是校后的学生，同样的负责。学生训练工作既如此繁重，对学生对这个广西政治所负责任又如此重大，所以使我担负着整个重荷，日夜兢兢业业。全校同仁的一致努力，是足以自慰的，而我必须继续我最大的努力，务必不辜负广西当局甚至整个国家赋予我的责任。③

杨东莼认为，学校既是学生学习知识、掌握本领的场地，也是学做工作、增长才干的阵地，更是懂得生活、严守纪律的地方。他指出：“集体教育运用在学习、工作、生活三方面，便是集体学习、集体工作和集体生活。”这些观点与陶行知的三大生活教育原理——“生活即教育”、“社会即学校”、“教学做合一”有异曲同工之妙。可以说，杨东莼办广西地干校时的教育思想，充分吸收了生活教育理论与集体主义教育思想的精粹。

小组训练是这种集体主义训练方法的核心，即在小组指导员的指导下，以小组或基本小组的形式进行训练。它利用集体学习的形式，取长补短，互教共学，使理论知识和技术知识得到消化、理解。在杨东莼的领导下，师生经常讲“变学校教学计划为学生自己的学习计划”，逐渐把学习、工作、生活三者融为一体，并通过各种小组会进一步贯彻落实“集体教育”的方针。广西地干校的小组讨论很灵活，随讨论问题的性质分为三组。首先是“学习小组会”，这种会每周举行一次，目的在于深入理解、掌握有关

① 海蓝：《广西地方建设干部学校训练着农村的女干部》，《救亡日报》，1940-08-01。

② 广西壮族自治区妇女联合会：《广西妇女运动史》，广西民族出版社，1998：153。

③ 海蓝：《广西地方建设干部学校训练着农村的女干部》，《救亡日报》，1940-08-01。

课程的讲授内容。通过这种集体学习、集体讨论，学生加深了对课堂讲授内容的理解。其次是“工作小组会”，这种会的内容非常丰富，包括工作情况的估计，确定工作计划发动、执行、检查以及总结工作等全过程的训练；又包括作报告，归纳问题，得出结论，掌握会场技术的训练，还包括宣传技术与接近民众、处理政务与处理事务的训练等。再次是“生活小组会”，这种会主要讨论有关日常生活和检查本周生活纪律执行情况，这是一种商讨发扬优点克服缺点的方法。这些都是学生集体的自我教育的内容。为保证小组讨论这一环节取得成效，杨东莼亲自参加小组指导员会议听取意见，发现问题，进行分析教育，以提高小组指导员的政治水平和指导能力。

提到广西地干校的集体生活，1939 年 7 月 10 日，杨东莼在广西地干校第十五次纪念周对学生作报告时，对几个重要名词进行专门解释，其中讲述了“集体生活与平均主义”的区别。他以自己教育长的身份和普通学生进行了生动比较，诙谐幽默地说明集体主义并不是简单的平均主义，更不能拿平均主义来曲解集体主义。

> 我们学校是过集体生活的，但因此大家就把集体生活曲解为平均主义。什么叫做平均主义呢？如有的同学说：我们的伙食津贴只有七元，文具费抵得一元，你们的伙食又好，职员和官长拿的钱又多，这叫做不平均。又如教育长进城要坐汽车，我们就要走路，不平均的事多得很啦，还谈什么集体生活？你们这样的了解；拿平均主义去曲解集体生活，则天下不平的真是多得很了！我进城为什么要坐汽车呢？这并不是因为我是教育长我就可以坐汽车，而是因为我要计划全校的事，我的工作与几百人都有关，我的时间比你们的时间要宝贵，我不能不爱惜时间，不然我的工作便不能完成，影响到全校了。同学方面，一因为是个人的事情，二因为事情的本身就很简单，所以你们不能搭车。如说到薪水，我一个人每月拿一百六十元，和你们所领的津贴比较起来，是多了二十倍，这真奇怪！为什么当教育长每月就要拿一百六十元的薪水！要知道，你们每月八元津贴并不妨害你们的工作和学习，我就是三个一百六十元还不够，拿你们的社会关系和我比较，看谁复杂，恐怕我拿一百六十元还比不上你们八块钱的用处。所以把集体生活解释为一切都要平均，这是不正确的，集体生活是要减个人的

自私自利，养成好的生活习惯，却不是一切都要平均。①

在杨东莼的主持下，广西地干校变得类似于广西师专并进一步发展。广西地干校的指导员有很大一部分是广西师专的学生，广西师专的一些成功经验和优良传统在广西地干校得到了继续发扬。不同的是，广西师专的主要任务是培养中学师资，学习时间较长；广西地干校的任务是培训县以下乡镇一级的基层干部，属短期训练班性质。“校内的训练工作，在党的正确领导下，表现了相当成绩。”广西地干校在短时间内，很快形成了优良的校风，概括起来就是：艰苦朴素、节约崇俭的生活作风，勤奋紧张、生动活泼的学风，集体主义精神与民主生活的作风，理论与实践相结合的学风。

实事求是，一切从实际出发，理论联系实际，是马克思主义、毛泽东思想的精髓。在近30年的教育生涯中，杨东莼对此体会至深并付诸教育实践中。原《大公报》记者徐盈曾说：他（杨东莼）在各类活动中，特别是在学术活动中，都能大胆地（即使不够成熟）力图把马克思主义中国化。

杨东莼认为，中国过去教育的根本缺点，就是学非所用、用非所学，理论与实际不相联系。现代学校教育原系现代资本主义社会的产物，是适应于现代资本主义社会需要而建立起来的，中国是个半封建半殖民地国家，把它硬生生移植到古老的中国来，其结果自然是“橘生淮北则为枳”，不能适应社会需要。在“教育破产”的呼声中，也曾有过教育体制的改革，也有人提倡发展职业教育与生产教育，但仍旧是“换汤不换药”，因为以前是模仿日、德，后来不过是模仿美国罢了。

鉴于此，杨东莼强烈建议：教育应与本国的实际相结合，应该与所处的时代背景密切结合。例如在抗战时期，学校教育应该怎么办？杨东莼认为：首先应该把不必要的与抗战没有直接帮助的学校一律停办，由政府择定几个地区，开办几所与当前抗战有直接帮助的大学或专科学校，譬如医科大学、农科大学、工科大学、理科大学、交通大学以及抗日政治大学之类。对于中学则主张提高中学的政治教育，并按照战时需要，改革中学整个课程。不主张停办小学，小学须致力于让失学儿童享有受教育权，同时改造其性质。

杨东莼把广西地干校办得蒸蒸日上，为抗战与革命造就了大批人才。

---

① 杨东莼：《几个重要名词的解释》，《干部生活》，1939（1）。

广西地干校也被誉为“南方的抗大”、“江南的陕北公学”。毛泽东曾形象地说：他们是吃着国民党的饭，穿着国民党的衣，替共产党办事。一方面按照新桂系的办事要求来办学，一方面又执行了中国共产党在抗日战争时期的政治主张。因此，广西地干校是在抗日战争时期这个特定历史条件下，中共与国民党地方实力派——新桂系合作抗日的产物。它所任用的干部、教员大都是进步的、抗日的民主进步人士，其中有来自全国各地的知名人士和广西进步人士，有国民党人，也有共产党员，它不仅为新桂系培养了一批基层干部，同时也锻炼了一批进步青年，这些人在抗日战争、人民解放战争和新中国建设中都发挥了积极作用，作出了贡献①。

广西地方建设干部学校从 1939 年 4 月开学上课，到 1940 年底结束，“两年来的干校，总共举办训练 4 期，结业学生 1402 人；开办特别训练班 4 班，总共举办训练 7 期，现任村街长受训者，合计 4000 人左右；开办甲长训练班 3 期，受训甲长计约 300 人。其在编辑出版方面，计完成乡镇长训练用教材、乡镇村街长混合训练用教材、村街长训练用教材各 1 套，甲长训练用教材 2 套，建设干校旬刊 12 期，干部生活 12 期，广西基层建设应用法规汇编 5 册，征兵法令条文解释汇编 1 册，干部训练资料 10 册，两年来的干校 1 册，其他有关基层工作的丛刊约 20 册，总计在 1000 万字以上。其在设备方面，校舍可以容纳 2200 人，校具足供 1800 人之用。他如图书和卫生设备，亦甚完备。以上三项，系就有形的成果而言，此外如训练方法的改进，如工作主义作风的建立，如研究学习精神的高扬，则属于无形的成果”②，大大提高了基层干部队伍的素质。这些从干校毕业出来的学生，后来大多成为共产党员，在抗日战争、解放战争的一线作战，达到了办学的预期目的。

另外，从实际的教育投入与产出的社会效益的角度看，让杨东莼感到自豪的是：“至于经费方面，则干校于开办至结束两年间，用费总计 90 万元，惟特别训练班经费在外。90 万元之中，属于开办费者，如建筑校舍、购置校具、修筑马路及购置学生服装等，约支 20 万元；属于学生津贴费者，如伙食、文具、草鞋、薪炭及来校回籍旅费等，亦约支 20 万元；干部

① 钟文典：《二十世纪三十年代的广西》，广西师范大学出版社，1992：135。

② 杨东莼：《广西地方建设干部学校的自我批判》，《建设研究》，1940，4（4）。

学校同学会及民团周刊社合计约支5万元；学生实习及战地工作团（桂南战事发生，本校奉命组织战地工作团，抽调学生100人，赴桂南前线工作），合计约支3万元；赴渝受训旅费及各员视察费合计约支1万元；医药及图书合计约支3万元；共余36万元，则为员工薪饷、印刷、灯油、薪炭、文具纸张等费。拿工作成果和经费支出来比较，我们虽不敢说到了‘开支少收效大的合理的原则’，但至少是没有浪费，这一点也是值得特别予以指出的。”①

“广西地方建设干部学校，不单在广西是一个奇迹，而且也是中国在急剧进步的抗战时代才能产生的。”② 而奇迹中的奇迹，当属训练基层妇女干部。1939年6月28日，奉广西当局要求，广西地干校自第二期起每期招收女生144名，编为一个女生中队，其训练总方针与男生相同。中队小组指导员有中共党员曹国智、进步人士徐惠规等8人。

“在过去，一般的大中学校所训练的女生，大部分都未能真正深入农村。而干校施行新的方法来训练真正能深入农村的妇女干部，这是广西的一个创举。”③ 杨东莼有必要对干校训练女生的目标作说明：

> 要组织农村妇女，需要的是精干的干部，运用这些干部，散布到农村去，从事成人教育，儿童教育，合作事业，卫生事业，透过这种种事业来组训广大的乡村妇女；所以这些妇女干部，是将各种事业作为桥梁，而以达到组训乡村妇女为目的。这是干校训练女生的整个方针。④

在这个总目标的前提下，根据干校的“六条”方针，杨东莼针对女生的特点，确立了几个原则：第一，强调政治训练培养女生浓厚的政治兴趣。第二，强调服务的精神，养成独立生活的能力。第三，强调理智的判断能力，指示待人处世的态度。第四，强调刻苦耐劳的生活。这四个原则的确立，都是针对传统社会的束缚给妇女带来的一般缺点。

① 杨东莼：《广西地方建设干部学校的自我批判》，《建设研究》，1940，4（4）。

② 海蓝：《广西地方建设干部学校训练着农村的女干部》，《救亡日报》，1940-08-01。

③ 海蓝：《广西地方建设干部学校训练着农村的女干部》，《救亡日报》，1940-08-01。

④ 海蓝：《广西地方建设干部学校训练着农村的女干部》，《救亡日报》，1940-08-01。

在杨东莼要求下，“女生的训练内容与男生差不多一样，政治科目是共同的，不过为了工作的需要，乡村教育卫生知识，合作事业的钟点多了一些，同时另外增加了国文历史地理，是为了补充女生的基本常识。组织活动的训练，也是统一的，小组的编制、生活竞进会的活动、歌咏戏剧漫画的训练都是共同的，不过小组讨论有一部分关于妇女问题的讨论，课外阅读有一部分关于妇女问题的书籍。至于军事训练女生最初只有军事管理，没有军事训练，南路战事发动以后，女生才增加了军事科目。持枪教练夜间演习都有”①。

这样的女生训练取得了预期效果。女生中队队长曹国智在广西地干校结束办学时，曾应杨东莼的要求做过工作总结：“一百多个不同程度不同个性的女生，经过将近七个月的训练，究竟训练的成果在什么地方呢？这不论在政治认识文化水准，生活习惯各方面，如果和最初入学情形对比起来，那是显然有了很大的进步。”②

以政治认识为例，1940 年 11 月 11 日，在广西地方建设干部学校庆祝湘北大捷暨纪念国庆的大会上，杨东莼以教育长的身份发起“突破一万元”寒衣运动的号召。“干校第二期招收的女生队，首先挺身起来响应，在学校生活竞进会的领导下，开始踊跃热烈地献捐，组织洗衣队、义卖队来进行捐款的竞赛，以妇女的姿态向各队挑战，进行宣传鼓动工作，感奋得人人流下泪来，该连队三十多岁的女工友，在她们竞赛的大会上，也慷慨地捐出了五块大洋。”③

另外，以生活方面为例，“七个月来的训练改变了女同学旧有散漫的、凌乱的、自私自利的萎靡不振的旧式女性的生活，养成了紧张振奋的集体生活，锻炼了刻苦耐劳的战时生活，女生初入校时，真是表现了形形色色的生活形态，就拿服饰一项来讲，初来时很多都穿着红红绿绿，所以，军服发下时，大家感到又脏又臭不合身，十分不愿意穿，长头发也不愿意剪，

---

① 广西壮族自治区妇女联合会：《广西妇女运动史》，广西民族出版社，1998：164。

② 广西壮族自治区妇女联合会：《广西妇女运动史》，广西民族出版社，1998：168。

③ 海蓝：《广西地方建设干部学校训练着农村的女干部》，《救亡日报》，1940-08-01。

对于集合升旗开小组会的生活也都不习惯，部队的饭一个洋铁盒，黄豆白菜各一格，更是十分吃不惯，由于军事管理与训练的实施，由于集体生活的训练，由于劳动服务的联系，她们的生活有了很大改变，像每次到大河圩搬运柴火，从十中队搬家到白面山，以及筑路植树每一次的运动，她们都能很愉快地担任，很多能都挑一担柴火，挑上自己所有的衣箱书籍，挖土、担石头，都不比男生落后，参加战工团的女生，表现得更刻苦，她们走过几百里的路程，爬过最艰难的隆山坳，一天没有饭吃，没有水喝，几夜没有睡觉，仍是跟着队伍走，脚底起泡破烂了，仍是没有倦容地走，在任何艰苦的情形下，她们没有流过泪，没有叫苦，她们明白‘新中国的女青年是要能吃苦耐劳的’，在桂南前线的一个多月，充分证明了她们的生活习惯是的确能够刻苦耐劳的”①。

杨东莼带领广西地干校的教职员和学生，摸索出了战时干部教育的成功路径，并开展了许多独创活动，女生中队取得的成绩只是其中的一个投影，也是广西师专训练女生方法的延续。生机勃勃的广西地干校引起了人们的注意，产生的社会影响很大，当时的“伤病之友社”工作队、“新安旅行团”、桂林师范师生、衡阳师范师生、江苏教育学院师生等社会团体也纷纷来到干校参观访问。

政治就好比罩在教育头上漂浮的云朵，时而晴空白云，时而黑云压城。任何一个聪明的教育家，都会时刻不忘看看政治的晴雨表，杨东莼也不例外。广西师专的前车之鉴，使杨东莼对桂系的投机善变始终有所警惕。当湖南发生“平江惨案”后，他就注意到要作最坏的打算，准备撤退干部。1940 年 4 月，石西民从皖南新四军去重庆，路过桂林，杨东莼请他为干校指导员作报告，主要介绍当时国民党顽固派搞反共、投降的阴谋活动。报告的目的，在于引起大家提高政治警惕。

自抗日战争进入相持阶段之后，大约 6 月间，国内政治形势开始逆转，已处在国民党第二次反共高潮前夕，白崇禧被蒋介石的打、拉政策所折服，这个学校因为政治倾向太明显，受到了各方的注意。桂林的政治形势急转直下，杨东莼的行动受到特务的监视，混入广西地干校的特务不断向白崇

① 广西壮族自治区妇女联合会：《广西妇女运动史》，广西民族出版社，1998：170。

禧告密，说广西地干校成了共产党的窝点、大本营。白崇禧接到密报之后，立即指使黄旭初排查。黄接到上方指令，心里十分焦急，这位挂名校长，从此频繁出入广西地干校，不是找人“谈话”，就是集合学员“训话”。

乌云正在桂林的上空翻滚，政治形势继续恶化。杨东莼意识到干校已办不下去。他找到李克农，汇报自己的想法，经李克农批准，1940 年 5 月，他向黄旭初提出辞呈。对于杨东莼的辞职，黄旭初自然心里明白原由。6 月 15 日，黄旭初以广西省政府的名义，批准杨东莼的辞职，要他改任省政府参议，到各县视察县政。同时，下令广西地干校由张健甫代理教育长，广西地干校于年底结束办学。在这种严峻形势下，杨东莼只好接受安排，借考察广西基层干部的名义到桂南、桂中调研。

在主持广西地干校期间，杨东莼很重视宣传和总结工作。他领导编印了《干部生活》杂志，在《广西日报》出刊《新干部》周刊。杨东莼辞职之后，仍把注意力放在广西地干校的结束工作上，为它做了以下几件工作：

第一，对广西地干校的工作进行了总结。广西地干校是在中国共产党领导下按照党的指示进行工作的学校，在革命史上留下了它的足迹。基于这个考虑，杨东莼提出要把它从诞生到结束所经历的整个过程全面系统地记载下来，编写一部《两年来的干校》。这个很有深远意义的建议得到了广西地干校老师们的赞成。

他指定周钢鸣与训练股长张海鳌负责编辑《两年来的干校》一书。张海鳌也是一名中共老党员，教育经验很丰富，从广西地干校的筹备到办理结束，一直在校工作，身历其境。参加撰写该书的其他人员，不是中共党员就是进步分子。该书对广西地干校的沿革、组织、体制、训练、施政方针、工作方法、成绩、经验教训、大事记等都有详细记载和总结。对此，杨东莼倾注全力，反复审阅推敲，并将撰写的《两年来干校的自我

1940 年底，杨东莼编著的《致基层干部的十封信》和《两年来的干校》

批判》一文置于卷首。该书为16开本，全书90万余字，是研究抗战时期广西教育最珍贵的资料。

第二，关注广西地干校的结束工作。他在隐居地秘密地邀请该校骨干、中共秘密党员谈话，共同分析形势，研究对策，然后作出部署。同时提醒他们，注意形势变化，预防可能发生的事情，做好应急准备。

第三，有分别有步骤地撤退中共党员和进步分子。为了做到万无一失，他与中共党组织反复学习中共中央《关于在国民党统治区保存党员干部的指示》，认真贯彻“荫蔽精干，长期埋伏，积蓄力量，以待时机，反对急性和暴露”的白区工作方针。对广西地干校的中共党员采取三步走的方案：第一步，立即撤离一线党员（即已暴露身份的中共党员）；第二步，准备撤退二、三线的中共党员（即可能暴露的中共党员）；第三步，对未暴露的中共党员，则继续隐蔽留在桂林。

经过一番部署之后，一部分党员转移到新四军；一部分撤往他省；一部分被派往广西的平桂、邕宁、浔梧、庆柳等地；一部分继续隐蔽在桂林，作长期埋伏，等待时机。在转移和撤退中，杨东莼在经济上给予了他们很大的支助，共借用广西地干校两千多元。以他每月160元工资，显然是无力归还的，只好报告黄旭初，说外来的工作人员很穷，他们走的时候每人开支一点路费，请批准在“特别费用”内报销，黄旭初点头答应了。

四、引发国民中学之争

抗战爆发后，国民政府颁布抗战建国纲领，以“战时当作平时看”为教育方针。中学实行的初、高中各三年的“三三制”不能适应战时要求，同时暴露出了民众缺乏勇武品格训练、学生缺乏生产和服务训练、学校不能与地方需要密切配合等特点①。于是，国民中学被普遍创设，以广西为例，1937年，国民中学由原来的学校3所、学生674人，猛增至学校32所、学生4254人。一年间，校数增加9倍多，学生增加近6倍。1941年，国民中学已有43所，学生达8553人②。“二二制”的国民中学原本是为弥

① 李森：《国民中学创立之回顾与前瞻》，《广西教育研究》，1942，3（2）。

② 黄旭初：《广西国民中学的由来及其发展》，《国民中学教育论丛》第1辑，南宁图书供应社，1948。

补前面所述的“三三制”弊端，反对以升学为唯一目的，主张与地方建设需要相配合，从广西的实际情形看，一方面符合了广西桂系当局大搞“模范省”的需要，但另一方面这又与通行的学制相冲突，暴露出很多问题。

1938年8月，广西全省中等学校校长会议在桂林召开，与会者大多认为，国民中学存在以下几个缺点：社会及业内人士对其尚欠充分了解与推行热忱；未能与地方行政、建设机构及事业相配合；与他种中等学校关系未明，且不相衔接；课程标准未能详细厘订，教材及课本大部临时凑合，不切实用；劳作教育内容空虚，生产训练未加重视；师资不足；经费与设备等物资方面均有欠缺；未能顾及国民中学应充分社会化而成为一县文化与建设中心之旨；研究与实验机关尚付阙如①。

这次会议以后，由于对国民中学的认识，尤其是对于国民中学的目标与任务还不明确，广西教育界开始了广泛的讨论。随着日军侵犯西南，“广西教育通讯半月刊，为响应保卫西南运动，于二十九年元旦，出版保卫西南专号，号召本省教育界同志，对本省教育制度，作一适切的讨论和贡献，以树立正确的教育制度，使能直接间接尽其保卫西南的伟大任务”②，最先加入这场论战的，是杨东莼。

1940年初，杨东莼在《广西教育通讯》的“保卫西南专号”上发表了文章《国民中学与地方干部学校的联系问题》。他敏锐地认识到，教育界对“国中”的目的任务理解，存在歧异，“仁者见仁，智者见智”，未有共识。“有的想把国民中学作为失学青年的收容所，有的想把国民中学成为变相的师范学校，有的又想把它成为职业学校，或一县的文化中心机构。始终得不到一个共同的认识。虽则是办了好几年，大家还有点莫名其妙。因此最近省政府又委托江苏省立教育学院从事研究改进。从这里可以想到如何去把握国民中学的目的和任务，是值得我们注意的一个问题。”③

另外，他指出了广西教育制度中存在的混乱状态，“本省在中等教育方

① 《广西省中等学校校长会议录》，广西省政府教育厅辑，1939：62。

② 杨东莼：《国民中学与地方干部学校的联系问题》，《广西教育通讯》，1940，1（9-10）。

③ 杨东莼：《国民中学与地方干部学校的联系问题》，《广西教育通讯》，1940，1（9-10）。

面，是主张普通初中、国中、师范学校、职业学校各自一系统，分轨并进的，所以各区师范学校逐渐设立，高初级职业学校，亦正在筹备增设中，故以职业训练为中心的后期国民中学，实无举办之必要。后期国民中学所以迟迟不举办的关键亦即在此。因此，自成一轨的国民中学制度，事实上已经脱了轨。国民中学前期结业学生，年岁尚轻，难以应付实际工作；升学又只限于职业训练（师范科）。因之，国中结业学生，已苦于升学机会过少，在校时又未得受充分基层干部训练，担任基层干部工作，亦力有未逮。所以，如何使脱轨之国民中学前期班，设法使其接轨，使学生能受此较完善的继续教育，就是值得我们注意的第二个问题”①。

他认为，对于“国中”的目的和任务以及产生的问题应当辩证客观地看待和解决，“应该把国民中学从积极方面去理解，不应只从消极方面去理解。即是说，我们不应该把国民中学单纯看作是对六六三制的普通中学的反动、作为解决青年读书问题的一个普通教育机关，或把它看作普通中学的附庸和普通职业训练的准备学校，而应该切实把握广西建设计划大纲草案中所给予它的新的内容，新的任务，和它特有的性格。即是说，国民中学，应该是基层干部训练机关重要的环节，它是训练本县所需要之村街长，乡村公所职员，基础及中心学校教师，合作社职员，农林人员，壮丁训练干部等的训练机关。只有这样去把握国民中学的内容，去理解它的积极性，国民中学，才会充实，才会有前途”②。

明确了“国中”在广西存在的价值，他进一步阐明了广西地方建设干部学校和国民中学的关系，“他要和国民中学，有很好的联系，切实衔接，构成一本省基层干部训练的完整系统。前者不论在学制上，课程内容上，训练的方法上，都应该是衔接和融合的一套”。“应该这样看，即国民中学，是乡村工作最基层干部的训练机构，而建设干校，却是乡镇长训练机构，是干部的继续教育场所。国中和干校，只是培育干部的一个过程两个阶段。”③

① 杨东莼：《国民中学与地方干部学校的联系问题》，《广西教育通讯》，1940，1（9-10）。

② 杨东莼：《国民中学与地方干部学校的联系问题》，《广西教育通讯》，1940，1（9-10）。

③ 杨东莼：《国民中学与地方干部学校的联系问题》，《广西教育通讯》，1940，1（9-10）。

通过学制、课程、训练方法上的衔接，“建设干校，便成功了基层训练的总机构，一切基层干部，均透过建设干校，便可收训练统一之效”①。

这篇文章和杨东莼以往的一些教育类文章比较，除了共同使用唯物主义辩证法观点分析问题外，更是旗帜鲜明地为他主持的广西地干校“说话”。也许正是因为这一点，刊发杨东莼这篇文章的《广西教育通讯》，在“编后的话”中肯定其观点的同时，也提出了批评，认为杨东莼对于“国中”的性质及任务的理解，局限于一个狭义的基层干部训练机关，“而忘了国中重要的‘便于继续国民基础教育，提高民族文化水准’一个任务”②。

由杨东莼引发的“国中”目标和任务的讨论，同时转变为“国中”路向争论，甚至因为政治因素的渗透，分野成不同派别，有唐现之为代表的取消派，有秦柳方为代表的改进派等。

1940年11月5日至22日，广西省召开第一届临时参议会第四次会议。因为国民中学本身存在的诸多弊病，加上新桂系内部临时参议会与省政府矛盾的激化，大会通过了《请撤销全省国民中学，改为普通中学或职业学校》的提案。理由是唐现之提出的：“查国民中学为本省特创，察其内容，上不足以升学，以成深造之材，下不足言应世……故应者寥寥，无法造就，徒浪费时间，虚耗金钱而已。”③

同时，曾任广西地方建设干部学校教务长的秦柳方发表《国民中学的路向问题》一文，从广西社会经济不发达，及整个广西建设要求的实际出发，他认为国民中学“有特殊的任务”，反对“以国民中学代替全省中等学校，甚至批准以改造全国中等教育制度的口号”④。他的分析方法与结论基本上与杨东莼一致。

五、指导《救亡日报》安全撤离

《救亡日报》于1937年8月24日在上海创刊，是上海文艺界救亡协会的机关报，社长郭沫若，总编夏衍，林林是他们的助手。同年11月22日在

---

① 杨东莼：《国民中学与地方干部学校的联系问题》，《广西教育通讯》，1940，1（9-10）。

② 《编后的话》，《广西教育通讯》，1940，1（9-10）。

③ 唐现之：《我对于国民中学的意见》，《广西教育研究》，1940，3（5）。

④ 秦柳方：《国民中学的路向问题》，《建设研究》，1940，4（4）。

上海沦陷前迁往广州，1938 年 1 月 1 日在桂林复刊，社长仍是郭沫若，总编辑仍是夏衍。2 月 1 日，《救亡日报》开办的战时新闻讲习班开学后，每晚 6 时至 9 时，由杨东莼及其他文化新闻界人士范长江、陆诒、夏衍等讲课。

《救亡日报》的采编部主任曾是周钢鸣，后来被调到广西地干校任教育长办公室的秘书，负责杨东莼与李克农之间的联络。《救亡日报》也曾为杨东莼主持的广西地干校作了多次报道，使它在文艺界和青年学生中产生了广泛的影响。

《救亡日报》在广西桂林复刊时遇到多重困窘，特别是“人生地疏”而又赤手空拳，要在物价飞涨的情况下办起一张报来，经费问题很是棘手。桂林的八路军办事处不可能供给这笔经费，即使有钱，办事处“津贴救亡日报”这句话一传出去，这张以文化界统一战线为标志的报纸也就会被反动派叫成伪装党报。出路在哪儿？杨东莼和李任仁共同商量提出，只要是以郭沫若的名义向李宗仁申请，一定数目的津贴是可能获得的。恰巧，在周恩来途经桂林去新四军时，曾和郭沫若见过李宗仁、白崇禧，谈到了《救亡日报》即将在桂林复刊，并希望得到他们的协助。据说，李宗仁、白崇禧表示“欢迎”，而且答应补助二百元作为开办费用。

广西地干校的校址在白面山上，与尧山相对。《救亡日报》的建国印刷厂也在这座山下。尽管与广西地干校毗邻，但林林那时和杨东莼还没有直接接触。他们正式开始接触，是在国民党掀起反共高潮时。那时，他们的处境都不好。

抗日战争期间，周恩来和叶剑英在桂林

“皖南事变”后，周恩来在《新华日报》上发表了“千古奇冤，江南一叶；同室操戈，相煎何急”的抗议檄文。桂林情势日益恶化。八路军桂林办事处被迫撤销。李克农要夏衍和范长江先离开桂林去香港。在八路军办事处结束工作，冒险离开桂林前，李克农对林林①说：“《救亡日报》在什么时候停刊，可问杨

① 时任中共《救亡日报》支部书记。

东莼，他能够掌握政治气候。”

林林听到这话，觉得有了一个靠山，心里踏实多了。1941 年 2 月，桂林的政治形势变得更为险恶，军警接连在天刚黑时气势汹汹地搜查了生活书店，并限三天内停止营业。过了些天，杨东莼通过秘密渠道，把林林约到他家去，对他说：“看来《救亡日报》到了停刊的时候了，否则情况会更不好。”林林则问道：“终刊号骂不骂人?”“不骂也罢，留有余地。”杨东莼思考片刻后回答说。林林听从了杨东莼的建议，只在 1941 年 2 月 28 日副刊《文化岗位》上写了二百字的“岗语”，题为《醒眼看醉人》，隐约回敬了暴徒。

救亡日報

用持久抗戰來紀念總理！

《救亡日报》于 1937 年 8 月 24 日创刊，是中国上海文化界救亡协会的机关报，郭沫若任社长，林林担任实际编辑主任

这一天，《救亡日报》在桂林出版了最后一张报纸。报社印刷厂的机器及其他物资，全部交给杨东莼负责的广西地干校印刷厂。杨东莼指示广西地干校印刷厂的屠天侠支付了一笔酬金，购买这批设备物资，作为报社同仁的疏散费。《救亡日报》的骨干分子分几批撤退到香港，其中林林和廖沫沙、张敏思最后一批离开桂林，背着简单的包袱，靠着两条腿往南走，每天行程约八九十里。他们到过许多小城镇，住过不少小客栈。杨东莼则从行营主任李济深那边给他们开路，确保他们一路平安，最终安全抵达香港。

六、筹办文化供应社

抗战初期，一大批文化人和作家云集桂林。1939 年夏，杨东莼与胡愈之、沈钧儒、李任仁、千家驹等二十余人联名正式发起，倡议集资成立文化供应社股份有限公司，并推胡愈之、陈邵先、陈此生为筹备人。这一年的8月1日，文化供应社在桂林的施家园成立了筹备处，并于1939年10月22日正式成立。

要站得住脚，出版方针就不得不稳重一点，在组织上就不能搞清一色。成员以进步文化人为主，也联合了广西地方当局的一部分民主力量，董事长为李任仁，社长和秘书（相当于经理）分别由陈邵先、陈此生担任，他们都是广西地方进步的民主人士，支持进步文化事业，而编辑出版权则掌握在共产党员和进步文化人手里，编辑部主任是胡愈之。

文化供应社编辑部在胡愈之等的主持下，确定以密切配合抗战宣传，推进通俗教育文化运动，编印大众读物为中心，兼及抗战必需的工具书，以后逐步扩充编印少年读物、青年读物和学术图书。其中，杨东莼主编的《文化月刊》是文化供应社出版的四大刊物之一，是涉及政治经济历史哲学文化的综合性的大型学术刊物，写稿的多为一些知名的进步文化人如李达等，宣传进步的学术思想。

在抗日战争初期，国民党右派就提倡“一个党，一个主义，一个领袖”，为蒋介石实行法西斯独裁大造舆论。为了结束国民党一党专政的局面，1939年9月国民党参政会第四次会议，经过中国共产党和各党派民主人士的提议，通过了要求国民党政府明令定期召集国民大会实行宪政的决议。1940年2月延安成立了各界宪政促进会。毛主席在成立大会上致词说：“我们今天开这个会很好，会后还要写文章，发通电，并且要在五台山、太行山、华北、华中，全国各地，到处去开这样的会。”李任仁对国民党反共顽固派实行法西斯统治，深恶痛绝，他以国民党中央委员、广西省临时参议会议长的地位，响应中共倡议，联系文化界进步人士，酝酿成立广西省宪政协进会（为了避免顽固派攻击与延安一模一样，不成为促进会而成为协进会），当时桂系与“中央”还存在控制与反控制的斗争，白崇禧也默许了李任仁的活动。

广西宪政协进会于1940年5月28日在桂林乐群社举行成立大会。杨东莼参加了成立大会，会议由李任仁亲自主持，通过了会议的章程和成立大会宣言。宣言是经过杨东莼与张志让、陈邵先、陈此生等反复修改、推敲，最后由李任仁定稿并经白崇禧过目的。大会宣言中郑重指出，它的宗旨是在“唤起民众，协助政府，推进制宪行宪的工作”；同时郑重指出：“现在距国民大会召集日期，不过五个余月，宪法为政府与人民共同信守的根本大法，宪政为民有民治民享的政治，要使宪法内容完满，宪政推行顺利，则在制定宪法的过程中，必须尽量使人民发表意见，参加意见。尽量容纳广大民众的希望与要求，而不致成为一纸具文。”① 宣言反映了广西统一战线在争取民主和自由、争取实现新民主主义的宪政的斗争中所起的宝贵作用。

广西宪政协进会成立大会选举李任仁、白鹏飞、黄同仇、陈邵先、马南武、胡愈之、杨东莼、陈纯粹、万民一等29人任理事。其中杨东莼与谢和赓、张铁生是共产党员，李任仁、陈邵先、万仲文、陈此生、朱尧元是国民党民左派，张志让、胡愈之是著名的文化界进步人士，白鹏飞是富有强烈正义感的无党派人士，其他许多人在当时是中间势力，只有少数人如黄同仇（国民党广西省党部常委）、陈纯粹（中央社桂林分社主任）是顽固派。这个名单体现了共产党的依靠进步势力、团结中间势力、孤立顽固势力的方针，这也可以看出当时政治斗争局势的复杂和艰巨。在不同政治势力如同蜘蛛网错综交织的广西，杨东莼既是一名深思熟虑、老成练达的地下中共党员，又是一位博学广闻的学者，对“桂林文化城”政治空气的微妙变化，有着超乎常人的敏锐嗅觉，在复杂的环境局势中做到了游刃有余、进退自如。

廣西憲政協進會成立大會宣言

登在《广西日报》上的《广西宪政协进会成立大会宣言》

重庆的《新华日报》、《广西日报》作为新闻全文刊登了长达四千字的广西宪政协进会成立大会宣言和理事会理事名单。尽管宣言的主张根据的是孙中山先生的遗教和国民党的政纲，是合情合理的。但国民党特务认为它的矛头是对准蒋介石的法西斯独裁、对准国民党一党专政的。不久重庆国民党中央党部致电国民党广西省党部令饬取缔广西宪政协进会的活动。

① 1940年6月8日重庆《全民抗战》周刊第126期，署名韬奋。

在桂林的救国会成员，一直定期集会，每隔一两个月在桂林南路天然酒家楼上叙餐一次，杨东莼与夏衍、胡愈之、范长江、千家驹、田汉、萨空了等经常参加，李克农也曾参加过这个叙餐会。1939 年沈钧儒到桂林时也参加过。

杨东莼通过与他们的叙谈，互通抗战形势、斗争任务的消息，交换意见。杨东莼还撰写了不少激励抗战的文章，如他撰写了文章《一人当两人用》，为抗战出谋划策。这篇言简意赅的文章被《国民公论》杂志开辟的“两年来参加抗战工作的个人经验与教训”专栏选登。

《一人当两人用》

一、抗战建国并进，是真理，也是事实。但不论是争取抗战胜利也好，完成建国伟业也好，都是最艰苦的过程，都需要人来做。

二、因此，我深深感到“一钱当两钱用”、“一天当两天用”、“一人当两人用”的重要，也深深感到最合理最有效的方法的重要。

三、在我们这一切都落后的国度里，我们要迎头赶上，便只有这样做。

四、可是抗战两年来的今日，我们还不曾完全做到这一步，所以我们表现出来的进步也就缓慢得很。

五、从今年七七纪念起，我们希望能够完全做到这一步，来完成抗战建国的伟业。①

杨东莼自加入救国会就一直与救国会主席沈钧儒保持密切联系，经常书信往来。

杨东莼致沈钧儒函

（1940 年 1 月 18 日自桂林寄往重庆）

衡山前辈先生赐鉴：

长沙别后，未通函问，至以为歉！

① 杨东莼：《一人当两人用》，《国民公论》，1939，2（1）。

莼于去年十月底送眷抵桂，十一月十三日返湘，仍欲在湘寻找适当工作，讵知行抵南岳，而长沙即告大火。其时情况不明，交通阻塞，迫不得已折回桂林。十二月初旬，桂林行营开始筹备，白健生[①]先生有意以秘书处主任一职请愈之兄担任，而任莼为秘书。其时愈之兄以自己种种经手事件未了，婉辞不就。而愈之兄亦旋即飞渝。上月中旬，广西省府为适应战时需要，充实基层建设，又决定开办地方建设干部学校，并托莼拟具组织大纲及训练计划。莼所拟之件，旋经省务会议通过，主席并以教育长一职征求莼之同意（校长主席兼任，校务全由教育长负责）。莼再三思考，并与在桂诸友会商，结果决定担任。现一切正在筹备中，并定三月一日开学。以上系莼四个月来之情形，知关锦注，故详加陈述。再者，此次工作关系前途甚大，莼自当加倍努力，以期不负诸友之关切。惟事属创举，工作匪易，先生经验丰富，尚希不遗在远，时赐指示，俾有遵循，则希甚矣。

再者，学校尚需指导员数位，烦先生与愈之兄商量，妥为介绍。其条件如下：（一）中国近代史指导员一位，以对中国革命问题有正确认识而又热诚参加抗战工作者为合格，月薪国币一百元；（二）政治经济学指导员一位，待遇同上；（三）小组指导员三位至五位，以政治认识清楚、富于工作经验而又能与学生共同生活者为合格，月薪六十元至八十元。

愈之兄曾来电，云杜重远先生拟请莼赴新担任教育工作，并付来旅费，嘱莼即日飞渝。其时以飞机客票售完而广西工作又有约在先，致未能遵嘱赴渝。莼对新疆工作感到最大兴趣，且三年以来，均有赴新之念，此次不能实现，心中十分不安。先生有便，尚望转告杜先生，以后如有机会，仍愿追随工作，并代莼表示歉意。

抗建协会工作最近发展如何？此间诸友甚为佳念，并盼能趁此时机取得公开合法地位。高见如何？甚愿拜闻！专此。敬叩大安！

在渝诸友未另。

后学　杨东莼　手奏

一月十八日

---

① 即白崇禧，抗战期间任国民党军事委员会副参谋总长、桂林行营主任。

杜重远早年曾留学日本，“九一八”事变后，积极投入抗日救亡，曾以记者身份在湖南、湖北、四川、江西、上海等地活动，在上海结识沈钧儒、邹韬奋、胡愈之等人，并任《生活》周刊的主要撰稿人。抗战爆发后，杜重远为抗日军队筹集武器弹药以及物资，并经常访问八路军太原办事处、八路军西安办事处，先后会见周恩来等中共中央领导人。1938 年，在武汉征得周恩来同意后，应当时非常亲苏的新疆省政府主席盛世才之邀，举家迁往新疆，于 1939 年 1 月任新疆学院院长。

杨东莼的这封信表明，杜重远曾诚恳邀请他赴新疆工作，并且杨东莼自己也曾有意愿去新疆，但是广西地方建设干部学校有约在先，加上机票已经售完，所以无法抵达四川一同前往新疆。很难猜测，如果当时广西没有聘请杨东莼，他是否会追随杜重远去新疆学院工作？如果他在新疆学院任教会是怎样的局面？

1941 年底，苏德战争爆发后，盛世才料想苏联的处境自身难保，绝不会出兵援助新疆，加之蒋介石步步紧逼，盛世才出于对多方政治局势发生变化的考虑，放弃了讨好苏联，而转向走上了投靠蒋介石的道路。在这种复杂的政治背景下，进步人士杜重远被盛世才停职、软禁。1941 年 5 月 8 日，他被盛世才逮捕，并被以所谓“汉奸”、“阴谋暴动”罪名长期关押，受酷刑折磨。1943 年 9 月某晚被秘密杀害。

历史没有假设，今天人们常说性格决定命运，确实有一定合理因素，但放在那个残酷的战争革命环境，似乎时代环境也同样铸造了人们的性格。杨东莼选择了广西，主要因为他是中共地下党员，在第二次国共合作开始后，李宗仁和白崇禧同意中共在桂林设立八路军办事处，他接受了办事处主任李克农转达周恩来的指示，以合法公开的身份，担任广西地方建设干部学校教育长，更好培植抗战与革命的进步力量。

广西的政治局势与新疆有所不同，杨东莼曾说道：

> 由于广西桂系同蒋介石之间存在一定的矛盾，因此我们利用这个矛盾做广西上层人物的工作，团结抗日。广西的开明人士李任仁和陈此生是救国会、左派，当时通过他们两人把进步文化人安排到他们的机构里去，其中一个就是广西地方建设干部学校。还有广西建设研究会的文化供应社，胡愈之就是文化供应社的主任编辑，广西也故意拉这些人发展自己的势力，吓唬蒋介石，我的势力大了，我多进步抗日！

你还敢搞我……其实他们抗日是假的，不过借抗日保全、扩大自己的实力，第三次反共高潮前后就有变化了，有谣言说广西要依靠蒋介石，从财政上非靠他不可，政治上也就逐步倾向他了。不过后来广西对进步人士还讲文明，不逮捕人，请桂林八路军办事处撤退。到了1941年形势逐步恶化，李克农遂率八路军办事处撤走了。①

桂林的抗战文化运动是一波三折的，1938年10月，广州、武汉失陷之后，大批文化人与民主人士相继涌入桂林，使桂林的抗战文化运动步入一个高潮，原因除了当时李宗仁、白崇禧、黄旭初的态度比较开明之外，还有一个原因就是在文化、新闻、出版、文艺等方面，广西的进步力量都已经有了相当可观的基础。

11月28日上午，日本反战作家鹿地亘及其夫人池田幸子等一大批人，从衡阳抵达桂林。下午，李任仁以广西建设研究会的名义，在乐群社西餐厅举行了盛大的欢迎宴会，将桂林的文化名人都请去参加，如巴金、胡愈之、陶行知、杨东莼等，共50多人。会上，李任仁致词，表示热烈欢迎。从此，李任仁成了包括杨东莼在内的进步人士的莫逆之交。正如千家驹所说："凡是到过广西的进步朋友，没有一个不认识重毅（即李任仁）先生，没有一个不得到他的关怀。"他的老家在临桂县会仙，距桂林城几十公里，杨东莼同许多进步教授一起被邀请到他家里做客，彼此成为至交。

1939年是桂林文化界最活跃的一年，时事报告、学术报告会、文艺座谈会、诗歌朗诵会、新闻讲习会等，非常热烈。《广西日报》也组织了时事座谈会，请杨东莼和李四光讲话。李四光在乐群社作了一次对群众的学术讲话《山是怎样形成的?》。千家驹也多次作了关于经济财政问题的演讲。胡愈之带病讲演，几乎晕倒，在听众的扶持下，躺在讲坛地板上，休息片刻，仍继续讲完。我们可以想象这样的场景。杨东莼的演讲天赋在桂林文化城放出了异彩光芒。在桂林期间，杨东莼应桂林国际新闻社的邀请撰写专论。同时，一家"中间偏左"姿态的民营报纸《力报》② 特约写过一些

① 杨东莼：《忆"广西地干校"》，冷德慧、毛国斌：《八路军桂林办事处》，广西人民出版社，1990：187。

② 《力报》，1939年秋开始筹备，1940年3月10日正式出版，日出对开一张，张稚琴任总经理。

专论。

11 月 16 日，中午 12 时，杨东莼参与了日本反战同盟负责人、著名作家鹿地亘在乐群社举行的茶会，会上共有新闻、文艺界人士 40 多人，茶会介绍在华日本人民反战同盟西南支部的组织、工作等情况。

杨东莼还参加了以广西文化界元老李任仁为主任的颇有声势的“广西建设研究会”。这个组织表面上是一个学术研究团体，实际上不仅是桂系对外炫耀进步的一块金字招牌和各方政治势力联系的纽带，而且是李宗仁、白崇禧、黄旭初的一个最有利的智囊团体。会长是李宗仁，副会长是白崇禧、黄旭初，常务主任是李任仁（白崇禧的老师），委员包括杨东莼、李四光、李达、胡愈之、欧阳予倩、张志让、千家驹、范长江等知名人士，可谓“名士如林”，只要蒋桂不公开撕破脸，CC 也好，军统也好，要对这些人下毒手是不可能的。在第二次国共合作失败后，当时就有反动刊物发表文章惊呼“李宗仁一手提拔，广西红遍半边天”[①]。

好景不长，1940 年下半年蒋介石政权派来了一个新闻检查所，包括杨东莼在内的许多进步文化人士的活动开始受到限制。

《广西建设》是广西建设研究会的唯一刊物。一日，《建设研究》月刊编辑部收到亢真化（民团周刊社骨干）写的一篇稿子《基层干部训练的几个基本问题》，内容是攻击杨东莼负责的广西地方建设干部学校忽视三民主义政治教育，编辑万仲文感到棘手，于是请示黄旭初，黄旭初认为这是自由讨论，可以发表。其实这时黄旭初已开始监视杨东莼负责的广西地干校的进步活动，亢真化的文章即秉承黄旭初的意旨而写的。

亢真化的文章发表后，杨东莼感到非常气愤。11 月 18 日，他当即指导周钢鸣撰写一文解释和介绍广西地干校教育情况，并驳斥亢真化的文章的攻击，“笔者曾在本刊一卷一期写过一篇广西地方建设干部学校的自我介绍，现在干校定于今年年底结束，因继作此篇，将干校两年来的成败得失作一次总的检讨，以就正于社会人士”[②]。

杨东莼在肯定了干校开办两年来的成绩后，系统总结了办学经验后，也说到干校存在的缺点：

① 《王公度之死与杨东莼之乱》，《政海人物秘闻》，1943（38）。

② 杨东莼：《广西地方建设干部学校的自我批判》，《建设研究》，1940，4（4）。

1. 政治领导方面，总务处做得最不够，其次，军训队也是较弱的一环。由于政治领导不够，所以事务工作，未能与训练工作密切配合起来；而军训方面，亦有时与训练工作发生不必要的脱节现象：凡此均足以削弱训练的效果。但由于两年来的经验与教训，此种缺点，到了今天，即已大部分地纠正过来了。

2. 办公主义和事务主义的作风，并不是绝对要不得的，比如重手续以求责任分明、重条理以求系统谨严、重效果以求事事合理化等，都值得加以发扬。然而有些工作同志，竟把它一概抹杀，却未免矫枉过正。工作主义的作风，只否定它的缺点，而对于它的优点，则应尽量吸收。反乎此，则工作主义的内容，便无从充实。直到今天为止，干校少数工作同志还残存着这种矫枉过正的缺点，于将来工作的展开，是一种毒素；所以特别予以指出，希望能够赶快把它克服过来。

3. 干校工作同志能团结、能求进步，是一种事实；但把团结与进步统一起来做，却表现得不够。我爱护干校工作同志，因此，就是在干校快要结束的今天，我还要苦口婆心地要求大家反省，要求大家作自我批判，赶快纠正这个错误。

4. 我个人抱着工作第一的态度，自问肯虚心学习，其对干校工作同志的爱护，可以说是如手如足；因此，干校工作环境是教育的意味多过行政的意味。在培养干部一点来说，这种环境固然是最适合的；但是由于教育的意味过于浓厚，却削弱了工作同志的警惕性，无形中使得工作同志不善于应付较复杂而行政意味较浓厚的工作环境，再加上上述2、3两项的缺点，便可能使工作同志于改变工作环境后，反而感觉到工作的苦闷和自己的无能。这个严重的缺点，我在校时，有过多次的指出，而在干校快要结束的今天，却更加有着促起大家注意的必要。今后新的工作环境，就是在实际上纠正这个缺点的最好机会，希望大家紧紧地把握住这个教育自己的最好机会。

5. 理论与实践求得统一，是干校训练方针之一，但在事实上，却表现得不够。对于实际问题的分析和讨论，只能做到理论一般化，未能将理论深入到实际问题中去；一切理论学习仍停留在纯理论的范围内，未能将理论运用到个别的具体的事象上去，更未能将理论的学习环境绕着基层工作这一个中心。

6. 军训与政训两方的工作，虽然有了密切的配合；但军训人员仍旧缺乏政治训练的理解，政训人员亦缺乏军事的理解，所以这种配合还来得不自然，即不是自发的配合。

7. 集体领导如果没有严密的检查和检讨，没有严格的工作纪律和积极的批判精神，是不可能收到很大的效果的。干校的工作，虽着重在这方面，但依然做得不够。

8. 工作仍旧表现了冷热病，不能把低潮看作高潮，不能以"不变"应"万变"，不能镇定，这些都需要痛下功夫才能改变过来。①

杨东莼是辩证地评价两年来广西地干校的工作，他指出实际存在的八个缺点，正是为了说明亢真化的文章是对广西地干校的胡乱指责。万仲文又送给黄旭初核定，黄也批示：可发表。从黄旭初的这一举动，也可以看出他外儒内法的一贯作风，杨东莼与其打交道，还要周旋其间，保护广西地干校的进步教师，足见不易。

1940 年 6 月，杨东莼安排好广西地干校的结束工作后，为了避免政治上的干扰，离开了天圣山的竹屋，过了一段逍遥自在的隐居生活。先是在离桂林市 20 多公里的临桂县会仙乡李任仁的老家住了三四个月，9 月又迁入了桂林市木龙洞附近李任仁的寓所居住。这时候黄旭初曾几次看望他，并请他写一本论述从政和用人之道的书，作为黄旭初在省训练团县长培训班讲课的教材。这对于学识渊博、多才多艺且深谙历代治乱兴衰之道的杨东莼来讲，他不仅对政治有深入的研究，形成自己独特的政治思想，而且对行政工作也有深刻的认识，特别在人事行政方面有自己的一套理论，区区教材不在话下。

他用历史唯物主义的新观点，评论了许多中国古代史上的名臣贤相，介绍他们的为政之道以及如何宽严相济、廉洁爱民、选贤任能、奖罚分明、知人善用、综合名实等事迹，仅仅花了四个月的工夫便写成了一部书，定名为《干部政策》，署"黄旭初著"，后来书被黄旭初拿到省训练团去演讲，并由文化供应社公开出版。

这本《干部政策》全面反映了杨东莼的行政理论，概括起来说，就是为政之道，贵在得人；选贤任能，知人善任。

---

① 杨东莼：《广西地方建设干部学校的自我批判》，《建设研究》，1940，4 (4)。

杨东莼的人事行政理论，首先表现在他反复强调的“为政之道，贵在得人”上。他在《致基层干部的十封信》中说：“古人说，人存政举，人亡政息。为政在人，得人者昌，失人者亡。徒法不能以自行。今人说，干部决定一切，都说明了处事人‘人’所占的地位之重要。”在这里，杨东莼阐述了行政与人事的相互关系，强调了“得人”的极端重要性。历代王朝的贤明君主和忠良大臣，都懂得“为政在人”的道理。杨东莼研究总结了这些宝贵的历史经验，在抗战时期反复宣传这个道理。他说：“行政的基础，在‘法’与‘人’。即令偏重法治，然非有知法守法的人，法治亦无由实现。因此，‘人’的问题更为重要。……由此可见，为政之道，贵在‘得人’，‘得人’即是干部政策的基本。”在今天，在全面深化改革的重要历史时期，杨东莼“得人”的思想，仍然有其重要的现实意义。

杨东莼不但强调了“得人”的重要性，而且认为“得人”之道甚多，首要的在于训练。他在书中，多处引用曾国藩关于“人才以陶冶而成”、“天下无现成之人才，亦无生而知之卓识，大抵皆由勉强磨炼而出耳”的话，他指出，曾国藩所谓“陶冶”，所谓“勉强磨炼”，就是训练的意思。他说：“干部训练应与人事行政密切联系，即是从训练过程中奠定用人基础，以帮助选拔人才，以帮助调整才能与职位。”训练干部，也就是培养干部，他应聘到广西来创办“干校”，也正是为训练基层干部，培养抗战人才，以求取得抗战之胜利。他强调指出：“凡未经训练的人员，绝对不能选用，正因为凡经过训练的人员，均已经过法定的资历审查和考试了，正是以训练来补救甄审和考试的缺点……来帮助人事上轨道。”不能选用未经过训练的人员当干部，是为了保证各级行政部门干部的质量，避免庸才当政。

怎样对行政干部进行训练呢？杨东莼认为主要是进行短期集训。短期集训一方面要加强理论学习，即“原则的指导”。因为，行政干部整天忙于日常事务，缺乏系统的理论学习，而日常事务如果没有理论指导，就整天忙忙碌碌而成效甚微，还可能走到邪路上去。另一方面，短期集训“尤重在集体生活和集体精神的培养，而尤重在彼此工作经验和工作意见的结集与交换”。行政干部分散在各个地方独立工作，如果不注意集体精神的培养，就很容易独断专行，助长霸道习气，缺乏民主作风，而各级干部集到一起交流工作经验，交换工作意见，有利于进一步开展工作，取得更大的成绩。

对干部除了进行短期集训之外，还应该进行“复训”。他说，“不以一次训练为满足，根据需要，隔若干时期，得施行复训”。他还具体分析了“复训”的必要性：第一，因为干部初训后经过相当服务期间，不无体力倦乏，精神滞塞，故宜予以短期休养，即趁此加以训练上的刺激，以期消除倦乏，恢复体力振刷精神，并且环境变异，接触甚多，每能触发灵机，不必全恃训练，即其自身亦有多少启发，以增其智能。第二，服务时研究机会太少，所以国内外形势，与其职务有关的科学之新的发明或进步，以及一切新的政令，大抵有片断的见闻，缺乏系统的整个的分析与认识，而复训足以补救此一缺点。第三，长时间的实际工作，必然发生若干困难或若干新的建议，平时虽获得陆续的商询或解答，但仍然不如在复训时集体研究之透彻而深入。杨东莼的这些具体分析，是他来广西创办广西地干校的经验总结。

对干部进行短期集训，时间紧迫，怎样才能收到良好效果呢？杨东莼认为，应该作好充分的准备，准备不好，就不要急于集训。他在书中指出，集训干部要做好三个方面的充分准备。一方面，训练委员会及各级训练机关，应作充分准备，准备的内容大体是：训练实施办法之拟定、调训人数之调查与统计，调训办法与编队编组办法之确定，训练内容与训练方法之规定，教材之编纂，参考资料之搜罗，讨论问题大纲之草拟，训练进度表的确定，训练工作人员之配备调整，考核办法视察办法辅导办法之拟定，研究计划之草拟。他认为“凡此事先均应充分准备，然后始能做到有计划有系统而又合理论之训练”。另一方面，他指出，调训人员在受训前，也应切实准备。因短期训练时间迫促，倘无此种准备工作，势必削弱训练效果。所以在调训前，各训练机关应将训练内容和训练方法，尤其是讨论问题大纲，写给各调训人员，使他们具有充分时间，搜罗资料。并根据工作经验，提出实际问题及其解决办法，作为书面报告，送交训练机关。杨东莼认为，这种准备工作，可以弥补短期训练时间迫促的缺点，也使训练机关根据调训人员书面提出的实际问题充实训练内容，又可以使训练机关把调训人员的书面报告作为考核干部的根据之一。再一方面，他还指出，调训人员所在行政机关商决训练内容，并听取其对于训练的要求；还应将各种讨论问题大纲事先提交有关行政机关小组会讨论，或由其主管官指定属员分组讨论，并将讨论结果通知训练机关；在实施训练时，行政机关派出干部出席训练机关小组讨论会，并负责指导。杨东莼认为，这种准备工作，一则可以使训练机关与行政机关密切配合，使施政的要求得以经常反映到训练上；二则借此充实机关小组会，以提高公务员的研究精神；三则可以使行政人员获得机会接触更多的实际问题，听取各地关于各种政令推行的实际情形及其所遭遇的困难，一扫过去只知伏案办稿不明实情的弊端。经过这三个方面的准备，干部的短期集训就可以收到良好的效果，这是杨东莼的一个创造，也是他对人事行政的一个贡献。

此外，杨东莼又把“选用”干部作为“得人”的基础，他说：“如果视训练为建立干部政策的中心，便可视‘选用’为建立干部政策的基础。”他还说：“以奠定用人制度来建立干部政策的基础，有着绝对的必要。所谓奠定用人制度，就是要打破任用私人、任意撤换干部，以及干部随主管为进退的习惯；即是干部必经政府选定任用，一经选用，不能任意撤换，不随主管为进退。”在这里，杨东莼大胆地提出了要打破任用私人等恶习，他在《致基层干部的十封信》中，特别强调选用干部要以贤能为标准，他说，要打破情面，打破同学同乡同宗以及其他一切私的关系，要不存偏见，不怀私意，一概以贤能为准，而尤其要摒弃爱憎之私。选用干部，最忌杂之以私意，持之以偏见，事事以自己主观为尺度，合于这尺度的为良才，否则便为庸才。

选用干部要摒弃爱憎之私，这是他对社会时弊的抨击，对旧的用人制度批判。在当时的社会条件，他的这个思想是难能可贵的。他还以过去的县政府为例，具体分析了任用私人和干部随主管进退的六种弊端：第一，每遇县长更换，则所有干部随同进退，至少主要干部必随同进退。新旧交替之际，旧干部已离职，新干部地方情形及施政状况与施政阶段不明了，办理移交手续费时已久，而新干部要熟悉地方情形及施政状况和施政阶段，费时更久，所以往往各方情况尚未明了又届交替。这样，所谓行政效率，根本无从增进。第二，每值新县长人选发布，则寻求差事者，推荐人员者，纷至沓来，养成社会奔走钻营的恶习，而新任县长常视应付人事为畏途。第三，新旧交替之际，政府器用被搬运一空，所谓“官去不留衙”者是也，至于修理衙器和器用者，更无其人；往日各县政府之残破污秽，令人惧而心烦。此则不止浪费财力物力，而且养成侵占盗窃公物之恶习，造成残破颓废之景象，其影响尤为重大。第四，因为任用私人，而行政方面，又偏向消极的文牍和应付，所以县府实际所需，只是少数办理文牍的人员，因而养成侵蚀缺额，位置私人的恶习。第五，干部俸给甚低，更换职位频繁，在职时间又短，而赴差离所需旅费常巨，求其操守廉洁甚难。第六，所用私人或根本才能不称职守……但求无过，不求有功，对于职守根本没有信念和热忱，何能求其不敷衍塞责。

那么，选用干部要以什么为标准呢？杨东莼认为，是“选贤任能”。他说：“要求做到贤能兼备，却不容易，如此，则当以贤为主，而能次之，只要有贤的良好本质，而‘能’是徐徐可可增进的。”这一点特别重要，一个有贤德的干部，作风正派，公正廉洁，这是最根本的。具备了这个条件，他们的才能是可以逐步增进的。因此，杨东莼对当时社会的一些歪风，进行了严厉的批评，他尖锐指出，后来主政者，或多以附己者为用人标准，不但不论贤否，并且不必论能否，甚而以利诱三好迫来拉拢干部，从而造成社会寡廉鲜耻、奔走钻营的风气。今选用干部能以贤德为标准，不只是为干部政策建立基础，而且是为了扫除社会颓风。他还引用古人关于为官“必以志气节操为主”的话，说：“有工作信心，有工作热情，不计利害，不畏艰难，就是有‘志气节操’，能够具备这些条件的干部，即无多大才能，在工作上亦必有其远大的前途。”杨东莼在主持广西师专和广西地干校期间，就是根据这个标准，选用了一批德才兼备的干部和教师，这两个学校当时在广西甚在全国都很有影响。

杨东莼阐述了选用干部标准之后，还具体分析了运用干部的一些问题，他认为，“选贤任能”是选用干部的标准，但是，如果选用已经符合这个标准，而我们却不善于运用这些干部，则结果也是：知才而不善用，仍同于无才。所以他在《致基层干部的十封信》中指出：运用干部首先就是量才录用。世间无全才，无万能之人，然亦少有毫无用处或无一长之人。问题的关键，就在主管官知人善用，哪一点是他的长处，哪一点是他的短处，主管官应该分别清楚，才叫做知人。充分运用他的长处，将他支配到一个能够发挥其长处避免其短处的部门工作，既用其所长，去其所短，才做到善用。这知人善用，也就是量才使用。杨东莼还根据自己多年的实践经验，提出了“截长补短”的办法，他说，既然要量才使用，则主管官的眼光不可太高，主观上定出过高的标准，动辄谓天下无可用之人，这是最有害处的。天下既然无全才与完人，便如张居正说的“人有所长，亦有所短”，已之所短，或即人之所长，人之所短，或即己之所长。因此，不仅要因材器使，用其所长，更重要的是截长补短。在集体生活中，应该彼此虚心学习，共同研究，互相帮助，取长补短，互求进步。

其次，“用人不疑，疑人不用”，这是主管官用人的最高要领。主管官对工作只能提纲挈领，经常督促与指导，却不能样样都由一人来担负。因此，主管官应相信干部，予以事权，畀以专责，在其事权以内，任由他处理，不要对他猜疑，更不要任意干涉其事权。张居正特别重视这点，他说：“既得其人，则信任之，如魏文侯之用乐羊，虽谤书盈筐，而终不为之动。”干部既有了事权，同时也就有了责任。事权与责任无法分离，如果仅有责任而无事权，便有天大的本领，也无法开展工作。所以，为了工作各有专人负责，为了一切工作不致累积在一人身上，主管官必须“用人不疑”。什么叫做“疑人不用”呢？主管官在用人之先，务必经过详细考察，对于他的行为、言论、能力、生活等各个方面，都应有详细考察，正面考察不够，还要从反面从侧面考察，大处考察不够，还要从细处考察，经过多方面的考察，如果认为他短处太多，则不如慎之于始，根本就不用他，这就是“疑人不用”。

再次，爱护干部。主管官应视干部之事情为自己之事情，不以其渺小而不留意，不以其琐屑而不关心。主管官对干部应设身处地，深加体贴，千万不可以主观的尺度，权衡事之轻重大小，在干部工作中遇到阻力时，应切实予以支持和保障。即令干部有过失须予以处分，亦忌在大庭广众之中，在民众之前，打击其威信，降落其地位，使之以后无力推行政令。至于选用公务员，应就已经受训人员中选用，凡经选用的公务员，非犯有重大过失依法应予免职或停职处分者，不能任意撤换。对于优秀干部，尤其应倍加爱护，不可任其稍受损害，宜保全其威信，使之在同事中起良好的模范作用，从而转变机关的风气。

尽管书中的论述精辟，不乏见解独到之处，后来黄旭初也很满意地把这作为教材演讲，但对于当时的复杂多变的政治环境而言，黄旭初的讲话显然只会是“言者谆谆，听者藐藐”，成为一纸具文，难以起到实际触动作用。杨东莼的人事行政理论将马克思主义哲学与儒家道德色彩巧妙相融，在今天仍然有其重要的现实意义。

1939 年 10 月，在白面山试办的一期“专区训练班”刚结束，广西地干校的党支部就收到上级党的决定，说一部分不适宜继续留在桂林工作的党员要疏散到解放区去。有不少指导员要求回皖南新四军，杨东莼就找到李克农为欧希哲、李凌等四人开具了组织关系介绍信。

1940年12月1日，杨东莼参加了中国农村经济研究会举办的桂南收复区农村经济复兴问题的座谈会。12月4日，中共南方局以周恩来、叶剑英两人名义发电文给李克农，要求加强对李任潮（李济深）等人的统战工作，电文内容涉及杨东莼的有：“对李任仁应根据佳电多向其解释华北无法容下两部，我军必须在华中求食，可经杨东莼等促他多作解释工作，并说明反共阴谋之咄咄逼人，企图造成内战以便投降，同时应解释此次白之作反共先锋实为不智。”①

1940年12月31日，广西地干校奉令停办，改组为国民党中央干训团广西分团。天圣山的校舍，交给了“临桂专区训练班”，白面山的校舍，就交给了“广西省训练团”。

1941年1月7日，蒋介石发动“皖南事变”，白崇禧追随蒋介石反共，使桂林形势逆转。17日，中共南方局董必武、叶剑英电示八路军桂林办事处李克农，并报中央书记处称：“桂白反共日益开展，白崇禧令桂林警备司令执行反共三办法，并以桂林特务正加紧桂林办事处周围的活动，准备给桂办打击。白对桂林文化界极不满，恐不久会发生镇压事情。”② 20日，八路军桂林办事处撤离桂林。最后一批二十余人，于是日凌晨乘汽车离桂林。

4月，杨东莼已不能在桂林立足了，黄旭初不得不用自己的小汽车，将杨东莼送到钦州，让他乘汽船去了香港③。此后，《广西日报》发表一则消息，称：“杨东莼教育长考察归来身体不适，已赴港治病。”

---

① 《关于加强对李任潮等人的统战工作——南方局电李克农并报党中央》（节选），冷德慧、毛国斌：《八路军桂林办事处》，广西人民出版社，1990：390。

② 冷德慧、毛国斌：《八路军桂林办事处》，广西人民出版社，1990：591。

③ 曹裕文：《杨东莼在广西大学》，《广西文史》，2004（1）。

第九章　逃亡香港

不是逢人苦誉君，亦狂亦侠亦温文。
照人胆似秦时月，送我情如岭上云。
——龚自珍《己亥杂诗》

初到香港，由方少逸出面租用了山林道 19 号四楼，杨东莼与方少逸、陈此生、梅龚彬三人同住在一套拥挤的房间。

根据救国会领导机关的决定，救国会海外工作委员会在香港成立了，杨东莼与邹韬奋、范长江、张友渔、于毅夫、金仲华、韩幽桐六人一同组成了常务干事会。其中，杨东莼、邹韬奋两人为总负责人，领导开展救国会在海外各地的工作。

1941 年 5 月 29 日，杨东莼与邹韬奋和茅盾等九名救国会留港代表发表《我们对国事的态度和主张》一文，痛斥国民党反动派对日本侵略者投降倾向和对进步文化事业的摧残。邹韬奋曾回忆，在香港的几个月，一直异常忙碌。他在写给朋友的信中说，经常忙到深夜一两点钟，放下笔杆倒头便睡，“直如僵尸一般”。而杨东莼同为香港《文汇报》评论委员会的重要成员，定期为报纸撰写社论。

无疑，这是一段笔耕不辍的难忘日子，邹韬奋的夙夜为公精神让杨东莼感动不已，他把邹韬奋当作自己革命路上的良师益友。看见伏案写作的邹韬奋，杨东莼想起了为革命已经牺牲了多年的邓中夏。十几年后，在周恩来总理发出了“向韬奋同志学习”的口号后，杨东莼诚挚的写下了《自我改造道路上的良师益友——纪念韬奋同志》，以此纪念这位“热爱人民，真诚地为人民服务，鞠躬尽瘁，死而后已”的文化战士。

韬奋同志是中国的优秀的革命知识分子的光辉榜样，是正向工人阶级知识分子转化的资产阶级知识分子的良师益友。他在那样艰难的岁月里，在那样险阻的形势下，能够坚定地跟党走，认真地接受党的教育，联系实际、联系群众，把自己投身到火热的斗争中去，终于完成了自己立场上、思想上的根本转变，并获得了中国共产党党员的光荣称号。他的最高贵的品质之一是，不断地探索和追求真理，而一旦认识了真理，就义无反顾地为真理而战斗。面对着“一天等于二十年”的飞跃的今天，怀念韬奋这样质朴忘我的战士，这样“热爱人民，真诚地为人民服务，鞠躬尽瘁，死而后已”的战士，我们就增添了无穷的力量。我们应当以韬奋为师，快马加鞭，发奋自强，严格地要求自己，力求尽快地完成“由一个阶级变到另一个阶级”的过程。韬奋走过的道路，就是我们要走的道路，“有为者亦若是”，韬奋能够做到的，我们也一定能够做到。①

文 汇 报

自我改造道路上的良师益友

——纪念韬奋同志

杨东莼

周总理题词

杨东莼发表在1958年7月24日《文汇报》上的文章

---

① 杨东莼：《自我改造道路上的良师益友——纪念韬奋同志》，《文汇报》，1958-07-24（3）。

1941年，他的专著《抗战的形势》在文化供应社出版。12月1日，为积极争取抗战胜利，他撰写了文章《团结与进步》，发表在《国民公论》杂志的“政治问题”专栏上。他认为在民主宪政没有实施以前，“为了克服困难渡过难关，为了要巩固团结，所以我们不能不力求进步；而要进步，便不能不有民主的精神”①。民主的精神，含义非常广泛，他说“要举其最重要而又为当前迫切需要者，则不外下述三点：即第一是批判的精神；第二是研究的精神；第三是自由的精神”。他辩证统一地认为这三种精神是绝对不能分开的，他给出的理由是：

> 因为要先有自由的精神，才能培养并发扬批判的精神和研究的精神。自由固有一定限度，但“一切有利于抗战建国的建议与一切有利于抗战建国的批判”，再加一句，即一切有利于抗战建国的研究，却应该是最正当的自由，并没有违反三民主义最高原则。如果这种最正当的自由，也不加以尊重，也不予以充分保障，则根本就谈不上批判的精神和研究的精神。②

他大胆呼吁：“为了团结和进步，为了培养并发扬批判的精神，所以《抗战建国纲领》第二十六条应该彻底予以执行，切实保障人民的言论出版集会结社之合法自由。”③

在文章的结尾，他再次强调，这三种精神“乃是起码的民主精神。只有具备着这起码的民主精神，才能促起进步。只有广泛的进步，才能巩固团结。能够团结，能够进步，才能克服困难渡过难关，才能完成抗战建国的伟业。实现三民主义的新中国。这是一个成败得失的关键，值得我们注意，尤其是南京傀儡粉墨登场的时候，对于这一个重要的问题，尤其值得我们注意”④。杨东莼的这些观点，在当时抗战进入对峙期，尤其是“皖南事变”后，第二次国共合作进入了一个新的阶段，起到了宣传抗战、争取进步势力、反对专制独裁的作用。

21日，这篇文章让他感觉余意未尽，于是又写了数千字的下篇。如果

① 杨东莼：《团结与进步（上）》，《国民公论》，1941，4（11）。
② 杨东莼：《团结与进步（上）》，《国民公论》，1941，4（11）。
③ 杨东莼：《团结与进步（上）》，《国民公论》，1941，4（11）。
④ 杨东莼：《团结与进步（上）》，《国民公论》，1941，4（11）。

说第一篇文章中，杨东莼对国民党的建议，采取的是“以子之矛攻子之盾”的方式，那么这篇文章则是直戳其“要害”：国民党对于民主民权，“不敢正视问题与现实，害怕劳苦大众戳穿其假面具，才不能不重视思想问题”。他认为当前“问题的本身，不在思想，而在于作为思想之反映的现实，即在于是否以至公至正至诚至忠的态度处理一切”①。他主张根据孙中山的遗教来实施民主政治，同时再次呼吁，“当汪逆兆铭‘伪中央’粉墨登场之时，我们为了辨别忠奸，为了一正全国人民的视听，更为了争取抗战胜利的建国成功，都有从速实现民主政治的必要”②。

关于“进步”方面的建议，他补充了以下四点：

第一，针对中国的落后，我们需要用集体的力量，以求进步。质言之，既需要普遍的进步，亦需要集体的进步。建立三民主义的新中国，全靠这一切进步力量的努力奋斗。只要是为国家为民族打算，任何行动都以国家至上民族至上为前提，便应该负起这个责任，对社会上一切进步的力量予以提携支持。

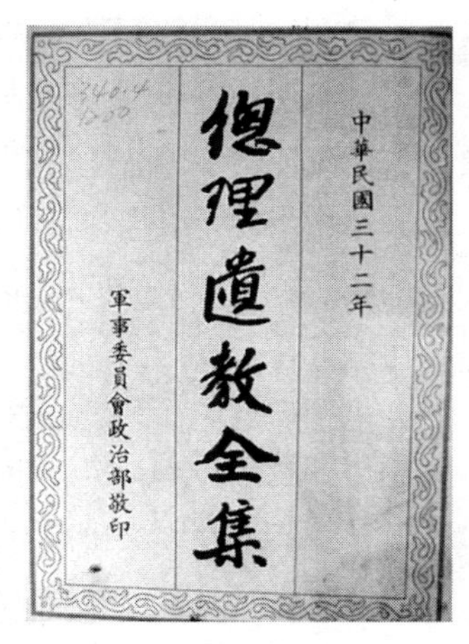

《总理遗教全集》

第二，正由于一切都落后，需要迎头赶上，所以这不是少数人的事情，而是全国大多数人的事情。因此，必须扩大进步的力量，然后才能解决当前的问题。他特别指出统战工作的一个充满辩证色彩的工作方法问题，在面对“少数进步力量过于突出，而大多数人落伍”，“或者少数进步力量不在‘求同于人’一点上去促起推动大多数人进步，而在‘求异于人’一点上强天下之人以从己：这些固然是不合理的办法；然而完全放弃正当的主张，而迎合他人歪曲的见解；或者，首先就认定他人有着顽固的主见，而不愿用一切方法努力争取工作；像这样的做法，是不正确的。因为放弃正当的主张而迎合他人的歪曲的见解，表面上虽然是为了巩固团结，

① 杨东莼：《团结与进步（上）》，《国民公论》，1941，4（11）。

② 杨东莼：《团结与进步（上）》，《国民公论》，1941，4（11）。

但实质上反破坏了团结”①。这些话语的背后，涉及当时普遍关心的“皖南事变”后国共合作的关系问题，也间接宣传了党的统一战线工作方针。

第三，主义和理论之是否正确，并不是决定于人类历史的实践。他认为“真金不怕火炼”，真理一样不怕火炼，称之为真理就是因为合乎历史的实践，真理不怕研究，也绝不怕批判，只有愈研究，愈批判，才能愈显得其是真理，也只有如此，才能愈进步，才能使这一进步，成为普遍的进步。在当时的政治局势，杨东莼在语言表达上，为宣传马克思主义真理拉了一层纱帐。

第四，某些部门进步，某些部门落后，结果便妨碍了全面的进步。但要做到全面的进步，归根结底，这是一个民主政治的问题。民主政治的实现，可以使进步的分子发挥伟大的力量，可以使落后的分子不得不自求进步，不进步便无以自存。所以由于民主政治的实现，人的问题便得到了合理的解决；只要人的问题能够得到合理的解决，所谓全面的进步才有实现的可能。

这四点意见，既表达了他希望“以进步来巩固团结，来争取抗战胜利，建国成功”的政治主见，也表明他始终不渝地信仰马克思主义科学真理。

呆在香港的安全境况并没有持续多久。1941 年 12 月 8 日，日军发动太平洋战争，香港、九龙很快沦陷，杨东莼与其他进步文化人士一样必须进行转移。中共非常重视发挥知识分子在抗日战争中的作用。1939 年，毛泽东在《大量吸收知识分子》中强调：“在长期的和残酷的民族解放战争中，在建立新中国的伟大斗争中，共产党必须善于吸收知识分子，才能组织伟大的抗战力量，组织千百万农民群众，发展革命的文化运动和发展革命的统一战线。没有知识分子的参加，革命的胜利是不可能的。”② 中共中央和南方局指示香港八路军办事处廖承志，尽快把留港的文化工作者和民主人士抢救出港。

在中共党组织的具体安排下，杨东莼与何香凝、柳亚子、茅盾、夏衍、沈志远、金仲华、冯和法、梁漱溟、陈翰笙、萨空了、陈此生、胡绳等，

① 杨东莼：《团结与进步（下）》，《国民公论》，1941，4（12）。

② 毛泽东：《大量吸收知识分子》（1939 年 12 月 1 日），《毛泽东选集》第二卷，人民出版社，1991：618-619。

被分批经东江游击区取道粤北和广州湾（今湛江）等地返回桂林。

2月，左翼作家夏衍从香港脱险归来，到桂林拜会了杨东莼，了解了广西的现状。杨东莼对夏衍说，桂林的情况是外松内紧，白崇禧表面上缓和了一些，但是他在“皖南事变”中充当了炮手，所以在反共这一点上，白崇禧是不会改变的，他建议夏衍在重新出版《救亡日报》的事上，还是慎重一点为好。白崇禧后来的反共举动，又一次证明了杨东莼对广西政治形势的分析正确。

在劝告夏衍要谨慎的同时，他自己在写文章上也变得慎重起来。和一些始终呆在象牙塔里的史学研究者不同的是，他对政治的紧密关注，使他的博学个性，没有故纸堆的特点，而是体现在融历史与现实于一体的文章中。

1942年，往返于桂林与香港之间的他，仅在《文讯》杂志上发表了一篇文章《行军与天文》，署名岂匏，这是目前为止，我们发现的唯一一篇杨东莼写的关于天文学方面的文章。这篇文章通俗易懂，具有很强的科普性。

文章以中国的一句古话“不识天文，不可以为军师”为开头，说明行军与天文的密切关系，自古就有认识。结合了当时的抗战军事环境和世界战争史事例，分析了日月星辰和军事行动的关系。细致讲述了月食在战争史上曾经发生过的一段佳话。“在一八八九年，英国兵团围攻金佰利的时候，守城的士兵，用探照灯发信号合外方的友军通讯，因为月光太亮，信号很难看清楚，非常着急。不料接着来了月食，月光忽然黯淡下去，通讯居然借着月蚀的机会，得以顺利完成。”①

再者，文中列举了一个利用恒星来决定方向的军事例子，“在上次世界大战中，曾经有八个英国军官，在被土耳其俘获之后，又乘机逃出，在不熟悉路径的地方，昼伏夜行。要走四五百十哩，才能脱险，他们就全靠星辰的指引，才不致迷路，安全地到达目的地”②。

他在文中花了大量篇幅，阐述潮汐现象和军事的关系。在当时文化素质普遍较低的军队里，很多士兵都认为潮水的涨落只是地面上的现象。杨东莼在此说明，“这是和日月位置有直接关系的”，“在海边作战的人，同着在河流入海附近地方作战的人。如果不知道潮汐的时间，不熟悉潮汐涨落

① 岂匏：《行军与天文》，《文讯》，1942，2（5）。

② 岂匏：《行军与天文》，《文讯》，1942，2（5）。

的情形，那是很吃亏的”。他假拟了几个通俗易懂的战争情况例子，说明懂得天文知识的重要性。“譬如说：我们和敌人，隔着一条小河对峙，河水是相当的深，不容易渡过，但是这条河就在海的旁边，可以受着潮汐的影响，潮水退落后到最低的时候，也许可以徒步过河，我们一面要担心敌人渡水来攻，一面如果我们要计划进攻，就该算准日子和时间，早作准备。”①

杨东莼撰写这篇文章有着重要的战争背景。1942 年春，日军进犯缅甸。中国政府为保滇缅公路的畅通应英国政府之请，派遣十万远征军，急驰援缅。到了 4 月，战局逆转，中国远征军一部西撤印度，一部辗转回国。海外作战的中国军队必然会面临诸多困难，尤其在转移战场时，会面临与以往在国土上的阵地陆战明显不同的海战。杨东莼希望通过撰写这篇文章，说明“天文学在海事里面，是最基本的科学”，进而提醒“每一个海军人员，都应该具备相当的天文学常识；军官和技术人员，应该对于天文学有更深的修养”②。

在抗战的宣传方面，他确实不同于一般口号式的鼓吹家。他的抗战文章，都富于理性分析，具有很强的现实指导性。其实，我们很难理解，以教育为主职的杨东莼为何能写出如此丰富多彩的时政文章。毕竟，他也不同于他的好友胡愈之、夏衍等职业从事新闻舆论工作的人。但事实上，自“九一八”事变拉开抗战的序幕以来，从 1935 年加入上海文化界救国会开始，他就一直从事文化教育的救国工作。他为抗战的舆论宣传所撰写的著作与文章，简直不胜其数。

在临近中秋的时候，诗人柳亚子弄来了一条船，约了杨东莼、茅盾、陈此生、田汉、熊佛习等人游漓江。为了防止遇上敌机轰炸无处躲藏，他们趁月夜漂流而下，在舟中饮酒赋诗、观景赏月，于次日早晨到达阳朔码头，下船后又游览了碧莲峰等县城景点，至下午才乘烧木炭的汽车返回桂林。

“若得长圆如此夜，人情未必看承别。”如同南宋诗人辛弃疾在《满江红·中秋寄远》中抒发的耐人寻味的离别感慨，这次富有浪漫诗意的泛舟夜游，是桂林这座美丽的城市终结了抗战文化城的命运时，给杨东莼留下的最难忘的印象。

---

① 岂匏：《行军与天文》，《文讯》，1942，2（5）。

② 岂匏：《行军与天文》，《文讯》，1942，2（5）。

这一时期，杨东莼还帮助别人校阅过一些哲学著作。战时，全国众多的文化名人，如薛暮桥、陈望道、夏征农、杨潮、施复亮、邓初民、沈西苓等进步人士，都在桂林开展“抗日”文化、文艺活动，为桂林文化城奠定了坚实的基础。特别是自广州、武汉沦陷以后，中国共产党先后设立了桂林八路军办事处和桂林统战工作委员会，作为领导桂林抗战文化运动的机构，为桂林抗战文化的发展做了大量的工作，促使广西当局执行相对开明的抗战文化政策，同时也促进了革命书籍的传播。此间，在桂林的出版物中，介绍马列主义和革命思想的读物占有重要的地位。

中共通过自己掌握的出版机构，出版了大量的共产主义文化读物。当时更有新知书店以中国出版社的名义出版了多种马列主义著作。这中间就包括杨东莼校阅湘潭人萧敏颂翻译俄国哲学家赫克（Julius Hecker）的《哲学对话》，该书是介绍马列主义和革命思想的读物，在重庆和香港等地同时发行，这部著作对于抗战时期的文化宣传曾经起到过重要作用。

由于桂系的造谣，一些反动刊物也跟风攻击杨东莼（如下图），李任仁、陈此生等也极力劝杨东莼迅速离开，他在桂林只住了半个月，就前往重庆。自离开桂林后，因工作需要，他得以有机会与肖敏颂在长沙再次见面，却已是新中国成立后的事情。

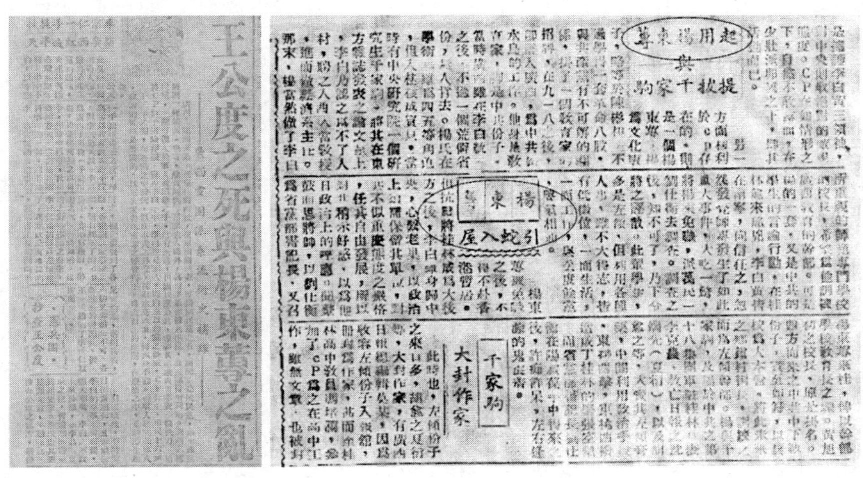

王公度之死與楊東蓴之亂

起用楊東蓴 提拔千家駒

楊東蓴 引蛇入屋

千家駒 大封作家

在第二次国共合作破裂后，20 世纪 40 年代反动刊物《政海人物秘闻》（第 38 期）刊登了《王公度之死与杨东莼之乱》，文章痛骂杨东莼在广西利用教育机会，从事中共的地下活动，向学生宣传马列主义，把广西变赤变“乱”

第十章　雾都岁月

1941 年 12 月，珍珠港事件发生后，抗战形势进入了一个新的阶段。杨东莼和许多著名文化人士一道，在党组织的保护下，辗转进入重庆。当时同是中共地下党员的徐明诚也到了重庆，杨东莼又与组织取得了联系。当徐明诚离开重庆后对杨东莼说："此时没有什么特殊任务，最要紧的是自己随时随地警惕，不要为反动派所伤害。"[①] 此后，杨东莼担任了国民政府军事委员会政治部设计委员，第三次与党组织失去联系。

1942 年 1 月，杨东莼接受武汉大学聘请，赴乐山任教，担任中国政治史和中国政治思想史两门课程的教师。从英国留学归国的杨人楩也在武汉大学任教。因武汉会战爆发，武汉大学被迫西迁乐山继续办学，杨人楩随武汉大学来到乐山。兄弟二人在乐山相聚，别有一番滋味，他们同住在嘉乐门外武圣祠一个四合院内。

乐山素有"天下之景在蜀，蜀之景在嘉"之称，这里山明水秀，风光绮丽。然而，在日军入侵下，几经狂轰滥炸，处处是一派荒凉破败的景象。偌大的武汉大学从繁华的都市迁到这里以后，迎接它的却是几座残破不堪的庙宇。

武汉大学在乐山时期，教授们的生活异常艰苦。大量机构内迁，避难的人不断涌入，使这里物价飞涨。小县城里没有足够的房屋来满足外来人口的需求。他们全是自己租借私人住房，分散在乐山城内城外，有的甚至在远郊。生活条件十分简陋，一间房常兼几样用处，会客室并书房与卧室。由于学校办公室、教师和实验室分散，因此无论是普通职员还是年迈体弱

① 何砺锋：《杨东莼与广西》，广西师范大学社会科学联合会：《纪念杨东莼先生文集》，广西师范大学出版社，1994：85。

的教授，都是穿蓑戴笠，风霜雨雪地奔波于乐山城内城外。

教授们的待遇远不如战前的珞珈山，当时物价猛涨，而薪俸又常常打折扣，因此有许多教授因家庭负担太重，不得不亲自“执劳役”。杨东莼的同乡，著名文学家、翻译家钱歌川教授当时也在武汉大学执教，他在散文集《巴山随笔》中描写的教授们住在茅棚、躲飞机、孩子饿死，教书匠的儿女竟至失学，出无车，食无鱼，夜无明灯伴读书，月薪收入不够买一斗米，非举债无以为生，茅棚夜漏遭偷窃等情景，并非文学夸张之辞，而是客观事实。茅盾在《“雾重庆”拾零》中，描写的并不是“雾重庆”的朦胧美，而是经历日军大轰炸后的怪状。“重庆大小饭店之多，实足惊人。花上三块钱聊可一饱的小饭店中，常见有短衫朋友高踞座头，居然大块吃肉大碗喝酒。中山装之公务员或烂洋服之文化人，则战战兢兢，猪油菜饭一客而已。”①

西迁乐山的武汉大学

无疑，杨东莼在乐山的生活相当清苦。开始，他与胞弟杨人楩同住在城内一栋较好的房子里，后来为了节约开支和躲避敌机轰炸而搬到郊外一座茅屋中去住，几位热心的学生一起帮他搬了家。当时教授薪俸微薄，为了糊口他不得不到中学兼课。在家抽空还撰写了一部《开明高中历史课本》，得些稿费贴补家用。

杨东莼到乐山武汉大学任教时，学校正经受着多方面的严峻考验：1941 年“皖南事变”后，国民党在大学校园加速实施“消极抗战，积极反共”的政策，对武汉大学加紧控制。这时，武汉大学文、法、理、工 4 个学院已经在乐山 7 个残破不堪的破庙场地上，因陋就简地安顿下来了，教学也走上了正轨。众多的进步社团如“文谈”、“风雨谈”、“海燕”等和它们的壁报依然存在，生气勃勃，勇往直前。直到 1945 年党领导下的“武大

① 杨东莼等：《万卷书万里路》，天地出版社，2012：165。

学运领导核心小组”应运而生，促成了乐山武汉大学进步社团的大联合。

抗战期间，武汉大学进步学生运动的兴起，同王星拱校长的开明领导是分不开的。他继承了北京大学兼容并蓄、民主办学的传统，聘请了一批进步教授，如文法学院的杨东莼、叶圣陶等到校任教。他们同老一派的教授如苏雪林、刘永济、刘博平、张颐等同样受到重视。对于师生的抗日爱国行动，学校采取了保护和劝导的政策。学校对上级主管当局追查和整肃进步师生的通知，采取了代为辩解和应付的态度。这样就为武汉大学保持了一个学术言论自由、民主空气浓厚的宽松环境，从而培育了一批新人。

杨东莼利用讲授中国政治思想史课程的机会，热情地向学生宣传马克思主义的历史观，传播进步思想。好多学生同杨东莼的接触是从读进步书刊、参加进步社团、关心抗日救亡的时局、要求解答现实问题出发，因而经常访问他。

当年在武汉大学读经济系的丁宗岱同学，没有选修中国政治思想史课程，算不上真正的杨门弟子，只能算他的私淑弟子，但杨东莼的高尚育人作风至今让其始终印象深刻，久久不能忘怀。他曾深情地回忆他与杨东莼教授接触的点点滴滴。

一次偶然的机会，丁宗岱在文庙学生壁报栏前，看到一位陌生的教师在认真阅读壁报上的文章，看上去五十多岁，穿旧蓝布长衫，布鞋、绑腿，腋下夹个旧书布包，是当时一般教师的装束。但他那样认真阅读学生壁报文章的神情，却是在一般教师中很罕见的，这引起了丁宗岱的注意。事后经过了解，知道他是新到校的思想政治史教师杨东莼教授，北京大学毕业，参加过“五四”运动，曾翻译出版过摩尔根《古代社会》等书，是个具有进步思想的人士。

没想到，消息传开，进步学生社团的成员三三两两结伴登门拜访，去向他请教。拜访时，学生们提出各种书本上和国家前途命运有关的问题请他解答。特别是有关毛泽东《论持久战》和《新民主主义论》中的问题。对此，杨东莼不作正面回答，实在追问紧了，只说一句：“对毛泽东的理论，我懂!”但不作具体解释。事过多年，当丁宗岱对他的生平有所了解之后，才理解到在当时白色恐怖的政治形势下，作为在蒋介石那里都挂了号的进步人士，他的处境是多么的困难：杨东莼到校不久，政治系的某教授就四处散布谣言，说“杨东莼是个托派”。

毋庸置疑，像杨东莼这样一个宣扬马克思主义的进步教授，在国民党的战时陪都重庆是重点“警惕”对象。1942 年，四川省教育厅下达训令：

> 令各专署各县市政府，本府教育厅督学、地方教育视导员：准内政部咨请通令所属各行政机关遵照执行查禁北新书局出版杨东莼著高中本国史一案令仰查禁由。①

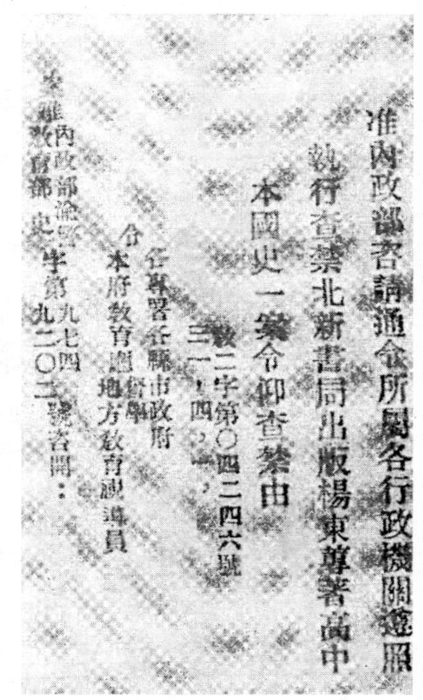

准內政部咨請通令所屬各行政機關遵照
執行查禁北新書局出版楊東蓴著高中
本國史一案令仰查禁由
教二字第〇四二四六號
令　各專署各縣市政府
本府教育廳督學地方教育視導員
案准內政部渝警字第九七四
教育部史字第九二〇二號咨開：

国民党教育部为查禁杨东莼的《高中本国史》发出的训令

1944 年，他经常在武汉大学师生“五四”运动座谈会上发言，公开主张要继续高举德先生（民主）和赛先生（科学）两面旗帜，发扬光荣传统，使在场的师生备受鼓舞。杨东莼授课时寓庄于谐，旁征博引，援古例今，议论精当，鞭辟入里，有强烈的鼓动性和极大的说服力，因而教室经常人满为患。杨东莼与 10 余名进步学生来往甚密，经常讨论国内外政治问题，他的魔力般的演讲天赋使他对年轻学生有着很大的吸引力。1943 年 4 月 19 日，外文系的杨静远②（杨端六之女）在她的日记里记录了他演讲的精彩情形：

> 上纪念周听杨东莼《谈生活》。听的人真多，许多人没位子坐，站在旁边。他讲的很短，也没有一个具体的论点，不过很动听，穿插一些逗笑的句子，叫人不得不笑。

据说，当时有位姓许的国民党军统人员，曾被派去监视杨东莼。他说，明明晓得杨东莼是共产党员，但他演讲巧妙得很，抓不到他的任何把柄，本来去听课是为了找岔子的，结果反而给他所讲的打动了③……

他的家里几乎每夜都坐满了武汉大学的师生，或请益学术，或纵论形

---

① 《四川省政府公报》，1942（95）：28。

② 1945 年毕业于四川乐山武汉大学。

③ 廖井丹：《怀念敬爱的杨东莼伯伯》，广西师范大学社会科学联合会：《纪念杨东莼先生文集》，广西师范大学出版社，1994：172-174。

势，或商量工作，或研讨斗争。这些活动不免引起了敌人的注意，重庆行辕派了两个联络参谋，会同乐山的军统特务雷大钧，居然打算搜查杨东莼的住宅。杨东莼在武汉大学两年多，只做过两次小规模的公开演讲，而国民党政府的教育部仍然有文到校说杨东莼“煽动学生反对政府”。

2 月，在丁宗岱毕业前的最后一个学期，这时忽然传来美军来华，要征调大学三、四年级学生当翻译官的消息。丁宗岱不愿去当这个“官”，决定称病休学。对他的决定杨东莼表示支持，并介绍他去成都《华西晚报》工作。

两年后，丁宗岱回到乐山复学，对他的归来杨东莼非常高兴，但批评他临毕业两年不归是不明智的。丁宗岱无法向他述说离开《华西晚报》后的工作历程，只好沉默不语。杨东莼似乎理解他的心情，就没再追问下去。在乐山，只用了两三个月他就结束了学习课程，取得了本科毕业的大学文凭。离校前夕，他去向杨东莼告别，并告诉杨东莼想去京沪工作的意愿。杨东莼当即表示可以介绍他去南京中国银行工作，丁宗岱接受了他的建议，并顺利地被分派到江苏常州中国银行分行工作。

在武汉大学任教期间，杨东莼依旧笔耕不辍。1944 年，杨东莼在《读书通讯》上发表文章《我的读书过程》，这是一篇略带自传性质的文章。他通过简短的三千余字，回忆了他从入私塾到广西地方干部建设学校担任教育长三十余年的求学、治学生涯。在文章的结尾，杨东莼以个人经历现身说法，给青年学子提供了四点做学问的有益经验借鉴。如果说这篇文章透露出了一个渊博学者的谦虚和诚恳，那么，同年他为从事小学教育和其他基层工作的朋友写的文章《谈小学教员与基层工作人员的进修》，则显示了一个知名教育家的丰富经验和理论特色。他认为工作和进修是合一的。

> 小学教师和其他基层工作人员，由于日常工作的繁杂和忙碌，每每得不到进修的机会，于是感到前途渺茫，对工作没有信心，竟抱着“做一日和尚撞一日钟”的心理，得过且过。其实，充实工作能力，提高工作技术跟进修分成两面，就只看见工作的繁杂和忙碌，深感没有进修的机会。反过来倘若把工作和进修视为一事的两面，则工作过程亦即进修过程，进修被包括在工作之内，并不必于工作之外别求进修的机会，工作促起进修，帮助进修。但进修所得的成果，要运用到工作上，才能证实进修是否实在，进修的内容，要从工作的实践中才能

更丰富，更具体。①

很明显，杨东莼是运用实践与认识的辩证关系原理来分析工作与进修之间的关系，他是一个善于将马克思主义活学活用的人。杨东莼说，工作与进修的合一，最重要的不外体现在三个方面：第一是随时随地去学习，不可把读书一事视为唯一的进修。第二是小学教师应向儿童学习，其他基层工作人员应向老百姓学习。第三才是从读书中进修，而且读书应以工作为中心，对于书籍应有一番严格的选择，这样不但提高了读书的兴趣，并且也提高了对工作的兴趣②。

他希望小学教员和基层工作人员对这几个原则能举一反三，活学活用。他并且鼓励道，“小学教师和其他基层工作人员，责任最为重大，工作为最艰苦。但对国家民族的贡献也最伟大，所以不可看轻自己的地位，鄙视自己的工作；只要站稳自己工作岗位，从工作中努力进修，其前途是不可限量的”③。他的这些意见建议，对战时非正常状态下，提高基层教师和其他工作人员队伍建设水平，有着现实的指导意义。

1946年，杨东莼在《青年界》发表了《学习漫话》和《直挺挺地站起来》两篇文章，要求学生要“学以致用”和具备总体的、系统的知识，并且在人格上要具备不屈不挠的精神，在知识上和思想上保持进步，以适应抗战的需要，以配合前方战场共同驱赶日本帝国主义侵略者。

杨东莼利用传道授业的机会，向学生宣传马克思主义思想。他满怀爱国主义情怀和高度的历史使命感，通过不断发表文章、演讲和进行其他社会活动，义无反顾地投身于全民族的抵抗运动之中，唤起了民众的爱国和团结抗战意识，牢固维护抗日民族统一战线，同时在理论战线上对抗战发挥了重要的作用，使知识界的抗日救亡运动有了有力后援。在国难时期，如何放得下一张平稳的课桌和讲台？显然，即便对学术充满热情的杨东莼，也不会扎进象牙塔里，只顾埋头著书立说。他希望看到战后建立一个民主的政府，建立一个使贫穷、饥馑、苦难无处存身的新中国。

他的进步言行，也引起敌人特务的恐慌。12月22日，蒋介石给教育

---

① 杨东莼：《谈小学教员与基层工作人员的进修》，《安徽青年》，1944，4（1-2）。

② 杨东莼：《谈小学教员与基层工作人员的进修》，《安徽青年》，1944，4（1-2）。

③ 杨东莼：《谈小学教员与基层工作人员的进修》，《安徽青年》，1944，4（1-2）。

部的电令中声称：“据报武汉大学法学院政治思想史教授杨东莼，平日言论反动，诋毁本党及政府并对学生时加煽动。……希望整顿为要。”① 从此，杨东莼的言行受到了特务们的严密监视。

在革命斗争最艰苦的年代，校内的特务学生采取偷翻书包、私拆信件，跟踪盯梢、窃听谈话等手段严密监视武汉大学进步师生的革命活动，不断向上级提供情报。尽管社会局势风声鹤唳，白色恐怖笼罩乐山，杨东莼仍自始至终热情地支持进步学生的革命活动。他以自己长期的革命斗争经验，对进步学生的正义斗争提出了许多充满辩证法精神的意见：

> 第一，进步同学生活在学生之中，要广交朋友，不要局限在进步社团的小圈圈里。这样既可以避免过多突出，受到敌人的注意，也可以影响更多的人，还可以了解各种人物对各个事件的反响，了解群众的思想情况，在认识形势分析问题的时候，不致狭隘和片面。
>
> 第二，进步社团不一定要清一色，可以由左、中和落后的学生组成，但要防止特务分子打进来。这样做，既可争取中间分子，也可影响落后分子，既避免进步社团过于红，又便于接近群众。此后由顾公泰等发起的“政谈社”，基本上是按这些意见发展的。
>
> 第三，进步学生开展革命工作，要尽量利用公开合法的形式，利用同乡、同学，甚至过去的中学同学关系，广泛了解敌情。
>
> 第四，要注重调查研究。
>
> 第五，要用学术研究的方式来掩护民主政治活动。
>
> 第六，斗争要有理、有利、有节、要适可而止，不要走得太前，只能走到大多数群众能接受的地步，不能脱离群众。②

杨东莼的这些意见，对武汉大学进步学生开展“反内战，争民主”等革命活动起了重要指导作用。

这种高度的政治敏感给他带来的不全是好运，再精明巧妙也无法避免校园里特务无孔不入的跟梢与密报。然而，幸运的是，杨东莼在武汉大学

---

① 涂上飙：《乐山时期的武汉大学（1938—1946）》，长江文艺出版社，2009：248。

② 涂上飙：《乐山时期的武汉大学（1938—1946）》，长江文艺出版社，2009：248-249。

任教期间，成为校长王星拱、教务长朱光潜、训导长赵师梅的保护对象之一。特别是校长王星拱，这位武汉大学的创始人和领导者，面对乐山破烂的校舍和师生贫困的生活，对比国民党反动专横的统治，他的政治思想逐步向左转化。1943 年 11 月白崇禧到武汉大学时，校长王星拱的人力车被宪兵推翻的事件，对他的触动很大，更促其向革命方面转化。他成为武汉大学进步师生的良师益友，甚至愿意冒着丢官杀头的危险，像慈母般去保护和营救这些进步师生。

王星拱、朱光潜、赵师梅他们多次以学校名义呈文驳斥特务分子，为杨东莼极力辩护。1945 年 2 月 6 日，武汉大学向教育部的呈文中写道："……法学院教授杨东莼所授政治思想史一科范围只止于先秦时代史，其人在校教学亦甚努力，平时言论并无涉及任何实际问题。"①

刚到武昌珞珈山武汉大学任教时，杨人楩有一位学生叫廖有为，他与杨人楩既是师生，又是湖南醴陵同乡，因而关系颇为密切。1943 年，廖有为到四川乐山警备司令部工作，虽然和杨东莼是初次见面，但由于杨人楩的介绍和小同乡的关系，加之杨东莼和蔼可亲，对年轻人更是循循善诱、奖掖有加，彼此一见如故，逐渐建立了深厚的友谊，廖有为亲切地称呼杨东莼为"匏公"（岂匏是杨东莼的乳名）。

同样由杨人楩介绍，杨东莼还认识了另一位湖南老乡，农学专家石声汉。在战乱时代，杨东莼和石声汉一样是千万流亡的知识分子之一。

杨东莼并不是特立独行的怪癖学者，他耿直仗义，善于结交不同人群，加之学识渊博、言谈幽默，他的周围不乏相互怜惜和仰慕的知音。当时，武汉大学不少进步师生经常到他家串门，漫谈有关国家大事、世界风云、社会花絮等，常常谈到深夜。每逢周末或星期日晚上，他就会高兴地说："花好月圆人寿，红中白板发财，咱们搓四圈'卫生麻将'嘛!"这就是当时唯一的余兴和消遣。武汉大学有些名教授偶尔也逢场作戏，参加"筑城之战"。如朱光潜、刘永济、叶石荪、石声汉、邓初民等名流学者。

一位年逾花甲的湖南同乡阎幼甫老先生，曾在国民政府做过大官，因不满稗政，抱着入山唯恐不深的态度，毅然解甲归田，宁愿屈就久大精盐

---

① 涂上飙：《乐山时期的武汉大学（1938—1946）》，长江文艺出版社，2009：250。

公司驻乐山办事处主任，而不愿再投宦海。杨东莼每逢例假节日，总邀廖有为一道前往拜访，表示敬老崇贤之意。阎老对杨东莼的到访非常欢迎，对国民党反动派的施政及社会风气各方面的腐败情况，讲得绘声绘色，特别是讲到要害地方，激昂愤慨，切中时弊。杨东莼称赞阎老一身傲骨，两袖清风，几十年宦海浮沉仍刚正不阿，看破红尘，品德形象都很高大，属于“国难出忠良”的难得之士。

当时乐山也有几个国民党的高级将领，有时杨东莼迫不得已，也虚与委蛇，勉强应付，但一转背，他就拍着身旁一同前来的人的肩膀说：“你莫看他这副神气，其实是个饭桶、脓包，国家就是这般家伙搞坏的。”现实如此恐怖，统治者如此残忍，知识分子大多散落在不同阶层谋求生存，生活在“屠夫”的眼皮底下不可能无所顾虑，为性命，为家庭，为饭碗。当然也有瞿秋白、闻一多等超越生死的罕见刚硬知识分子，但毕竟是较为罕见的。对于大多数的知识分子来说，在复杂的战争与革命环境里，能够保持正直而明智的选择已实属不易。

这些有善良愿望的知识分子在方式方法上、一些细微问题上可以委婉圆滑，有所妥协，但是在大是大非，民族大义、人格良心的原则立场上毫不含糊，丁是丁、卯是卯，没有任何躲避。人们通常把当时中国许多像这样的知识分子的政治性格特征形象概括为“外圆内方”的铜钱形。近代职业教育家、中国民主同盟领袖之一黄炎培就是这种铜钱形政治性格特征的典型。他曾亲笔书写出身立世的座右铭“取象于钱，外圆内方”。当蒋介石以“教育部部长”许愿、企图将他推入伪“国大”泥沼时，黄炎培不为所动，义正词严地答以“我不能自毁人格”，维护了知识分子的气节。

“外圆内方”是一种微妙高超、难以领悟的处世哲学，能够将深厚学识与这种哲学融于一体的知识分子并不多见。在生死大时代里，杨东莼那一代知识人多数要么选择流泪，要么选择流血，才能迎接新的时代。如同在上海解放前不久，黄炎培写了《上海解放》一诗，连同他的诗集《苞桑》赠给当时的上海市长陈毅，其中有两行诗句，表达了这种方圆之间的双重性格自觉带来的煎熬痛苦感情：

我用泪写成一部诗史，写的是书生爱国——艰难悲苦的人生；你却用血写成一部史诗，写的是人民革命——雄奇灿烂的前程。

为革命选择流泪或流血，是很多主客观因素汇集造成的，不仅仅是个人的性格因素。杨东莼的同乡好友朱克靖是一个文武双全、性情刚烈的红色教授，曾在广西师专勇敢批评白崇禧派来的军事教官，离开广西师专后重返了革命的队伍，在1947年内战爆发后被国民党反动当局秘密杀害于南京郊外，他的死令杨东莼扼腕叹息。40年代的国民党的独裁统治，使经历了半辈子雨雪风霜的杨东莼，反而从一枚外圆内方的铜钱转变成为一个棱角分明的刀币。不过，他的战场是布满了特务眼线的校园。

那时《新华日报》要经重庆新闻检查所的审查才能付印，新闻检查所经常对一些事实报道和老百姓的正义呼声加以删改或干脆取缔，以致报纸上常出现一块块空白版面——“开天窗”。杨东莼对国民党反动派这种控制舆论的卑劣手段极为不满。他气愤地说，蒋介石对外屈辱妥协，对内积极反共，迫害爱国志士，好话说尽，坏事做绝，当了臭婊子还要建贞节牌坊，真是无耻之尤！蒋介石就是师承蜀人李宗吾“厚黑学”的衣钵，是“厚黑学”的徒子徒孙。所谓“厚黑学”者，即脸厚、心黑之谓也①。

他愤怒地说，蒋介石这种法西斯统治、企图掩人耳目的勾当，适足以表现蒋家王朝的虚弱、丑恶与惶恐，从历史上看，凡属残民以逞的独夫民贼都是没有好下场的。当时抗日战争已进入到第六个年头了，日机经常狂轰滥炸，四川各地防空指挥部在空袭警报之前还有“预行警报”，每逢“预行警报”发出，我机成群结队起飞，不是去堵击敌机，而是仓皇逃逸。同时又盛传陪都重庆有迁西昌之议。他非常愤慨地说：登堂入室，国已不国，自己不战，却还污蔑八路军“游而不击”，煮豆相煎，真是亲者痛，仇者快，其结果将是鹬蚌相争，渔翁得利！

他还愤愤不平道，值此国亡无日之际，竟有人大发国难财，在美国大买橡胶园，连马桶、哈巴狗也从香港空运进来，弄成“民国万税（岁）、天下太贫（平）”的水深火热局面，而我们这些堂堂大学教授，却穷入骨髓，当局美其名发给所谓研究费，实际上连“烟酒费”犹嫌不够。他对马寅初提出“对豪门资本家及发国难财者课征重税”的主张极表赞赏。后来听说国民党反动派对马寅初进行迫害，他义愤填膺地说：对他们提意见有屁用？

---

① 廖有为：《和杨东莼同志相处的日子》，中国人民政治协商会议全国委员会文史资料委员会：《文史资料存稿选编》24—教育，中国文史出版社，2002：979。

病入膏肓的人是不能起死回生的[①]!

廖有为对杨东莼极为钦佩敬慕，视其为师长和知己。他说："大革命失败时，我正在醴陵读小学，见到县城到处张贴悬赏银洋五百元，缉拿杨岂匏归案的布告，在我童年的心坎里留有深刻印象，特别是在那'宁可错杀一千，不可放走一个'的腥风血雨日子里，我对这个早期共产党人的安危是关心的。后来只听说他逃亡上海东渡日本，但一直无缘晤面。"

1936年廖有为在武昌读大学时，认识了刚从伦敦牛津大学攻读西洋史回来的杨人楩。七年后，他在杨人楩的介绍下认识了杨东莼。他清楚记得，初次见面时杨东莼给他留下的是与其当时年龄很不相称的衰老形象，其实，这可以反映出杨东莼当时心情的烦闷。

> 那时他仅43岁，春秋鼎盛，精力饱满，而在仪态上却颇衰萎。夏天穿一身白土布唐装，冬季着深灰色精布棉袍，头戴瓜皮毡帽，脚上穿的则是他夫人冯爱莹亲手做的布鞋布袜，一年四季剃个大光头，左手夹一个用黑布包裹的书包，右手拄一根拐杖，龙钟老态，酷似衰翁。抽的烟则是地摊上摆的五十支一扎、质劣价廉、一擦火柴就燃旺火的"纸烟"。[②]

通过杨家兄弟俩向房东的交涉，廖有为一家得到了一个三开间的卧室居住。当时，杨东莼家订有一些进步书刊，廖有为每晚去他家阅读《新华日报》和摆"龙门阵"，谈家常、论国家大事，天南地北，常常谈到深夜。杨东莼平易近人，言语风趣，常常深入浅出，寓教育于诙谐之中，廖有为也无所拘束，于是两人无话不谈，成了忘年之交。

有一次，廖有为同杨东莼谈到国民党警备部官吏的一些贪污腐败情况。这些，当然是杨东莼最看不惯的，也能引起他愤慨的话题。

廖有为说："我这次由重庆坐黄包车（抗日战争时成渝道上汽车不多，黄包车就成为长途交通工具）到成都，夜宿荣昌县衙门口的'鸡鸣早看天，未晚先投宿'的伙铺里，看见县政府门口有一副雕刻对联，据说某位县太

① 廖有为：《和杨东莼同志相处的日子》，中国人民政治协商会议全国委员会文史资料委员会：《文史资料存稿选编》24—教育，中国文史出版社，2002：980。

② 廖有为：《和杨东莼同志相处的日子》，中国人民政治协商会议全国委员会文史资料委员会：《文史资料存稿选编》24—教育，中国文史出版社，2002：980。

爷下车伊始，看见邑中父老前来迎接，当场一挥而就，上联是：‘三乡一里（荣昌县境仅三乡一里）进斯城，齐察看这官员好否’，下联是‘万水千山来此地，常回顾我子孙昌么’。”“匏公，我常常用此联警惕自己，力求做到‘君子和而不同，清而不浊’”，廖有为接着说道。杨东莼听了后，面色喜悦，颇为嘉勉眼前这位在国民党司令部工作的年轻人，大有“孺子可教”之慨地说：“我将来如有任人权时，一定聘你当秘书。”实际上，“和而不同、清而不浊”也是他过去在广西的政治写照。

杨东莼的生日廖有为记得很清楚，因为杨东莼和他的大儿子西川是同月同日生的。一得空闲，杨东莼就大声喊五岁的西川陪他吃饭：“川大宝，来同杨伯伯摆个‘龙门阵’，还要同杨伯伯联合做生日哩!”

1945年，廖有为为了庆祝杨东莼四十五寿诞和大儿“长尾巴”，就联合做生日，做了几样湖南家乡菜，邀请杨家两兄弟夫妇来家便酌。与杨人楩的海量不同，杨东莼虽也爱好杯中物，但酒量很浅，浅尝即有醉意，满面红光。席间，杨东莼兴致勃勃，且斟且饮地对廖有为说：“我们敲开门来是两家，关起门来是一家，一年多来承你多方照顾，帮我们解决了一些实际问题。在待人接物方面，也可说是少年老成。”接着，杨东莼掰开手指将廖有为平时同他闲聊的几件事，一桩桩摆出来：“第一，邓犍为县长报复某参议员，诬陷参议员书写‘不征兵、不纳粮、不缴税’标语一事，你能查清事实，释放无辜；第二件是嘉峨师管区某副官因得不到好座票，率兵捣毁戏院，你及时慰问受伤的老百姓，并将该副官绳之以法，判刑12年，都说明你是初生之犊，敢作敢为；第三件是同乡书画家吴雅之来乐山搞书画展览，你替他到处奔走，销售一空，解决了他的生活困难。特别是军校18期学生刁俊德搞野外演习，在去峨嵋途中病倒，被军校遗弃，乞讨来乐，你能及时收留他在家医病，待若佳宾。这些都是难能可贵的。不过有时你还是打肿脸充胖子，死撑硬气。我们只是两个人，就不必多所破费，格外照顾了。”①

杨东莼酒后直言，对廖有为的为人处世大有褒奖之意。他醉眼蒙眬诙谐地说：“少年老成，孺子可教。有朝一日我杨某人成为‘有车阶级’（指

---

① 廖有为：《和杨东莼同志相处的日子》，中国人民政治协商会议全国委员会文史资料委员会：《文史资料存稿选编》24—教育，中国文史出版社，2002：981。

有小汽车出入），一定请你当我的秘书。”这句“玩笑话”又被杨东莼重提，可是廖有为并没有当真，因为这个时候“匏公”的处境并不好，相反，廖有为要利用职务之便，经常为他提供一些必要的帮助。

餐后，三家人聚在院子里。晴朗的夜空是那么清澈，星星总是一闪一闪的。虽然是料峭早春的寒夜，院子里的几棵玉兰花竟悄然开了，门口透出的几缕稀疏光线，抚照在叠叠重重的花瓣上，望去像是雪缀枝头，白色淡雅的玉兰花在寒意中挺立枝头，这让杨东莼欣喜不已。他有模有样地唱起京戏《萧何月下追韩信》来，铿锵有力的京剧老生联唱，被他演绎得绘声绘色，博得满堂掌声。

在这次特殊的生日聚餐上，廖有为听到了杨东莼许久没有的爽朗笑声。

不久，重庆派了两个“联络参谋”来警备司令部，会同常驻乐山的军统特务雷大钧来对廖有为说：“杨东莼经常在家里开秘密会，不但有武大的师生，还有外来的人参加。在课堂上公开煽动学生‘反饥饿、反独裁、反迫害’，主张废除一党专政，还政于民。他一上课，教室里坐得满满的，连教室外面也站满了学生旁听。上面来的材料说，他是个‘老奸党分子’，在桂林搞‘奸党活动’站不住脚了，才跑来乐山的，上面要我们采取行动。”

廖有为立即解释说：“一个政治系的教授难道要他去教数理化，不谈政治吗？孙总理说，政者，众人之事也；治者，治理也。治理众人之事也，国家兴亡，匹夫有责，政府倡导民主，岂能不让人说话！我同他住在一个院子里，朝夕相处，一言一语，我一目了然，我知道他是个正直的有良心的学者教授，并不是‘奸党分子’。何况还是道稽查室、邮检所的特务们一些敲诈勒索、贪污腐化的事实。”[①]

与此同时，廖有为向警备司令向敏思[②]说明了他所了解的情况，并以个人的身家性命具结担保杨东莼。这种厉言正色的主动进攻方式，使军统特务抓捕杨东莼的行动未能得逞。

应付完这些人后，廖有为也立即将这些情况告知杨东莼夫妇，希望他们能提前准备。听完廖有为的话，杨东莼深思了片刻，气愤地说：“我杨

---

① 廖有为：《和杨东莼同志相处的日子》，中国人民政治协商会议全国委员会文史资料委员会：《文史资料存稿选编》24—教育，中国文史出版社，2002：981。

② 1948 年率部起义后调任 110 军军长。

某人做事从来就是：‘主张不怕硬，应付不怕软，心脏不怕热，头脑不怕冷’……”[①]

后来，廖有为利用职务之便曾几次掩护杨东莼躲过军统特务准备要对他进行的搜查迫害[②]。他根据杨东莼名为躲空袭警报，实为避特务耳目的意图，在市郊斑竹湾汽车站附近一个偏僻清静的地方，为杨东莼租了一所房子。杨东莼住了一些时候，又另迁了一个地方。

1946年7月，抗战结束后一年，武汉大学复员迁回武昌珞珈山，杨东莼转赴成都，应四川大学邀请任该校教授，教中国政治史、中国政治思想史、中国外交史三门功课，而杨人楩则到北京大学历史系任教。

在四川大学的两年，杨东莼没有参加政治活动，也没有作公开演讲，跟在武汉大学时一样，按中共地下党员徐明诚[③]的话行事。在成都期间，杨东莼担任了《西方日报》[④]、《华西日报》等进步报纸特约撰稿人。

由于杨东莼在群众中有很高威望，校长黄季陆很尊重他。当时，正值民主运动高涨，黄季陆企图通过杨东莼来冲淡这一运动，杨东莼没有照他的意图去做。当学生因参加民主运动被捕，特别是四川军阀王陵基迫害学生时，杨东莼站在正义立场与之抗争，迫使反动派不得不释放被捕的学生，并为被伤害的四年级某女生治疗，留其在校工作[⑤]。

4月，秦柳方因工会的工作，由上海去成都，曾同杨东莼作了长谈，并转达沈钧儒需要他积极开展民主运动的建议，还曾共同邀请四川大学好几位教授叙谈了一次。

---

① 廖有为：《和杨东莼同志相处的日子》，中国人民政治协商会议全国委员会文史资料委员会：《文史资料存稿选编》24—教育，中国文史出版社，2002：981。

② 廖井丹：《怀念敬爱的杨东莼伯伯》，广西师范大学社会科学联合会：《纪念杨东莼先生文集》，广西师范大学出版社，1994：172-171。

③ 抗日统一战线建立后，他当时公开身份是国民党军令部东南办事处主任，1928年被何健释放的27名政治犯之一。

④ 《西方日报》是在四川出版的与西康方面有关的民营报纸，其“发行旨趣”积极进步：“本报只有一个立场，代表大多数中国人民尤其是西部人民说话。本报同人都是职业报人，极想在这个思想混乱、是非不明的国度里，办出一张态度客观，而且有独立风格的报纸。”

⑤ 何砺锋：《杨东莼与广西》，广西师范大学社会科学联合会：《纪念杨东莼先生文集》，广西师范大学出版社，1994：85。

如何使更多中间分子“丢掉幻想，准备斗争”，团结一切可能团结的进步力量，不是一件动动嘴皮子就能办成的事，它需要“鼓动者”对政治有敏锐感，同时能在合宜地方，瞅准有利时机。

统一战线工作是中国革命和建设的法宝。毛泽东在 1938 年一次露天集会上的妙语揭示了这种法宝的厉害之处。“国民党错了的时候，我们要批评他们，”他微笑着说，“过去我们用机关枪批评他们，现在我们用笔和舌头批评他们。”位于重庆市上清寺西南角风景秀丽的嘉陵江畔的“特园”是爱国民主人士鲜英的公馆。由于中共南方局借重“特园”广泛开展活动，广大进步人士为坚持抗战、争取民主、追求光明，纷纷团结在中共领导的抗日民族统一战线的旗帜下，加上鲜英古道热肠，待人接物优礼有加，这里聚集了不少这种“法宝”。擅长用笔和舌头批评国民党的杨东莼也是“特园”的常客，他与各方人士谈论政治形势，争取到了不少民主力量。

虽然，比起那些过往的有头有脸的政治大人物，在一张“反对独裁，争取民主”的大药方里，杨东莼自嘲为廉价的“甘草”。在中医里，有句行语“朝中国老，药中甘草”，意思是甘草就像国老一样，“德高望重”、“功勋卓著”。实际上，杨东莼为革命做了大量默默无闻的“打杂”工作，如同“甘草”一样，杨东莼就像这种作用强大、使用广泛的药物。他过去二十余年的经历已经证明了这一点。

提起革命或者变革，人们会经常引用一句体现中国古老政治智慧的俗话，“攻顽症当施猛药，治乱世当用重典”。那么，在解放前的中国，由毛泽东带领的中国共产党制造的猛药里，“甘草”的调剂作用应当越来越受到重视。

当时在国统区，国民党反动派严厉镇压民主运动，气焰极为嚣张，几乎到了疯狂的程度，进步的民主人士，有的不得不处于隐蔽状态，但杨东莼有真知灼见，对局势有透彻的分析，态度十分积极。1947 年，国民党攻下延安时，杨东莼向蒋介石反动阵营中的某些人物策反，得到的反应是气焰嚣张，但杨东莼“不把门关死”，反而把自己的通讯处写在空的信封上寄去，不写一个字在信封内，意思是以后想过来了还可寄信找他。到淮海大战结束，不到十天，他就收到这样的回信许多封。针对某些反动人物对蒋介石还有尽忠守节思想的情况，杨东莼在复信中用毛笔写了《孟子》里面的“君子视臣为草芥，则臣视君为寇仇”一节寄去，意思是要那些人多想想蒋介石对他们的坏处，不要为蒋介石尽忠效死，应尽快脱离反动阵营。

刘斐的儿子刘特立曾回忆：

> 还有一件事是父亲利用自己的身份掩护杨东莼伯伯开展白区工作。杨东莼伯伯是一位著名的历史学家，早年就是中共地下党员。他同父亲是小时的同学，对我像自己的儿女一样爱护和教诲，这是我一生难忘的。父亲同他的关系虽不同于一般，但为了掩护杨伯伯的活动，只能采取隐蔽的办法。记得1947年盛夏的一天，父亲打来电话要我马上回家去（我当时在南京湖南省银行工作），原来杨伯伯要来南京。为了他的安全，父亲要我坐他的车按时到机场接他。杨伯伯到南京后，只能住在我家里，由我亲自招待。南京是有名的火炉，天气炎热，我的住处条件不好，但杨伯伯因有要事要办，在我那里住了40多天，离开南京时又由我用车送到机场，飞机票是父亲先买好的。父亲一再叮嘱我，要等杨伯伯乘坐的飞机起飞15分钟后才能离开机场。①

1948年春，蒋介石反动政权疯狂地加紧法西斯独裁统治，连续颁发所谓“勘乱”动员令，撕毁政治协商会议决议，大肆逮捕、迫害共产党的地下组织及进步人士。情况急转直下。杨东莼审时度势，认为在四川大学的工作已达到了饱和点，遂假借医病为名，于暑假离川飞沪。他抵沪后，与昔日的同窗好友刘斐见面，谈了三个晚上，他将局势演变的前途和中共的政策详细告知刘斐，希望刘斐及早悬崖勒马，但刘斐仍然执迷不悟，并说：“即使蒋倒了，集结各个地方势力，还可以与中共争短长。”②这让他深感失望，但他依旧没有放弃。

离开四川大学后，杨东莼先后在华西大学、鸣圣学院担任教授。杨东莼奔走于各大学的七年间，国内形势发生了巨变：抗日战争胜利在望，解放战争转入全面大反攻，国民党仍旧负隅顽抗。杨东莼看到了黎明的曙光，他满怀热情全力支持师生追求民主、反对内战的正义斗争。他发表演讲鼓舞学生坚持抗战、迎接新中国的到来。他还利用讲授中国政治史、中国政

---

① 刘特立：《怀念我的父亲刘斐》，http://www.docin.com/p-684007136.html，2013-07-31。

② 何砺锋：《杨东莼与广西》，广西师范大学社会科学联合会：《纪念杨东莼先生文集》，广西师范大学出版社，1994：86。

治思想史等课程的机会，系统地向学生宣传马克思主义的历史观。在成都期间，杨东莼还担任了《西方日报》①、《华西日报》等进步报纸的特约撰稿人，积极支持人民解放战争。

1948 年 3 月 15 日，《大公报》在香港复刊，实现了出版同时发行的计划。杨东莼时任《大公报》的顾问，并担任《文汇报》评论委员会委员。

8 月，杨东莼转任厦门大学教授。此时，中国人民解放战争节节胜利，捷报频传，刘邓大军已抵达长江边，待命渡江南下，全国将要解放的局面已完全明朗化了。但是国民党仍垂死挣扎，在蒋管区进一步迫害进步人士和革命力量。在这种冰火两重天的政治形势下，在厦门大学还不到三个月，杨东莼就收到陈此生的来信，信中转达了中共华南局书记潘汉年约杨东莼到香港的意见。

10 月，曾经参与了福建“六一事变”的陈公培从上海来到厦门，找到在厦门大学任教的杨东莼和张圣才。张圣才介绍了他在福建民联的工作情况，并将今后工作设想说了一下。三人相互商量后，认为张圣才的工作应该与中共华南局直接联系，便决定由杨东莼去香港向潘汉年请示。在暮色苍茫中，他满怀希望地离开了厦门大学，乘轮船抵达香港。

几天后，杨东莼致信陈公培，说：“大风兄（潘汉年）请你陪同圣才兄来港一趟。”在杨东莼的来回斡旋下，张圣才来香港的第二个晚上，顺利会见了潘汉年。潘汉年在谈话中说，随着大军南下，福建也会很快解放，所以，今后的工作重点，应放在策反上，尤其要把策动李良荣起义放在首位。

这次会见顺利结束后，张圣才便回到了福建，杨东莼与陈公培则留在香港，另有任务。

---

① 《西方日报》是在四川出版的与西康方面有关的民营报纸，其“发行旨趣”积极进步：“本报只有一个立场，代表大多数中国人民尤其是西部人民说话。本报同人都是职业报人，极想在这个思想混乱、是非不明的国度里，办出一张态度客观，而且有独立风格的报纸。”

第十一章　短暂的“芳园”

天下之达道五，所以行之者三。曰：君臣也，父子也，夫妇也，昆弟也，朋友之交也；五者，天下之达道也。知、仁、勇三者，天下之达德也。

——《礼记·中庸》

1948年12月，在潘汉年的指示下，杨东莼进入了在中共领导下的达德学院任教。28日，达德学院召开第十四次院务委员会，会议通过聘请杨东莼教授讲授中国近百年史。

香港达德学院是1940年末在中共南方局的直接领导下，由周恩来和董必武指导、由民主人士出面创办的一所大学。办校目的是既可安置内地受迫害赴港的民主进步教授，又可接纳有志求学但无处容身的青年学生。董事长为李济深，杨东莼在广西曾做过他的统战工作，两人相互非常熟悉。

芳园牌坊

“达德”这个富有传统文化韵味的校名，取自《礼记》中庸篇：“智、仁、勇三者，天下之达德也。”校舍借用国民党爱国将领蔡廷锴在九龙青山新墟镇上的别墅“芳园”，周围绿树围绕，朝前眺望是美丽的青山湾好辽阔的大海，当夕阳西下，还能听到远处传来青山禅院悠扬的晚钟声。“芳园”的牌坊在公路边，达德学院的校牌挂在南柱，牌坊俨然成为校门，“芳园”也成为学院的别称。

杨东莼到香港后，受到了各界进步团体和人士的热烈欢迎。在香港的原广西师专、广西大学、广西地方建设干部学校师生，聚集在九龙某饭店设宴热烈欢迎杨东莼。参加欢迎宴会的有张铁生、周钢鸣、成庆生、潘伯津、李志仁等二十多人。席间杨东莼讲了话，他兴奋地说：

> 我在四川这个“乌龟壳”里呆了几年，因革命形势的迅速发展，国民党统治区的白色恐怖、特务活动更厉害，已经到了不能再呆下去的时候了，不得不来香港。现蒙大家的热烈欢迎和款待，彼此能在孤岛重逢相聚，心情十分激动和感谢。现在，全国解放战争的形势发展很快，当前我们的任务，是怎样做好迎接全国解放的准备工作。在香港只是过渡阶段，不久，大家都将要回到内地参加新中国的建设，为实现社会主义而努力奋斗……①

在宴会过程中，大家畅谈了当前的形势和任务，都认为革命胜利的形势发展得如此迅速真出乎人们的意料，如何迎接全国解放，确实要做很多准备工作。在团结热烈的气氛里，大家相互频频举杯祝贺②。宴会结束后，杨东莼为表示鸣谢之意，兴奋激动地唱了一段京戏，听众响起了热烈的掌声和欢笑声。他的自由豪爽之举，证明了他不是一个单纯的知识分子，他非常善于和不同类型的知识分子打交道，他利用和他们一样的教育者身份和对方习惯接受的语言方式，引导他们加强政治认同，走进党的统一战线阵营。这些经验是大“法宝”中的小法宝。

不久，中共中央筹备召开新的全国政治协商会议，在香港的各民主党派的负责人和知名人士在党组织的安排下，纷纷离港北上参加会议。香港达德学院院长陈其瑗也位列其中。这时，经党组织和各民主党派的物色和协商，最终决定聘请德高望重的杨东莼来代理院长最为适宜。杨东莼斟酌再三，接受了这一重任。

---

① 李志仁：《杨东莼与香港达德学院》，中国人民政治协商会议全国委员会文史资料委员会：《文史资料存稿选编》24—教育，中国文史出版社，2002：982。

② 李志仁：《杨东莼与香港达德学院》，中国人民政治协商会议全国委员会文史资料委员会：《文史资料存稿选编》24—教育，中国文史出版社，2002：982。

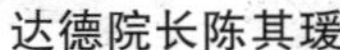
达德院长陈其瑗

达德董事长李济深

达德学院与当年香港《华商报》并称为港九文化的“双子星座”。它的办学方向、课程设置、教学方式都是在党的领导下，根据当时革命实际与民主党派和爱国民主人士共同协商制定的，极具时代特色。这里有众多名师、学者竞放异彩，数百名渴求知识、立志报国的莘莘学子散发着青春蓬勃的朝气。

达德师生欢迎国际学联

学院设本科及专科，以本科为主。有政治、商业经济、国文三个系和新闻专修班、预备班，属文法学院性质。该院于 1946 年 10 月 20 日正式开学，国内不少知名的专家学者被邀到学校授课，如：何香凝、乔冠华、茅盾、曹禺、郭沫若、侯外庐、千家驹、沈志远、邓初民、杜国庠、周钢鸣、司马文森、黄药眠、钟敬文、陶大镛、胡绳、林林、萨空了、高天、莫乃群、石兆棠、黄焕秋、赵元浩、翦伯赞、狄超白等。学院以“学习自动，学术自由，生活自治”为教学实践目标。因其“进步”色彩，为港英当局所不容，随时面临着停办的可能。

在这样的特殊紧急时刻，一位有高深学问的著名学者和有丰富经验的教育家来接任院长，达德学院的全体师生是热烈欢迎的。

达德学院

1949 年 1 月 25 日，达德学院召开第十五次院委会，由杨东莼主持会议，会议讨论的事项计有：(1) 通过各系班课程及教授名单。除原有教授全部留任外，还增聘陶大镛为教授，另拟聘占奕楠、赵元浩等为教授，杨敏为副教授，由各系主任与代院长商洽后聘请，再提交院委会追认。追认杨东莼为政法法政系主任。(2) 决定春季招收商经、文哲、法政三系新生各一班共 120 名。

杨东莼代理香港达德学院院长后，学院面临两大棘手难题：

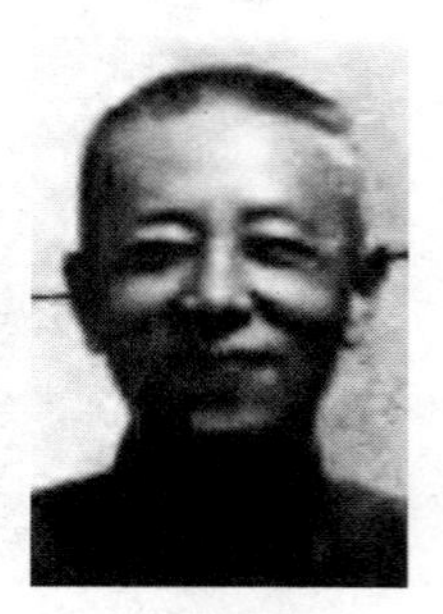

在达德的杨东莼

一是政治上的问题。国民党特务与港英当局勾结，对达德学院不断施压，四处散布说：“达德学院是共产党主办的，是为共产党培养人才的。”他们多方加强对达德学院的监视，先后派特务伪装成学生进校捣乱，被发现就偷偷地溜出校门。他们还限制学院的发展，不准增设新系，不准扩大招生人数，还无理要求院方将政治经济系改为商业系，甚至对扩建校舍、增建教室和学生宿舍，都不予批准。

二是经济上的困难。达德学院是靠艰苦创业的精神办起来的，有限的开办费也是靠捐助得来的。因学院收费不高，有些学生是先上课后交费，有些学生甚至交不起学费，所以靠每期收的学生学费，远远不够维持开支。而教职工的月薪并不高，不少教授还是义务来上课的。

对于政治上的阴谋和压力，杨东莼据理力争，带领学院全体师生，坚决给予抵制和斗争，并取得了胜利。对于经济上的困境，杨东莼一方面号召要把一分钱当作两分钱来用，计划节约开支，精打细算；另一方面做好教职工的思想工作，鼓励大家艰苦奋斗，办好学校，迎接全国解放。

当时在师生中流传着一句话：“达德学院是在困难中前进的。”杨东莼以“明知山有虎，偏向虎山行”的革命精神，以满腔热情、积极负责的态度来努力办好这所新型的革命的大学。尽管香港是个弹丸之地，但政治形势十分险恶复杂，他镇定自若，排除干扰，力求保持正常的教学秩序，一直亲自讲授中国近百年史课程，并作政治形势报告，号召师生做好准备，为迎接全国解放、建设新中国而努力。

作为代理院长，杨东莼紧密依靠中共及各民主党派的组织，争取各方面进步力量的支持。据当时的学生说，与党组织和各民主党派的联系，除了他直接联系外，有很多事情是通过周钢鸣进行的。周钢鸣是地下党员，也是民盟的成员，当时是达德学院的教授，与杨东莼的关系很密切。早在杨东莼主持桂林广西地方建设干部学校时，周钢鸣就在该校做政治指导员，实际是杨东莼的助手。杨东莼有很多事情是通过周钢鸣向八路军驻桂林办事处汇报请示的。到香港后，周钢鸣仍继续担任这一重要而光荣的任务①。实际上，从1935年在上海由曹亮介绍第三次入党后，杨东莼一直都在党的领导下开展工作，他善于团结同志，而当时统战工作的实际需要他不公开身份，这是他顾全大局、服从组织、甘于奉献的精神表现。

当时，在校任职任教的多是著名的学者、教授。先后任教务长的有陈此生、杜国庠、朱智贤；政治系主任邓初民；经济系主任沈志远；文哲系主任黄药眠；预备班主任张明生。教授有千家驹、张铁生、梅龚彬、翦伯赞、陶大镛、费振东、冯乃超、叶启芳、周而复、丘克辉、梁若尘、宋云彬、林伦彦、李伯球、李相符、楼栖等三四十人。全校形成了浓郁的研究学术、开展讨论的生动活泼的学习风气。

加之，杨东莼很重视开展学术研究活动，经常聘请学者名流来校讲课或作专题讲座。如1949年1月18日，叶圣陶在他的《旅途日记五种》之《北上日记》中写道：“塘沽亦已攻下。长江北岸，国民党几乎尽撤。南京

---

① 李志仁：《杨东莼与香港达德学院》，中国人民政治协商会议全国委员会文史资料委员会：《文史资料存稿选编》24—教育，中国文史出版社，2002：983。

政府尚会议纷纷，迄无应付之方。杨东莼来，谈一时许。渠在青山达德学院，主持系务。”[①] 2月6日，杨东莼邀请叶圣陶到校访问讲学。

达德学院民主礼堂，很多知名学者都在这里作过专题讲座

杨东莼的领导艺术水平很高，每次会议的讲话不仅内容好、理论水平高、逻辑性强，而且深入浅出、生动活泼，很有说服力和煽动力，效果很好，师生都很佩服。李志仁回忆：

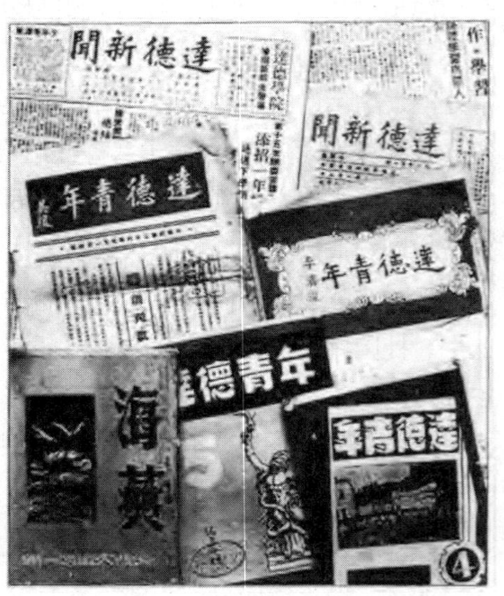

达德学院师生共办的刊物

> 有一次杨院长在学校的民主礼堂作报告，讲当前形势和任务，使大家提高了认识，增强了信心和干劲。杨东老在1939年主持桂林广西省地方建设干部学校时（当时我是该校第一期的学生），经常在露天广场对一千多师生讲话，一讲就是三四个小时，从来不带讲稿，当时也没有扩音器。但

① 叶圣陶：《旅途日记五种》，生活·读书·新知三联书店，2002：126。

由于讲得有内容，讲得精彩，人们都聚精会神，听得津津有味，全场鸦雀无声。所以，凡听过他讲话的，都会留下深刻印象。人们称赞说：“杨东老确是一位能写、能讲、能做的全才。”①

杨东莼在达德学院指导学生的读书方法值得一述，据学生彭易庐回忆：

有一次他看到我手里拿着一本大部头书，他接过去看，见是《资本论》第一卷，就郑重地打开来。我在书页里面用红线绿线划，又用密点圈，我满以为杨先生会嘉许我肯用功，谁知他翻了许久，冷冷地问：“你一天能看多少？”我惭怍起来，结结巴巴地说：“最多十几面。”他听了立刻笑起来说：“看这样的名著，最好先看基本介绍它的书，看它的序言和章节标题和知其大意，然后找出它的精辟地方仔细咀嚼，这是一种活读法。”②

杨东莼著过许多书，但他在学生面前从不承认自己是什么专家，有一次彭易庐在香港旧书店买回他著的《中国学术史讲话》，他接过来看看，立即说：“你正没有钱，买它做什么，留着吃一碗面还好些。”彭易庐问他想不想再修改出版，他连忙摇头：“我没有死，它已死了。死者不能复生。”说罢哈哈大笑起来。过不久，他低声对彭易庐说：“我不喜欢自吹自擂，明明是东抄西抄，却说是什么专著，我还有一本《本国文化史大纲》，当时北新书店老标什么专著，我只肯写‘编’——老老实实嘛。”寥寥几句，足见他为人谦逊大度，以及对学术充满敬畏。

据彭易庐回忆，杨东莼非常博学，对政治、经济、历史、文学甚至自然科学都有很深的造诣。

无论西洋哲学、印度哲学，他都讲得头头是道，甚至外国有名的诗人，也能如数家珍，如拜伦的《哀希腊》，他就可以背诵两种译文。他对中国的古历法、古音韵学也很有研究。有一次，他一人在教授休息室想什么问题，我打门前经过，他叫我进去，问：“‘松’字，你家乡怎么念？”我说：“cun”。他又问：“‘大’字呢？”我说：“dai。”他点

① 李志仁：《杨东莼与香港达德学院》，中国人民政治协商会议全国委员会文史资料委员会：《文史资料存稿选编》24—教育，中国文史出版社，2002：983。

② 彭易庐：《杨东莼二三事》，达德学院校友会：《达德学院建校五十周年纪念文集》，广东人民出版社，1996：163。

了点头，说："最近我发现广东话和湖南话有许多字土音相同，不单这两个字。"接着他将"松"字和"大"字的普通话和土话说了两遍，说古音韵学和语言学还有许多问题未解决，由此在政治上他得出一个结论：即我们伟大的祖国是一个伟大的统一体，根本不能分割。最后他对蒋家王朝划江而治的幻想发议论说："鼎足三分、南北朝，只是做梦，老百姓是不会答应的。"①

这段文字形象地呈现了杨东莼徘徊于学政之间的心灵状态，从学术到政治的思维跨越，就如一条淙淙的河水，毫无阻滞地向前奔流。可以说，杨东莼对学术、政治、文化的三种关怀是深度交融的、自然流露的、无私公正的，没有任何马基雅维利主义者的功利色彩，这和他坚定的马克思主义信念有着密切关联，相信"人民群众是历史主体的创造者"的他，始终站在广大底层百姓的角度看待政权更替。顺势者昌，逆势者亡，这是一条亘古不变的真理。他对濒于崩溃的蒋家王朝划江而治的幻想嗤之以鼻，认为中国共产党建立人民民主专政政权是民心所向。

对现实政治的关心，也使他经常与学生探讨历史人物的施政得失。彭易庐清晰记得：杨先生说刘备喻自己和诸葛亮为"如鱼得水"，应该说政党是水，党员是鱼。又说：刘备亲自率兵入川，是失荆州的张本，当时派赵云带重兵去可能会使后来局势有另一个新局面。又说诸葛亮的最大缺点是不会培养人才②。这些只是彭易庐脑海里记住的一小部分，杨东莼对历史人物评价常有人所未发的见解。但他自己很谦虚，总是说：自己评价历史人物的观点只是老生常谈，算不了什么新观点③。

杨东莼的谦虚治学态度，相反，显示了他的自信与能力。他对事业的前途并没表现出有什么忧郁，但也不盲目乐观。他是一个很有自信的、能以自己的理智控制情感的极为明智的人。

"以古为镜，可以知兴替；以人为镜，可以明得失。"很多人都知道历

---

① 彭易庐：《杨东莼二三事》，达德学院校友会：《达德学院建校五十周年纪念文集》，广东人民出版社，1996：166。

② 彭易庐：《杨东莼二三事》，达德学院校友会：《达德学院建校五十周年纪念文集》，广东人民出版社，1996：166。

③ 彭易庐：《杨东莼二三事》，达德学院校友会：《达德学院建校五十周年纪念文集》，广东人民出版社，1996：166。

史对于现在、将来的借鉴警示作用，但是如何从纷繁芜杂的历史中找出正确的经验教训，却是需要披沙炼金的功夫，需要有敏锐深邃的眼光。

杨东莼对中国历史的兴亡得失与人物评价，早在20世纪30年代就已有诸多新论。如他在《谈谈历史的教训》中，首先回顾过去的那场“中国社会性质大论战”，针对目前一些学者再次出现的错误认识，“或把目前的情势，和明末的情势看做一样，拿帝国主义和满洲对比，拿李自成、张献忠和朱毛对比，或认为在一九二七年以前，封建残余势力是存在的，但是一九二七年以后，封建残余势力已经让位给资本的势力”①。那场社会性质大论战最后的结果，以持马克思主义理论观点的一方胜利，正如他所说：“近百年来的中国史，是国际资本主义对中国的侵略史，同时也是中国逐渐走向半殖民地化的历史，这是任何人都不能否认的事实。”②

他还指出另外三种错误看法。即：“第二种把中国衰弱的过失，归在李鸿章一人身上；因为李氏主持外交数十年，处处遭逢失败，丧权辱国。第三种国民对于那为了民族的独立和捍卫而奋斗的人们，固然崇拜，即对于那些为了国家的防卫而忍耐和忍辱者，也表深厚的敬意。前者的例太多，后者的例，只与明末的熊廷弼就够了。国民对于不量力的浪战派，如宋末的贾似道，虽不同情，但对知其不可而为之的文天祥、史可法又认为无上的人物。第四种过于强调了中国历史上民族英雄的作用，却忽视了大众的力量。”③

20世纪30年代中国学术界出现的“中国社会性质大论战”，起源于马克思著名的“亚细亚生产方式”理论。围绕这个理论，国际学术界曾展开激烈争论。争论波及中国，社会性质论战由此发生。论战主要围绕以下问题展开：中国是否存在过“亚细亚生产方式”时代；中国有没有奴隶社会阶段；中国近代社会是“半殖民地半封建社会”，抑或为“封建主义与商业资本结合”的社会。王礼锡读过马克思的书，并尝试用唯物主义解释历史。具有学术与史学的敏感的他深知论战的意义，于1931年创办了《读书杂志》，并以职业和身份的便利为组织和推动论战提供了方便。杨东莼与胡秋原、张竞生、王亚南、周谷城等知名社会科学家成为这本杂志的主要撰稿

---

① 杨东莼：《谈谈历史的教训》，《申报每周增刊》，1936，1（21）。

② 杨东莼：《谈谈历史的教训》，《申报每周增刊》，1936，1（21）。

③ 杨东莼：《谈谈历史的教训》，《申报每周增刊》，1936，1（21）。

者。虽然，名为历史的论战，而实际都是围绕着现实问题展开的，如杨东莼发表的《评所谓读书运动》。通过参与这场论战，杨东莼更加坚定相信马克思主义真理是经受得住各种思想流派的考验和挑战的。

马克思主义的科学性和真理性同样经受得住时代的考验，他认为，“如果这一理解不错，则中国目前的情势，就必然和明末的情势绝对不同，时末的满洲决不可与今日的帝国主义同日而语，慢说李自成、张献忠不能和朱毛对比，甚至和太平军、义和团也不能对比。这是最显明的道理，丝毫用不着怀疑。如果这一理解不错，则不能不说一九二七年前后的中国社会性质并没有根本的痛苦经。在此中国革命的任务和对象，也就没有根本的改变。如果这一理解不错，则中国之所以积弱如此，决不能归罪于李鸿章主持外交的失败，而是国际资本主义侵略中国的必然的结果。我相信要这样地去理解，才不会使历史的教训失却其可宝贵的意义和作用，才不会把中国革命的前途估计得不正确。”①

这一结论表明了近代中国社会的性质和主要矛盾，决定了近代中国革命的根本任务是推翻帝国主义、封建主义和官僚资本主义的统治，为建设富强民主的国家、改善人民的生活、确立人民当家做主的政治地位扫清障碍，创造必要的前提，很明显地支持当时朱毛领导的工农苏维埃政权。尽管经历了大革命失败后二十余年的颠沛流离的日子，杨东莼始终是一位意志坚定且富奇思的马克思主义历史学家。

他经常告诉学生一些治史之道：“搞专史的人如果不博，就专不进去。”又说：“中国近代有个专家写了本文学史，给学问渊博的人一看就知道他对其他方面太无知，影响他专著的学术价值。”他还说：“给人笑话的书最好不著。”当好奇的学生问及那本书的作者是谁，他微笑着，说这是语德问题，不必指名道姓②。

“什么名人怎么说，论文怎样？你自己又说什么？”杨东莼对许多事情的看法都有独特见地。他和学生谈话时常说他最不喜欢引经据典。他说他看引经据典的文章，只大略看看它引的什么，就知道他文章的好坏。他在

---

① 杨东莼：《谈谈历史的教训》，《申报每周增刊》，1936，1（21）。

② 彭易庐：《杨东莼二三事》，达德学院校友会：《达德学院建校五十周年纪念文集》，广东人民出版社，1996：164。

很多场合都说：“引经据典的文章只有浪费纸张，浪费读者的时间，其实作者什么也没有说，这样的文章其实不写还好。”①

杨东莼心直口快，但对统一战线内有关人物从不臧否。有时给学生们问得急了，他多用婉转的言辞来作简短的答复。人听了最初感觉似乎模棱两可，比较圆润，但事后细想起来，他简短的言辞是经过精心锤炼说出来的，每一句话每一个词都各具褒贬。他谈到郭沫若先生时说：“郭老非常聪明，他利用日本文的材料著了一本又一本书，对不懂日本文的人来说是不可想象的。”②

谈到吕振羽时，他说：“有人曾对我说过，吕的《中国政治思想史》材料是抄陶希圣的。我就给吕辩护过。据我所知，吕是用死功夫的。”他的意思是说吕振羽先生不会抄陶希圣的资料。有一次，彭易庐和他谈起小时候在圹田战时讲学听过吕振羽先生的课，深深地赞叹吕先生对彭易庐的启蒙作用，他点了点头，但不久又说：“他的文章太露，好像一个雄鸡公似的。”彭易庐请他具体地说，他笑而不答。

杨东莼好穿长袍，经常穿着灰色的布长衫，和郭沫若、茅盾西装革履不同，他生得白皙，身材清秀，当时他年已半百，但看来不过三十多岁，学生都说他风姿潇洒，言语妙趣横生。

有一次，他踱着方步忽然转身对李志仁说：“你看我像个什么人?”李志仁开玩笑地说：“玉树临风前。”他怕院长生气，立即更正，抢着说：“像军师诸葛亮。”杨东莼得意地笑了起来，对李志仁谈曾经做说客的经历，说人家提了中外古今三十多个问题，他一口气做了解答，最后他得意地说：“真是诸葛亮舌战群儒。”③

显然，因为过去一直为革命东南西北四处“打杂”，所以，他以“甘草”自喻，这是一种谦逊而巧妙的自我肯定。

杨东莼知道李志仁穷，每逢李志仁在刊物上发表文章，就托人帮李志

---

① 彭易庐：《杨东莼二三事》，达德学院校友会：《达德学院建校五十周年纪念文集》，广东人民出版社，1996：163。

② 彭易庐：《杨东莼二三事》，达德学院校友会：《达德学院建校五十周年纪念文集》，广东人民出版社，1996：164。

③ 彭易庐：《杨东莼二三事》，达德学院校友会：《达德学院建校五十周年纪念文集》，广东人民出版社，1996：165。

仁代领稿费，由他亲自带给李志仁，以免李志仁花时间和花车费去领。

当校务处的负责人汇报工作时，抱怨着说有些穷学生交不起伙食费，在有钱的同学吃完饭后，偷着去吃剩菜、剩饭。校务处想要禁止这种现象，杨东莼却摇头不肯，他的理由是南洋来的同学有的是钱，内地的同学多是受迫害来的，让他们去吃也无妨。

一日，杨东莼把这种情况告诉李志仁，虽然没有公开地叫他去吃，但使李志仁得到一种暗示，似乎是有“金吾不禁”之意。于是，李志仁大着胆子去吃了四次，过了几天，杨东莼知道了，把李志仁叫去，也不言明，问他是不是穷得没饭吃，并表示可以少量资助他。李志仁红着脸以“体验生活”四字敷衍过去，但自此以后，他就不敢去吃这种“白相饭”了①。

香港的环境是复杂的，斗争很激烈、尖锐。1948 年年底到 1949 年春，敌方不断放出消息，说“达德学院不停办，就采取封闭的办法”等。气氛越来越紧张。杨东莼教导大家提高警惕，坚决开展对敌斗争。当时采取的对策是：坚持正常的教学秩序和教学活动，争取上层支持，继续把学校办下去；有计划地将进步的同学撤退到解放区、游击区去；事先做一些应付紧急情况的准备和措施。

当时港府执行反动的政策，距离杨东莼来达德学院任教还不到三个月的时间，2 月 22 日，港英当局会同行政局下令将其封闭，而这一过程是蓄谋已久并经过周密策划的，达德学院被迫停办。中共中央香港分局召开会议讨论善后的工作。据黄焕秋回忆，2 月 25 日，方方主持分局会议，讨论达德学院被迫停办事宜，杨东莼作为代理院长与夏衍、乔冠华、饶彰风、苏惠、黄焕秋、潘汉年出席了会议。

杨东莼汇报了向港英政府交涉的经过和全体师生的思想动态，进行研究讨论后，方方总结发言并正式决定：(1) 港英政府取消达德注册，是和国民党反动派预谋一起打击民主进步力量的表现。从大局出发，稳定学校全体师生员工情绪，只通过舆论指责港英政府，不作针锋相对抗议行动，保证民主人士北上参加人民政协不受干扰；(2) 海外回来的学生和大部分教师去北平，学生可以参加工作或继续学习；(3) 大部分学生和职工干部，

---

① 李志仁：《杨东莼与香港达德学院》，中国人民政治协商会议全国委员会文史资料委员会：《文史资料存稿选编》24—教育，中国文史出版社，2002：983。

转移到华南游击区参加工作；（4）商业经济系学生留港转到新办的建中财经学院继续学习，以后由“财经委”负责送回内地解放区参加财经、贸易和银行工作。这一次会议，在华南报社董事长邓文钊公馆举行①。上述会议精神，由杨东莼、张明生直接向师生作了传达和布置，随后，师生分头撤离。由总务主任杨伯恺负责处理学生的善后工作。

关于达德学院被封闭及事前的经过，现存的文献有中共中央香港分局1949年3月2日致中共中央暨统战部的电报，内称：“子养港督下一通牒，指出该学院：（1）训练学生捣乱治安；（2）政党集会之所；（3）通讯机关。请学校当局解释有此情形，为何还不取消注册。丑养港督传讯学校当局，经15分钟之询问师长6个，问题集中查问及这些意见的通讯联络，学校方面没有集会解释便命令退堂，梗便命令教育司执行，并由新闻处发表公报。”“达德学院已在‘违反香港及其他地方治安’名义下被港督丑梗下令封闭。”“恢复已无挽回希望，我方只得有组织有计划的撤退与办理结束。学生尚镇定，特务虽未到校捣乱，但在公路上检查学生，并没收袋中的日记及信件。不久之前曾有学生曾锐因与游击区通讯被捕，并送至澳门。英军曾在学校周围举行作战演习，并向学校作射击状。”②

达德学院被封闭时，正值北平解放后，全校师生都沉浸在胜利的喜悦中，加上新学期即将来临，1949年招生工作正在进行，校园里正是一片欣欣向荣的景象，突然传来学院港英当局取消注册、实即封闭的噩耗，全校400余名学生面临失学的困境，当然无异于晴天霹雳，令人震惊和愤怒至极。亲身经历此事的林滨和几位同学，看着校方寓意深长的布告后，心情十分沉重，对港英当局的无理行径十分愤慨，大家相对无言，心心相通。

> 本院本思想自由，学术自由之民主精神，讲求实学，培植人才，以服务于侨胞子弟及祖国人民，创办迄今，诸赖同仁诸同学团结合作，擘划经营，不辞劳苦，规模粗具，乃奉香港政府命令“撤销注册，即日封闭”，心心所痛，未可言宣。旬余以来，诸同学镇静自持，静待处

① 黄焕秋：《方方与香港达德学院》，《方方研究》（上册），广东人民出版社，1996：248。

② 中央档案馆、广东省档案馆编：《中共中央香港分局文件汇集1947.5—1949.3》，1989：448。

理，此种严肃负责的态度，爱护学院之热忱，至可感佩。学院方面，深知本院之存在，有关诸同学切身利益及华侨教育之前途，故殚精竭虑，力图挽救。卒以限于时地，种种筹谋，悉无成效。诚恐迁延日久，不特无补大局，甚且徒增困难，经三月三日防与董事会慎重考虑，决定宣布结束。诸同学深明大义，定能体谅，尚望珍惜时间，努力前程。①

1949 年 3 月 4 日

3 月 12 日，杨东莼以陈其瑗院长名义贴出布告：

查本院结束工作大致就绪。所有结束未完之工作经决定限期于本月十五日前完成。自十六日起全部停止办公。此布。

中共香港分局书记方方

杨东莼对学院结束工作做了周密的布置，并派专人负责登记全部财产（家具、图书馆设备等），封存了全部文书档案，并留下专人看管。应王芸生、周太玄的邀请，结束工作处理完毕后，杨东莼随后全身心地投入了香港《大公报》的顾问工作中②。

杨东莼曾与潘汉年再三商量，认为国内《大公报》在新中国成立后固然有一定的历史使命，而香港《大公报》在今后一个时期内更有其特殊任务，潘汉年于是同意杨东莼参加《大公报》工作，并要求他利用《大公报》的关

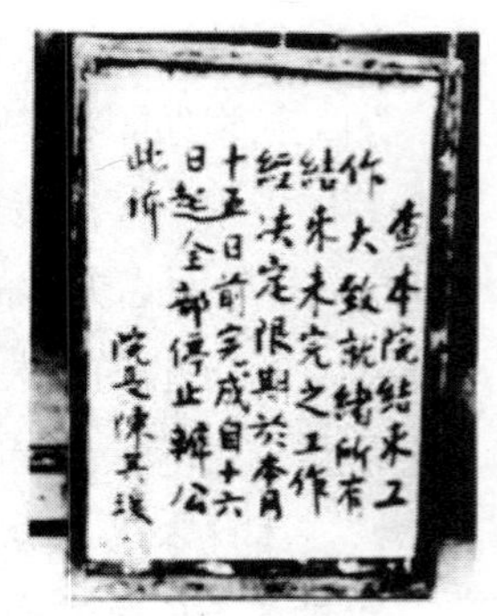

查本院結束工作大致就緒所有結束未完之工作經決定限期於本月十五日前完成自十六日起全部停止辦公

此佈

院長陳其瑗

达德学院停办布告

① 达德学院校友会：《达德学院建校五十周年纪念文集》，广东人民出版社，1996：276。

② 陈其瑗 1948 年 10 月 10 日仍在香港，则杨东莼接替达德学院院长的时间应在 1948 年年底，而该院于 1949 年 2 月 23 日被查封，所以杨东莼在达德学院的时间最多是三个月。

系做了一些统战工作，对《大公报》工作人员进行了团结改造工作[1]。如5月间，曾任李宗仁之总统府秘书长的翁文灏来到香港，杨东莼与周太玄先后都到他家做他的工作，劝他回国。

1949年，在东北解放区举行了声势浩大的第一次全国学生代表大会，《大公报》的负责人周太玄邀唐振常写一篇社论，这是他在《大公报》写的第一篇社论。没想到，过了几天，杨东莼也同样写了一篇学生运动的社论，他引用了鲁迅“血债须用同物偿还”，将“同物”误写为“动物”，引起同一壁垒的报纸大加批评，年纪尚轻的唐振常对这种无限放大错误的批评不能接受，而且很不理解。没想到，杨东莼反倒笑着说，他已经和这位化名作者（后知为潘汉年）谈过，乃是一时笔误，对方误以为有其他意指而作此文。因为杨东莼的心胸大度，一场不必要的误会就这样没有了。

① 何砺锋：《杨东莼与广西》，广西师范大学社会科学联合会：《纪念杨东莼先生文集》，广西师范大学出版社，1994：76。

第十二章　“一个非广西籍的广西人”

我愿做一个像苏联电影《乡村女教师》里那个摇铃打钟扫地的人。打打杂就好了。

——杨东莼语

1949年，新中国成立后不久，杨东莼从香港来到北京参加全国政协一届一次会议。其间，杨东莼受到周恩来总理单独接见，周总理对他作了八个字的评价：“见多识广，胆小如鼠。”并且，语重心长地对杨东莼说：“你不能再打游击了，应该归队；现在你应该把红旗插起来啦！从来只有个人找党，没有组织来找个人。”在谈到杨东莼今后的工作问题时，周恩来总理提出了两个方案，让他考虑和选择：一是出任上海市教育局长；二是回广西任大学校长。

回到府学胡同的家中，碰巧见着了刚到《华北解放军报》学习的二儿子杨慎之，杨东莼更是高兴不已。据杨慎之回忆，父亲认为周总理的话使他受到了十分深刻的教育，他还万分内疚地说：“周总理说的‘见多识广’对我是一种鞭策，‘胆小如鼠’则是痛下针砭，是忠言良药。我是一个孤儿出身，我再不能失去政治上的母亲，一定要认真总结教训，积极争取插上红旗。”把党比作母亲是经过了五四运动的洗礼、接受了马克思列宁主义的革命知识分子的共同命运与追求。这些话代表了为了革命胜利、一生四方奔走的杨东莼对党的一颗赤子之心。

周恩来总理说的两个工作选择的事情，尽管老朋友潘汉年也力邀他去上海共事，但自从20世纪30年代起，杨东莼曾经几次入桂，两次主持教育工作，似乎已与广西的教育事业结下了不解之缘。加上，李维汉以及准备回广西工作的张云逸也找杨东莼谈话，劝他回广西工作。此时，杨东莼经过再三考虑，毅然选择了到条件比较艰苦的广西任职。

1949年10月，杨东莼被正式任命为广西大学校长。随后，李克农又找到他，说了一些今后工作的方式，并说：“你现在背上又插上了红旗，希望你多多努力。”

1950年2月底，背负着周恩来总理的信任与嘱托，杨东莼随广西省主席张云逸来到桂林。广西和上海相比，差别之大是可想而知的。如果从个人的角度考虑问题，恐怕谁也不会选择来广西。然而，杨东莼却做出了这样不可思议的选择。一方面是他对广西这片曾经战斗过的红色土地的感情，另一方面是他对共产党母亲的眷念与“愧疚”，因为他是极其自律的一个人，尽管他对马克思主义的信仰始终是热切而坚定的，他为马克思主义在中国的宣传与实践奋斗不已，他甚至冒着风险为党的统战工作作出了鲜为人知的努力，但是他又是一个怀有赤子之心的知识分子，过去因为一些客观因素，他无法公开地投入革命，这使他感到困惑和烦恼。现在，他希望自己能更主动地投入到社会主义建设中，成为一名又红又专的无产阶级革命战士。

一、打响第一炮

3月2日，在广西省委第一书记兼省长张云逸、中国人民解放军桂林军事管制委员会文教部长刘宏的陪同下，杨东莼来到位于将军桥的广西大学就职。

全校师生员工集合在学校的礼堂里，在一阵阵经久不息雷鸣般的掌声中，杨东莼在张云逸的陪同下，走上了主席台。他身材高大，穿着一身黑呢子中山服，头上戴一顶黑呢子解放帽，满脸笑容，神采奕奕，特别引人注目。杨东莼对学生说：“我愿做一个像苏联电影《乡村女教师》里那个摇铃打钟扫地的人。打打杂就好了。”①

杨东莼来校时，除组织上给他配备的警卫和司机外，没有随带任何人。他住在桂林市内，每天上午乘帆布吉普车到广西大学办公。冯曼莹依旧在家当主妇，没有担任社会公职，子女不在身边，没有雇请保姆，两人生活俭朴。

---

① 王枬、黄伟林：《校长纪事》，《广西师范大学历任校长故事集》，广西师范大学出版社，2012：11。

新中国成立初期，当时广西大学的校舍相当简陋，学生宿舍都是平房，有的是木板房。校部工作人员都在一座面积很小的三层小楼办公，外表像一座小庙宇。

1952 年，杨东莼与夫人冯曼莹在广西大学寓所门前留影

尽管条件异常艰苦，但是与新中国成立前在广西师专和广西地干校时期不同的是，过去，他只能像一只埋伏地下的“鼹鼠”，隐蔽他地下党员的身份，在国民党统治下，他必须想尽一切办法才能播撒马克思主义的种子，培养进步青年学生，他只能通过联络员秘密地与党组织进行间接联系。此时，红色旗子遍地飘扬，杨东莼作为校长显得格外精神焕发。他在中共桂林市委的具体领导下，依靠学校的党团组织，团结原有班子，顺利地开展各项工作，学校的教务长张先辰教授和总务长石兆棠教授成为他得力的助手。

到校后，他遇到的第一件大事是接纳广西国立南宁师范学院。为了做好迎接工作，他动员师生员工积极准备。他在动员会上诚恳地说：“这次迎接工作，是我上任校长后的第一炮，请大家一定要努力帮助把这一炮打响呀!”

1950 年，杨东莼在广西大学办公室

3 月 16 日上午，广西国立南宁师范学院教育、国文、史地、英语、数学、理化、博物 7 个系的师生员工 358 人，一到桂林火车南站，就受到了早在那里等候的广西大学师生员工的热烈欢迎。南宁师范学院并入广西大学，改制为广西大学师范学院，院

址在紧靠广西大学本部的科学馆和原造纸厂处，经过短短的几天安排，便开始上课了。

开学后，杨东莼利用星期天，多次约师范学院的学生代表到他家里谈话，询问他们到桂林后的思想情况和实际困难，并对代表说过，师范学院学生一般出身贫寒，思想较易进步，又有民主斗争传统，因此寄予较大希望，希望大家在思想改造和建设新广西大学方面带个头，同时要团结原有的老师，共同奋斗。

新中国成立初期是社会大变动时期，新旧思想在广大师生员工中很突出。杨东莼上任后，紧抓思想教育，亲自对师生员工作报告，宣传党的方针政策，引导大家继承和发扬学校的好传统，在教好学好专业知识的同时，努力提高思想觉悟；引导大家要听党的话，积极响应党的号召，参加各项政治运动；要接触实际，参加社会实践活动；引导大家要关心国内外大事，认真学习时事政策。杨东莼的报告很生动，言简意赅，针对性强，很能解决大家思想认识上存在的问题，大家特别爱听。常常有老师或学生，事先请了假，但得知杨东莼校长作报告，又改变计划，自动留下听完报告。

二、广纳贤才

1950 年的一天，杨东莼到北京开会，从在北京大学历史系任教的弟弟杨人楩教授口中探知，有个广西籍青年钟文典从北京大学毕业后，正在北京大学工作，担任郑天挺教授的助教。杨东莼打算去拜访钟文典。钟文典得知此事，心极不安，心想：哪有长辈先施礼于晚辈的道理？于是，决定第二天先去拜候杨东莼。两人一见面，杨东莼就笑眯眯地拍拍钟文典的肩膀，说：“老弟，我们今天终于见面了。”在后来杨东莼写给钟文典的 20 多封信里，一直都是称“文典弟”，落款“东莼”。杨东莼对钟文典说：“广西大学现在又办了起来，我在负责，我们需要人，希望你回广西去，跟我一起共同办好广西大学。”钟文典说：“我初出茅庐的晚辈，哪有资格能跟您共同办好西大呢?”

杨东莼情辞恳切，再三邀请，钟文典就答应了。钟文典回去跟系主任说及此事，结果被狠狠批评了一顿。系主任说：“你怎么搞的，我好不容易把你从三联书店要回来。”钟文典说：“那怎么办?”系主任说：“你不用管，我去找杨东莼。”杨东莼很会做工作，就对系主任说：“你要用他你就用吧，工资我付，什么时候你不用了，他就回去。”

这样，钟文典的编制1950年就到了广西大学，拿广西大学的工资，但是仍继续在北京大学工作两年，做郑天挺教授的助理，研究中国近代史。头三个月的工资，杨东莼亲自到邮局填汇单寄给钟文典。钟文典感到实在过意不去，就托人代为办理，不再使杨东莼操劳。后来杨东莼了解到钟文典还有一个老母亲在家乡，就又写信问需不需要给老母亲寄些钱回去。“一校之长，能够为我想到这样，真的，这一生我都难忘。”“仅仅这一点小事，对我这一生的影响非常深，我觉得我们做人也应该像他这样。给职工、给群众以无微不至的关怀，以情动人这样的力量是无穷的。”直到1952年9月17日，钟文典才真正到了广西大学，9月21日开始正式上课。

历史系教师钟文典在工作

杨东莼和钟文典是京剧票友。杨东莼非常喜欢京剧，还曾登台演出。钟文典从北京回来的时候，杨东莼千叮万嘱要把他留在北京弟弟家中的大箱子带回来。钟文典回到学校，把大箱子送到杨东莼家里。杨东莼一见面就问：“照片带了没有?”钟文典笑着说：“带了。”钟文典打开箱子，把照片拿了出来，是杨东莼化妆的剧照。杨东莼一见十分高兴，从中拿出一张，问道：“你看，这个像谁?”钟文典说：“很像盖叫天啵!”杨东莼又说：“哎，这个呢?”钟文典说：“像麒麟童的扮相。”杨东莼就笑，说：“哎，老弟，你也喜欢京剧啊?”钟文典说：“校长，不瞒您说，解放后梅兰芳跟周信芳第一次到北京演出，我是卖了两件衣服两条裤子，半夜去排队买了一张票。”杨东莼一听，开心地说：“哎呀！那我们是同道了，同道啊!”两人相对而笑①。

时间过去了半个世纪，钟文典从青年才俊变成了银发老人，可每当说起这些有关杨东莼的往事，都如同发生在昨日般记忆清晰。

① 王枬、黄伟林：《校长纪事》，《广西师范大学历任校长故事集》，广西师范大学出版社，2012：11。

除钟文典这样的青年才俊外，曾任香港南方学院院长的林焕平也是杨东莼积极物色的人才。杨东莼在香港达德学院期间，应林焕平邀请在该院担任近代史的专题讲座讲授。1951 年 6 月，南方学院和达德学院一样的命运，被香港英国政府勒令封闭，林焕平被迫回到内地。杨东莼立即寄来诚挚热情的信：

焕平吾兄：

香港分手后，无时不在念中。前日得知港府摧残南方学院的消息，愤慨万分……

我写此信，是以极端愉快诚挚的心情欢迎老兄来西大帮忙，希望你能屈就我校中文系教授兼主任……

杨东莼热情去信，又打电报，还派学校干部上门邀请。原本中央教育部要林焕平去南开大学任教，中共中央华南局因为林焕平是广东人，华南局需干部，支援广西，责无旁贷，便要林焕平任聘来广西大学①。

知人善任是杨东莼留给广西大学教职工的另一个难忘印象，他在对干部的知、任、放、管方面，确是手艺非凡。当时校务常务委员会的唐肇华提出要回数理系搞教学，他不但不答应，还把唐肇华调到校长室当秘书。杨东莼每天从校外来上班，一般是先听唐肇华的汇报，然后才向唐肇华说明要办的事。他讲完后，便将预先写好的办事单子交给唐肇华，然后分头各忙各的去了。杨东莼不在时，由唐肇华全权负责，有把握的事，唐肇华当场拍板，工作效率很高②。

三、事必躬亲

1950 年 4 月，杨东莼对全体学生作报告，布置开展“打‘鬼’运动”，号召大家要努力学习，树立无产阶级思想，并用它来揭露、批判、打击形形色色的个人主义、自私自利、小资产阶级思想等“鬼”怪。这次运动时间不长，但对学生们正确认识自己、明确努力方向是很有帮助的。他们的

① 林焕平：《魔术师般的大演说家——深切怀念杨东莼同志》，广西师范大学社会科学联合会：《纪念杨东莼先生文集》，广西师范大学出版社，1994：58。

② 杨祖树：《怀念杨东莼校长在广西大学》，广西师范大学社会科学联合会：《纪念杨东莼先生文集》，广西师范大学出版社，1994：159。

思想提高以后，常常利用星期天、节假日，走街串巷，向城乡人民进行宣传活动，有时也邀一些老师参加。这些活动，对了解社会，密切与城乡人民的联系，提高思想认识和组织、表达能力，都有很大的帮助。

杨东莼很关心学生的伙食情况，他经常在学生吃饭时走进学生食堂，了解饭菜情况。一个冬天的中午，学生们正在食堂用餐，杨东莼突然出现在学生的面前。他指着桌上的菜问："不冷吗?"有位学生回答："冷是冷，我们年轻，还可以吃。"杨东莼笑了笑，说："不行，冷菜会伤身体的，得设法给你们改善改善!"不久，学生食堂的餐桌上变了样，装菜的碟子改用铁盘，开餐时每张桌子上都放着一个烧好的炭炉子，铁盘就放在炭炉上，菜冒着气，又热又香。

杨东莼不仅关心学生的生活，也很关心职工、家属的生活。学校有一位厨工，大家叫她朱嫂。她感慨地说："杨东莼真是一个大好人，每逢过年过节，都亲自看望我们，一点架子也没有。"有一次大礼堂演戏，因为人太多，票不够，办公室在分发戏票的时候，就没有给工人家属戏票。朱嫂当时是工人家属，没有得到票。杨东莼知道后，批评工作人员说："不行，工人家属也是人，要平等对待，票不够，可加演一场。"后来果然加演了一场。

据曾经在校总务处当职员、具体负责采购物资工作的彭春成回忆，杨东莼曾对总务处的员工作过专题报告，传授做好总务工作的经验并对总务工作提出要求。他说总务工作要做到"三勤"：一是勤跑腿。到处走，到处看，才能发现问题，不能总是坐在办公室，等客上门。二是勤动嘴巴。多向群众解释问题，回答问题，多说话，多沟通，若沉默寡言，"噤若寒蝉"，群众就不知道你"葫芦里装什么药"，这就等于制造了隔离墙。三是勤动脑子。不仅要勤用腿、勤用嘴，还要用脑子思考问题。能够帮群众解决的问题就应尽力去做，条件不成熟一时做不到的就要向群众解释，这样矛盾就解决了，要让群众满意。"君子成人之美，不成人之恶。"作风正派，"不以善小而不为，不以恶小而为之"。忠诚为人、为事，"精诚所至，金石为开"。他的讲话很有特色，有强烈的感染力。

彭春成等五位学生参加校部工作后，杨东莼在小会议室曾接见他们，面对面地谈话。在这次见面会上，杨东莼谈了一些做总务工作的经验，提出要小心谨慎，不能马虎从事的要求。首先谈了一些他自己的情况，说：

党和国家派我到西大当校长，是对我的信任。现在校内中共党员少，还没有建立校党委，领导工作由我一人负担。我太太是家庭主妇，她为我服务，我为人民服务。国家派一位共产党员给我当警卫员，是对我工作的支持。

杨东莼还说：现在解放不久，百废待兴，西大也很简陋，连抽水马桶也没有，用的都是旱厕。总务处的行政工作很重要也很繁琐，有财务会计、房产管理、伙食管理、采购物资、接待客人等多方面的工作。总务行政工作要谨慎、细心，不能出差错。如房子的窗户，要把风扣扣好，否则一刮风，窗的玻璃就要被打碎，浪费国家财产，要教育师生爱护公共财产。在办公室办公，不管是些公务的信或写私人信件，要检查信内文与信皮是否一致，若把写给爱人的信插到写给父亲的信封内，那么就闹笑话了。插入信内文时，要把对方的名字放在正面，让对方开信时，一打开就看到自己的名字。

杨东莼还关心学生的思想变化。在了解到有相当一部分同学不大关心政治、不愿当教师后，他就亲自上学生的政治课。他通过富有哲理、观点鲜明、生动具体、语言诙谐、针对性强的讲课，教育学生要热爱党的教育事业，安心做教师工作，勉励学生要做一个合格的人类灵魂工程师。他的讲课确实解决了不少同学的思想问题，深受同学的欢迎①。

在一次讲话中，他还谆谆告诫某些学生千万不要有了一点知识就翘尾巴，瞧不起家中的“黄脸婆”，对她们嫌这嫌那，甚至想甩掉她们另找对象，说她们虽然常和牛打交道，和田地打交道，衣服、手脚都比我们脏，可她们的灵魂却大都比我们纯洁。当时一些来自农村早婚的学生确实存在着抛弃“黄脸婆”的思想，听完杨东莼的报告回到宿舍，有人就暗中互问：“为什么这些学生的思想校长都知道?”②

他的谈话，循循善诱，以德服人，以情动人，感染力很强。有一次在办公楼前的马路旁，有好几位学生围着杨东莼交谈，他说：“学生们说我像慈父一样，我的确已经五十多岁了，年龄相当于你们的父辈了。”然后他引

---

① 杨永安：《和杨东莼老校长相处的日子》，广西师范大学社会科学联合会：《纪念杨东莼先生文集》，广西师范大学出版社，1994：169。

② 王枬、黄伟林：《校长纪事》，《广西师范大学历任校长故事集》，广西师范大学出版社，2012：11。

用宋朝学者朱熹的两句诗："少年易老学难成；一寸光阴不可轻。"少年很容易变老，但在学问上要想取得成就却很难，因此应珍惜每一寸光阴。他又说，你们现在还年轻，要关心国家大事，关心集体。明朝学者顾宪成写过一副对联："风声、雨声、读书声，声声入耳。国事、家事、天下事，事事关心。"这副对联写得很好，现在还适用，没有过时。

杨东莼通过谈话与学生沟通思想，很容易地将"国家兴亡，匹夫有责"的道理灌输给他们。1950 年 6 月，朝鲜战争爆发后，在校内先开展批判亲美、崇美、恐美思想，树立民族自尊心和自信心的活动。随后，在校内外开展抗美援朝、保家卫国的宣传教育运动。从 12 月 15 日起，全校又掀起报名参加军事干部学校的运动，各系报名的学生自动组织战斗队，每天利用早操时间进行操练。杨东莼在全校师生员工大会上亲自向各战斗队长授旗，以示鼓励。当时，全校共有 1311 名学生报名，占学生总数的 64%。1951 年 1 月 13 日公布光荣榜，有 103 人被军事干部学校录取。全校欢腾，鞭炮声响彻校园。后来，学校开展抗美援朝捐献运动，杨东莼在大会上带头捐献，他的夫人冯曼莹也将长期珍藏的黄金首饰捐献了。

杨东莼是一位具有远见卓识的教育家，他对学生的爱是发自内心的、深厚无比的。他对教育的态度，正是陶行知"捧着一颗心来，不带走半根草去"的鲜活写照。在近现代涌现的一批伟大教育家，他们虽然才华、个性迥异，但有着共同的心灵图谱——作为教育工作者，在他们眼里，付出与回报的界限是模糊的，甚至是没有的。杨东莼对教育的忠诚与热爱，自然也会延伸到其他工作中去。

据曾在广西大学附小念书的廖有为的儿子廖井丹回忆，当时广西大学有个附属小学，杨东莼不管工作多忙，每年"六一"儿童节都要挤出时间亲自到附小来参加各种活动。这位和蔼可亲的杨校长的到来，也就成为节日里兴奋的高潮，因为他必定要给小朋友们送来他自己花钱购置的礼物——各种图书画册和糖果饼干，这是在那时显得十分珍贵难得的礼物。

> 当时西大校园都是泥巴路，下雨时滑，坑坑洼洼的，有的积水还较深。有次放学时正下着大雨，我们小朋友都戴着斗笠，仍然排成归程队回家。路上，在一处坑洼积水的地段，杨伯伯打着一把红油纸伞，亲自搀扶着幼小的孩子一个一个地过水坑……这个情景在我童年生活

里留下了难以磨灭的印象。①

来广西大学后不久，杨东莼就写信给在四川的廖有为，邀请他来当校长办公室秘书。1951年2月，廖有为办完工作调动手续，来到广西大学。见面时，杨东莼对他说的第一句话就是：“我总算实践了诺言吧，只是没有想到会在桂林见面。”这令廖有为感到十分惊讶，他没想到，事隔多年，杨东莼竟然把当初说的戏言记得如此清楚。

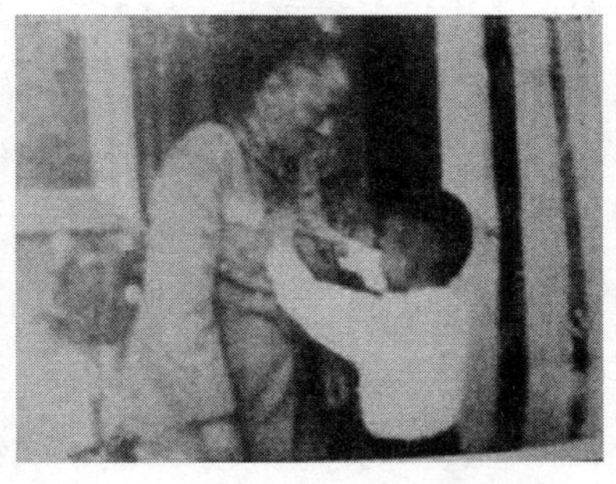

1953年，在广西大学礼堂全校师生欢送杨校长的大会上，10岁的廖井丹（廖有为二子）作为少先队大队长给杨东莼戴红领巾

1951年2月7日，在火车南站，举行了隆重的欢送仪式，热烈欢送被录取的团员和青年走上战斗岗位，杨东莼作为校长发表了热情洋溢的欢送词。接着，市领导把学员们送上火车，学员们所乘坐的车厢内所有的窗户全都启开了，他们伸出并挥动一只只热情的手。在告别声中，火车徐徐开动，逐渐加速，直到火车从视线里消失，杨东莼才缓缓离开。

这年冬天，杨东莼前往汉口参加中南军政委员会会议，推荐杨慎之为程潜秘书。杨慎之于1951年12月26日到长沙报到，开始任程潜秘书。

四、理论与实际结合的教育方针

1951年3月7日，杨东莼作了一场热情洋溢的报告，动员校本部全体师生员工劳动建校，用自己的双手，治好日本帝国主义和国民党政府破坏的创伤，美化校园，创造良好的学习环境。这次劳动建校持续到6月20日才结束，修好校内便道15条，计2493米，开沟挖塘1100立方米，铺路用去碎石米260立方米。校园面貌，焕然一新。在此期间，师生员工还多次到市区内修建街道马路。这些劳动对师生认识劳动的意义和树立劳动观点起了重要作用。

---

① 廖井丹：《怀念敬爱的杨东莼伯伯》，广西师范大学社会科学联合会：《纪念杨东莼先生文集》，广西师范大学出版社，1994：172-173。

为了贯彻理论与实践相结合的方针，各院、系均根据专业要求，走出校门，进行各类实习。如1951年暑假，土木系三、四年级学生55人，到河南省参加治淮测绘工作实习；化学系三年级学生分两组，分别到武汉和广州的肥皂厂、造纸厂实习；法律系三年级学生到桂林市人民法院实习；经济系一、二、三年级学生到桂林市进行私营工商业资本调查。

通过上述一系列活动，师生员工得到深刻的教育，政治素质和社会工作能力大大提高了，专业知识和技能也有了很大的提高。但由于这些活动占用了过多的课堂教学时间，以致一般课程只完成了70％至80％的教学任务。

1951年10月，为了对师生进行阶级教育和政治思想教育，杨东莼奉上级指示，组织师生700人参加土改工作团，并且将文科各系学生都派到钦廉地区搞土地改革工作，让学生亲身参加推翻封建土地制度的阶级斗争，从实践中学习政治，提高自己的政治觉悟。

1951年7月，杨校长在1950级毕业典礼上讲话

当时的土改工作团团长是林焕平。林焕平刚到学校不久，对学校师生的情况不熟，加上知识分子下乡参加土改，思想政治工作和组织工作极难做，有畏难情绪，于是向杨东莼反映说：“我负担不起这个重任啊!”杨东莼却满怀自信地说：“老兄，行！有省、地、县土改委员会的领导，相信你一定可以胜利完成任务。”随后派熟悉师生情况、刚毕业留校工作的团委书记周克彬做工作团的秘书长，协助团长工作。

当时，师生中有不少人是地主家庭出身，而且刚解放不久，农村的生活非常艰苦，农民一天两餐都是吃稀饭和红薯。要师生下乡去做大半年的工作，还要与农民同吃、同住、同劳动，很不容易。

杨东莼完全了解这些情况，他把全体参加土改工作的师生集中起来，作了一次动员报告。他既善于抓住师生的复杂思想，又善于掌握师生的微妙心理，动员报告饶有风趣、雅俗共赏、娓娓动听、妙趣横生。他从封建土地所有制的吃人本质、中国革命的性质，讲到土地改革的革命意义和土改政策，再说到知识分子参加土改，既是帮助农民翻身，又是自己脱胎换骨的改造。动员大会从早上7点半到中午11点半，足足讲了4个小时，中间没有休息，师生听得像喝了红葡萄酒一样兴奋。

动员报告讲完了，在雷鸣般的掌声中，林焕平握住杨东莼的手说：“老兄，你真是一个魔术师般的大演说家呀!”①

1951年夏，广西大学第二次参干运动（参加军事干部学校），杨东莼在报名时讲话

在杨东莼动员之后，工作团的师生满怀高昂的革命热情，出发到火热的土改第一线去了。历时半年，于1952年6月2日胜利结束返校。

学校的文化娱乐活动和民主气氛很好，各系均定期贴出壁报，报导学习情况、系内消息、好人好事、批评建议等。校本部有《壁联新闻》，每天下午晚饭前后写好贴出几大版，以校内新闻为主，内容丰富多彩，师生员工很爱看，特别是晚饭后，《壁联新闻》前常常围满了读者。全校有铅印《人民西大》，每学期出几期，杨东莼的报告，常常全文刊载。校本部还有广播站，每天播三次，及时播送，校内国内新闻。杨东莼的报告录音也常常在晚饭前后转播，有时杨东莼自己也在家门口听。

当时杨东莼虽是以民主人士的身份担任广西大学校长，但他政治性强，思想进步，博古通今，坚决贯彻党的方针政策。他身体力行，言行一致，言教身教兼施，深得广大师生爱戴，他高尚的言行有口皆碑。为了加强对师生的政治思想教育，他邀请广西省委书记陈漫远以及解放军部队内的政

① 林焕平：《魔术师般的大演说家——深切怀念杨东莼同志》，广西师范大学社会科学联合会：《纪念杨东莼先生文集》，广西师范大学出版社，1994：60。

委等领导到校作政治报告。经济系经常在校内的法商楼开展由教授举办的专题讲座，交流学术观点。

校内民主、自由的空气很浓厚。校学生会的干部都由各系学生推荐竞选产生。学校对家庭经济困难的学生实行助学金制度，个人申请后，经民主评定。1952年以后，学生不仅不用交学杂费，并且伙食费也由国家负担，“实行吃饭不要钱”了，毕业后由国家分配工作，无失业之忧。在这样的条件下，学生们的学习积极性很高，大家都在自觉的基础上认真学习，希望学好本领，毕业后为国家多作贡献。校内良好的政治民主学术自由的风气都是在杨东莼的领导下形成的。

学生们的民主气氛很浓，班组长、团支委都是直接选举产生。每学年校学生会改选，由各系推荐候选人，全校学生投票选举，常常有人登台发表竞选演说，或者有学生自由组合为本系候选人出大字报竞选，场面热烈，秩序很好，无论竞选演说或大字报推荐，都能坚持实事求是，所以校学生会在学生中威信很高。

学校的文娱生活一直很活跃，星期六晚上一般都有安排，表演和舞会穿插进行。杨东莼有时也参加舞会，他的国际舞跳得很好。1951年8月16日，杨东莼还带头扭秧歌欢送应届毕业生走上工作岗位，大家高兴极了！①

1951年，杨东莼代表广西大学欢迎志愿军归国代表，在同学掌声中举手答礼

每年毕业生分配离校时，他都把毕业生送到校门口，以难舍难分的深情向毕业生挥手告别，直到学生在视线中消失，他才缓步回到办公室。许多毕业生走上工作岗位后，都怀着满腔的崇敬之情写信给杨东莼，报告自己在工作岗位上的情况，表达对杨东莼谆谆教诲的感恩。杨东莼曾选择一些毕业生来信交给

① 杨祖桐：《怀念杨东莼校长在广西大学》，广西师范大学社会科学联合会：《纪念杨东莼先生文集》，广西师范大学出版社，1994：156。

校内广播台，由广播台对全校师生进行广播。

五、知识分子思想改造运动和“三反”运动

从1951年到1952年两年多的时间里，全国开展轰轰烈烈的对知识分子的思想改造运动和“三反”运动（反贪污、反浪费、反官僚主义），广西大学也不例外，实际上这两个运动是结合在一起进行的。

当时党中央提出了全国知识分子思想改造运动的重点：检查和批判资产阶级思想和个人主义思想，批判名利思想，反对崇洋媚外；坚持艰苦奋斗，自力更生，反对铺张浪费；要划清无产阶级与资产阶级的思想界限，建立起无产阶级的世界观。全校师生员工都投身到运动中去，认真学习党的政策，多次分组讨论，开展批评和自我批评。运动要求很高，像职员在办公室用公家的信纸、信封写私人信件等都要进行思想检查，这被认为是公私不分，是自私自利思想的表现。

杨东莼对待这次知识分子的思想改造运动十分认真，对思想改造问题，他在大礼堂对全校师生作过多次专题报告。他有演说的天才，语言质朴，感性真诚，他深谙中国传统文化的精髓，诗词佳句，脱口而出；抒情与理论穿插，以理服人，以情动人，举例生动具体，有政治家的风度。全校师生听了他的报告后，都感到他把话说到心坎里了，受到极大的鼓舞和教益。

他说知识分子的思想改造是改旧换新，改掉旧思想，吸取新思想，就像一个热水瓶，把旧开水倒出来，把新开水倒进去，这就是改旧换新，这就是思想改造。人人都要自觉地进行思想改造，“长江后浪推前浪，世上新人换旧人”。杨东莼把思想改造运动称为“打鬼”运动，说批判资产阶级思想就是“打鬼”。他认为资产阶级思想的本质是自私自利，唯利是图，损人利己。为了私利，什么都能做得出来。他说我国著名作家茅盾写了一部很有名的小说《子夜》，这是茅盾的代表作。在这本小说中曾说到一位资本家为了窃取另一位资本家的商业秘密，就唆使自己的女儿去勾引那位资本家，做违反社会公德的丑事。我们要搞好思想改造，就要敢于暴露自己的旧思想，要不怕丑，怕丑就检查不好了。说句不好听的话，就是要敢于当众脱裤子，把自己的错误思想都检查出来，“竹筒倒豆子”，一干二净。

当时广西大学教授和工作人员大部分是从旧社会过来的，各种旧思想较多。为了帮助教授们搞好思想改造，各系的学生都组织“帮助小组”，帮

助教授提高认识，写好思想检查。有些教授检查几次才过关。

1952年3月中旬，根据上级部署，在全校教职工中开展反对贪污、反对浪费、反对官僚主义的“三反”运动。杨东莼在动员报告中列举了许多已经揭发出来的贪污、浪费和官僚主义现象，并表示愿意承担领导责任，同时深入分析了自己产生错误的思想根源，号召大家进一步深入揭发批判。当时，有的教职工对杨东莼提了一条意见，认为他住在离学校约7公里的木龙洞附近一位朋友家里，上下班往返要坐小汽车，既浪费时间和汽油，又影响与群众的联系。

原本杨东莼住市区内是组织上安排的，一是为了他的安全，二是他在市内还担任着桂林市各界人民代表会议副主席等职务，住在市里，便于工作；杨东莼乐意接受这种安排，也是想图个安静，以便利用工作之余的时间读书和考虑学校工作问题。现在既然群众有意见，他立即决定搬回学校，与总务长石兆棠合住一套平房。杨东莼如此虚怀若谷，使群众称赞不已，对运动也是有力的促进，随着运动的进展，工作越来越多，为了方便工作，方便与群众的联系，他曾一度住到办公室，有时吃饭也在办公室。他的办公室在三楼，设备简陋。整座办公楼共三层，连自来水、卫生间也没有，这对于长期生活在大城市而且上了年纪的杨东莼，其不习惯是可想而知的。

4月，广西大学的“三反”运动在中共桂林市委的领导下，逐步转入正轨。从4月9日起，教师转入以思想改造为主，职工转入以反贪污斗争为主。杨东莼在作动员报告时，以身作则，深刻地作了自我检查，批判了自己由于组织观念不强，曾三进三出共产党，以及来广西大学时的自大情绪等。他号召大家在思想改造中要敢于脱掉裤子割尾巴，使师生员工受到很大震动，大大加速了运动的进程。7月13日，中共广西省委、中共桂林市委派出以中共广西省委宣传部副部长史乃展、中共桂林市委副书记段远钟为领导的8人联合工作组进校本部领导思想改造运动。历时一个月，8月13日胜利结束。在“三反”、思想改造运动将要结束时，学校人事组的杨祖桐设计了一份履历表，请杨东莼审定并布置教职工认真填写。他认真审阅后，作了一些修正，随即布置大家认真填写。他自己也填写了一份交给杨祖桐。

9月，杨东莼作为校长，带头在“三反”、思想改造运动胜利的基础上，积极进行学校的民主建设。他通过组织开展充分的民主讨论，进一步提高了对高等教育方针、任务的认识，明确了工人阶级思想在高等学校中的领导地位，确定了搞好教学、培养合格人才是学校的中心任务，并根据上述认识和要求，调整、改进、充实行政机构。

在“三反”、思想改造运动中，杨东莼经受了考验，思想进步很大。1951 年冬，杨东莼写了一份详细自传递交党组织审查，要求重新入党。据当时负责广西大学人事部工作的杨祖棡提供，自传内容如下：

> 杨 1900 年在湖南醴陵出生，1919 年考读北京大学，在听李大钊课时认识邓中夏、刘仁静。1920 年 3 月，在李指导下，与邓、刘等 19 人联名发起组织北京大学马克思主义学说研究会，11 月公开宣布成立。1923 年春，离北京回湖南。1923 年秋，在长沙协均中学任教入党，不久便失去了与党组织的关系。1925 年秋，任长沙长郡中学教务主任时，由于郭亮介绍第二次入党。1927 年 5 月，马日事变后，与党失去组织关系。1927 年 12 月到日本留学。1930 年冬回到上海，从事编译工作。1932 年春，经桂林、南宁到广州中山大学任教。1932 年 10 月到桂林任广西省立师范专科学校首任校长，1934 年夏被迫离桂林到上海。1935 年，在上海由曹亮介绍第三次入党。1938 年底，在桂林主办广西地方建设干部学校，1940 年 6 月，被迫离桂林到香港，后来又到重庆。1942 年春，从重庆到乐山武汉大学任教后，再次与党失去组织联系。1946 年到四川大学任教。1948 年 12 月到香港，由潘汉年安排先后到达德学院和大公报工作。1949 年 9 月离香港，10 月回到北京。①

中共桂林市委对杨东莼的历史和社会关系进行了调查审理，认为没有问题。1953 年初，正式接受了他重新入党的申请，让他填了入党志愿书，由段远钟和陈亮两人介绍，准备按中共七大党章第七条精神办理，中共广西大学支部大会不讨论，只征求支委会意见。支委会认真讨论后，认为他在“三反”、思想改造运动中经受了考验，进步很大，一致同意他重新入党。但是，不知因何原因，他离开广西时还没有得到批准。

六、配合院系调整

1952 年，中央人民政府高等教育部和中南军政委员会教育部为了适应

① 参见杨祖棡：《回忆杨东莼校长在广西大学》，魏华龄、王玉梅主编，桂林市政协文史资料学习委员会编：《桂林文史资料第三十七辑：人物专辑》，1998：231-232。

国家建设的需要，决定进行院系调整。中南教育部原计划广西大学院系调整后，改组为广西师专，规模是学生千名。杨东莼根据广西实际，积极反映情况，建议广西大学撤销后成立广西师范学院，人员和规模都不要做太大的变动，这一建议得到中南教育部的认可。杨东莼这样做，不仅为广西争得了一个大学的建制，而且留下了一批具有中高级职称的专业人才，这些人将成为广西师院的骨干力量。

调整工作非常复杂、非常艰难，但是没有出现什么事故，而且基本上能使全体师生员工去者高兴，留者安心，这实在是不容易的。当时，教师杨祖桐递交了请求离职复学报告，1953 年 8 月 24 日，杨东莼用毛笔批复如下："经再三考虑，当西大改制为师范的时候，为了稳定全体留在师范工作的同志的情绪，同时为了为师范工作建立一个基础，我的意见，不同意杨祖桐同志离职复学。八月廿四日。"

10 月，广西大学院系调整胜利完成。杨东莼在努力完成院系调整任务的同时，又积极筹组广西师范学院，虽然他不是广西师范学院筹委会的成员，但却为筹建广西师范学院尽心尽力地工作。

1953 年春，桂林市领导得知广西大学院系调整后组建规模不大的师专后，向中央建议让中国人民解放军中南区特科学校（专为越南培养军事干部，校址设在王城内）和师专换址，中央认为可行，并要杨东莼去做工作。后来师专改为师院，留在广西师范学院的师生员工认为王城地方太小，而且房舍破烂，不够用，不同意换。杨东莼为了完成上级交给的任务，决定在礼堂开大会说服大家。

杨东莼首先说不同意换也有一定道理，但接着又说这是小道理，换是履行无产阶级国际主义义务，这是大道理，小道理必须服从大道理。杨东莼还说换了以后，上街买东西方便，看电影方便（当时将军桥一带没有百货商店，没有电影院，没有公共汽车，自行车也很少），而且师范学院每年都要到中学去实习，中学多在市区内，换了实习方便。至于房舍，旧的可以修，不够可以建，经修建后，王城将是一个小巧玲珑的读书的好地方。大家终于被说服了，当场报以热烈的掌声！

杨东莼不仅说服了广西师范学院的师生员工，还积极去争取款项，最后中央军委拨来 150 万（旧币 150 亿元）修建款，由广西师范学院副院长石兆棠主持，由周克彬、宋光诩、陈学宽三人组成修建办公室，1954 年初动工，仅用半年时间，在独秀峰周围新建了学生宿舍大楼、物理馆、化学馆、三座教室楼、四套甲种住宅楼，在南区建了一批乙、丙、丁种住宅楼，在北区凤北路及贡后巷建了一批丙、丁住宅楼，对原有的房舍整修一新，另外拨 20 万元（旧币 20 亿元）给桂林图书馆在榕湖边建新馆，以便该馆从王城的东区搬走。1954 年 8 月，广西师范学院从将军桥原广西大学校址搬进王城新址，居住、办公、教学等房舍条件比原来好多了，而且直至 60 年代初，广西师范学院在这方面仍比广西其他高等院校强。

师生员工，出于对伟大领袖和导师毛主席的无限崇敬和热爱，十分期盼毛主席能为广西大学题写校名。杨东莼欣然接受群众的建议和要求，致函给时任中央人民政府军事委员会情报部部长李克农，请他帮忙办好这件事。

1952 年下半年，李克农复函杨东莼时随函寄来了毛主席亲笔题的“广西大学”四个字。原件是红色油墨印制的 16 开中式直行书笺，上方印有“中国人民革命军事委员会信笺”字样，毛主席在信笺上用毛笔竖写“广西大学”四个字，是繁体字。杨东莼收到毛主席的题字后欣喜若狂，当即交给校长办公室秘书唐肇华（1953 年后任新成立的广西师范学院副教务长），准备制作新校牌，消息传开，全校师生员工心情非常激动，大家欢欣鼓舞。

不料，全国性的院系调整规划已由上头定下来，广西大学属被调整撤销之列。1953 年初，毛主席的题字“广西大学”，经过放大，终于塑在了抢修在桂林市将军桥的广西大学校门上。师生们离校前，包括杨东莼在内，大家纷纷到新建校门毛主席题的校名旁留影。

1953 年 10 月，在杨东莼即将调离广西大学时，中共广西大学支部组织话别会，图为杨东莼与党支部委员及应邀出席会议的教授、副教授、干部合影

1953年快放暑假了，这是杨东莼最后一次在广西大学主持毕业典礼。他在大礼堂作报告时，第一句话就是：“夹竹桃花开了，一年一度的暑假快到了。学生们将离开校园，走上社会大学了，在社会大学可以学到许多在校内学不到的知识。”因为广西大学校园内的马路边到处都有夹竹桃，他的讲话中经常提到夹竹桃。夹竹桃夏天开花，冬天不落叶，生长条件要求不高，四季常青。杨东莼有意以夹竹桃的品格来勉励青年学生，只要有坚强的上进心，就能茁壮成长，事业有成。

1953年10月19日，从广西大学调到刚成立的广西师范学院的师生员工，在原广西大学礼堂开会欢送杨东莼。广西师范学院副院长石兆棠致欢送词说，现在桂花盛开，可杨校长走了，将来当桂花开的时候，我们会特别想念杨校长。许多人落泪了。杨东莼依依不舍，不断地含泪回头摆手。不少人步行两三公里送到火车站，看着他坐的列车向北远去后，才默默地返回将军桥。

1954年，杨东莼当选为第一届全国人大代表，北京地区的广西大学校友欣喜若狂，有近200名校友集合在北京市劳动人民文化宫迎接杨东莼。他们围着杨东莼坐在草地上座谈，久别重逢，分外亲切，问这问那，有说不完的话，广西大学校友与杨东莼已建立起深厚的师生情谊。

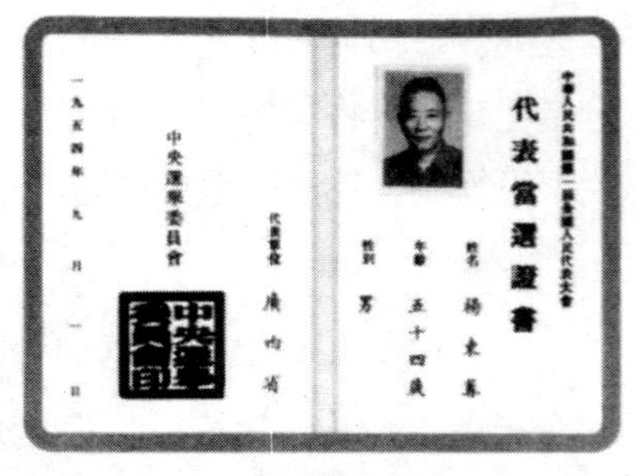

杨东莼先生全国人大代表当选证书

20世纪30年代初至50年代初的20年间，杨东莼三次到广西办学，是广西高等教育、师范教育、干部教育的开拓者之一。虽然他在广西教育界任职时间先后加起来还不足八年，但他对广西进步教育事业的贡献、天下桃李的功绩，至今还为人们所称赞①。1992年10月16日至18日，在广西师范大学校庆60周年之际，该校举行了盛大的杨东莼学术思想研讨会。与会的六个单位之中，大学占了三位：分别是华中师范大学、广西大学和广西师范大学，与会同志一致认为，在杨东莼工作过的广西桂林市，召开杨东

① 崖远培：《我校第一任校长杨东莼》，广西师范大学社会科学联合会：《纪念杨东莼先生文集》，广西师范大学出版社，1994：112。

莼学术思想研讨会，是一次很有意义的学术活动。由此可见杨东莼办学功绩余韵悠长。

1990 年薛暮桥重访广西师范大学时，专门题写了怀念杨东莼的文字：多次来桂，教书育人，传播火种，革故鼎新。

1990 年薛暮桥亲笔题词怀念杨东莼

薛暮桥题字

七、“我永远是党的统战干部”

1952 年，根据民进中央常务理事会《1952 年 9 月—12 月组织工作计划》第 3 条“协助广西小组争取有影响的领导骨干”的要求，民进广西小组配合民进中央，积极开展争取著名教育家、无党派爱国人士、广西大学校长杨东莼入会的工作。民进广西小组多次派员拜会杨东莼。民进中央理事会主席马叙伦亲笔致函杨东莼。中共中央统战部部长李维汉打电报请中共桂林市委统战部协助民进动员杨东莼入会。中共桂林市委副书记段远钟也为此多次与杨东莼交换意见。

在上述多重因素的促使下，加之，新中国成立初，对旧知识分子的思想改造任务很重，杨东莼拥有丰富的统战工作经验，新中国成立前与诸多民主党派高层人士都有过来往，他善于和不同知识分子打交道，并且善于做他们的思想工作，杨东莼在教育文化战线有很高威望，中国民主促进会内部又以教育文化界人士居多，基于种种考虑，虽然已经递交入党申请书的杨东莼，仍以大局为重，服从党组织安排。他表示“我永远是党的统战干部”，并积极参与筹建广西民进组织。

自 1952 年 11 月至 1953 年 4 月，民进广西小组先后三次派胡明树、陈宪章、刘牧等到桂林与杨东莼、阳太阳、朱乃文等商谈筹建民进广西省分会筹备委员会问题。这一期间，胡明树于 1953 年 1 月遵照民进中央理事会指示，到桂林与杨东莼共同研究，提出了筹委会成员初选名单，并分别征求南宁、桂林两市会员意见。经过中共广西省委统战部和中共南宁、桂林两市市委统战部协商后，呈请民进中央理事会审批。

杨东莼积极参加民进组织生活，毫无校长的“官架子”，热忱平等对待会内任何同志。据当时和杨东莼同时参加民进组织的广西大学学生杨永安回忆：

> 每当要过组织生活，杨老就亲笔写信派人送到学生宿舍给我，请

我到他家去。我第一次到他家时，觉得自己是一个学生，和德高望重的大学校长坐在一块过组织生活，心里有点紧张，站在他家门口望望，迟迟不敢进去。他见了我就微笑说："你是永安同志吧！快进屋来，请坐！"他亲自泡茶送到我的手里，真使我过意不去。见他谈笑风生，平易近人，亲切和蔼，我便毫无拘束之感了。有时到桂林市委统战部听报告或到广西美术专科学校阳太阳教授家过组织生活，他也派人通知我跟他一道乘坐小吉普往返。有的同学见了，还以为我是杨老的什么亲戚呢！有一次过组织生活，他向我们传达了民进中央文件后，我向他汇报自己的思想，谈到自己担任班级学习部长，又被选为校学生会委员，担心社会工作多影响专业学习，将来吃亏。他听了后并不批评我，却对我讲他是湖南人，五四运动时在北京大学求学，是李大钊先生的学生，还认识了革命先烈邓中夏同志，1921 年参加了北京马克思学说研究会，曾参加过学生运动。他勉励我不要辜负同学的信任，既要努力学好专业知识，又要实践社会工作，学会为人民服务的本领，走又红又专的道路。①

为推动民进广西省分会筹备委员会的成立，1952 年 12 月 13 日，民进中央理事会秘字第 168 号文件通知民进广西小组，同意给民进广西小组 5 个专职干部编制（包括民进广西小组 3 人，正在筹建的民进桂林小组 2 人）。

1953 年 1 月 11 日，民进广西小组在桂林举行第五次会议，胡明树主持。1 月 14 日，民进广西各小组长干部第二次联席会议在南宁举行，刘牧主持。1 月 27 日，胡明树召集桂林会员举行会议，讨论在桂林发展会员和建立组织问题。1 月 29 日，杨东莼经民进中央常务理事会批准，加入中国民主促进会②。

---

① 杨永安：《和杨东莼老校长相处的日子》，广西师范大学社会科学联合会：《纪念杨东莼先生文集》，广西师范大学出版社，1994：168-169。

② 关于杨东莼的会籍问题，由于会籍丢失，杨东莼入会时间有三个说法。一是《纪念杨东莼先生文集》一书中认为是 1952 年 9 月 11 日；二是会中央组织部 1964 年会员名册上登记是 1952 年 12 月；三是民进广西区委会会史资料写明是 1953 年1月 29 日。据《民进广西区委会桂林民进大事记》记载：民进中央常务理事会《1952 年 9 月—12 月组织工作计划》中发展首批桂林民进会员 3 人是阳太阳（9 月 11 日入会）、朱乃文（11 月 17 日入会）、秦宗汉（12 月 31 日入会），1952 年 12 月以前发展的会员中没有杨东莼。

同时，遵照民进中央理事会指示，与胡明树共同研究筹建民进广西分会筹委会事宜。

3月6日，民进桂林小组宣告成立。杨东莼、阳太阳、朱乃文、秦宗汉、甄伯蔚5人参加成立会议。杨东莼、阳太阳、朱乃文负责小组领导工作。杨东莼为组长、阳太阳为副组长、朱乃文为秘书。4月19日，民进桂林小组举行第一次会员大会。会员15人出席会议。杨东莼主持会议并讲话，刘牧汇报桂林小组发展情况。

5月4日，民进中央第七十次常务理事会审议并批准了“民进广西省分会筹备委员会成员名单”，并同意成立民进广西省分会筹委会。

阳太阳的作品《塔山早春》

5月31日，民进广西省分会筹备委员会成立大会在南宁召开。民进会员和所联系的各界人士100余人出席了大会。大会宣布了筹委会成员名单，杨东莼任主任委员，阳太阳、胡明树任副主任委员，陈宪章、朱乃文、刘牧、李腾芳任委员。杨东莼主持大会并致开幕词。胡明树报告筹委会筹建工作情况。阳太阳致闭幕词。莅会祝贺的有中共广西省委和南宁市委领导、广西省和南宁市人民政府领导、广西各民主党派负责人，以及知名人士陈捷、史乃展、许革夫、陈此生、雷沛鸿、周钢鸣、雷荣柯、秦似、吕集义、尹羲、陈培元、汤有雁等。贺祥麟、林士荣、黄承先、黄智英等以民进桂林小组代表身份出席了本次大会。大会后，筹委会进行了分工，下设组织处、宣教处、秘书处三个机构。当时，全省会员有33人①。

1954年春，杨东莼奉调任华中师范学院院长。在武汉，他仍以通信方式继续指导民进广西省分会筹委会的工作。从1954年春至1959年间，他写给民进广西省分会筹委会几位负责人的信件共60余封。

① 据民进广西省委会提供的资料整理。

第十三章　桂子情深

君子之所以教者五：有如时雨化之者，有成德者，有达才者，有答问者，有私淑者。此五者，君子之所以教也。

——《孟子·尽心上》

1953年10月，杨东莼被中央任命为中南行政委员会教育部所属的华中师范学院（即今华中师范大学）第一任院长。华中师范大学渊源于1871年美国圣公会等创办的文华书院（“The Boone Memorial school”），20世纪初它发展为私立武昌华中大学，是一所由美国圣公会、英国循道会以及伦敦会三个差会联合创办的多学科综合性大学。这也是美国等国教会在华中地区建立的一所主要大学，其文学、教育、理学尤其是图书馆学等在教育界、学术界享有很高的声誉。在其图书馆学基础上发展而成的武昌文华图书馆学专科学校，培养了大批专业人才，在国内外图书馆界担负重任，有“文华帮”之美称，新中国成立后并入武汉大学，至今仍执国内图书馆学专业之牛耳。著名哲学家、教育家韦卓民教授担任华中大学校长近30年。

新中国成立初期，旧教育已不能适应新形势的发展，改造旧教育已提上议事日程。为发展华中地区的高等教育，1951年8月16日，中南军政委员会正式决定，私立华中大学与中原大学教育学院合并，改为公立大学，并成立“华中大学改制委员会”。稍后，公立华中大学与私立中华大学结合成为华中师范学院。经过1952年、1953年院系调整，全校共拥有教工八九十人，在校学习的学生达三千四百多人，此外还设有附属工农速成中学、附属中学、附属小学、幼儿园和托儿所。三个附校师生人数也达二千余人。在杨东莼调任之前，它已发展成为一所具有相当规模和设备比较完善的高等师范学院，由教育部直属，招生主要面向中南五省（包括海南地区）。

中南教育局副局长孟夫唐代表中南局和中南军政委员会向全校教职员宣读任命文件时，特别强调杨东莼的高校工作背景，称他为著名的教育家和历史学者，全场响起热烈掌声。

杨东莼上任的消息使华中师范学院全体师生为之振奋，这有一定的政治原因。此前数年，武汉高校工作颇受"左"倾思潮干扰，不仅某些高级知识分子受到粗暴批判，而且正规大学还沿用过去办革命大学的方法来办，因此，很难实现以教学为主的原则。中共中央和中南局对此已有察觉，并采取一系列措施加以改进，调杨东莼出任华中师范学院院长，正是这些重要举措之一。

1954 年春，杨东莼从南宁到武汉任职，路过广州，便顺路到中山大学拜访了昔日同事戴镏龄教授，与他促膝谈心时，诚恳地说："他接受中央对他职务的调动。高等学校从旧社会遗留下来的问题很多，甚至有明争暗斗的派系。有人劝我继续当广西大学的校长，认为去一所新的大学，可能更加难搞，得罪人，惹麻烦。关于这一点我表示绝对服从中央的决定，无讨价还价的余地。"

戴镏龄对旧社会的学校内部派系斗争也深表同感。他笑着说："老杨，旧社会，你在师专做校长，就有人说广西变成了湖南人的殖民地，最后你还被白崇禧'礼送出境'。你看，解放了，现在广西大学的师生都舍不得你走。这些旧社会的风气遗毒，不就被你铲除了么?"话刚说完，两人不禁相视而笑。

"奇怪的是，还有人建议我不能一个人单枪匹马去，必须带几个信得过的人到武汉上任。什么上任，我又不是去当官！一个校长变成官老爷，岂不更糟。'带几个自己信得过的人'更是万分荒唐。这些先生怎么竟说得出口的。不依靠共产党，不相信组织，单凭一个人的小圈子，他们脑子里装的什么思想，要我搞什么名堂呀！当校长的应善于团结广大知识分子，一视同仁，不分彼此，首先不限于门户之争。"① 杨东莼接着说。确实，他最信任的秘书廖有为，并没有随他调来武汉，而是继续在广西大学工作。

一、"我叫杨东蓴（莼），名字取得不好"

杨东莼到任后，在全校师生欢迎大会上讲话，一开头自我介绍："我叫

① 戴镏龄：《杨东莼二三事》，《随笔》，1984 (4)。

杨东蓴，名字取得不好，‘蓴’字形体既繁又容易读成‘專’，没有群众观点。”平易近人的风貌和妙趣横生的语言，立即缩短了人们和这位新院长之间的心理距离。他的到来“立刻赢得了华师师生的信赖与亲近，仿佛是一阵春风吹拂着校园”。杨东莼在这次会议上讲话的主旨是：建设社会主义要靠真才实学。这句话鞭策着全院师生，不断地为建设社会主义而掌握真正的知识和本领。

杨东莼将主要精力放在华中师范学院从原有的一度以干校教育为主向正规大学教学、科研为主的转变上。4 月 26 日，他主持召开院行政会议。在会上，他特别强调师资培养的问题，要求重视教师的培养。5 月 4 日，他又主持召开华中师范学院首届院行政会议。共讨论了 5 个问题，并就其中的 3 个问题作出决议：(1) 关于集体领导的问题。(2) 关于额定各级教师教学时数问题。(3) 关于培养师资的问题。

1955 年春，杨东莼在华中师范学院

正是因为杨东莼的重视，从 1953 年到 1955 年，华中师范学院先后选派到北京大学、中国人民大学、北京师范大学、东北工专、华东师范大学等院校学习和进修的教师（包括少数行政干部）人数达 53 人。

1954 年 8 月，在杨东莼领导下，华中师范学院正式提出开展科学研究的任务。9 月，华中师范学院发布了《关于科学研究工作》的文件，文件特别指出华中师范学院科学研究的方针是“以研究我国师范教育和普通教育的实际为主”，在研究上既不能“好高鹜远，脱离实际”，也不能“过于拘谨，不敢动手”。因此，围绕师范教育及普通教育问题，特别是关于教学大纲、讲稿、教科书的编写和教学中遇到的问题等而展开的科研工作在校园内积极地开展起来。后具体表现为，第一，“1954 年暑假后，学院教师提出 150 项课题，着手研究的有 69 项，完成 16 项；1955 年，共提出 178 项课题，完成 93 项，计划以外的完成 18 项，两次共完成 127 项”。从中，虽然能看出提出课题量与完成量间存在差距，但应肯定在新中国师范教育及华中师范学院发展初期有这样的成绩是可喜的，因为它毕竟体现的是科学研究的起步阶段，它预示的乃是整个华中师范学院科学研究的良好开端。

正是在这位充溢着治学智慧的学者型领导的主持下，1954 年华中师范学院迎来了转折，1956 年达到了新中国成立以来全院发展最高的水平，正如章开沅教授回忆："这些转变当然主要是由于党的政策调整，但作为一校之长的东老也作了大有成效的工作。我认为，对于重点高校的发展来说，校长在学术上的大家风范毕竟是至关重要的。"这是对杨东莼非常中肯的评价。

杨东莼非常重视学生的教育实习。1954 年上半年，在学生开展实习之前，杨东莼亲自参加教育实习委员会举行的首次会议，对实习问题提出意见。他视察了附属工农速成中学、附属中学、省实验中学和省一中等，认真听了实习生的课堂试教，并参加了评议会。他认为：高等师范的教育实习，是师范规格培养的重要环节。杨东莼提出：教育实习要加强政治理论的学习和对学生的思想指导；领导和教师要切实贯彻全面发展的新教育方针，重视师范生的道德品质教育；要通过实习继续巩固学生的专业思想，使他们毕业后服从分配，立志到中学工作。

杨东莼任职期间，华中师范学院从 1953 年建立教育实习制度起，到 1957 年上半年，共举行了 9 次教育实习，实习学生人数达 5774 人。

在学校各级领导对上述指导思想的认真贯彻执行下，"文化大革命"前华中师范学院的毕业生几乎都能服从分配，大多数人都争取到最艰苦的地方和偏远山区去，为基础教育事业贡献力量，他们中的绝大多数后来都成为湖北乃至中南地区的中学教师队伍的骨干①。

杨东莼十分重视师资培养问题。1954 年 5 月 4 日上午，华中师范学院举行首届院行政会议，杨东莼主持会议，会议关于培养师资问题达成的共识是：培养师资以自力更生为原则，对老教师要考虑到如何提高，对青年教师要考虑到如何培养。具体做法是：采取"带徒弟，传手艺"和互帮互学的办法；有计划、有步骤地派青年教师到外校去进修；派青年教师到中学去教课，实地练兵。学院在教师严重不足的情况下，采取多种形式进行

① 黄杰、杨立人：《当代知名教育家和社会活动家杨东莼教授》，广西师范大学社会科学联合会：《纪念杨东莼先生文集》，广西师范大学出版社，1994：53。

师资培养，的确提高了教师的业务能力和教学水平，促进了教学改革的深入开展，成绩是显著的。

9 月中旬，新生上课不久的一天下午，杨东莼先于学生来到上课的大教室，坐在前排。看到有些同学衣着不够整齐，他便站起来，把那些同学叫到面前，一一给他们牵扯一下衣襟或扣扣纽扣，很让那些同学脸红。有些两广来的男生穿着拖鞋进来，他便要求他们回寝室换下。他说，你们将来都要为人师表，从现在开始，一言一行都要严格要求，合乎师范。座谈中，他问学生对学校有什么意见和要求，学生们便毫无拘束地说开了。杨东莼对学生特别强调：除了自己之外，还要有别人。这句话深深教育了在座的学生。有一位学生提出这样的意见，他说学校附近不远有个南湖机场，上课时，不时有飞机从我们教学楼的上空隆隆而过，影响听课，能不能提个要求，要飞机绕道而飞。这位学生的话音未落，其他学生大笑起来。杨东莼亲切地笑着说："这位同学的意见提得很有意思，可见他很用心听课。但我们不能要求飞机绕道，飞机来往频繁，正是我们国家兴旺的表现嘛！"这次座谈，给在座的学生留下了很深的印象①。

1955 年 2 月，在杨东莼的积极倡导下，当时华中师范学院的学术理论刊物——《华中师院学报》创刊号出版了。编委陶军在《发刊词》中规定学报的任务主要是："在教师学习苏联，结合实际，展开科学研究，提高教师政治理论、思想和科学业务水平，保证教学质量，贯彻教学计划这一系列的工作当中，不仅要起一个反映和传播现实的作用，而且更重要的，要起组织教师，指导方向的作用。"《发刊词》强调学报要注意科学性、理论性、争鸣性和创造性，突出理论联系实际。学报是以反映本校教学科研成果为主、进行学术交流的高层次的综合性学术刊物，它是体现本校教学科研面貌和学术水平的窗口。

1956 年 5 月 2 日，毛泽东主席在最高国务会议上，宣布了中共中央在文化、科学工作中实行"百花齐放、百家争鸣"的方针。5 月 26 日，中共中央宣传部长陆定一作题为《百花齐放，百家争鸣》的报告，代表中央向科学、文化界阐明了党的这个方针。党的方针、政策激励了知识分子大众，

---

① 周挥辉、程秀莉：《岁月如歌——我与华中师大》，华中师范大学出版社，2003：10-11。

进一步推动了科学文化的发展，“向科学进军”的浪潮正在兴起。

1957年2月，最高国务会议第十一次（扩大）会议在春节的欢乐氛围中召开，出席者多达一千八百余人。毛泽东主席发表了著名的《关于正确处理人民内部矛盾的问题》的讲话，又讲到“百花齐放、百家争鸣”的方针。他说：“百花齐放、百家争鸣的方针，是促进艺术发展和科学进步的方针，是促进我国的社会主义文化繁荣的方针。”3月，中共中央宣传部召开有党外人士参加的八百多人的全国宣传工作会议，毛泽东在会上进一步论述了党对知识分子的估计：知识分子的绝大多数赞成社会主义制度；少数对社会主义不那么欢迎，但还是爱国的；抱敌对情绪的是极少数。还提出知识分子改造和同工农群众相结合的必要。并且宣布：“百花齐放，百家争鸣”，是一个基本性的也是长期性的方针。领导我们的国家应该采取“放”的方针，就是放手让大家讲意见，使人们敢于说话，敢于批评，敢于争论。毛泽东在这时写的讲话提纲中，还要求党的干部要充分认识由革命到建设的深刻转变，充分理解采取党现在的正确处理人民内部矛盾的方针。并指出：“文学艺术、科学技术会繁荣发达，党会经常保持活力，人民事业会欣欣向荣，中国会变成一个大强国而又使人可亲。”①

正是在“向科学进军”和“百花齐放，百家争鸣”的大背景下，在杨东莼的主持下，华中师院学报明确了办刊宗旨，同时加快了筹办步伐。1956年12月6日，学报编辑委员会举行正式成立大会，在总结办刊两年工作的基础上，讨论并制定了《华中师院学报出版暂行办法》（草案）。在会上成立了新的编委会，杨东莼任主任委员。学报编辑部在他的领导下开展工作。杨东莼常常与几位副主任委员一起讨论学报的创刊和发展工作，他始终坚持把握学报的编辑宗旨——“科学性、理论性、争鸣性和创造性，突出理论联系实际”。不久，学报有声有色地创建起来，并最终成为中国高校学报中具有较大影响力的刊物。“从1955年到1957年，学报共出版了6期，发表论文、译文62篇，其中哲学社会科学40篇，自然科学22篇，约100万字。……（这一时期的学报）整体看来，质量是比较好的，体现出了《发刊词》所申述的编辑宗旨，显示出较高的学术水平和办刊起点。”

学报一方面刊载学院里著名学者如韦卓民、张舜徽、方步瀛、詹剑峰

① 转引自胡绳主编：《中国共产党的七十年》，中共党史出版社，1991：407。

等的学术文章，从而使得学报“学风严谨、文风朴实，具有较高的学术品位，完全经得起历史的检验”，另一方面也积极扶持新秀，如青年教师陈安湖的《论〈狂人日记〉的思想》和章开沅的《关于中国近代史分期问题》、《关于太平天国土地改革若干问题》等学术文章都在学报上得以刊载，并在学术界产生了较大影响。

1955 年 11 月，华中师范学院历史博物馆召开会议，研究该馆的工作计划。杨东莼参加了这次会议，他首先充分肯定了学院历史博物馆从 1953 年初开始到正式成立取得的成绩，并提出了许多宝贵的建馆意见。他认为：历史博物馆是运用实物、图片、模型，帮助学生把学到的静的历史与动的实际结合，并在将来自己教学时能利用历史文物贯彻直观教学原则，培养中学生爱国主义精神。高等师范学校的历史博物馆，其任务是为辅助培养合乎规格的中学师资服务，因此，面向中学也应该是它的工作方针。他认为，历史博物馆的努力目标在于逐步拓展为教学服务的范围，才能更好地贯彻社会主义的教育方针。

为了探索学生在校学习成长的规律，杨东莼亲自抓起始年级学生的思想、学习、生活的调查研究。12 月，他全面调查一年级学生工作，广泛听取一年级学生对教学、生活、娱乐各方面的反映和意见。深入新生宿舍、餐厅进行反复检查，发现问题随时通知有关单位及时予以解决。在做了半个月的调查后，杨东莼在院务会议上作了工作小结，号召全院干部、教师要关心和热爱学生。

1956 年，国家提出普通教育 12 年发展远景规划，向高等师范院校提出了艰巨的任务：要又多、又快、又好、又省地培养中等学校教师。当时，全国中等学校在职教师不够大专学历的估计有 6 万人，迅速提高在职中等学校教师的政治和专业知识水平，对于高等师范院校来说，也是责无旁贷的任务。对于华中师范学院面临的这两个任务，杨东莼认为：单靠发展正规的学校教育是不能适应要求的，只有同时努力创办和发展业余高等师范教育，即创办和发展学院的函授部、夜大学，才能适应当前的需要。在他的领导下，华中师范学院克服重重困难，接受了创办函授专修科的任务①。

---

① 黄杰、杨立人：《当代知名教育家和社会活动家杨东莼教授》，广西师范大学社会科学联合会：《纪念杨东莼先生文集》，广西师范大学出版社，1994：54-55。

为了辅导函授生学习，华中师范学院还编辑出版了《函授教育通讯》刊物。

同年10月，学院召开了第一次函授教学辅导秘书工作经验交流会。在交流会上，杨东莼坚持要求函授专科的教学内容和组织形式要适应业余学习的特点。他要求学院各单位、各系和全体教工、同学都关心和支持函授专修科，共同努力，出色地完成党和政府交给的光荣任务，在创办和发展函授教育的事业中创造和积累办学经验。自此之后函授教育在学院扎根，并进一步向中南地区其他省份推广。

杨东莼在抓教学工作的同时，也十分注重抓科学研究工作。1957年春，在杨东莼的主持下，华中师范学院召开了第一次科学讨论会。这次大会检阅了华中师范学院科研的成果。大会包括10个分会场，邀请了武汉地区有关机关、学校与外地部分兄弟师范院校的200余名代表参加，讨论了56篇专题报告，其中有24篇是关于普通教育理论和实际问题以及结合高等教育需要的题目，并有一部分在学报上发表了。许多代表和教师的发言，对学院教学、科研工作有极大的帮助和启迪作用。杨东莼也在讨论会上发表了自己的意见。从教育科学研究方面讲，他认为值得注意的问题是：高师科学研究方针的贯彻问题，没有得到很好的解决；从研究范围来说，对本院教学问题研究不够，特别是对普通教育中的许多实际问题研究不够；有些教师，还没有养成从事科学研究的习惯，没有为提高教学质量而从事科学研究的紧迫感，存在着为科研而科研的倾向；在深入中学实际方面，有的还没有认识到解决高师培养规格的重要性。他还强调，要开好讨论会，一定要展开争鸣①。

杨东莼在华中师范学院任职的三年多时间，即1954年至1957年，特别是1956年，无论从全国或华中师范学院来看，都是新中国成立以来形势最好的年代。章开沅教授回忆说：党委和当时还是非党员的老院长之间关系非常融洽，知识和知识分子受到较多的尊重，一切工作围绕着教学进行，对中学实际的接触和研究兴味日浓，向科学进军的口号激动人心，百家争鸣，成果频出，桂子山上充满蓬蓬勃勃的生气。

---

① 黄杰、杨立人：《当代知名教育家和社会活动家杨东莼教授》，广西师范大学社会科学联合会：《纪念杨东莼先生文集》，广西师范大学出版社，1994：55。

二、“建设社会主义要靠真才实学”

杨东莼在担任华中师范学院院长期间，他走马上任时的第一次讲话的主题就是：建设社会主义要靠真才实学。以后他在不同场合多次讲过这句话。他认为：在革命战争年代和社会主义建设时期，教育必须为革命斗争服务，为社会主义服务，其最终目的则是造就一批又一批具有真才实学的人才。

何谓真才实学？杨东莼曾对廖井丹和张健峰（铁道部设计院的桥梁专家）都说过：还是你们搞工程技术、自然科学的好，要好好学点真本事，国家用得着。但是也要懂点社会科学，学会从历史的角度观察社会、看待时局。

这些都是杨东莼对真才实学下的注脚，也是他的人才观。章开沅说：“……这句话，特别是 1963 年我借调北京在他身边工作以后，耳提面命，濡染渐深，遂成为我一生服膺的座右铭。它如晨钟暮鼓，时时发我深省。”以后他也在各种场合说过类似的话：要努力把自己磨炼成为一块永不生锈的好钢，放到哪里都顶用；千万不要成为一块生锈的废铁，不管放到哪里都被人扔进垃圾箱！

对确有真才实学的人，杨东莼非常尊重和爱护。他极为尊重自己的老师李达，每次一到武汉首先就是去看望他。他对历史系钱基博老教授（钱钟书之父）也是关怀备至，总是想方设法尽量发挥这位前辈学者的作用。他对当时正当盛年的张舜徽教授也非常器重，经常考虑如何从政治上、工作上提供帮助。关心师生员工的生活，是他多年当大学校长的经验之一，具体的做法就是走马上任之日必定先看食堂和宿舍。当时，桂子山校舍尚属草创时期，他经常提醒有关同志：学校教工在一个单位往往是干一辈子，一家人在这里也往往是住一辈子，宿舍应该盖得稍微宽敞一些，适用一些，使大家得以集中精力做好工作。由于客观条件的限制，这些叮嘱虽然未能全部实现，但杨东莼的赤诚情意却温暖了广大师生员工的心。

根据分工，杨东莼负责指导历史系的工作。他很快就同系内许多教师都进行了个别谈话，而且谈话前作过认真的准备，对教师的家庭、学历、经历、专长、特点都有所了解。这样的谈话使人感到亲切，没有拘束，而他也就通过这个途径了解了许多系内情况。杨东莼对青年知识分子尤为爱护，从来都是热情奖掖扶持，言传身教，从各方面关心他们的成熟和成长。他在华中师范学院工作时，章开沅只是一个在历史系教中国近代史的二十多岁的青年教师，杨东莼却常常就一些正在讨论的学术问题征询他的意见。1954 年民主德国贝喜发博士来汉研究辛亥革命，接着又是波兰共产党中央党校党史教研室主任来访，杨东莼总要带上章开沅陪同接待和参加讨论，把章开沅作为学术苗子精心栽培。

杨东莼的工作做得很深入，甚至亲自为学生作治学方法报告，使学生大开眼界得窥门径。他的态度又很谦虚，一日，当时还不过是中年的武汉大学唐长孺教授作有关科学研究的报告，事先并未通知杨东莼，但他临时闻讯却赶来认真倾听。他对学生的政治思想教育也很注意。他每次见到时事政策的报组人员，总要询问情况并出点主意。

1957 年初，教育部下达文件在武汉成立艺术师范学院，并任命华中师范学院院长杨东莼为筹委会主任，此文件下达后不久，杨东莼奉调赴京，到中国民主促进会中央工作。

他在临行前接见了部分师生，勉励大家热爱教育事业，要有“锲而不舍”的精神。尽管临行应酬很忙，他仍嘱人将一箱常用的中国近代史书籍赠送给章开沅。其中有一本李六如送的《六十年的变迁》，他还特地用毛笔注明书中主人公季交恕即李六如，并介绍李六如的简历。这些细微之处都给章开沅留下终身难忘的印象。

杨东莼作为华中师范学院的首任院长，他的才学风范对学生的影响是深远的。即便几十年过去了，很多学生回忆起杨东莼在桂子山的言行教诲，脑海里还会浮现起他那整洁而高雅的仪表，他那亲切而又慈祥的笑容。1954 年考入华中师范学院中文系的学生张镜秋曾回忆：

> 我还记得老院长杨东莼，虽然我只见过他一面，听过他一次讲话。那是我入学不久参加的一次集会。他自我介绍说，我叫杨东蓴（莼），“蓴”字上面有两棵草，故不叫杨东“蓴”。让人顿觉平易亲切。我记得尤深的是他的这句话：一个人生活在集体，在社会，时时要想到除了自己还有别人。道理朴实无华，却是格言般沁人心脾，几十年来，我深味这是一条宝贵的做人准则。可惜他不久便调离了学校。我记得当时传出一则美谈：他临走前把向公家借用的办公用品从一张桌子到一只蘸水笔、一个痰盂一一清点归还。他悄悄地走了，真是“不带走

一丝云彩”。①

曾受到杨东莼精心培养、后来成为史学大家和华中师范大学校长的章开沅曾颇有体会地说，60年来，无论课内课外，校内校外，我为年青一代历史学者的成长，耗费了不少精力与时间，对自己的著述或多或少有些影响，但我永远无怨无悔，因为学术的小我只有汇入学术的大我才能进入永恒。为造就青年学者开路，为发展学术交流搭桥，这就是我的人生追求。

三、筹建武汉市民进

1954年春，杨东莼就任华中师范学院院长不久，就按中国民主促进会（简称“民进”）中央指示，开始筹建民进武汉市级地方组织。在他的主持下，武汉民进筹建工作进展很快，十分顺利。从临时小组到筹委会正式成立，仅用了半年时间。

1957年2月，中国民主促进会武汉市委员会正式成立，杨东莼被推选为主任委员，是民进武汉市委会第一任主委。同年夏天，他被调往北京任民进中央秘书长，主持民进中央机关工作。

民进武汉市委会是湖北省组建的第一个地方组织，当时没有省委会，它直属民进中央领导。直到三十年后，才由武汉市民进负责筹建湖北民进省委会。

当时，除了少数高校知名学者，民进的成员多以中小学教师为主，而武汉市中小学却没有一个会员，发展很困难，所以他就向中共党组织求援。春季某日，中共市委统战部路耀林部长约见了当时的武汉市教师进修学院院长兼教务长胡铭心（共产党员），指示他积极协助与配合民进的组织发展工作。

第二天上午，杨东莼就到胡铭心家去了。杨东莼是坐小轿车去的，那时武汉市没几辆小轿车，他没带随员，一见面就很热情，一把握住胡铭心手称“老弟，今后我们就长期共处了，我是个直性子的人，希望彼此不要客气，会内工作你老弟要多担待些，我依靠你了”。

第三天，就在武汉市的景明大楼一间小会议室举行第一次筹备小组会

---

① 周挥辉、程秀莉编：《岁月如歌——我与华中师大》，华中师范大学出版社，2003：82。

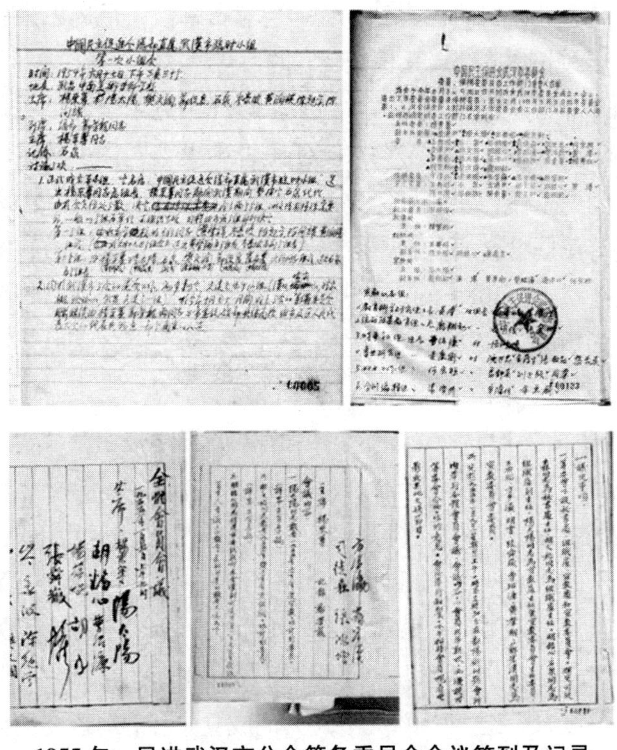

1955 年，民进武汉市分会筹备委员会会议签到及记录

议，到会的有当时的武汉大学历史系讲师石泉、中南美术专科学校校长阳太阳及鲍芝轩、胡铭心。杨东莼说："这是筹备小组会，也是会员大会。因为我们就只有这几个人。"大家都笑了。这次会议没有分工，会上研究确定：马上把办事机构建立起来，尽快发展组织。首先在武汉大学、中南美术专科学校、华中师范学院、武汉市教师进修学院建成第一批支部。这时还没有办公经费，是杨东莼自掏腰包请大家吃了一顿中饭。

机关一成立，工作就忙起来了：刻公章、印会员登记表、翻印会中央的组织条例、造名册、上报会中央武汉市工作情况……其中最重要的是编写民进简史。简史是杨东莼亲自执笔写的，有这样几条：1. 民进是新民主主义性质的政党（当时是这么说的)。2. 它成立在抗日战争的末期，目的是向国民党政权争取民主。3. 三年内战时期它组织了上海数万人大游行反内战、要民主。1947 年组织上海群众组织代表去南京请愿，在下关受到特务殴击，会长马叙伦及会员雷洁琼被殴伤，引起全国震动。4. 解放战争胜利后，我会认为斗争目的已达到，立即要宣布解散，是周恩来总理进行劝阻，并提出了“长期共存、互相监督”的口号①。

这份简介非常重要，因为当时社会上对民主党派全无认识，发展工作很艰难。在华中师范学院，由杨东莼任民进中央直属华中师范学院支部主任，亲自抓组织工作，发展了历史系张舜徽和教育系伍文、姜乐仁、杨葆琨、石明俊等第一批会员。石明俊当时是华师教育系的助教，杨东莼发展他成为民进会员，又和胡铭心一起费了老大劲才动员他脱产到民进武汉市机关工作，随后由其他单位调来白素琴、胡克两位同志，办事机构才组建成功，杨东莼委托胡铭心就近指导机关工作。

6 月 17 日下午 3 点半，在武昌中南美术专科学校召开“中国民主促进会总部直属武汉市临时小组”第一次小组会，会议主席为杨东莼，正式成立了“中国民主促进会武汉临时小组”，选出杨东莼为小组组长。由于会员住处分散，于是成立两个分组。武汉水利学校副校长黄肇翔任第一分组组长，武汉大学历史系讲师石泉任第二分组组长。会议还讨论了关于武汉市分会的建会工作，初步拟建五个小组（汉口、喻家山、徐家棚、珞珈山、武昌各建立一组），于当年 10 月至 11 月间成立分会的筹备委员会。

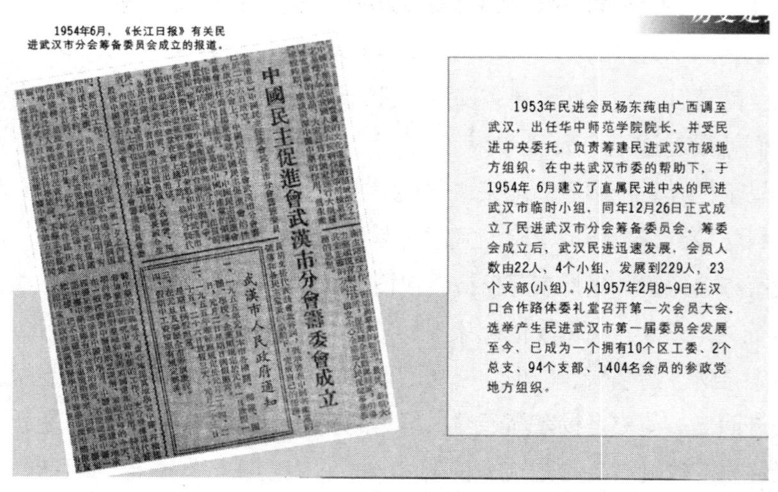

1954 年 6 月《长江日报》有关民进武汉市分会筹备委员会成立的报道

① 胡铭心：《武汉市民进的筹建过程》，《武汉民进》，2009（2）。

不久，武汉市民进筹委会在景明大楼四楼成立，民进中央派组织部郑芳龙同志来参加，武汉市委统战部部长、党派处处长出席，大会公推杨东莼为主委，阳太阳为副主委，石泉为秘书长。

四、筹建湖南民进

1957 年初，民进中央决定筹建湖南地方组织，当时的杨东莼还在武汉任华中师范学院院长。据民进天津市委杨家景回忆，“我奉命于 1957 年 1 月 5 日到湖南进行筹建地方组织工作。据我所知，筹建工作是由杨东莼副主席亲自联系和关怀、筹划、督促而成的”。

杨家景去长沙前夕，先到武汉拜访了杨东莼。杨东莼热情接待了杨家景，详尽地介绍了长沙市知识界老朋友的情况、群众对民主党派的看法、当地中共统战部负责人以及省政协有关领导对民进的认识和支持态度。并对杨家景到长沙如何着手工作，以至先后联系谁都一一做了指示，并亲笔给周士钊、肖敏颂、吴立民、黎升洲十多人写了介绍信。之后杨家景带着杨东莼的工作蓝图和信件，前往长沙。多年之后，杨家景回忆说：“这是做好筹建工作的第一程，也是完成任务的重要法宝。至今对于杨老对我的关心、爱护、精心指导，平易近人的风度仍留在记忆之中，是我学习的楷模。”

由于杨东莼事先已和中共湖南省委、省政协取得联系，筹建湖南民进地方组织得到了当地省政协、省委统战部的大力支持。同时，杨东莼的一些故旧也都出于与其之间的友谊对筹建工作予以很大的帮助。

到长沙后，杨家景住在了烈士公园省政协内。他持函先拜访了秘书长(或处长) 吴立民同志。吴立民一方面出于对统战工作的理解，一方面出于对杨东老的友谊，热情接待了杨家景，并就下一步工作的开展给予了一些建议。

杨家景在吴立民的陪同下持函拜访了同样受民进中央委托负责筹建工作的湖南省教育厅副厅长周士钊，以及杨东莼故友、民盟主委、时任湖南省教育厅厅长肖敏颂。杨家景向周肖二人汇报了在长沙建立民进组织意图后，他们均表示大力支持，对如何进行工作也作了指示。肖敏颂当时就主动提出，“为使民进能搭起架子，动员几位有代表性的盟员交叉民进，请一位专职干部，协助杨家景进行工作。将来无办公地点时，可暂在民盟”。

杨家景、吴立民到省委统战部拜访邓晏如同志，汇报了民进中央的意图并请示工作。部里表示大力支持，并派党派处王锐聪科长接头。邓晏如表示在工作上支持，在经费上也给予协助，并明确发展成立时要注意重点，有的放矢，要注意方法，掌握分寸。同时也从政协委员中帮助考虑人选。

当时去时因杨东莼是和湖南省级党委、省政协取得的一致意见，所以杨家景最初是与湖南省级党组织进行联系。在工作后期中，考虑先建立省级民进组织时机不成熟，就转向与长沙市统战部联系。市统战部同样给予热情支持，帮着出主意、考虑人选，并帮助调配专职干部，协助解决开办费用。

明确了领导，明确了工作方向，拜访了有关部门和领导。从这以后，杨家景就在周士钊的指导下进行联系群众，宣传民进，物色成员，建立基层组织和筹建民进市委会的工作。联系的方式基本上是五种，一是旗帜性人物陪同周老前往造访，二是持杨东莼书札前往拜见，三是友党带路，四是个人慕名求见，五是会中央直接联系。

在联系过程中有的是仅去一次就水到渠成（有的是对党派有了一定认识，有的是由于是老相识），有的是多次接触，有的是有迂回的过程，总之是强调个人自愿。另外是宣传民进宗旨、性质任务和介绍统战政策，增加推进剂。此次发展工作后来被有关党委认为“没有出现拉人状况”而得到赞许。后来就着重吸收有代表性、政治条件好、威望高、有组织能力的同志入会，并从中物色领导班子的合格人选。到建立长沙筹委会时，已有40位会员。当时由于无地方组织，会员的审批是由会中央审批的。在一个部门有一定会员数（当时支部条件大概是具备五人可成立支部）后，即着手建立支部，并先后建起师范民进支部和师专支部，除杨家景参会外还分别由王果秘书长和陈孝禅主委参加了成立会并讲话，各党委也都派人参加，并致以祝贺。

筹建地方组织前，周士钊和杨家景到市统战部汇报筹备进展情况，商洽领导班子人选。统战部部长提出增加名额的意见，周士钊和杨家景当即采纳，同时统战部许诺负责解决办公用房和抽调专职干部。经向杨东莼请示，民进中央同意开筹备大会。

1957 年 1 月 21 日，民进中央常务委员会举行扩大会议，杨东莼在会上被确定为民进中央秘书长。3 月，长沙市委筹委成立大会在长沙市交际处会议室召开，参加大会的除会员外还邀请了省市党委负责人、省市统战部负责人、省市政协及各民主党派负责人参加，会议由周士钊主持，民进中央副主席周建人代表会中央到会致词。历时两年，1958 年 6 月 28 日，民进长沙市委员会正式成立。

第十四章　真诚与同情的纠葛

培养新知识分子的问题，存在于人们思维活动精密策划之中……意味新知识分子不再依赖雄辩这种外在的、短暂的感情去进行鼓动，而是以建设者、组织者和不懈的劝说者的身份，积极参与现实生活。

——安东尼奥·葛兰西（Antonio Gramsci）：《论知识分子》

一、如何“又红又专”？

1957 年 4 月 27 日，中共中央公布《关于整风运动的指示》，决定在全党进行一次以正确处理人民内部矛盾为主题，以反对官僚主义、宗派主义和主观主义为内容的整风运动，发动群众向党提出批评建议。广大群众、党外人士和广大党员积极响应党中央的号召，对党和政府的工作以及党员干部的作风提出了许多有益的批评、建议。

5 月 8 日，中共中央统战部邀集各民主党派负责人举行座谈，征求对统战工作的意见。民进王绍鏊、周建人、许广平、林汉达、杨东莼、徐伯

3 月，民进 850 余名会员参加了各民主党派和无党派人士在天安门广场举行的社会主义自我改造促进大会，大会通过了“自我改造公约”

昕等参加了会议。6月24日，民进中央做出了“关于进行会内整风运动的决议”。这年夏天，杨东莼被调到北京担任民进中央秘书长，主持民进中央机关工作。杨东莼住在北京东城炒豆胡同33号，与前辈故友程潜为邻。

7月7日，民进中央决定成立民进中央整风领导小组。召集人为：马叙伦、王绍鏊、周建人、许广平、车向忱、杨东莼。10月13日，民进领导人马叙伦、王绍鏊、许广平、杨东莼参加了最高国务会议。

这一年，在全国人民代表大会上，杨东莼做了长篇发言，题为《知识分子在革命的暴风雨中何去何从》。这次发言，《人民日报》做了专门报道。易湘苏说反应极强烈。刘斐对杨慎之说这是“传世之作”。会后，杨东莼非常高兴，并告诉杨慎之，周总理评论极佳。彭真把他叫去，要他删去“喝了点海水，吃了点洋麦面”之类的话，他照办了。这篇发言初稿是他委托儿子杨慎之执笔的，用今天的眼光来衡量，难免避免不了那个时代明显“左”的痕迹。为此，杨慎之曾经自我埋怨：“在这一时期为程潜、唐生智、陈明仁、马叙伦、杨东莼写文章，大部分都有这个毛病，至今思之，仍感内疚！”①

此时，出于高度的政治责任感和发自内心的与人为善的初衷，杨东莼也积极响应党中央反右运动的号召，在报刊上发表了不少文章，虽然其中有很多提振人心的佳作，但是由于党中央对1957年春夏的国内阶级斗争形势估计得过于严重，又采取了大鸣、大放、大字报、大辩论的形式，在全国开展了一场群众性的政治运动，致使反右运动被严重扩大化了，在此期间，杨东莼发表的绝大多数文章体现了较强的“左”倾冒进主义思想。

其中，反映最突出的、最集中的，就是《知识分子在斗争风暴中何去何从》、《何物自由主义》、《坐什么渡船》、《人民的新闻事业不容许右派分子插手！》、《关于“叛逆性格”》5篇文章，这些文章基本上反映和记录了当时中国知识界反右派斗争扩大化的情况，虽然他在反右派斗争以后就敏锐地意识到了反右派斗争扩大化问题的严重性，“在自己的工作范围以内，信任和使用了一批在1957年横遭贬谪而又确有真才实学的知识分子，并且用坦诚相见和平等待人温暖了这些同志的心”②，但某些不良影响是很难挽回的③。

---

① 出自杨慎之：《杨东莼年谱》卡片资料（未刊本）。

② 章开沅：《建设社会主义要靠真才实学——怀念老院长杨东莼同志》，《华中师范学院学报》（哲学社会科学版），1983（5）。

③ 为此，杨东莼在“文革”十年动乱期间痛定思痛，进一步认识到了“左”的危害，经常和亲密友朋表示自己的歉疚之情，刻骨铭心地反省自己。

1958年5月，中共八大二次会议，通过了“鼓足干劲、力争上游、多快好省地建设社会主义”的总路线。刘少奇在政治报告中对总路线做了解释，认为总路线的精神表明，党的主要任务是建设社会主义，实行技术和文化革命。他还就经济发展中的两条腿走路的方针做了说明。总路线由于内容言简意赅，通俗易懂，很快为群众掌握，成了很长时间内动员人民从事社会主义建设的行动口号。

总路线出台后不久，杨东莼发表了文章《从多快好省说起》，谈论文风改进怎样做到“多快好省”，他说，“应当说，改进文风是时候了。它同当前全面大跃进的形势分不开，同技术革命和文化革命分不开。因此，我们写文章也得来个多快好省”①。

他分析了写文章“多快好省”的几点好处，“多快好省，就写文章说，多和快是一个方面，好和省又是一个方面。能够使懂的人多，能够让人懂得快，这样的文章就一定能够达到好和省的目的。懂的人多最经济，懂得快最省时间，省精力，所以这两者都合于省的要求。至于所谓好，则除懂的人多和懂得快两者之外，还有这么一层意思，即写出来的文章能够感染读者，使读者同作者精神交流。不用说，要做到这一步，首先在于作者能够同读者共命运、同呼吸，在于作者真正了解读者的思想情感。……总之，写文章来个多快好省，是有利于文风改进的。至于长篇好还是短篇好；长句好还是短句好，就要看情况办事：有话便长，无话即短，当用长句用长句，当用短句用短句。不过尽力做到写短篇，写短句，却是合于多快好省的方针的”②。

他还建议：“在文风方面，还应提倡‘酬世之文’、‘应世之文’。即令不反对‘寿世之文’，也应当强调‘寿世之文’。‘酬世之文’、‘应世之文’写多了，写久了，就自然会出‘寿世之文’。窗明几净、闭户著书、‘成一家之言’、‘藏诸名山’的时代已经过去了，让我们做一个‘能文能武’、‘上马杀贼，下马草露布’的善写‘酬世之文’、‘应世之文’的能手吧！”③

这种“酬世之文”、“应世之文”对于是作文高手的杨东莼来说当然不

① 杨东莼：《从多快好省说起》，《语文学习》，1958（6）。

② 杨东莼：《从多快好省说起》，《语文学习》，1958（6）。

③ 杨东莼：《从多快好省说起》，《语文学习》，1958（6）。

在话下。他作为民进中央秘书长，写了篇文章《正确对待子女升学、就业和自学问题》，通过多个举例，号召家长鼓励孩子下乡，积极建设新农村。因为“大跃进”运动是从农村开始的。

> 我们应该向所有的青年学生确切地讲明，我们的国家就是因为有劳动人民当家作主，才有着无限光明的前途。在我们的国家里，劳动是最光荣的事情，工人和农民是最有前途的人，但是另外一些人对待这个问题，态度很端正，现在我们来看一看有些党政的领导干部在怎样对待他们的子女升学和就业问题：中共湖南省委书记周礼同志的儿子周作儒，就在今年暑假初中毕业，最初周作儒打算：第一是到工厂；第二是到国营农场；第三才是到农业社，周礼同志批评了他儿子的前两个打算不切实际，说明只有到农村才是最符合国家的需要，更能锻炼自己。结果，周作儒已和长沙市第一批中、小学毕业生下农村，成为建设新农村第一批有文化的农民。辽宁省黄副省长的女儿黄健行，安东市海关副关长的儿子孙启田，都积极要求参加农业生产，这种模范行为，得到了他们父母的积极支持。其次，哈尔滨中学教师吴藤师当他的女儿去农村参加农业生产时，他说：“我是党员，我的儿女都是团员，我们的目标是一致的，用劳动来建设社会主义新国家。此外，我是一个教师，又是一个家长，既要尽教师的责任，又要尽家长的责任。孩子们热爱劳动，使我安慰，我感到做一个教师和家长的光荣。”青岛市一中本届高中毕业生杜友白，在下乡临行时，他的父亲赠送他这样一首诗：“父自农村来，子往农村去。子衣父制纱，父食子种黍。劳动传家宝，合作光明路。莫计职卑尊，但求国库裕。”此外，各省市的青年自动要求下乡参加农业生产的，还有很多很多，不胜枚举。我认为这些做法都很对，都是我们学习的好榜样。

当时，他和新中国普通百姓一样，对社会主义建设的热情很高，他非常理解国家建设存在的实际困难，理解城市里没有足够的岗位能安排学生就业：“我认为正确对待自己子女的升学、就业和自学问题，对当父母的来说，是一个严重的考验。希望我们民主党派的成员，应该把这项工作当成一个政治任务来完成。尤其是民进的会员，大部分是中、小学的教师，更应该以身作则，正确处理这个问题，这样，我们才能在群众中起良好的影响，才能在建设社会主义事业中起积极的作用。”①

·2· 教師報

正确对待子女升学、就業和自学問題

中国民主促进会中央委員会秘書長 杨东蓴

1957 年，任民进中央秘书长的杨东莼在《教师报》上发表了文章《正确对待子女升学、就业和自学问题》

在 1958 年春意盎然的日子里，民主党派自我改造竞赛运动也热火朝天地展开了。《光明日报》称“这是当前万马奔腾的全民社会主义革命大跃进中出现的一个新的方面”。

据当时一篇报道，某日记者在民进中央采访了秘书长杨东莼，杨东莼的谈话从前不久去天津说起。他的手在不停比划，笑着说：

“形势逼人，不走出办公室不行啊，领导方法得改变了。”他的语气很坚定，语速也快起来，记者甚至没空抬头看着杨东莼，手中的笔在不停地作记录。“现在高潮已经冲出了北京城，天津民主党派动起来了。运动来得快、猛，人们的思想跟不上，因此有些人感到突然。我刚到天津，就有人问我大跃进与一般整风是否一码事？思想上还不明确。我说，我认为民主党派自我改造大跃进，是全民整风运动发展的必然规律，是当前社会主义

① 杨东莼：《正确对待子女升学、就业和自学问题》，《教师报》，1957-08-13。

生产大跃进和文化大跃进运动的一个组成部分。民主党派自我改造大跃进包括两个方面：一个是阶级跃进，即是从资产阶级的两面性跃进到无产阶级的一面性，从对党对社会主义的三心二意跃进到全心全意。另一个是形势上的跃进，这就是当前的订规划、搞竞赛的加速自我改造运动。前者是目的，后者是方法，掌握后一个跃进，就是促进前一个跃进。大跃进是一般整风之纲，只要抓住这条纲，就能把一般整风推向新的高潮。"

他接着说，有人认为大跃进和一般整风是两件事，这是误解。一般整风主要是解决政治立场问题。大跃进何尝不是如此。民进中央提出的八条奋斗目标，头两条就是解决跟党走社会主义道路的根本问题。当然，现在形势变了，原来按部就班的整风步骤可能不适用了，"框框"可以打破，要人去适应形势，只要安排得好，是可以结合起来的，两者实则是一码事。

他认为，大跃进的落脚点在订好个人规划，个人规划订得好，组织改造就有了保证。所以当前要抓紧做好这件事。他说，三年看头年，头年看三月，三月看规划。

"怎样才能订好规划呢?"记者追问道。

他向记者谈了几点意见。第一，要反保守思想，规划要订得先进。但也要建立在可靠的基础上，因此要根据各人特点，针对各人的主要毛病，对症下药，防止抽象地空谈改造；第二，要扫除思想障碍。"现在大家的自觉性大大增长了，运动的主流是健康的，但思想障碍还是有的。我在天津就听到有些人认为改造是长期的事，慢慢来吧。山中方七日，世上已千年，形势是一日千里，瞬息万变，个人改造是刻不容缓，千载一时，稍纵即逝。现在如再慢慢走，掉队一步会离队万步。"

杨东莼接着说，个人规划一般可以包括政治与业务二方面，即如何做到又红又专。但对民主党派来说，大跃进主要是解决知识分子工人阶级化的问题，解决政治立场问题，因此必须抓"红"。现在大家都要把心交给党，但究竟如何交法，在个人规划就要有具体的东西。他还认为最重要的是在订规划中暴露思想。他说我们应当比暴露思想，如果自己思想不肯暴露，别人也难以帮助，更难做到交出心来，谁暴露思想好，谁改变立场的决心就大。旧瓶要装新酒，非得彻底清洗一下。里面的垢实在太厚。我们这些知识分子改造也是这样。

记者临走时，杨东莼用表态的口气说："我虽还没有具体写出规划来，但已想好规划第一条，就是要把心交给党，以共产党员标准严格要求自己，在三年内把自己改造成为工人阶级知识分子。”

杨东莼是一名拥护党拥护国家、热爱社会主义，痛恨帝国主义的教育学家、马克思主义学者，为新中国成立以后的社会改革和实现“四个现代化”努力建言献策。周恩来总理曾在1956年代表中共中央做了《关于知识分子问题》的报告。报告中指出了知识分子与工人、农民在社会主义建设中的关系问题。他说：社会主义建设“必须依靠体力劳动和脑力劳动的密切合作，依靠工人、农民、知识分子的兄弟联盟”。他又强调指出，现代科学技术正在一日千里地突飞猛进，人类面临着一个新的科学技术和工业革命的前夕。联系到我国当前的社会主义建设，他说：我们必须急起直追，“向现代科学进军”。

在中共中央十分明确地向中国的广大知识分子群提出了“向科学技术进军”号召后，1958年他积极响应毛泽东主席提出的“文字必须改革，要走世界文字共同的拼音方向”的号召，发表了《文字必须改革》，认为文字改革必须走拼音化和简体化的方向，积极推进文字改革工作。1959年他发表了《从宇宙火箭上天看科学发展的两条道路》一文，首先充分肯定了苏联成功发射世界第一颗人造卫星的重大意义和深远影响，并分析苏联之所以取得这样的成功，原因就是坚持了马克思列宁主义，并实行了具有优越性的社会主义制度。同时他从“生产力决定生产关系”这一唯物论出发，分析美国这样的资本主义国家因为社会制度和生产关系的落后，科技和经济发展将受到严重的阻碍，从而被社会主义国家甩开，以此证明社会主义的优越性和必须长期坚持社会主义制度的必要性问题。

同年，他还发表了《前事不忘，后事之师——为纪念五四运动四十周年而作》，以自己亲身经历的视角，记述了当年五四运动的历史面貌。在文章结尾比较了新中国成立前后，“五四”知识分子的走向区别，指出了旧知识分子只有抓紧改造，才能成为又红又专的工人阶级知识分子。他是一名中共早期党员，他曾以地下党员的身份从事了大量统战工作，他也是一名学识渊博、处事随和的知识分子，与不同类型的知识分子打过很多交道，因此，他对知识分子的自我改造前景充满了乐观情绪。

五四运动后不久，由于运动高潮已过，由于政治斗争越来越尖锐，越艰苦，就有些青年知识分子从火热的战场退到“象牙之塔”里去了。

这几乎是个规律。以后每次革命失败，总有那么一部分知识分子败下阵来，转而去啃书本，钻业务，“不问政治”。然而也有由于形势逼人，有的又从书斋回到了战场，但这毕竟是少数。解放后，情形大为改变，一则由于当领导的革命事业取得了一个接一个的胜利，再则由于党对知识分子贯彻执行了团结、教育、改造的正确政策，还由于旧知识分子有了接受改造的意愿和自觉性，不少过去不问政治的旧知识分子，经过一定时期的努力和锻炼，已经开始转变为又红又专的工人阶级知识分子，他们中间的一些先进人物陆续地加入中国共产党。八十岁高龄的陈垣校长最近被批准光荣地加入中国共产党，就是典型的、令人兴奋鼓舞的事例。我们朋友中有人说：“时代太可爱了，可惜早出生了几年。”有这样想法的人，以及我们这一大群比陈垣校长年龄小得多的人，在感到惭愧之余，只有虚心像这样的前辈学习，此外别无他路。旧知识分子走的弯路不少，如果不想步履维艰地继续走弯路，在今天，唯有牢牢抓紧改造与服务相结合的原则，记住政治是灵魂这一条真理，警惕并防止重业务轻政治这种几乎是旧知识分子带有本能性的倾向，坚持不懈地向工农学习，与工农结合，勤勤恳恳地、信心百倍地为广大劳动人民、为社会主义事业贡献出自己的一切——能够这样做，就一定能够如日方升，不会嗟叹迟暮了。①

这种自觉改造的赤诚心理，促使杨东莼在正值国家“三年灾害”困难时期，1961 年 9 月，在中共中央统战部焦琦、肖贤法的介绍下，已是花甲之年时，仍然重新加入共产党，像一个流浪在外的孤儿回到了母亲温暖的怀抱。

杨东莼真心拥护党的知识分子改造政策，这些“应世之文”是一名马克思主义信仰者、捍卫者的正常表现，利用阶级观点阐明了旧知识分子要进行自我改造的必要性，其实从他于 1936 年发表的文章《智识分子的任务和出路》中就已见端倪。

拿中国来讲吧！现在是什么时候呢？是民族存亡的关头，是整个国民经济陷入非常时期的危机的时候。民族没有出路，智识分子更谈

---

① 杨东莼：《前事不忘，后事之师——为纪念五四运动四十周年而作》，《语文学习》，1959（5）。

不到出路。因此，中国智识分子的出路，就只有联系到争取民族的出路这一基本问题上，才能得到圆满而正确的解答。不用说：目前的智识分子正感到空前的苦闷，正陷入到悲哀的境地；但苦闷和悲哀，都不能解决当前的问题。要解决当前的问题，就只有把力量集中到求中国之“自由”与“平等”的运动上，表现出智识分子的民族革命的性质。不过这一运动，是最艰苦的斗争，不甘没落的智识分子，只有在一切行动和实践中，克服其动摇性，克服其不可捉摸的自尊自大心，才能够争取民族的自由，找到民族的出路。这就是智识分子目前的任务和出路。①

毛泽东站在天安门城楼上庄严宣告“中国人民从此站起来”，标志着中国共产党领导全国人民取得了新民主主义革命的伟大胜利。1956 年，随着社会主义改造基本完成，中国进入全面建设社会主义历史阶段，“知识分子的出路与任务”也要随之改变。杨东莼在政治上紧跟中共中央政策，对参与政治有饱满的热情。他拥护毛泽东在《大量吸收知识分子》中所规定的方针，认为这是一个必须长期执行的方针。他赞成 1956 年 1 月 14 日，周恩来总理在中共中央召开的关于知识分子问题的会议上，代表中共中央所作的《关于知识分子问题》的报告。报告中对知识分子队伍的状况，做了如下估计：经过新中国成立后六年来贯彻执行党对知识分子的“团结、教育、改造的政策”，我国知识分子的面貌已经发生了根本的变化。“他们中间的绝大部分已经成为国家工作人员，已经为社会主义服务，已经是工人阶级的一部分。”

1956 年 6 月 8 日，中共中央发出《关于组织力量准备反击右派分子的猖狂进攻的指示》。同日，《人民日报》发表社论《这是为什么?》在全国的广大科学、文化、教育界和党政机关及人民团体中，一场“轰轰烈烈”地反对右派斗争的号角吹响了。与人为善、性情耿直的杨东莼，不会苟同那种轻视和伤害知识分子的“左腔左调”和粗暴做法，他始终认同 1956 年中共中央对知识分子的正确估计和知识分子应该坚持积极的自我改造态度。

1958 年，杨东莼在《教师报》上发表的文章《“您方便，我倒不方便了”》中认为，人总归要戴帽子的，尺寸合适就得戴上。面对资产阶级这顶

① 杨东莼：《智识分子的任务和出路》，《申报每周增刊》，1936，1（25）。

帽子感到不舒服、不服气，倒不如在这次社会主义自我改造的实践中，切实地暴露思想，把心交出来，便可以亮出自己的本来面目，看到底是不是资产阶级知识分子。他用了一个很通俗形象的比喻说明自我改造的必要：“没有紧箍咒，孙悟空成不了‘正果’，不能‘超凡入圣’。”①

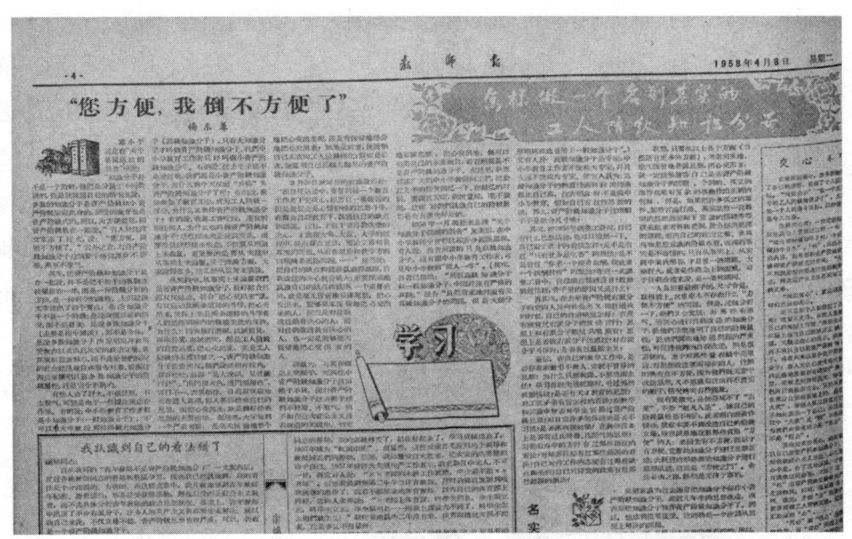

1958年4月8日

“您方便，我倒不方便了”

杨东莼

学习

1958 年 4 月 8 日，杨东莼在《教师报》发表文章《“您方便，我倒不方便了”》

同时，他认为，特殊国情决定了，在旧中国知识分子群体中，除极少数人依附于反动派以外，绝大多数都处于被压迫的地位，所以他们是爱国的，是能够接受社会主义前途并为之献智出力的，新中国自己培养出来的知识分子群体，更应该是热爱党、热爱国家、热爱社会主义的。至于知识分子世界观的改造，则是一件艰巨的、和风细雨的工作，需要一个长期的锻炼过程。在这里，一切

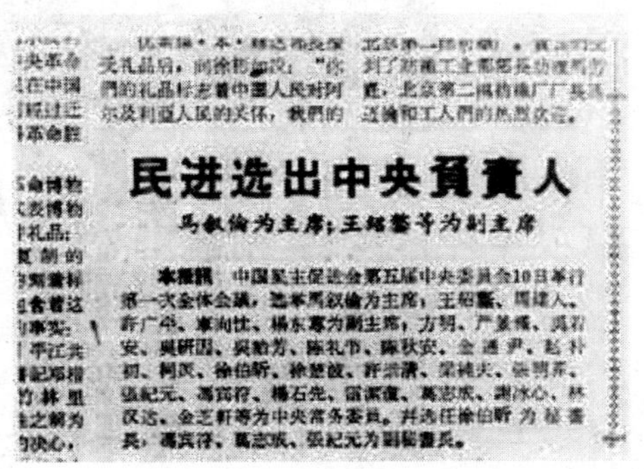

民进选出中央負責人

馬叙倫为主席；王紹鏊等为副主席

1958 年 12 月 10 日，民进五届一中全会选举出新的中央领导机构

① 杨东莼：《“您方便，我倒不方便了”》，《教师报》，1958-04-08。

对知识分子的无端贬抑、侮辱甚至摧残，都会给党和人民的事业带来莫大损害。

1958 年 12 月 10 日，在民进五届一次全委会上，杨东莼被推选为民进中央副主席，成为民进中央早期领导人之一。

1959 年 3 月，民进中央委员中担任全国人大代表担任全国政协委员的同志分别到上海、浙江、安徽、河南、辽宁、广东、陕西、湖南等地，深入工矿、企业、人民公社、学校、街道等基层单位进行考察，杨东莼作为全国人大代表也参加了这次考察。

在深入基层的考察中，他对因反右扩大化造成一部分知识分子的悲惨境遇又表示深度同情，并热诚相助。应该说，在知识分子问题上，有双重政治身份的杨东莼有自己的见解。在这一时期，即“文革”爆发前，他的内心处于真诚与同情的纠葛状态。真诚是出于他作为老革命对共产主义“理想国”的一种向往，以及对党的无比忠诚。同情是出于他作为知识分子内在的善良本性和群体认同。

1962 年 9 月，民进中央召开座谈会，庆贺我人民解放军击落美蒋 U-2 飞机，谴责美帝侵略罪行，王绍鏊（右一）主持会议，杨东莼（右二）在会上讲话

虽然他在《何物自由主义》这本小书和《打渔杀家新解》、《从剪辫子想到的——看老舍〈茶馆〉有感》这些杂文中，流露出一些“左”的情绪。但是，从总体来看，他在行动中确实认真贯彻了自己的基本观点。在政治运动波涛汹涌接踵而至的历史时期，对于学有专精、业有专长的知识分子，杨东莼总是尽力之所能，去做一些据他说是近于“保护”的工作。他的方法之一，就是在运动之前以老朋友的身份和知识分子谈心吹风，让他们在思想上有所准备，不至于在急风暴雨的批判前惶惑、不知所措。

对于个别多病的知识分子，杨东莼用尽心思让他们取得适当机会回避一下，石声汉教授是庚款留英的第一届高材生，专攻生物，为人诚实不欺，敏悟非凡，有学贯中西之誉。可是他不修边幅，懒于世故应酬，耿介直爽几乎到了落落寡合的地步。为了使他在政治运动中不受伤害，杨东莼千方百计“保护”他。1969 年 4 月，正值“文化大革命”，杨东莼本身已经受到冲击，但他仍不惧风险为石声汉写了一份证明材料，极力褒扬石声汉的为人。

> 石声汉为人憨直，有话必说，语带讽刺，大有目空一切之慨。……石声汉对我说过，他是“魏晋作风，宋元头脑”这类的人。我认为这八个字刻画他十分恰当。魏晋作风……其特点之一是不拘礼法，放浪不羁，不修边幅；其特点之二是臧否人物，不问政治；其特点之三是目中无人，认为自己是清高的，而别人是庸俗的。宋元头脑，指的是宋元两代的理学。理学是汉学的对立面。汉学囿于对群经的考据，属繁琐哲学。理学则摆脱汉学的琐碎考据，而从修身养性、有诚、笃敬入手，是主观唯心主义的东西。石声汉讲的是宋元头脑，指的是个人处世的道理，并且是脱离群众而讲究做人处世的道理的。据我所知，尽管他自己负担重，生活困难，但他还常寄点钱接济比他还困难的朋友。这也是他所谓的“宋元头脑”的一种表现。

在石声汉闭门研究期间，杨东莼总是在力所能及的情况下，从思想、工作到生活全面关心他，使他能安心整理包括《齐民要术》等农学古籍，为古代农学研究做出贡献。了解到石声汉回西北后的身体状况不佳后，杨东莼曾设法联系将石声汉调往中华书局北京编辑所从事古农学典籍的整理，以改善他的生活和医疗条件。但石声汉考虑到他在西北农业大学古农学专业的接班人培养工作，便谢绝了杨东莼的好意。

杨东莼是石声汉可以倾诉内心感受和苦闷的极少数的挚友之一，两人经常书信往来交流学术。杨东莼时常不忘提醒体弱多病的石声汉要“细水长流”，注意身体以免劳累过度。

石声汉①致杨东莼函

东莼大哥：

28（日）手教拜悉。德报介绍狄公（狄慈根）著作生平，似尚确切；昨穷一日之力译出，随函寄呈，备校正后酌用。

春暮以还，天气失常；霪霖绵缀几匝月，前数日甫放晴；关中棉麦均颇受累，麦收势且濡滞旬日以外。阴寒所中，气管炎剧作，喘不可支，上午直同废人，下午夜间稍可，勉能伏案三数小时。

今年十月，全国植物学会30周年年会，兼为耆宿钱崇澍先生八旬祝嘏，相当隆重。弟于某年（大致已七八年）被选为总会理事，今冬须以当然代表资格，带“论文”出席。既不能赤手空拳而来，乃于五一夕间起，獭祭群书，搜索材料，古今中外訾啄一通，幸于20日完稿。突击既毕，已油印备日内省分会选拔。检出一份，并本月中旬科学史集刊刊出之一篇，合包于昨晨寄奉。急就章已不免纰缪，矧以病中仓促完成，疵瑕百出，为必然。倘值稍暇，偶尔一翻，在观点上有以赐教，不胜感幸。“张骞”一篇，于外文书中有新获材料，稍迟必须重作改订，亦恳指出错谬，俾得修改。

“黄金时代不在过去，尤不在将来，目前最不可放过。”平生一切，皆以此为“动力来源”。数年前，动辄得咎，兼之饥疲相续，亦且未感废弃。目前，工作稍有累积，便得种种掖护；国家困难基本克服后，日常生活亦已迅速好转；乐游原上，斜阳正好之际，倘不乘机竭尽绵薄，殊恐数年之后衰日甚时，悔将无及。其实今明后三年，所图亦已太满，不无紧张之惴惧。承示“细水长流”，相惜甚笃；始则怦然，继以怃然，终复悚然。望之六年，于命终无所不恝。学无所成，术无所

① 石声汉，湖南湘潭人，农史学家、农业教育家和植物生理学专家。晚年致力于整理、研究中国古代农业科学遗产工作，先后完成《齐民要术今释》、《农政全书校注》等14部巨著，是中国农史学科重要奠基人之一。石声汉是第一届中央庚款留英公费生，而杨东莼的弟弟杨人楩是第二届中英庚款留学生，他们在英国认识。1942年冬，经杨人楩的介绍，杨东莼认识了同在武汉大学（乐山）任教的石声汉，并很快成为知交。1979年杨东莼在病重之际，打电话让石声汉的长子石定机去他家，取回一包他1975年准备为《人民日报》海外版写一篇关于石声汉的文章而搜集的资料，这封信就是其中之一。

就，自审戮力洵有未逮，顾亦未始乏可委咎于环境之处。攘窃前人所积，今年来思路渐成体系，每愿抒发偏见，供有兴致者批判，藉省他人搜索之勤，庶几不负六亿人四五十年来供养。用是，不免“日暮而途远”在怀，独不敢“倒行逆施”耳。顷获提命，不能不惊心；当力纠前失，争取再活十年。旧专业青年接班者或可成立；自身尚需补习甲骨文，为新专业向“史前”拓展一步之准备。来日未尝容易，讵能不“战战兢兢”？

《四民月令校注》及《中国古代农书概说》两稿，中华书局编辑所寄回嘱修改，均已于上月杪前补缀寄京。今月及下月，《中国农业遗产要略》应毕稿。八月当完全休息，以避暑热中剧喘之苦。九月间录定寄出。十月来京开会，又可得两周改换休息。冬季仍拟离武功，觅地避寒，便将《农桑辑要》校、注、案三事完成，庶明春及夏《农政全书校注》定稿及研究生论文可以全力应付。“寙裘先败”，理有必然；“敝帚自珍”，事当力戒。脱于此等处不善自处，恐或有碍全院规划，遂失螺丝钉作用也。

西北农学院向属“农村”，今年起，已比照全国各地按三级分配特需物资；最近西安作为“开放城市”后，学院所在杨陵镇又划作西安市开放“点”之一，后此弥当转善，亦可以告慰也。老妻目眚，进展殊缓；未完全失明，不能手术；好在只有一侧，于生活无大困难处，乞释注念。祷颂

俪福

弟声汉

63年6月3日

1961年，杨东莼奉国务院副秘书长齐燕铭指示，到重庆了解原四川美丰银行总经理康心如的情况。经过一番询问，杨东莼很惊讶，怎么康心如这样的人会没有工作？划为右派，也应该有生活费嘛！杨东莼当即表示要具体了解后再决定。不久，杨东莼电话通知章士钊，说康心如原定为13级干部，划为右派后，降了三级，工资应是90多元。杨东莼又问，才知道康心如的重庆市政协委员职位还保留着。他认为，康心如在四川影响大，还是把职位保留在西南好。在北京任一级文史馆馆员，只有80多元工资，比原来90多元又降了一级。考虑到这个实际因素，杨东莼便建议，仍然保持

康心如的重庆市政协委员职位，工资由重庆市政协支付，并报销医药开支。之后，章士钊答复说，康心如的儿女都在华北，最好让他在北京定居。杨东莼说，中央也同意迁户口，定居首都，因当时北京户口冻结，要等解冻之后才能办理。

在杨东莼的反复协调下，康心如的户口终于迁到了北京，生活问题得以解决。

二、百家争鸣与群众路线

从1959年底至1960年2月，民主建国会与全国工商联先后召开全国代表大会，出席会议的代表有近2000人。由于中共党内这时正在开展“反右倾”运动，他们也害怕在会上搞批斗，所以思想上很紧张。为了帮助民建和工商联开好这次会议，中共中央统战部部长李维汉向民建、工商联领导人陈叔通、黄炎培等建议，采用“神仙会”的方式来开会。

1960年7月下旬至9月，民革、民盟、民进、农工党、致公党和九三学社六个民主党派分别召开中央全会扩大会议，这些会议同样采用了“神仙会”的方式，和风细雨，敞开思想，提出问题，辨明是非，提高认识，会议开得很成功。

事实证明，“神仙会”这种方式，是正确处理人民内部矛盾的好方法。“神仙会”的召开，缓和了当时中国共产党同民主党派、工商界、知识界的关系，增强了统一战线内部的团结。在三年严重经济困难期间，国内物质生活十分匮乏，国外又有压力，民主党派和无党派人士紧密团结在中国共产党的周围，经受住了严峻的考验，为共同战胜困难做出了贡献。当时，不少民主党派人士对如何开好“神仙会”纷纷发表了看法和建议。

1961年4月1日，《光明日报》刊登了时任民盟中央常委、天津大学校长张国藩写的一篇文章《也谈“神仙会”与百家争鸣》，针对学术争鸣的主要论点是：

> 学术争鸣的要素有三：一是有的鸣，二是愿意鸣叫，三是鸣出来以后可以使对问题的认识更加深化……“神仙会”的关键是愿不愿意谈的问题，而学术争鸣的关键是有无争鸣的“本钱”问题……毛主席关于“百花齐放、百家争鸣”的方针会明确指示说：“艺术上不同的形式和风格可以自由发展，科学上不同的学派可以自由争辩。”最近红旗

> 上的社论标题就是《在学术研究中坚持“百花齐放、百家争鸣”的方针》，可是党的百家争鸣的方针是科学研究的争鸣，是学派的争鸣，不同于随随便便不同意见之争。①

简而言之，张国藩对于“百花齐放、百家争鸣”的看法主要是两点。一是学术争鸣的关键是有无争鸣的“本钱”问题。二是党的百家争鸣的方针是科学研究的争鸣，是学派的争鸣，不同于随随便便不同意见之争。这两点集中起来其实是一点，即争鸣是专家的事，争鸣是专门学术领域内部的事。

1961年5月8日，受到张国藩的观点启发，杨东莼在《光明日报》发表了文章《百家争鸣与群众路线》回应张国藩的上述论点，提出个人的一些意见。

> 争鸣要有“本钱”，即是说，对争论的主题要有一定的认识，有自己的论点和论据，这是没有问题的。问题在于，究竟怎样算有“本钱”？有多少“本钱”才能争鸣？学派固然可以争鸣，自己还说不上学派，但对争论的主题有“一得之愚”，可以不可以争鸣？②

为了试图说明这两个问题，杨东莼运用马克思主义的实践认识论，即辩证唯物主义认识论，通过两个中国古代故事和苏联的具体事例说明：“即具有丰富的实践知识的人跟专家（作家）可以争鸣。”

他还认为，“彼此操之业不同而所持理相同者，也‘有得鸣’”。并且“鸣出来以后可以使对问题的认识更加深化”。杨东莼是个老京剧迷，便举了京剧大师盖叫天和他的《粉墨春秋》为例。他说：

> 盖叫天是当代京剧最杰出的演员之一。我认为盖老在《粉墨春秋》中提出的论点和论据，可以跟教育学家、心理学家、美学家提出的某些论点开展争鸣，尽管盖老不是教育学家、心理学家、美学家。在这里，不只“有得鸣”，而且盖老的某些看法还能发人深省。我每每这样想：凯洛夫的教育学、捷普洛夫的心理学、车尔尼雪夫斯基的生活与美学固然要读，盖老的《粉墨春秋》和周信芳的《五十年来的艺术经验》，又何尝不可以读。“举一隅不以三隅反”自然不好，固执一隅不

① 杨东莼：《百家争鸣与群众路线》，《光明日报》，1961-05-08。

② 杨东莼：《百家争鸣与群众路线》，《光明日报》，1961-05-08。

见其他三隅恐怕更成问题。治学之道，贵在能触类旁通，互相印证，然后得到提高和深化。由此可见，只要彼此所持之理相同，而所争论的主题又相同，即使行业不同，也是鸣的起来的，这又是一种情况。①

历史唯物主义是马克思主义哲学体系的重要组成部分。历史唯物主义认为："人民，只有人民，才是创造世界历史的动力。"杨东莼通过论述群众是否有"本钱"与专家争鸣，不同学术领域之间的专家能否争鸣，归纳出了六点对于百家争鸣的看法，并把这些看法都归结到群众路线这一点上。他非常赞同中央宣传部长陆定一代表中共中央和国务院在中国文学艺术工作者第三次代表大会上所作的祝词："'百花齐放，百家争鸣'实质上是文艺工作和科学工作中的群众路线。在社会主义制度下，文艺工作和科学工作必须走群众路线，而不是单纯的片面的专家路线，不这样做是不对的，是错误的。"②

如果从政治信仰与时代环境，深入剖析杨东莼的这篇文章，无疑可以理解他在不到七千字的文章里，引用中外典故、名人语录等资料近二十处的缘故。在文中，他没有不重视专家作用的意思，同时绝非否定书本知识。他认为，"书本知识非常重要，用活的知识否定书本知识重要性是不对的；但是只把书本知识看作知识，不把生活实践和生产时间长看作'本钱'，则更是不合适的"③。

基于他对党的知识分子政策的认真执行态度，他呼吁广大知识分子对学术争鸣不要有所顾虑，积极参与到学术争鸣中来。

近年来，学术上的自由争论比较活跃，这是一种很好的现象。但是也还有一部分人，或者极少一部分人，抱着这样或那样的顾虑，而不敢或者不愿争鸣。而这些人，是具有一定的知识或者较为丰富的知识的。所以把学术争鸣的关键突出地看成为有无争鸣的"本钱"问题，是值得商榷的。因为这样的想法，会使人们这样那样的顾虑之外，又增加一种有无"本钱"的顾虑。而一谈到有无"本钱"的问题，就不仅老年人有顾虑，连青年人也有顾虑，甚至比老年人的顾虑也要大。

---

① 杨东莼：《百家争鸣与群众路线》，《光明日报》，1961-05-08。

② 杨东莼：《百家争鸣与群众路线》，《光明日报》，1961-05-08。

③ 杨东莼：《百家争鸣与群众路线》，《光明日报》，1961-05-08。

这样对百家争鸣的开展，是很不利的。[①]

显而易见，信仰马克思主义的杨东莼认为学术争鸣和群众路线是辩证统一的，应该说，他对“百花齐放、百家争鸣”的愿望是单纯和美好的。随着“大鸣、大放、大字报、大辩论”在知识界迅速蔓延开来，特别是在1963年以后开展的某些所谓“学术讨论”，实际上成了不讲道理的围攻批判，对此，杨东莼十分反感。杨东莼还经常说：“不念旧恶，在必要的条件下应该如此做；不念旧情，那就会变成独夫和天下绝物。”报刊上点名批判周谷城、夏衍、孙冶方，他偏偏要在各种场合大谈自己和这些同志过去的共事、交往和评价，隐约地流露出由衷的惋惜与同情，这可以说是一种十分巧妙的抗议形式。

向达是国内有名的中西交通史专家，1957年反右派斗争时受到了严重冲击，为了“保护”向达，他向有关方面反复介绍向达的专业成就和他在第三次国内革命战争时期的鲜明的政治倾向。

原《大公报》负责人王芸生，是杨东莼受命与其联系的对象，他对王芸生关怀备至，也做了许多“保护”工作。经学家马宗霍从湖南调至北京中央文史馆当馆员，月支100元，待遇骤降，生活困难，杨东莼设法调他到中华书局做编辑工作，使他生活安定，发挥了晚年的光和热。语言文字学家黎锦熙居室逼仄，藏书乱积，无法开展研究，杨东莼四处奔走，替他解决了住房问题。逻辑家金岳霖重病时得不到应有的照顾，雇板车送医院求治，杨东莼为此大声疾呼。知名爱国人士章士钊，90高龄仍在为《柳文指要》朝乾夕惕，艰难笔耕，杨东莼尽管不同意《柳文指要》的基本观点和一些牵强附会的古今类比，但是他认为，这么大年纪了，仍在孜孜为学术事业献身，难能可贵，因此，他为此书的付梓四处联系，使作者在辞别这个世界之前，终于见到了《柳文指要》的精致的大字体印刷版本，宽慰了老人一颗赤子之心！

杨东莼担任中央文史馆秘书长的时候，曾专程从北京到广州看望商衍鎏和陈寅恪两位副馆长。不管是对商老还是对陈老，他都缓慢有力地说：“您老人家好！我是代表章士钊馆长来看望您的。”他和商老谈词林掌故，和陈老谈隋唐历史，滔滔不绝，应付自如，气氛极为融洽。陈寅恪在成都

① 杨东莼：《百家争鸣与群众路线》，《光明日报》，1961-05-08。

执教时就目疾严重，终至失明，新中国成立后某年在浴室不慎又跌断髋骨，他在杨东莼坐定后就发牢骚：“我过去左丘失明，现在孙子膑足。”杨东莼立刻飞驰他的词锋作了答复：“膑足是‘莫须有’吧？谁敢对您加以膑足之刑？如果真有这样的人，那他就太胆大妄为了，中央一定会追究的。我觉得您著述中有的考证确是明察秋毫，并且，您是不出户，知道许多中外大事，您比不少健康的人更健康，这太值得恭喜，值得学习啦！”躺在床上的陈老听后，不禁笑出声来，回敬了一句：“杨先生，我早就耳闻你的辩才，真是名不虚传。”事后，杨东莼高兴地说：“拜访成功。两位老人都很高兴。高兴可以长寿。这样的老人，爱国，正派，有学问，是人瑞兼是国宝，全国已经为数不多啦！”

到民进中央工作以后，杨东莼正确地执行了党的团结、教育、改造知识分子的政策，做了大量的工作。他在政治上是敏锐的，善于了解知识分子心理，及时抓住知识界的思想动向。在过去民进的历次大会和民进会刊上，他亲自作报告，写文章。他的报告生动具体、言语诙谐，针对性强，确实能解决知识分子的思想问题，受到了会员群众的欢迎。1962 年夏天，他冒着酷暑为北京市民进会员作了两个半天的报告，从理论到实践，详细地阐述了毛泽东同志的统一战线思想和“长期共存，互相监督”的方针，以及红与专的关系等问题，对帮助大家提高思想认识，起了很大作用。1963 年 3 月，杨东莼又轻装简行，赴长沙、广州、武汉、上海、杭州、苏州、南京等地，深入调查研究，切实了解各地会务情况，指导会务工作。

1965 年 4 月 12 日，民进中央常务委员会举行会议，决定成立政协全国委员会学习委员会民进中央学习分会，推杨东莼为主任委员，徐伯昕、葛志成、梁纯夫为副主任委员。

1966 年 8 月 24 日，民进中央机关接到通牒，被勒令在限期七十二小时内自动解散民进组织。次日，民进中央被迫停止办公，民进各地方组织也相继被迫停止活动。1969 年军代表进驻民进中央机关。民主党派停止活动后，许多党派成员原有的职务、待遇被撤销或取消，应有的公民权利被剥夺，肉体上、精神上承受着巨大的压力和痛苦。为了避祸，相互之间甚至不敢来往。

1970 年 11 月，八个民主党派机关全部迁入全国工商联大楼办公。在统战系统军代表领导下，各民主党派和工商联机关负责人和部分中委成立四个学习组，民进与民盟组成一个学习组，杨东莼和胡愈之为小组召集人。

三、审阅《我的前半生》

1959年5月12日，周恩来主持召开第三届全国政协第一次常委会议决定，成立文史资料工作机构——文史资料研究委员会，“来负责计划、组织和推动从清末到全国解放各个时期中各种历史资料的撰写和征集工作”①。范文澜任主任委员，杨东莼与李根源、王世英、申伯纯、顾颉刚为副主任委员，王伯祥、章士钊、吕振羽等40人为委员。

至1966年“文化大革命”开始前，有18个省级政协先后成立了相应的机构，全国性文史资料征集工作初步形成。在此期间，全国政协文史资料研究委员会制定了指导思想、原则、方法和史料征集规划，成立了文史专员室，召开了第一、第二次全国文史资料工作会议，编辑出版《文史资料选辑》55辑、《辛亥革命回忆录》6辑。部分省级政协也编辑出版了文史资料图书。全国各级政协共征集各类“三亲”史料2.05亿字，文史资料工作初见成效。“文化大革命”期间，文史资料工作基本停顿②。

《文史资料选辑》是资料性的内部刊物。编辑部由主持文史委的常务副主任申伯纯负责，同时，文史委副主任杨东莼、办公室主任米暂沉，还有文史委委员阎宝航，也都是《文史资料选辑》的主要负责人员。

1959年7月20日，全国政协文史资料研究委员会成立，杨东莼担任副主任委员。1961年，为了纪念辛亥革命50周年，全国文史资料研究委员会决定组织有关人士撰写《辛亥革命回忆录》，时任国务院副秘书长兼全国政协文史资料研究委员会副主任的杨东莼负责此事。许多稿子都是他亲自出面组织的，如章士钊、梅兰芳、仇鳌、程潜等人的回忆。

那时参加或经历过辛亥革命的老人还有不少人健在，写稿也很积极，但是，很多稿子还需要核对事实和做文字加工，工作量很大。最后共征集编订六大册《辛亥革命回忆录》。因为执笔者所写的回忆都是亲历所见、所

① 雷戈：《文革前的〈文史资料选辑〉》，《炎黄春秋》，2011（5）。

② 吕潇潇、杨春：《半个世纪里的五个瞬间——〈人民政协文史资料展〉印象记》，人民政协网，2012-09-21。

闻，所以史料价值很高，在近代史学界引起很大反响。

1961 年春，全国政协文史专员室成立，名称也是周恩来亲自确定的。文史专员的主要职责是：撰写“亲历、亲见、亲闻”的史料；征集史料；审阅文史资料稿件；协助编辑出版文史资料读物。1961 年 2 月 8 日，周恩来在中共中央统战部《关于首批被特赦战犯溥仪、杜聿明等人的情况安排意见》上批示：“在北京的七人，第一步一律聘为全国政协文史资料研究委员会专员。”3 月 1 日，溥仪以文史专员的身份来全国政协报到。溥仪先生对文史资料工作的一大贡献就是在全国政协文史专员任上出版了自传体回忆录《我的前半生》①。当时全国政协和中宣部、统战部等部门的领导及多位专家学者都曾对书稿进行审阅，而文史委员会参与审阅《我的前半生》的是杨东莼、王世英、申伯纯三人。

有关杨东莼和溥仪的交往，有一条书证：1963 年 12 月 21 日下午，溥仪到群众出版社送审他执笔的《从皇帝到普通公民》一文，晚上，参加了申伯纯做东招待段祺瑞后代的晚宴，当时，杨东莼也在场。在《我的前半生》的图书档案里，则保存了两份用小楷毛笔字写的完整的审读意见，都是针对“另起炉灶”二稿本的。一份为张治中所撰，还有一份，即出自杨东莼的手笔：

> 溥仪写的《我的前半生》第二次稿看了。比第一次稿写得好得多（第一次稿指“灰皮本”——引者注），并且费了辛勤的劳动。但个人有些不成熟的意见，写出来作为作者的参考。
>
> 一、作为自传体文学作品来看，这个未定稿本已经达到了一定的水平。天子怎么变成为普通百姓，罪犯怎么变成为公民，鬼怎么变成为人；本书以此为一根红线，写得较为生动，性格也较为饱满。暴露内心世界，也显露了作者的一定勇气。书中有较多内容精彩的篇章，例如第一章第五节，第二章第一节，第三章第十二节，第四章第四、七两节，第五章第一节，第六章第七、九、十三节，第七章第四节，第八章第三节以及第九章第七节等均是。大体上，每一个较为精彩的篇章，都有一个较为震动人心的具体事件作为核心，为作者的性格涂上了浓厚的

① 吕潇潇、杨春：《半个世纪里的五个瞬间——〈人民政协文史资料展〉印象记》，人民政协网，2012-09-21。

色彩。反之，也有一些篇章，虽然也有一个较为震动人心的具体事件作为核心或者作为要点，但由于不是作者本人的亲身经历，或者不是跟作者本人直接有关的事件，所以写来离自传体较远，致令读者精神上感到松弛，认为这些内容即使写在别的题目下面而不写在溥仪的《我的前半生》里，也是可以的。例如写老孟泰、写赵欣伯、写张宗昌等等，读过都给人有上述这样一种印象。因此，我建议：写的应以作者本身经历为主，而不可反客为主；即使为了说明主题不能不写上这些东西，也应写得十分扼要简明。

二、大体上说，全书愈到后来，性格愈饱满、愈鲜明一些，这一面是受客观生活的决定，另一面恐怕作者还不善于抓住前期生活中更有典型意义的东西。即使作为传记体文学来看，也应该通过一个一个段落，从作者本人的思想、生活、行动、性格，来反映出这个时代的气氛来。三年皇帝（一九〇八—一九一一）、十三年小朝廷（一九一二—一九二五）、七年天津“行在”（一九二五—一九三一）、十四年的伪满首脑（一九三一—一九四五）、十多年牢狱生活，都应该一段一段地把时代特色渲染出来、描绘出来。假如不这样写，那末，作者写作时抓住的那根红线会失却时代地方的背景；而一失却时代的背景，则那根红线则无所附丽。

三、这本书反映了一些较真实的史料，但是，它不能算是一部历史作品。从历史角度来要求，有不少东西还是写得眉目不清的。例如：作为一个整体，日本侵略者在一九三一年到一九四五年这整个历史时期的对华政策的政治根据和经济根据；日本皇室、日本政府、日本军阀之间的矛盾，其实质是什么；伪满朝廷这一批大汉奸的来龙去脉；东京国际军事法庭的有关史料；李顿调查团究竟起了个什么作用。所有这些问题，在历史上已经大体有了结论，但需要作者从本身的经历中进一步具体地生动地为这些结论作出强大说服力的旁证。

四、本书政治性强、政治影响大，尽管它是自传体的文学作品，但下笔不能丝毫忽略政治。正是由于这个缘故，所以全书有不少地方可能为了要玩弄一下文艺笔调，不自觉地冲淡了政治色彩，甚至个别地方还出现低级趣味。另一方面，在本书第一稿中有关带检讨性质的文字，在第二稿中大为减少了，这是好的。但是仔细读下去，仍旧让人们发现还有很多带检讨性质的文字，读起来怪别扭的。我认为：只要老老实实地把事实经过用朴素的语言写出来，检讨亦在其中了。当然，在适当的地方，作个较有系统的检讨，是十分必要的。

五、作者应考虑到这本书还要翻译为外国文。这首先应从政治影响来考虑，果如此，则主题应该更集中一些，要着重表现党和政府的革命人道主义精神，不开杀戒，能够把鬼改造成为人，以显示共产主义的威力。其次，要考虑翻译成外国文的困难，有些词儿、用语、成语就很难翻。例如全书用过四出戏的名字，即铡美案、龙凤呈祥、狸猫换太子、小上坟；四个都不好翻，要翻得做很长的注解。我建议，除铡美案不改外，其他三个都可以改改。如果强调文字的形式应服从于政治影响的话，则更应如此。

六、果如"五"第一考虑所设想的，我建议：作者将最近两年多的生活（包括结婚）、学习、工作、劳动、社会活动、社交、政治活动等各方面，写成一章；或附在第十二章第三节之后赓续写下去亦可。时间虽只两年多，但内容极为丰富，有许多东西值得写。例如政治学习、听报告、做笔记；出席、列席会议，并在会上发言（列席全国政协的发言）；结婚后新家庭的幸福生活；溥杰爱人回国后一系列的活动以及参加人大宴会厅的宴会；写作生活；是怎样料理自己的生活的，连坐公共汽车的月票如何保管等等包括在内；到过哪些在以前深居宫内没有到过的地方（天桥等等）；从前没有朋友，现在有哪些朋友；四年来同工农兵有过哪些接触。同家族亲戚有过哪些接触；凡此种种，都值得写，也为人们所关心（包括外国人在内）。

七、此外，我有下面几点建议：

1. 从文笔上讲，本书写得生动，也有感情；但读过总有这么一种感觉，好像文章不是溥仪这样的人写的，可否做到文如其人？请斟酌之。或许这是奢望，但我既有此意见，还是把它说出来的好。所谓文如其人，指的是五十七岁、做过皇帝、经过改造的人。

2. 第六章第四节与第七章第四节都牵涉到许多专业知识，因此，可否将此稿送给周鲠生、梅汝璈看一下？请斟酌之。

3. 原稿有一些工农业生产的具体数字，是否涉及保密固然是个大问题，退一步言，即便与保密无关，但数字是否确实也还是个问题。译成外国文，外国人看见了，他们最挑剔（更不用说敌人），如果又挑又剔，发现数字不真实，就有可能怀疑到全书某些极重要的内容是否真实。因此，可否不列举具体数字？万一有必要，只列举比例数字。关于这一点亦请斟酌之。……（此处是修改、校对说明文字，有删节——引者注）文字里用有括弧的句子，似乎太多了。我看，有的就可以不用括弧，只要添一两个字，就可以跟上文接起来。建议非万不得已时不用有括弧的句子。文章里用对话体有必要，如果是叙述作者亲历的事件的话。但有的事情，作者并没有亲历过，也没有直接听到过，那就以不用或少用对话体为好（而代之以叙述体，其中间或用些对话体），例如下册十一页到十三页记于、袁对话。①

这份审读意见是杨东莼作为溥仪所在单位的领导，代表全国政协文史资料研究委员会写的。

《我的前半生》未刊本

1962 年 11 月 24 日，全国政协文史资料研究委员会内部举行了关于这部书稿的研讨会，同月 27 日又组织了有著名历史学者参加的关于这部书稿的座谈会。这份审读意见的原件，除用小楷毛笔，间有红钢笔字迹，杨东莼的匠心就表现于此。图书档案保存的李文达所写《座谈〈我的前半生〉发言纪要》里，关于杨东莼的《书面意见摘要》，不是李文达归纳的，而是杨东莼自己归纳出来的，即红钢笔字内容，供群众出版社使用方便。从图

① 孟向荣：《杨东莼审阅〈我的前半生〉》，《纵横》，2007（11）。

书档案油印的《座谈〈我的前半生〉发言纪要》上，似乎什么也看不出来，但李文达另有一份手写的摘抄“杨东莼意见”的文字，正好是红钢笔字内容。

对于杨东莼的审读意见，孟向荣仍记忆犹新：

第一，反映出历史学者的认识。强调恪守历史人物自传体裁，要求作品眉目清楚，语言朴素，对话真实，等等。这就和郭沫若称赞这部书稿“写得很好，有文采”不同。杨东莼指责“低级趣味”的地方，我作为责任编辑始终没有找到，但疑指书中第四章“天津的‘行在’”第五节“领事馆、司令部、黑龙会”里关于“三野公馆”的一些描写。譬如，荣源好色，见了大熊的女人不饶，“那女人的草屐子上的襻儿怎么给挣断”，等等。其实，这些都是写来比较含蓄、具有文学性的细节。

第二，杨东莼实际上又没有抹杀这部书稿的文学性。他举例盛誉书稿中的十二个节，“内容精彩”，“写得较为生动，性格也较为饱满”。顺便一提，《我的前半生（全本）》（以“另起炉灶”二稿本为主体的本子）2007 年 1 月出版后，有人攻击该书第七章第四节“远东国际军事法庭”，啰啰唆唆，“全是废话”，对杨东莼的看法十分不敬。不懂书的人，读书又读不出滋味来。

第三，笔者最留意的是审读意见中关于“庚续”的建议。其举例甚为详尽。这些建议在溥仪研究史上意义重大，当为 20 世纪 80 年代《末代皇帝后半生》传记写作之滥觞。

此外，杨东莼喜欢这部书稿的后半部分，这与许多历史学者包括他的老搭档申伯纯更认可书稿的前半部分迥异。这是杨东莼的独到之处。①

1965 年 8 月，自新中国成立十六年以来，李宗仁建议召开第一次中外记者招待会，得到了周恩来总理充分支持和协助，这是对外开放的先声。中外记者招待会是 9 月 26 日下午在政协礼堂三楼举行的，共有 300 多名中外记者出席了招待会，他们来自世界 50 多个国家和地区。当晚，李宗仁在政协礼堂楼下大厅（包括各会议室）举行冷餐会，招待应邀参加招待会的中外记者共 500 多人，杨东莼作为民主党派代表人士出席了冷餐会。

① 孟向荣：《杨东莼审阅〈我的前半生〉》，《纵横》，2007（11）。

1966年初，杨东莼以纪念孙中山诞生100周年筹委会的名义，又把章开沅借调到北京，协助廖承志和他（该会正副秘书长）处理一些学术性事务。在与章开沅的多次见面中，杨东莼畅谈了如何恢复社会历史调查工作，并且表示很想设法让章开沅留在北京参与此事。但是，此时的章开沅处于经常挨批的困窘境地，对此未敢抱太大希望，又不便言明让杨东莼扫兴。不久，“文革”开始，杨东莼与章开沅一别就是八年。

当时，参与全国政协文史资料委员会工作的李侃，对杨东莼的性格特点、音容笑貌，始终深印脑海：“此老不但学贯中西，而且政治阅历丰富，对近代政坛风云、文化历史以及各种任务，如数家珍。平时还是一派学者风度，温文尔雅。开会、谈话，其言娓娓，思路清晰，说理透彻。对人诚恳热情，对事认真耐心。他与许多高层民主人士往还密切。”

为纪念辛亥革命50周年组织编辑的《辛亥革命回忆录》主要由杨东莼主持。《回忆录》中沈钧儒、章士钊、程潜、李根源、仇鳌、梅兰芳等诸位的稿子，都是由他亲自拜访约定的。他还极力支持和帮助王芸生修订《六十年来中国与日本》，可惜只做完一册，即因“文革”而半途中辍。

在繁忙的中国民主促进会中央副主席和国务院副秘书长的工作之余，杨东莼开始凭自己的回忆，撰写有关辛亥革命和五四运动的纪念文章，以自己的亲身经历和个人感受来回顾当年的峥嵘岁月。杨东莼于1961年10月8日在《人民日报》上发表了《介绍〈辛亥革命回忆录〉第一集》，介绍了将于1961年10月中旬出版、由中国人民政治协商会议全国委员会文史资料研究委员会为纪念辛亥革命五十周年而编辑的《辛亥革命回忆录》第一集。这本书以生动、形象的文字描绘了20世纪初期我国革命派和改良派的斗争、革命团体的建立、各次武装发动、武昌起义，直到1913年“二次革命”这十多年的革命斗争史实的壮丽画卷，涉及的面相当广泛。在全国范围内广泛发动各方面人士把他们在辛亥革命时期的亲身经历记录下来，写成回忆录，以充实和丰富关于辛亥革命的研究资料，这是一项有重要意义的创举。

1961年10月8日，杨东莼还在《人民日报》上发表了《关于五四运动和邓中夏同志的几点回忆》，以自己的视角回忆了当年五四运动的经过和他自己的马克思主义启蒙老师邓中夏同志在学习和交往中的点点滴滴，成为研究早期共产主义运动的不可多得的优秀史料。

四、一次流产的近代社会历史调查

1963年5月10日，毛泽东就中共东北局与河南省关于农村社会主义教育运动的报告作出批示："用村史、家史、社史、厂史的方法教育青年群众这件事，是普遍可行的。"毛泽东的批示，在厂史、社史基础上加上村史、家史，作为推动"四清"运动、进行阶级教育与革命传统教育的工具，全民写史运动在领袖的强力推动下东山再起。1963年10月间，胡乔木找时任政协文史资料委员会副主任的杨东莼及中国科学院近代史研究所副所长刘大年商量如何加强近代社会历史调查。

1964年2月7日，杨东莼与刘大年联名致函中国科学院哲学社会科学部分党组、全国政协党组，建议成立"近代中国社会历史调查工作委员会"（简称"调委会"）。信上写道：

中国科学院哲学社会科学部分党组、全国政协党组并转中央宣传部、中央统战部：

我们提出一个由学术界和政协合作开展近代中国社会历史调查工作的建议，报告如下：

去年十月间，胡乔木同志曾找我们和其他几位同志商议如何开展近代中国社会历史调查的问题。我们根据乔木同志的意见前后谈过几次。在中国科学院哲学社会科学部学部委员会第四次扩大会议上，周扬同志提出要加强对现实问题的研究，这也需要收集近代中国社会历史的资料，进行社会调查工作。经同全国政协的有关同志和中国科学院哲学社会科学部的负责同志商议，我们的共同意见有以下几点：

1. 近代中国社会历史调查工作，过去学术界也作过一些，但还不能适应研究工作和其他工作的需要，许多有现实意见（义）而又值得研究的东西，资料还很缺乏，需要进行实际调查。在研究方法上，调查工作也具有十分重要的意义。研究工作不能限于书本知识和前人提供的资料。现在进行社会调查工作的条件很好，越往后这种便利条件越将减少，因此，需要争取时间。

2. 要推动社会调查工作，先要成立一个领导机构：这个机构暂时定名为"近代中国社会历史调查工作委员会"，由学术界的代表和政协文史资料委员会的代表组成，业务由中国科学院哲学社会科学部指导，有关动员政协系统人力的组织工作由全国政协领导。这个委员会的任务是：（一）制定工作规划，草拟调查项目；（二）和有关机关进行联系，了解调查对象和资料积累的情况；（三）组织人力和推动有关机关进行调查工作，交流工作经验。（四）初步审查稿件，有计划地安排出版工作。

3. 这个委员会是个空架子，要设立办事机构，负责处理日常工作，进行典型事件的调查。这个办事机构设在中国科学院哲学社会科学部，具体工作由近代史研究所负责，经费预算另行编造，工作人员由有关机关抽调，不再另设编制。

4. 目前准备动手调查的项目，有以下几个：（一）中国近代社会经济状况；（二）中国近代各阶级的发生、发展过程；（三）某些重要的政治事件的经过和真实情况；（四）重要的政治、经济、军事和文化教育制度。打算先调查几项典型事件，作出成绩，取得经验，再行推广，要求在几年的时间内，作出一些有丰富内容有科学价值的专题报告，交中华书局出版。

5. 近代中国社会历史调查工作委员会以杨东莼为主任，刘导生、申伯纯为副主任，委员约有二十人，名单等商议妥当后再定。

以上报告是否适当，请批示。

杨东莼、刘大年　1964.2.7①

据所藏档案，这封信是由刘桂五起草，经杨东莼、刘大年反复斟酌、修改，数易其稿，可见其慎重性。1964 年 2 月 7 日杨东莼又致函刘桂五，提出委员人选：

委员人选，我想到的有：大年，黎澍两位同志代表三所，何干之、胡华两位同志代表人民大学，灿然同志代表中华书局，翦伯赞、邵循正两位同志代表北大。肖贤法同志代表宗教局，严仲（中）平同志代表经济研究所。陈元晖同志代表教育研究所，侯外庐、吕振羽两位同志代表学术界。此外，工商管理局、政法、侨委，以及沪、穗、武汉等大城市各需要推举一位，（北师大要不要推一位?）请考虑。政协至少还要增加二三位，以上合计已近二十人。漏掉的单位，请补上去。

① 赵庆云：《期待讲述刘大年学术人生背后的故事》，《博览群书》，2011（7）。

又，档案局要不要一位，以上的名单，请您与大年同志仔细斟酌后，再面谈一次。①

1964年2月29日，中宣部、中央统战部即复函：

同意杨东莼、刘大年同志关于由学术界和政协合作开展近代中国社会历史调查工作的建议，并由刘大年同志担任近代中国社会历史调查工作委员会副主任。

接着，杨东莼和刘大年便躬亲张罗，开始紧锣密鼓的筹建工作。3月26日，中国科学院哲学社会科学部致函近代史所，"同意近代中国社会历史调查工作委员会刻制办公室公章一枚，请你所自行刻制，附去介绍信一封"。近代史所王来棣、周天度、王公度，以及杨东莼从华中师范学院调来的章开沅、刘望龄负责具体工作。

1963年，华中师范学院鉴于章开沅在新中国成立前未完成大学学业，参加工作后一直承担繁重的任务，因此给他两年进修时间。杨东莼热情相助，以全国政协文史资料委员会名义把他借调到北京。其实，杨东莼给章开沅布置的任务十分轻松，主要还是让他利用北京的优越条件访师问友与查阅资料，做自己的研究课题。

全国政协文史资料委员会当时的主任是范文澜，但实际负责的是两位副主任：杨东莼和申伯纯。杨东莼为章开沅提供颇为优厚的工作和生活条件。杨东莼与申伯纯对章开沅的具体工作安排却有不同意见，申伯纯一见面就满腔热情地要章开沅帮他撰写西安事变回忆录，杨东莼则坚持不必让章开沅局限于专门的单一工作。杨东莼为此还与申伯纯争得面红耳赤，使站立一旁的章开沅觉得有些尴尬，幸好申伯纯终于让步，同意杨东莼的安排。章开沅想，杨东老大概是尊重华中师范学院领导的意见，不愿过多占用他的进修时间。

时至今日，已入耄耋之年的章开沅先生在回忆这段往事时，感激之情溢于言表："正是由于他的关切与支持，使我在北京得以结识许多学识丰富的师友，会见许多在中国近现代史上占有相当地位的重要当事人，参阅许多珍贵的文献史料。这不仅使我大开眼界，而且为此后的治学奠定了比较坚实的基础。"

① 档案《杨东莼致刘桂五函》。

2013 年 9 月接受采访的章开沅先生①

4 月 3 日，“近代中国社会历史调查工作委员会”在近代史所召开筹委会的成立会上，杨东莼就社会历史调查的重要性作了长篇发言②。5 月，调委会正式宣告成立，以中华书局为办公地点，启用“近代中国社会历史调查工作委员会办公室”木刻胶质印章。当时社会历史调查计划分为几个专题小组，据李侃回忆，杨东莼直接参加知识分子问题小组，李侃本人也在这个小组，章开沅则分在社会经济小组。

经过多方调查，征求意见，调委会编写出《中国近代社会历史调查工作的几点意见》(简称“《意见》”)，就如何开展工作提出更为明确的规划。《意见》首先强调：“社会历史调查是中国近代史研究工作中极其重要的一个环节。由于旧中国的文献档案残缺不全，而其中绝大部分又为地主资产阶级所歪曲捏造，仅仅依据文字记载，很难深入探讨许多重大历史问题。因此，只有在全国范围有计划、有组织地开展社会历史调查，树立优良的学风，才能逐步克服过去研究工作中的缺陷，把中国近代史的研究提到更高的水平。”而“熟悉历史故实的老人正在逐渐减少，某些有价值的文献材料可能有所散失，客观形势要求我们刻不容缓地把握有利时机，迅速把历

① 2013 年，正值华中师范大学 110 周年校庆，也是杨东莼担任华中师范学院首任院长 60 周年纪念，章开沅先生不顾溽暑，为开设“莼思堂”费尽心力，以表达对杨东莼的怀念之情。

② 章开沅：《实斋笔记》，东方出版中心，1998：280。

史调查工作开展起来”。①

至于调查工作具体如何进行，“必须坚持调查与研究结合、访问与文献（以文献为主）结合，专业队伍与群众力量（以专业队伍为主）结合等原则”。调查所得的重要材料，经过严格的鉴别、核实，“编成资料汇编，然后加以综合分析的研究，写出内容丰富并具有较高水平的调查报告和学术专著，交请中华书局以《中国近代历史调查丛书》形式出版”。

中国近代历史调查，涉及的问题范围极广，无疑是一项相当庞大的工程，绝非少数人短期内所能完成，必须充分调动一切可能调动的力量，组织起来，分工合作。《意见》还对调查工作作了具体安排：

1. 1964 年 6 月以前，由各个项目的总负责人邀请各有关单位同志商定分工合作的具体调查计划，然后分头开展调查工作。

2. 1965 年 8 月以前在上海召开第一次经验交流会，着重研究如何开展调查研究，并初步汇集一批经过整理核实的调查资料，委托专人撰写若干专题调查报告。

3. 以后每年在广州、武汉等地召开全国调查工作会议一次，检查工作，交流经验，并讨论或委托专人写调查报告。

4. 在资料汇编和调查报告的基础上委托专人写成专著。

尤为重要的是，在广泛调查的基础上，杨东莼、刘大年等亲自制定出《北洋军阀调查意见书》、《民族资产阶级调查意见书》、《买办阶级调查意见书》、《江浙财阀调查意见书》、《商会调查意见书》、《中国近代知识分子调查意见书》、《中国学生运动调查意见书》、《农村调查意见书》、《帝国主义对华文化侵略调查意见书》、《租界调查意见书》，对各项调查作了相当细致的规划和部署。兹将其要点简述于下：

1. 北洋军阀调查。计划三年内编成《北洋军阀传略》（100 人左右），并在此基础上写成《北洋军阀研究》（专著）。

2. 民族资产阶级调查。刘大年提出写民族资本家千人传。要求三至五年内完成（1964—1969 年），前三年至少完成 70%的调查任务。并拟定资金 1 万元以上的厂矿企业资本家调查参考名单。

3. 买办调查。以上海经济研究所及历史研究所，中国科学院经济

① 章开沅：《实斋笔记》，东方出版中心，1998：280。

研究所及近代史研究所，全国及津、沪、穗、汉政协文史资料委员会和工商行政管理局等单位负责，并拟请黄逸峰、徐仑等总其成。计划两年内写成有关买办制度及买办阶级的调查报告，典型买办的传记若干种，1969 年以前写成《论中国买办阶级》专著。

4. 江浙财阀调查。要求总负责人 1964 年 8 月前邀请各有关单位商定分工合作的具体调查计划；1966 年以前写成江浙财阀主要成员发家史及传略或若干专题性的调查报告；1969 年以前写成《江浙财阀研究》。

5. 商会调查。要求 1964—1966 年编写各省、市（县）商会史资料或商会史；1964—1967 年出版商会史资料汇编。

6. 近代知识分子调查。编制了“参考名单”，计划通过“传记”的形式了解中国近代知识分子队伍的形成及其特点，他们向西方寻求救国救民真理及其失败，近代知识分子在各个历史时期中的政治活动及其分化。此调查由近代中国社会调查工作委员会办公室，中华书局近代史组，全国政协文史资料委员会，上海、广州文史资料委员会，各知识分子民主党派，北京大学等单位参与，由杨东莼和中华书局近代史组组长李侃总负责，计划 1967—1969 年完成编写《中国近代知识分子调查资料选辑》。

7. 学生运动调查。要求 1964 年 6 月以前召开负责人和参加者联席会议，落实计划确定进度；组织有关人员编写回忆录；每年 6 月份举行工作会议，检查进度，交流经验，发现问题，解决疑难。由近代史所和团中央档案室等单位整理现存各种文献资料，1967 年整理出版《中国学生运动史资料》选辑。1968 年前整理出版《中国学生运动调查报告》、《学生运动回忆录》选辑，在此基础上，1971 年撰成《中国学生运动史》。

8. 农村调查。结合“四史运动”，在调查、征集、整理有关账本、文契和其他文字资料的基础上，选择典型，进行补充调查，并撰写“家史”、“村史”。

9. 帝国主义对华文化侵略调查。重点调查基督教、天主教的主要教区和重要据点的活动情形；教会所办的学校与医院；教会“慈善事业”。此项调查安排邵循正、卿汝楫负责组织领导。由近代史所帝国主义侵华史组、各地历史研究所及高等学校近代现代史教研室、国务院宗教事务局研究室、基督教三自革新委员会和天主教爱国会共同组织人力，分工协作，参加调查工作。

10. 租界调查。具体分工为：天津租界由天津文史资料委员会、历史研究所负责；上海、汉口、广州等地租界分别由该地历史研究所负责。上述单位联合组成租界调查协作小组，负责对工作督促和检查。计划1966年写出各种有关租界调查报告（或资料汇编），然后抽调主要力量，于1967年编写成《帝国主义在中国的租界》一书。

调委会的调查规划可谓相当庞大，足见杨东莼、刘大年等人的雄心。1964年6月2日召开全国近代史规划会议，杨东莼在会上发言："近代中国社会调查初步设想搞几个东西：买办、民资、知识分子，北洋军阀，宗教。北洋军阀还有人在，不外是上台在北京下台在天津，所以天津的不少，老人去世，还有其后人，我们设想，北洋材料，由政协与天津挂钩，落实在天津。买办放在上海，这次我和逸峰（按：即黄逸峰）挂钩了，开会后，我们就去天津，下半年是否在上海，前些日子，开委员会时，各地也要成立小组，就地调查，当然各地有任务，很紧，我想，是否与任务口径对起来，挂起钩来，如何搞民族资产阶级，就在民族资产阶级任务上挂钩。宗教也是大问题，北京专家多，所以各地与北京，第一是联系，第二是出人力，地方搞什么，告诉我们一下，好配合，第三是到各地游说一下，先到天津、上海、武汉、广州四个地方，在学部领导下，方向明确。"会上杨东莼、刘大年对一些重点调查项目作了明确分工部署：北洋军阀由天津历史所负责，买办调查由上海经济所主持，民族资产阶级调查由上海经济所主持，吸收上海工商联参加。①

调委会在杨东莼和刘大年的推动下，踌躇满志地开展起工作。杨东莼带领邵循正、何重仁、郝斌、章开沅等人前往天津，在市博物馆、档案馆、图书馆、政协齐齐哈尔资料委员会进行调查研究，为制订调委会全面工作计划做准备。杨东莼的工作作风极为细微深入，属学者型而又无书生气。中国近代社会历史调查委员会的筹建，许多事情都靠他具体张罗。

据协助杨东莼征集北洋政府时期史料的章开沅回忆：

他在带我去史家胡同章府初次拜会之前，曾悄悄问我："你与行老

① 档案：《1964年近代史规划会议记录》。

有无宗亲关系?”我说:“没有。他是湖南人,我是浙江人。不过我的堂伯章宗祥倒是与他有北洋同寅之雅。”东老非常高兴,连忙嘱咐我说:“很好,老辈人特别重视世谊,这样便于你和行老深入交谈。当然,章宗祥名声不好,但你不必有什么顾虑,万一引起什么麻烦,由我负责。”那时正是“千万不要忘记阶级斗争”的声调响彻云霄的年代,所以东老才作如此似乎多余的解释。果然,行老见到我倍加亲切,待我以世交子弟情谊。①

当时,根据刘大年的建议,确定先抓两个项目“一是知识分子千人传,一是资产阶级千人传,而首先要求作充分的调查研究。为此我们又广泛征求意见,多次修改传主参考名单”②。王来棣等人被安排去天津调查黑社会、会道门、临城劫案等③。杨东莼见多识广,交游面特宽,在这方面为这些青年学者提供了很多宝贵意见。而为了拟订资产阶级调查计划,他还抽空带领章开沅和刘望龄先后拜访全国工商管理局理论处长吴承明和中央统战部工商处长万景光,请他们从全局上介绍中国资产阶级的历史与现状。

尽管处于草创阶段,但近代中国社会历史调查无疑是一件意义重大而且备受学术界重视的工作。可惜调委会刚刚建立,阶级斗争之弦便日趋绷紧。从近代史所借调过来的王来棣、周天度、王公度三人被抽回参加农村“四清”运动,华中师范学院的刘望龄亦被抽回,只有章开沅一人孤守空房。到1964年秋天调委会工作便渐趋瘫痪,最终只剩下章开沅一人守办公室,负责验收若干书店陆续送来的新旧书籍。当时名为学术讨论实为思想领域的阶级斗争已经初步展开,不久,章开沅因写评论李秀成的文章出了问题,奉命回校接受批判。1966年,杨东莼仍力图恢复并拓展社会历史调查工作,但随着“文革”风暴骤起,一切均脱离常轨,而这次近代社会历史调查也就这样无疾而终。

“如果能持续下去并正常运转,现今决不会让美国哥伦比亚大学的口述历史(Oral History)计划独占鳌头。”④ 章开沅多年后还十分惋惜地说道。

---

① 章开沅:《辛亥前后史事论丛续编》,华中师范大学出版社,1996:2-3。

② 章开沅:《实斋笔记》,东方出版中心,1998:30。

③ 2010年9月30日采访王来棣先生记录。

④ 章开沅:《实斋笔记》,东方出版中心,1998:31。

第十五章 徘徊于学术与政治的苦闷

诚然，必须敢于正视，这才可望敢想、敢说、敢作、敢当。倘使并正视而不敢，此外还能成什么气候。然而，不幸这一种勇气，是我们中国人最所缺乏的。但现在我所想到的是别一方面。中国的文人，对于人生，至少是对于社会现象，向来就多没有正视的勇气。

——鲁迅《坟·论睁开了眼看》

一、“孔子的言行实为进步，章太炎先生并非孔家店人”

新中国成立后一段时期，杨东莼一方面积极执行党的知识分子自我改造政策，另一方面又非常同情那些因反右扩大化而被不公平抨击的一些知识分子，并在行动上竭力施以援手，可以说，这是一段他内心异常纠葛的岁月。相反，“文革”爆发后，年过七旬的杨东莼却变得更加豁达，更加刚直，他经常在不同场合反驳“江青反革命集团”捏造的无稽之谈，他在统一战线内部赢得了德高望重的名誉，被人们亲切地称呼为“东老”。

杨东莼与赵朴初很要好。1970 年 9 月，杨东莼赠送赵朴初一端三才砚，赵朴初非常欣喜，并作诗一首以示致谢。诗文如下：

谢杨东莼同志赠笔墨砚

三砚叠置一盒中，玩其刻装，似写天地人三才之意，墨分黑绿朱三色。

三才砚，

三彩墨，

矫若游龙一支笔，

欲我恒思奋斗天地人，
欲我摩顶放踵忘其身，
风雷横扫千魔军，
革命之歌春复春。
感翁相赠殷勤意，
照室花明子疾起。
何当遍取五湖水，
日课一诗书万纸。

1971年5月，杨东莼在中共中央召开的两次座谈会上，及时地反映了知识分子的现状，对纠正“文革”期间种种极“左”的做法，提出了很多有价值的意见，对恢复民主党派活动和落实知识分子政策，起到了积极推动作用。杨东莼同志的这些功绩，都是值得称道的①。

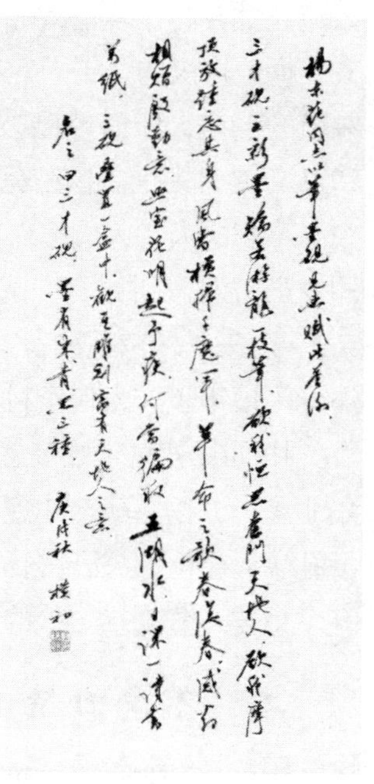

赵朴初的答谢题诗

7月19日，《人民日报》刊发了山东省写作组的文章《批判孔丘的教育思想》；9月25日，《人民日报》发表了上海市委写作组罗思鼎的《学习鲁迅批判孔家店的彻底革命精神》一文。同当时自命得到了马列主义真传的骗子一样，这两篇大批判文章也伪装马列唬人，强词夺理，断章取义。杨东莼读后不能忍耐，于12月8日写了一封公开信据理以驳。全信长达千字以上，所以过了两个多月才寄出，这也可以证明作者进行了仔细思考。他在信中不避风险地为孔子辩，愤怒地指出孔子的言行实为进步，章太炎先生并非孔家店人，两篇大批判文章纯属无稽之谈。

说到治学风度，山东省写作组的文章抓住孔丘自称“天生德于予”，于是剑拔弩张地斥责道：“这难道不是天赋的论调?”杨东莼遍查《论语》，证

① 葛志成：《深切怀念杨东莼同志》，广西师范大学社会科学联合会：《纪念杨东莼先生文集》，广西师范大学出版社，1994：19。

明孔子单讲“天”者共有19处，为孔子所自言者有16处。还指出这16处，以“天”指自然界者为多，此外则以指“天理”者为多，以“天”指天神或天帝则甚少。这是因为“子不语怪、力、乱、神”的缘故。

杨东莼的这封义正词严的公开信，与当时“批林批孔”的时代氛围格格不入，甚至被看作是阶级异己分子唱的“反调”，发出的“哀鸣”，最后只能被扔进字纸篓，送进垃圾堆。

报社不予理睬，让他心灰意冷，但他对参加统一战线的工作和活动仍然兴致勃勃。1972年8月，时任中央统战部部长的徐冰看望了杨东莼，杨东莼被批斗的处境稍微好转，后来被允许参加一些公开活动。

据石声汉的儿子石定机回忆，这年岁末，他在《人民日报》上看到杨东莼的名字，知道他已被“解放”，就去他家看望，告知父亲石声汉已于1971年6月去世。杨东莼听到后，难过得流下眼泪，沉痛地说：“你父亲是个了不起的人，为国家作出过了不起的贡献，在国内外都很有影响。王震司令员曾对我讲过：‘我们的老乡石声汉很了不起！’李约瑟很尊重你父亲。”后来，杨东莼准备为《人民日报》海外版写一篇纪念石声汉的文章，还专门搜集了一大包资料①。

1973年初夏，经周恩来总理同意，中央统战部组织一部分民主人士去华北参观，杨东莼与胡愈之、叶圣陶等同去。同年，他在政协组织的批林批孔学习会上，公开赞扬梁漱溟敢于讲心里话，不说假话，而且提出，对孔子也要一分为二。他的这些看法在当时遭到了错误的批判。

二、不忘旧情

疾风知劲草，患难见真情。从某种程度上讲，如果说十年浩劫也是对人格品行的一次漫长严峻的考验，那么，奉行儒家忠恕之道的杨东莼，无疑在古稀之年交出了令人动容的完美答卷。在广西大学时曾任杨东莼秘书的廖有为在1957年被划为“右派”，次年被判刑8年，“文革”期间又被关押审查。在廖有为被划为“右派”期间，因为职务原因，杨东莼不便直接出面与廖有为接触，但一直通过夫人冯曼莹写信联系，并尽力接济廖家孩

① 1979年杨东莼自觉病重，打电话给石定机，让他去他家一趟。杨东莼亲手将这包资料交给了他。

子的生活和学习。对出狱后的廖有为，杨东莼一直想办法关照他的家人，在广西大学给杨东莼系上红领巾的廖井丹（廖有为的儿子）曾深情回忆：

> 1957年以后，杨伯伯调到北京，先后任全国人大常委、全国政协常委、中央文史馆馆长、民进中央副主席、国务院副秘书长等职，公务繁忙，很少有时间再和我们联系了。更重要的原因是我父亲已被打成右派和反革命分子；从1958年起被判处了8年徒刑。杨伯伯当然不便直接再与我们联系，只是由杨伯母（冯曼莹女士）和我母亲还保持一些通信来往。当时我们兄弟五人都还在念中小学，爷爷奶奶年迈，只能从事些家务劳动，全家八口人的生活只靠母亲一人的微薄工资来维持，政治上、经济上的压力都很大。15岁的我正在高中一年级；不得不考虑辍学的问题，记得杨伯母当时来信说过："匏公（即杨东莼伯伯）说，孩子们的书还是要读的……"她给我们寄了几十块钱学费，还托人给送来一些衣物杂件。
>
> 杨伯伯一般不要我给他捎带任何东西，只是1976年初的严寒的日子里，提出有可能的话，带几斤红菜苔就行了。当时红菜苔在桂林还没引种，主要产在湖北武汉等地。我只好从桂林带了一小筐新鲜的菜花去，这在当时北京冬季只有大白菜的情况下，确实大受欢迎。杨伯伯很喜欢吃，还叫杨伯母把它们分成若干份，带着我在北太平庄他们居住的院子里，挨家挨户地送给刘斐、陈此生、胡子昂、华罗庚、胡愈之等同志。①

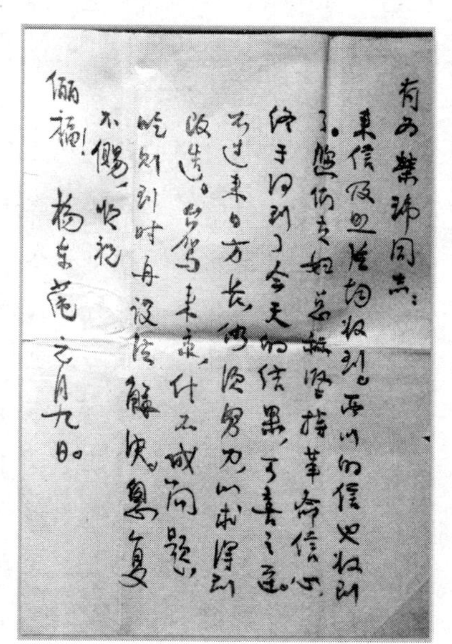

有为紫玮同志：
来信及照片均收到。西川的信也收到了。您俩夫妇总能坚持革命信心，终于得到了今天的结果，可喜可贺。至于迁来京方面，长沙须努力以求得到改善。如果来京，什么不成问题，吃饭到时再设法解决。匆复不赘。此祝
俩福！
杨东莼 元月九日。

杨东莼写给廖有为的信

1975年1月9日，杨东莼给曾被打成反革命的廖有为夫妇的书信写道："来信及照片均已收到。西川的信也收

① 廖井丹：《怀念敬爱的杨东莼伯伯》，广西师范大学社会科学联合会：《纪念杨东莼先生文集》，广西师范大学出版社，1994：176-177。

到了。你们夫妇总算是坚持革命信心，终于得到了今天的结果，可喜之至。不过来日方长，仍须努力，以求得到改造。台驾来京，住不成问题，吃则到时再设法解决。”

29日，他在给廖有为夫妇的信中写道：“欢迎你们来，粮票富有不必带，住宿无问题，火车到北京时间最好白天，晚上八点以后，我就梦见周公去了，已要青菜苔子火车上怕不好带。兹将到北京站后坐车到我处路线奉告，以免到时奔波。”由于杨东莼在前一次给廖有为夫妇的信中写错了地址，所以，这一次杨东莼在信中，特别把从北京火车站到他的住所的路线图方位标识得十分详细。这一点滴细节，让廖有为夫妇感动不已。

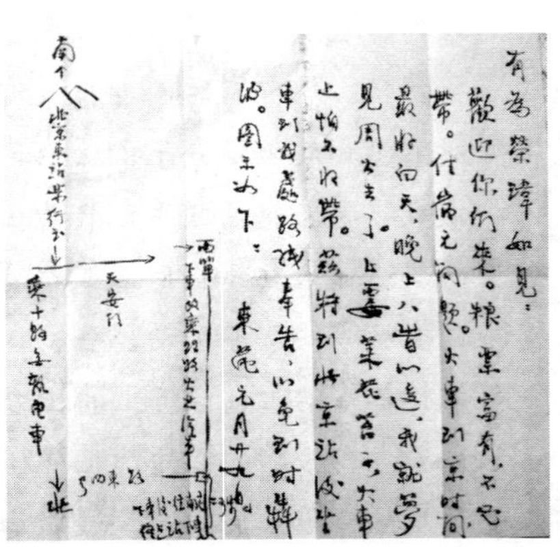
有为荣玮如见：
欢迎你们来。粮票富有，不必带。住宿无问题。火车到京时间最好白天，晚上八点以后，我就梦见周公去了。已要青菜苔子，火车上怕不好带。兹特到北京站后坐车到我处路线奉告，以免到时奔波。图示如下：
东莼元月廿九日

杨东莼写给廖有为的信

时至今日，廖井丹对“杨伯伯”的仗义相助仍感念不已：

在“四人帮”最横行的时候，匏公冒着极大风险给“反革命”家属写信，信封用的是我妈名字：丁荣玮，内却是“匏蔓”其实都是东公所写。过去很多家父没坐牢前的信件“文革”中全部被抄走，（至今未归）从此，父怕连累别人，特别是恩公，就一个字也不写了。但78年得知家父出狱并获特赦，恢复公民权。东公迫不及待邀其进京面谈，匏公为人仗义，可见一斑也！

1975年底父亲在英山柴油机厂就业，与在押犯共10人突然一起到廖平农场（劳改农场）集中学习，全部符合特赦人员约140人，被宣布按党的宽大政策对原国民党党政军特县团以上人员实行专业安置。

获得公民权，老人家欣喜若狂，把这消息告知亲朋好友——也告诉匏公，所以76年元月匏公就回信邀请进京！

这是冒风险的——“四人帮”当时最猖狂时啊！①

杨东莼记挂和帮助的，除廖有为外，还有曾经在大革命期间掩护过他

① 据杨东莼长孙杨震提供的廖家回忆资料。

的杨笔钧。杨笔钧年事已高，在长沙又无人照顾。为了帮助他一家团聚，让他能享天伦之乐，1976年1月31日，杨东莼致信给程元（程潜的儿子），信中写道：

> 杨笔钧现年81岁，单身一人在长沙，自烧自吃，真的受不了。马日事变后，是他帮助后，才得到汉口出席第四次全国劳动代表大会。26、27年，柳直荀烈士在长沙活动，他起到了一些掩护作用。政治清白，为人正直，有口皆碑。是长沙老牌中学英语教员，桃李满天下。照党的政策，把他的女儿、女婿和孙子二人一共四口调到长沙，以便照顾他，这是合理的。

2月5日，杨东莼又致程元信，信中写道：

> 近来精神不济，记忆力大为减退，以未知前函将杨笔钧住址写清楚否？殊为墨记。杨寓长沙西园九仪里七号，特补陈之叶帅因病休养事谅有所闻，尊事幸而及时办理，可贺！何时离苏县，新寓所地名望见示。

3月30日的信中写道：

> 二月十日手书奉悉。不可思议，多思多议，便可思议。《老子》想已读过，重读更有好处。周绮文事只好听之任之。惟有杨笔钧要求调任其女儿至长沙事，则千万求兄函告李振军同志鼎力成之。杨已八十岁，活不了多久了，让其与女儿团聚，亦人情之常。

6月20日的信中写道：

> 为杨笔钧事，实在不好意思再打扰您了。只因他是马日事变掩护我从长沙到汉口之义友。如今他以八十高龄独自住在长沙，生活上实多不便。从政策上说，从我个人报答他的意义说，我都有必要替他说话。所以不避烦渎，再函不以此为怪也。方鼎英九十四岁，于上星期突然以脑溢血逝世。程文的公公问题未解决，其他依旧，只是于半月前撤销了他的高干医疗待遇，其故为何，不明。

6月26日的信中写道：

> 兹遵嘱奉上杨笔钧有关文件。他希望由您写一信与他，由他直接去找李振军同志，不知可否。

为了解决杨笔钧的生活困难，杨东莼共写了12封书信，不停催促程元办理此事，这些书信内容无一不反映出他重义气不忘旧情的高尚品格。

这年秋季，曾经和他相依为命多年的弟弟杨人楩去世。早年信仰无政府主义的杨人楩在反右派斗争扩大化中遭受了很大的心灵打击和折磨，批斗他的理由是他曾站在国民党立场，对共产党表示不满，在他新中国成立前的《读书论》一文中，可以轻易找到依据：“这一派名士哥儿们，本没有什么罪大恶极，不比共产党和绑票匪之足以祸国殃民，似乎用不着‘鸣鼓而攻之’。”①

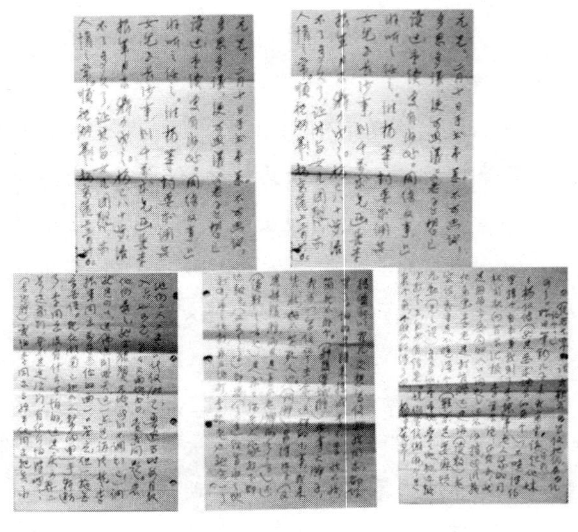

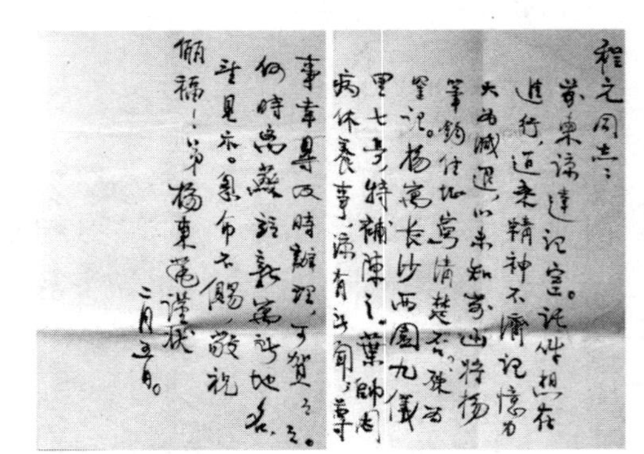

程元同志：

弟 杨東莼谨状

二月五日。

杨东莼写给程元的书信

1949 年，九三学社被邀请参加新政协，杨人楩不同意九三学社头上由另一个党来领导，宁愿舍弃政协委员的待遇，退出了九三学社。1951 年冬至 1952 年 4 月，北京大学开展思想改造运动，作为世界史的权威，杨人楩被定为史学系的批判重点，陷于多次检讨不能通过的窘境。于是系里就选几个学生组成了专门的帮助小组，到他家里为下次检讨提意见。四五个人围坐在他家的沙发上，一面吃着他招待的糖果点心，一面还对他的检讨品头论足。运动高潮期“帽子”满天飞，他也被拉去西郊宾馆参加批判史学界“五大右派”的大会，即便不戴帽的“右派”也逃不过大会的声讨。从此，杨人楩在政治上和学术界销声匿迹，

① 杨人楩：《读书论》，《青年界》，1932，2 (3)。

他教研室主任的职务被撤销了，放弃了从事多年的世界近代史专业，改行研究非洲史。

杨东莼早年投入了以上海为中心、由逃亡共产党员和左翼知识分子组成的文人阵营里，而杨人楩是以北平为中心的自由主义知识分子群体的一员，兄弟俩曾经因政治立场不同，治学取向不同，而分属于知识分子内部分化后的南北阵营，但这并不影响他们骨肉相连的亲情。杨人楩因为患支气管哮喘住进北京大学医院时，医院已经被狂热的红卫兵占领，杨人楩在医院受不了他们对“臭老九”的奚落，病没痊愈就回到家中自养，病情因此被耽误。在听到弟弟的死讯后，杨东莼愤怒地对儿子杨慎之说：“这样一位学者，就这样被折磨至死，我不服这口气，我要控告！”

弟弟的去世，使杨东莼内心天平变得失衡，他变得愤怒、郁闷，对什么都看不惯，甚至有时精神显得不正常。他再也没有像从前那样，热情地赞美知识分子的思想改造政策——“大跃进的形势推动知识分子进行思想改造，这正是‘方便之门’”。他为曾经批评那些自我改造不够的中小学教师，诸如“连自已的阶级属性也不明白，或者明白而故作糊涂，就根本谈不到改造自己的阶级立场”① 此类的话语，表示深深的自责和悔恨。

9 月，杨东莼怀着沉痛的心情，参加了杨人楩的追悼会，据杨人楩的学生回忆，因为杨东莼出面主持的缘故，这位著名的世界史史学家杨人楩的葬礼才不至于太过冷清。杨人楩的骨灰被安葬在八宝山革命公墓。

三、“真是慈航普度的活菩萨，有求必应”

富于学术激情的杨东莼，尽管脑力已不如前，略有老年痴呆征兆，但与比较年轻的学者（实际上已不再年轻，一般已逾知天命之年）热情交往如故。对于年轻学者来信请益的书稿，杨东莼总是认真阅读，密点细圈，丹黄殆遍，以商量的态度，提出中肯的修改意见。对于年轻人提出来的困难，只要他能办得到的，他都尽力帮助解决。他个人生活清苦，但慷慨解囊，资助进步青年。所以有许多人说：“杨东莼真是慈航普度的活菩萨，有求必应。”

对于他认为禀赋独厚、勤奋可嘉的知识分子，他总是倾注更多的心血

① 杨东莼：《“您方便，我倒不方便了”》，《教师报》，1958-04-08。

去浇灌，使之茁壮成长。胡仲达、李侃、章开沅、陈庆华、张高峰、曾敏之、马雍这些同志后来的成就，都有着杨东莼的一份劳绩。1966年春，他又以纪念孙中山诞辰100周年筹备会的名义，把章开沅借调到北京协助秘书处工作。李侃与杨东莼接触较多，1972年李侃从湖北五七干校回京之后，直到杨东莼临终前住进医院，李侃多次看望他，每次都能从杨东莼那受到鼓励，得到教益。

1974年2月，章士钊去世后，杨东莼被聘为中央文史研究馆第三任馆长。中央文史研究馆是毛泽东亲自倡议设立的，第一任馆长是符定一，第二任馆长是章士钊。北京解放前夕，毛泽东同志在石家庄对他的师长符定一先生说过，共产党对德高望重、生活困难的老学者的生活应有一个安排。文史研究馆是党和政府为团结和安排老年知识分子而设立的、具有统战性和荣誉性的文史研究机构。

1975年秋，《历史研究》杂志改组，被重新交归中国科学院哲学社会科学部领导，章开沅被借调到编辑部工作。章开沅到了北京后立即去看望杨东莼，一进门便听见浓重的湖南口音："开沅同志你来了。"杨东莼踉踉跄跄地急步下楼，紧紧握住章开沅的手问长问短。但杨东莼对章开沅此次来京颇不以为然，认为是在不适当的时间来到不适当的单位从事不适当的工作，成为中央"文革""批林批孔"的工具。杨东莼愤然地说："什么儒法斗争？完全不顾历史事实，连常识都没有。你看过'大参考'没有？连苏联学者都骂我们无知。这是民族的耻辱，我要给总理写信，向中央提意见。"一向文静儒雅的他变得异常激动，连连拍桌以发泄怒气。

2005年4月刘三多受中央文史研究馆委托为杨东莼馆长画此幅肖像

告别时，杨东莼意味深长地说："你这个工作干不久的，干不久的。"杨东莼对章开沅的关切仍然一如既往，经常要章开沅到他家叙谈。有次编辑部要章开沅写一篇《论〈訄书〉》，由于章太炎的《訄书》艰涩难懂，杨东莼还特意介绍章开沅去见马宗霍，让其多加指点以免出现常识性错误。

黎澍本来有意留章开沅继续在编辑部工作。章开沅因为经过一年多的观察，深知当时政治情况复杂，刊物乃是派系必争的是非之地，便坚决要求回原单位工作。离开北京前，到杨东莼家告别。杨东莼正好从医院打针回来，虽然略显疲意，但仍强打精神与章开沅叙谈，并且笑着说：“我早就讲过干不久的，是吧?”杨东莼过去很想让章开沅长期在北京工作，但现在却为章开沅能从《历史研究》脱身感到欣慰，这种心情的奥秘当时只能意会而不可言传。

四、质疑“江青反革命集团”对“唯生产力论”的批判

1966年10月16日，陈伯达在中央工作会议上批判了“以生产压革命”，而康生在1967年1月10日军委扩大会议上最先批判了“生产力论”。随后，全国则刮起了批判“唯生产力论”的“龙卷风”，一条“只要什么，不要什么”的赤裸裸的反马克思主义的口号甚嚣尘上。在1976年掀起的“批邓反击右倾翻案风”高潮中，“江青反革命集团”御用文人炮制了一系列批判的靶子，其中最奇特的一个是叫“唯生产力论”，“江青反革命集团”觉得直接批判“生产力论”是极易露出马脚的，于是便炮制了“唯生产力论”这一假命题，煞有介事地发表长文，气势汹汹地批判“唯生产力论”。

杨东莼对“江青反革命集团”恣意阉割马列主义原理、搞乱理论界深恶痛绝。当时由姚文元控制操纵的报刊，常常违背历史唯物主义，混淆是非，颠倒黑白。杨东莼多次写信予以批驳。迫于“江青反革命集团”的淫威，许多不明真相的善良的人只得跟着嚷嚷。但是，时年76岁的杨东莼生性耿直，加之他是马克思主义理论研究的资深学者，对这一批判行为很不理解。杨东莼对所谓“唯生产力论”极为反感，他说：“有些人自封‘无产阶级司令部’的大‘左’派，但他们忘记了人要吃饭、生产要发展的起码常识。有人自封为‘金棒子’，我看是一根搞屎棍。”

在5月间的一次政协学习领导小组会议上，他首次提出：

> 当前的这场学习运动，是中央提出的，我们应该执行，要想点办法把学习搞好，使参加者真的有所收益。而要做到这一点，就必需在学习中发现问题，提出问题，并经过认真的学习、讨论，解决这些问题。用我们政协的老话说，就是自己提出问题，自己解决问题。最近以来，我认真阅读了各种文件和报刊上的大文章，发现了一个问题，即“批判唯生产力论”中的“唯”字究竟从何而来？我自知才疏学浅，

但学习、研究马克思主义却是自年轻时代至今一直没有间断。据我的记忆，马克思主义经典著作中没有“唯”字。如果有，这是一个大发现，应该给发现者记一大功；如果没有，那就有可能是那一位写文章的秀才杜撰，那是很不严肃的，是对马克思主义经典著作的不尊重，会造成理论上和思想上的混乱。对这个问题，我今天只是提出来表示质疑，我还没有认真去查阅浩如烟海的马克思主义经典著作。但我既然提出这个问题，就打算认认真真求教于在座的诸位和各学习组的学友们。①

话音刚落，主持学习领导小组的组长便接过话头说：“杨东老对这个问题既有打破砂锅问到底的兴趣和决心，我看不妨作一番准备，到联组讨论会上作一个专题发言。”谁也闹不清，这位无论是文化水平能不能与杨东莼相提并论的组长同志，究竟是真心支持杨东莼研究问题，还是出于“引蛇出洞”之类的故伎重演？但杨东莼似乎没有考虑这些，他随即应声：“好，我接受这项任务。”②

但是，在6、7月间穿插举行的联组讨论会上，杨东莼却迟迟没有登场。学习领导小组办公室催问，他总答复查阅经典著作费时，再容他多花点时间和精力。直至临近7月中旬，他才报名发言。当时的联组发言中，绝大多数人是抄书抄报，不联系现实，讲者和听者都是当做完成一种任务，表面上颇为热闹，参加者实际上提不起精神。而杨东莼夜以继日，重新温读了马克思、恩格斯、列宁和毛泽东的全部著作，以气贯长虹的理论魄力，冒着巨大风险参加发言。他质疑“唯生产力论”的消息早已传出，开讲那天，到会的人空前踊跃，杨东莼夹着讲课的大皮包，带了许多书本资料登台。虽然气候炎热，政协礼堂第二会议室连个电扇也没有，讲者摇着大纸扇仍不停地擦汗，听者也同样以扇子驱热，然而杨东莼一连讲了两个多小时，居然全场鸦雀无声，无一人进出，这情景也是空前未有的。

杨东莼先讲5月间他在学习领导小组会上对问题的提出，然后转入长篇大论的引经据典，几乎把马克思、恩格斯、列宁、斯大林、毛泽东的有关经典之作都引述了。集中到一个内容就是：所有坚持马克思主义学说的无产阶级革命领袖无论在理论上，还是在实践上，都无例外地高度重视

① 汪东林：《杨东莼顶“风”质疑》，《民主》，1995（10）。

② 汪东林：《杨东莼顶“风”质疑》，《民主》，1995（10）。

"生产力论"，把发展生产力看成一切社会变革的主要依据和原动力。最后杨东莼郑重而严肃地说：

> 我为了查阅这些经典著作，费了两个月的时间，可以说是夜以继日，废寝忘餐。我的水平、能力和努力，也就到此为止，但仍无法证实那个"唯生产力论"的"唯"字是出自马克思主义经典著作。我也进一步推论，是否现在犯了严重错误或者已成了"敌人"的前党中央领导人有过这种"唯生产力论"的提法？回答是否定的，这是因为：第一，我本人为此也查阅了许多有关文件和讲话，还询问过若干同志；第二，翻遍所有报刊批判"唯生产力论"的大文章，均不见指明这"唯生产力论"的出处，这也反证不是诸如刘少奇、邓小平等人的发明创造。如果是他们，恐怕早已用大号字标出，而用不着打这个哑谜，让我这个书呆子去花这番功夫了。由此可见，至少到今天为止，我仍认为这"唯生产力论"是某一位写文章的秀才自己的"创造发明"。而这种"创造发明"其目的何在，我不想多加推论。但我认为，即便是写文章，搞研究，这也是乱设命题，制造混乱，以假乱真，是任何一个正直的做学问的人所不齿的。果真如此，我深表遗憾！乃借此机会求教于在座的诸公。天气太热，你们辛苦了，谢谢！①

这些话说得多么深刻，多么有策略！在 20 世纪 70 年代中国政治舞台上正义、邪恶两派力量尖锐交锋之际，发出这种石破天惊之论，又需要多么大的革命勇气，多么强的逻辑力量②！杨东莼的这番宏论，至少在当时的 200 位听讲者中，是颇得人心的。传到上边以后，立即有指示要求对杨东莼"帮助帮助"，进行批判，清除其影响。但即便在杨东莼所在的小组，这个指示也未能被认真贯彻。在政协直属小组，就有人说："这个理论问题太深，我们不是学者，要分析批判，难以胜任。"7 月 28 日，唐山大地震，波及北京，学习会暂停，计划对此进行的"帮助"，也就不了了之。③

---

① 汪东林：《十年风暴乍起时的政协知名人士》，中国文史出版社，1996：141-144。

② 杨慎之：《杨东莼传略》，广西师范大学社会科学联合会：《纪念杨东莼先生文集》，广西师范大学出版社，1994：41。

③ 汪东林：《十年风暴乍起时的政协知名人士》，中国文史出版社，1996：141-144。

1975年10月27日，杨东莼出于对“江青反革命集团”把矛头对准周总理的义愤，他在政协学习会上发言说：“理论学习还没完，又搞个批《水浒》……好多事都是一阵风，我看批《水浒》也搞不了好久。批来批去，还批什么?”1976年初，“江青反革命集团”又将矛头对准当时主持中央工作的邓小平同志，批什么“资产阶级法权”问题。姚文元说：“资产阶级法权是产生资产阶级分子的土壤、条件。”杨东莼争锋相对地说：“马、恩、列、斯从来都是讲资产阶级法权是上层建筑，不是经济基础……”“江青反革命集团”为了否定知识，打击知识分子，捧出一个交白卷的“英雄”。

杨东莼对这些荒唐绝顶的行为极为反感，对这种极“左”思潮嗤之以鼻。他的这些正确观点招致“江青反革命集团”的忌恨，因而对他施加了极大的压力，在当时“左”倾错误胁迫下，不少人也将杨东莼的正确看法当成“靶子”加以批判，把是非全弄颠倒了，这令杨东莼感到痛心。

五、参加“三老进言”

1971年“九一三”事件中林彪叛逃折戟大漠，消息传来举国震惊。“亲密战友”的背叛重创了毛泽东本人。而被政治大潮裹挟的群众也陷入了迷惘，不少干部、知识分子从“文革”初期的政治狂热转为冷静沉思。林彪事件后，民主党派处境似乎也有所改善。但是“文革”远没有结束，混乱的局面也没有停止。而要结束这一局面，最有效的希望就是向“文化大革命”的发起者和领导者毛泽东同志上书言事、申述意见。这样的申述，不仅要有过人的勇气和胆略，更要有合适的机缘和人选。1972年7月，机缘来了，创造这一机缘的关键人物是毛泽东的同学周世钊。

有一次毛泽东接见周世钊后，周世钊告知胡愈之和杨东莼，说毛主席曾问起知识分子和民主党派的问题，他当时引用了杨东莼平时说过的话，说民主党派“有庙无僧”。毛主席说，你们不都是和尚吗？毛主席的意思是说民主党派还是需要的。这次接见后，毛泽东还委托华国锋等同志在人民大会堂举行了座谈，主要谈知识分子问题，了解知识分子的情况。杨东莼在那次会上提出了很多有益的意见。会后，杨东莼向大家谈起毛主席对知识分子和民主党派的关怀，大家听了都很高兴①。

---

① 徐伯昕：《当移风易俗促进派——忆念杨东莼同志》，《人民日报》，1980-03-29。

1972年，既是毛泽东的姨表兄也是其蒙师的王季范在京病重。王老先生当年曾经资助和掩护过毛泽东，毛泽东对这位“九哥”非常敬重和感恩。1972年7月11日王季范病逝，王季范的弟子、民盟中央委员、民盟湖南省委会主任委员周世钊致悼词。此后，周世钊在京拜访了不少老朋友，如民盟中央副主席胡愈之、民进中央副主席杨东莼、楚图南、民盟中央常委萨空了等民主人士。16日，在胡愈之家里，杨东莼与周世钊、楚图南、萨空了、沈兹九等人共谈了一个晚上，更形成了上书言事的共识，并委托周世钊通过常在毛泽东身边担任翻译的王季范之孙女王海容，取得联系。

在这些讨论中，杨东莼凭借渊博的学问、丰富的阅历，加上过人的胆识和勇于任事的品格，使自己即使在同辈文化名流中也具有很高的威望。大家讨论问题时，也很乐意接受他的意见。

言谈中，大家对很多问题都深有同感，对当时的政治环境、民主党派的命运尤其担忧，初步达成了向毛泽东上书言事的共识。最后经众人议定，上书言事主要谈三个方面的问题，即民主问题、教育问题、青年问题，并由胡愈之、周世钊、杨东莼三人分头准备。

杨东莼提出的关于知识青年上山下乡问题的内容是这样写的：

> 主席素来特别重视青年培养教育问题。但经林贼（指林彪）的阴谋破坏，共青团、少先队等组织完全瘫痪。学校教师、工厂干部对管教青年学生、青年徒工也大大放松。下乡上山的青年学生，社队也不重视思想教育工作，差不多可以说，广大青年处于很少人管教的状态。主席指示，农村是青年广阔的天地，号召知识青年上山下乡，插队落户，本来是正确的政策，是培养青年的重要措施。这些年来，由于黑帮分子的破坏，不关心他们生活安排，不注意提高他们劳动和学习的积极性，这样放任自流，引起下乡知识青年和他们家长的不满。这些年来，有些学生抗拒上山下乡，老留在城市，每每通过人情关系、开后门的办法被吸收入厂就学或参加其他工作。而有的自觉争取上山下乡，在生产劳动中表现又较好的却多年得不到入厂就学的推荐。许多高级干部和高级军官的子女，每每不肯下乡，纵然下了乡，也每每不久就得调回城市。一部分地区的下乡知识青年，一方面由于自身的改造不好，觉悟不高，一方面也由于上述这些原因，加以年龄日大，生活问题、婚姻问题得不到满意的解决，倒流城市的现象颇为严重，而

在城市中打群架，作（做）坏事，参加盗窃集团的也每每有这类坏学生。这个问题中央已在注意处理，《人民日报》也对青年教育问题多所论到。①

自“文化大革命”以来，知识青年上山下乡就成为一场高度政治化的运动，只能颂扬溢美，不允许批评指责。1971 年 3 月林彪反革命集团炮制的《“571 工程”纪要》中写有“青年知识分子上山下乡，等于变相劳改”的话。以后，《“571 工程”纪要》作为关于林彪反革命集团罪行的附件，传达到基层，这句话自然引起广大下乡知识青年的关注。于是宣传机器又掀起大批“变相劳改”的活动，以“肃清流毒”，使上山下乡的话题在公开场合变得更加敏感。

在当时沉闷的政治局面下，要对包括知识青年上山下乡在内的一系列重大社会问题提出尖锐的批评意见，是需要很大勇气的。在使天地为之倾斜的特级风暴中，杨东莼自己遭受着严重的迫害，与此同时，许多善良的知识分子遭受摧残，青年知识分子彷徨失措。教育战线呈现一片荒凉破败景象。杨东莼忧心忡忡，约同胡愈之和周士钊上书毛主席要求见面。

毛泽东指定华国锋和汪东兴去听取这些“民主人士”的意见。10 月 3 日下午到 5 日下午，汪东兴听取了这几位民主人士的意见。在进言中，胡愈之力陈广开言路、发扬民主、搞群言堂的必要，并希望在可能的条件下恢复民主党派的活动，如果有关方面有顾虑，哪怕恢复其部分代表人物的活动也好。杨东莼着重谈了当时非常突出的青年问题，表示当时年轻人普遍地对前途感到迷惑、感到担忧，希望青年能够得到良好的教育和引导，以解决其生活、就业、婚姻等问题。周世钊则谈了教育问题，希望恢复共青团、少先队，希望理工科、文科大学恢复招生。当天，周世钊在与王海容联系的同时，将与杨东莼等人交谈的问题整理写成了以个人名义署名的 4000 字长信。虽然这封信仅署了周世钊一个人的名字，但其主要内容却是与胡愈之、杨东莼等人反复酝酿过的。信中所谈包括 8 个方面：一、将林彪反革命集团中罪行特别严重的头目处以极刑；二、落实干部政策；三、解放知识分子；四、总结解放军支左的经验教训；五、青年教育问题，知识青年上山下乡的严重后果；六、恢复尖端科学研究，除恢复理工科大学，

① 周彦瑜等：《毛泽东与周世钊》，吉林人民出版社，1993：221-222。

还要恢复文科大学；七、开放书禁，改变“青年工人、农民和学生除政治理论外没有多的书可读”的状况；八、受理群众申述，健全法制。

整个谈话过程中汪东兴没有表态和发表意见。谈话结束时，汪东兴表示，他是受命来听取意见的，对各位的意见，他将如实上报。

虽然胡愈之等人已尽力回避当时的一些敏感问题，但其发言内容又显然与“文化大革命”有所抵触。甚至可以说，发言实际上在某种程度和某些方面否定了“文革”。杨东莼等人的谈话是否呈送毛泽东本人、毛泽东有何意见或批示，我们不得而知，进言中反映的问题也没有得到政策层面或者操作层面的纠正。无论如何，杨东莼等人坚持进言的精神、讲真话的勇气至今令人钦佩，民主党派忧国忧民、以天下为己任的优秀传统得到了集中体现。

实事求是地说，在“文化大革命”这种非正常的政治生态环境下，期望这次进言能够否定“文革”甚至影响历史进程显然不太现实。当然，民主党派的这次进言抗争也不能说是劳而无功。进言之后的 11 月 12 日，周恩来批准恢复孙中山诞辰纪念活动，并明确指定由全国政协、民革中央和中共中央统战部出面举办纪念仪式。

杨东莼曾被周恩来总理给出“才高、智大、胆小”六个字的评价，此时他已逾古稀之年，为何能大胆参与“三老进言”，痛陈青年上山下乡运动产生的诸多社会问题？如果比较他在大跃进时期写过的一篇文章《正确对待子女升学、就业和自学问题》，就会发现他的前后十余年的“矛盾”之处。在这篇文章中，杨东莼列举了很多主动下乡投入农业生产的例子。他认真地写道：“我更体会到，我们的子女，今后下乡参加农业生产，或到工厂劳动，并不是奇怪的事情，也不是丢脸的事情，而是一件光荣的事情，更是国家的一种正常现象。”[①] 他同时认为：“各省市的青年自动要求下乡参加农业生产的，还有很多很多，不胜枚举。我认为这些做法都很对，都是我们的学习好榜样。目前当着我们的国家大规模建设社会主义的时候，国家需要更多的具有高深文化科学的知识分子，参加科学研究和工业建设。也需要一些具有一定文化水平和技术水平的青年学生，参加工农业生产，我们的青年一代，将来的前途是无比光明而远大的。我们应该根据国民经济发展的情

---

① 杨东莼：《正确对待子女升学、就业和自学问题》，《教师报》，1957-08-13。

况和国家的需要和可能，同时还要根据自己的家庭情况，很认真地、严肃地、正确地处理自己子女的升学、就业和自学问题。”①

如果不了解杨东莼撰写这篇文章的背景，就会容易对他产生极大误解。事实上，周恩来总理在第一届全国人民代表大会第四次会议的政府工作报告中，曾指出：“我们今后的教育方针，应该是培养有社会主义觉悟的，有文化的，身体健康的劳动者。我们的中、小学学生毕业后除了一小部分升学以外，多数都应该参加工农业生产。”这是由于新中国成立不久，国民经济恢复存在很多实际困难，一时无法满足大量青年学生的升学和就业需求。因此，社会上有不少不能升学或进工厂就业的家长对国家和政府产生抱怨的情绪：为什么不多办些大学？为什么不多设些工厂？杨东莼当时是民进中央的秘书长，而民进内部人士又以教育领域的知识分子居多，因此他有必要对国家的教育方针进行传达，争取人们对国家社会主义建设的理解与支持。

杨东莼参加“三老进言”时，青年上山下乡运动的性质发生了根本改变，他已经充分意识到这一点。参加“三老进言”，表明了他已深刻反思自己在反右派斗争中所发出的一些较“左”言论。为上山下乡的青年请命，应该是他人生中能为教育事业做的最后一件事。1975 年 12 月 24 日，他在给廖有为夫妇的书信里写道：“我们还是老样子，只是身体衰弱了，病也多了，反正是自然规律，也没有什么可怕的。”信中看得出他对待生命的超脱。清朝纪晓岚的老师曾经写过一副对联：“事能知足心常态，人到无求品自高。”晚年杨东莼的心境正是这副对联意境的真实写照。

1974 年 10 月，杨东莼、陈此生招友游香山。同游者尚有杨东莼夫人、林砺老、胡愈之、沈兹九、沈雁冰、陈翰生夫妇、冯雪峰、罗叔章。同游人皆为七十岁以上。这次游玩经历还被写成《菩萨蛮》，以回忆此次活动。

菩萨蛮

天空气爽秋云敛，
相携郊外寻秋艳。
不效白香山，
联肩夸老年。

① 杨东莼：《正确对待子女升学、就业和自学问题》，《教师报》，1957-08-13。

亦非不及义，
谈叙无拘系。
松下仰晴空，
连峰染渐红。

静美的满山红叶，潋滟的湖光水色，这些秋日美景并没有给杨东莼苦闷的心灵带来任何慰藉，相反却让他想起了那些上山下乡的青年，知识分子忍不住的“关怀”念头在心中反复涌动。

1975 年 1 月，杨东莼继续担任当时已经没有任何实际工作内容的中央文史馆馆长。7 月 19 日，政协全国委员会委员、中国民主促进会中央常务委员吴研因先生追悼会在京举行，杨东莼致了悼词。

1975 年，杨东莼等人游览三峡时合影
右起：杨东莼、胡愈之、谢冰心、罗叔章、沈兹九

大约在这个期间，他写了许多诗，在那些诗中，有一首引《贤文》“是非只为多开口，烦恼皆因强出头”为序，诗中有这样的句子：

早知不合人间味，
多买胭脂画牡丹。

他把诗寄给张毕来，张毕来很认真地对他说“人间”，看指什么人。如果真是革命的群众，诗人跟着时代走，努力画牡丹，也是可以的。张毕来并且把这意思写成两首打油诗一类的绝句，题为《赠杨东老二首》。一首是：“阳春白雪几人知，新妇画眉欲入时；写得牡丹群众爱，毁家不惜买胭脂。”另一首是：“老去犹存赤子心，难凭《齐物》理纠纷；相争若到是非处，敝舌焦唇播党音。”张毕来后来都不记得为何提起《齐物》，总之，他的意思无外乎：我们不能像庄子那样把一切是非的界限说得模模糊糊的，应该争是非，宣传党的声音。张毕来把这两首诗寄给杨东莼，这就引起了杨东莼以一首很妙的诗回应：

我本人间一蠢材，
多口多舌为何来？
只因敢说又敢想，
管它祸灾不祸灾。

大约在1975年的国庆前夕，杨东莼给张毕来写了如下一封信：

毕来吾兄左右：

承赠诗勖勉，感激之至，因步原韵和之，见笑大方，请宥为幸。

人之所贵在自知，
奈何出口不入时！
甘作绿叶一小片，
牡丹尽管涂胭脂。
人老难抛赤子心，
要凭辩证理纠纷；
相争每到不下处，
总有贤明遇知音。

兴之所至，难以停笔，再口占俚句二首，以抒鄙怀，望有以教之。

自愧平生一无厂，
书在手边辄浅尝，
香花毒草各有趣，
悟到真谛喜欲狂。
五十年来走四方，
处处为人打杂忙，
甘草一味价诚贱，
汤头歌诀不能忘。

此复，顺颂
万福

弟杨东莼手上　国庆前夕

十年动乱期间，知识分子最痛苦的是遭受精神折磨，欲言而又不能言，欲不言而又不能不言，杨东莼只是千万知识分子中的一个而已。一本《红都女皇》，杨东莼与王芸生、赵朴初、钟惠澜相互传看，王芸生的女儿王芝瑜便是他们快乐的“传递大使”。后来上面下“指示”要严查，几位老人各自投以信赖的目光，心照不宣。根本无须订立“攻守同盟”，更不会有哪位“检举揭发”。

1975年1月17日，杨东莼当选为第四届全国人大常务委员会委员。在选举的头一天晚上，主席团成员得到了候选人名单，王芸生发现周恩来依然继任总理，激动得无法入睡。深夜，他跑到杨东莼屋里，两人抱头痛哭。后来他二人的心灵相通，经常在一起议论国家大事。当得知毛主席严厉批评了江青，他们认为国家得救了，兴奋得手舞足蹈起来①。

1975年，杨东莼在北京北太平庄寓所留影

1976年初，在“江青反革命集团”行将覆灭前夕，这伙政治野心家假借和歪曲毛泽东的意向，掀起了一股拔地而起的“批邓反击右倾翻案风”。当时的领导交代，要身为民进中央副主席的杨东莼在民主党派的会议上发言。杨东莼写完发言稿去找薛暮桥商量，薛暮桥说：“你最好不发言，要发言就应付几句算了，何必写这样长的稿子?”杨东莼说：“不行，领导上一定要我表态，不得不说几句违心之言。”薛暮桥看到杨东莼的发言稿字斟句酌，也就表示同意。不料因此引起一场风波，他在发言后受到一批“风派”人物的围攻，说他“假批判，真包庇”，又如“批邓”，最后画龙点睛，批的是“心心相印、息息相关、念念不忘、依依不舍”十六个字，说的是一些知识分子对邓的真正态度。批这十六个字的时候，重点就是批杨东莼，他被攻击得精神有些失常了。一直到“江青反革命集团”垮台后，薛暮桥去医院看他，他仍向薛暮桥痛哭。薛暮桥说现在是该让我们笑的时候了，让批你的人哭去吧。这样，他才微现笑容。

一些同时代思想激进的知识分子认为，他在新中国成立后长期未公开共产党员身份，“革命性”并不强，性情温和，在全国政协开会的时候总是“抹稀泥”，保护李宗仁、梁漱溟这样一些“毛泽东思想”不过关的人过关。但他自己其实颇为不幸，也频频遭受迫害。他曾借了一些钱，寄回湖南乡下养家。红卫兵的“英雄”们硬是逼问他：“你的工资已经很高，你还借钱

① 杨慎之：《杨东莼传略》，广西师范大学社会科学联合会：《纪念杨东莼先生文集》，广西师范大学出版社，1994：42。

干什么？是不是干反革命的勾当？”杨东莼实在有口难辩，心中苦不堪言。

“九一三”事件后，周恩来指示各民主党派恢复学习。当时民盟和民进编在一个学习组，由杨东莼和胡愈之担任组长，参加学习的多是这两个党派在“文革”中受到冲击的“革命对象”，学习会多半由胡愈之主持，杨东莼通常坐在胡愈之的另一旁。“文革”期间，外边常常传来一些理论性的判断，要民主党派组成的学习组按调子唱歌，有一回传来对刘禹锡《陋室铭》中“谈笑有鸿儒，往来无白丁”两句的理解。据说，这是知识分子与劳动人民完全无关的阶级性的写照。杨东莼听了后，回去搞了一番冷门考证，找出《北史·李敏传》，证明白丁不是什么劳动人民。杨东莼请人抄了《北史·李敏传》的全文，在抄件后面写下几句话，作为给胡愈之和张毕来的信，信的内容是：“右，由老友之子潘小援录自《北史》卷五十九列传四十七，请愈老、毕来两兄研究之，并代我向文宜同志问好。如有可能，就在小组会上由毕来同志宣讲（5月18日上午11时）。”

杨东莼在参加一次学习小组会议时，忽然站起来走动，经过胡愈之的面前。让张毕来出乎意料的是，杨东莼恭恭敬敬地向他深鞠一躬，说“请妥为保存”，将一包东西交给了他[①]。张毕来接下东西后，杨东莼要走回到座位上去，仍然要经过胡愈之的面前。杨东莼用手指着张毕来对胡愈之说：“此人可靠。”

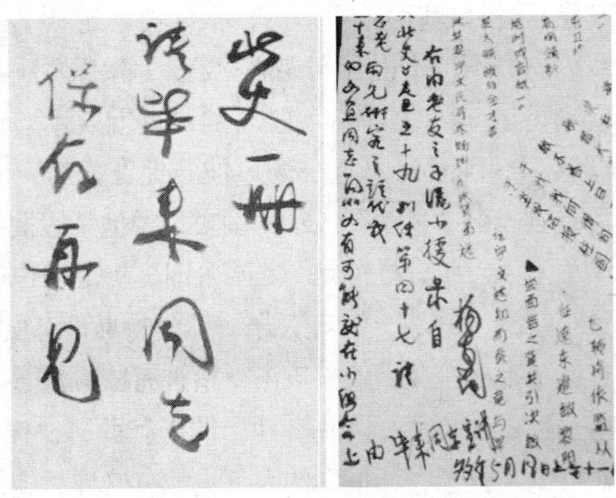

杨东莼在请张毕来保存的手抄文章《北史·李敏传》上的批语

① 杨东莼交给张毕来的一包东西里有：《北史》一册和一个抄件（抄件题曰《白丁解》）。此外是《参考资料》（15908和15912），共五本；文物出版社出版的《毛主席诗词三十七首》一册；北京出版社出版的《一九六六年历书》一册；中国历史博物馆的“周恩来同志纪念展览”请柬一张；黑纱一条。《北史》的扉页上有杨东莼留给张毕来的一张字条，上面写着：“《北史》一册，请毕来同志保存。再见!”

其实，在交东西给张毕来的时候，杨东莼的神经已经开始失常。

1976年1月15日，周恩来总理逝世，杨东莼参加了追悼会。在写给程元的信中说："周总理逝世，举国悲恸，史无前例。弟等叩在属下，心情实在难安。"这封信表达了他对周恩来的深切诚挚的爱。就在同一年的六七月间，杨东莼和儿子杨慎之在中央文史馆简陋的办公室里进行过三次谈话，对杨慎之的《魏源诗文选集》提出了指导意见。

这时，他的神智还比较清醒。但"四五风暴"刚刚过去，很明显，他的压抑着的悲愤情绪是很浓烈的。每次长谈，他都长哭，额头、双颊布满了冰刀霜剑般的皱纹和岁月年轮的疤痣，略显呆滞的眼角噙着晶晶闪光的泪珠。他说了以下一些论点：

1. 形势令人揪心，我追随革命50多年，从来没有看见过现在这样的局面。我无法自处！偌大一个北京，我的朋友成千上万，但真正能够倾吐心曲的，仅王芸生一个，其余的朋友不是不可信赖，但大家都有点互相戒备。《罗织经》念到这个程度，真是旷古奇闻。

2. 周总理一柱擎天，力撑危局，功在万世。他不是病死的，他是累死的。他是气死的，他是受迫害致死的。他的逝世，使我进一步领会了"虽万人莫赎"这句古语的悲哀的内蕴。

3. 批林批孔，评发批儒，这是"项庄舞剑，意在沛公"。一伙政治骗子窃据高位，利用歪曲杜撰历史的卑鄙手法，来打击坚持革命原则的同志，这是给我们伟大的民族抹黑。

4. 一个比你年轻的不是中央政治局委员的人，居然成了毛泽东和政治局之间的联络员，群小包围，整个格局都打乱了！前路茫茫，十分凶险。但事物总是有一个极限。过了极限，事物就会走向反面，而且时间是会极快的。

5. 批邓反右，我被迫作了一次违心的表态发言，影响极坏。我一辈子在政治上有弱点，在浪尖风口，我胆小畏缩，出现三次脱党现象。30年代"七君子"被释放后，邹韬奋责备过我，开国后周总理批评过我，我心悦诚服，我力争在实践中克服自己的弱点。但是，在我行将入木之前，居然在政治上如此"失言"，这是我永远不能宽恕自己的。李维汉同志说我是一个老革命，又是一个新党员，他的话不幸言中了。

我怎么向周总理，向老朋友、老同志交代呢？①

杨东莼在三次讲话中都复述了这段话的内容，足见他思想斗争程度的激烈，痛苦的深沉。他一讲到这个问题时就老泪纵横，不能自已。其实，这只是他自我解剖精神的表现，他的违心的表态发言，是他心里处于真诚与同情的纠葛的根源。“文革”后期，他由于靠边站而颇得宽闲，为了摆脱内心苦闷，勤奋的他把绝大部分的精力转向了学术，尽量挤出时间继续翻译或改译外国学术名著，在马雍兄弟（马宗霍之子）协助下，将《古代社会》又重新校订改译了一次。

1976 年 6 月，正当“江青反革命集团”趁毛主席病重，气焰嚣张，猖狂进行反党活动时，杨东莼顶着巨大压力，在政协学习会上说：“现在没有人敢说真话，影响文风。”② “不在沉默中死亡，就在沉默中爆发”的文坛斗士鲁迅曾写道：“中国的文人，对于人生，至少是对于社会现象，向来就多没有正视的勇气。”显然，杨东莼这种不屈服于“江青反革命集团”淫威，展现了敢于正视的文人精神。他把心中的烦恼与愤怒融进了在《北史》书上写的“再见”两个字。

① 杨慎之：《杨东莼传略》，广西师范大学社会科学联合会：《纪念杨东莼先生文集》，广西师范大学出版社，1994：43。

② 葛志成：《深切怀念杨东莼同志》，广西师范大学社会科学联合会：《纪念杨东莼先生文集》，广西师范大学出版社，1994：18。

第十六章　落日余晖

今日无论何等方面，自以改革为第一要义，夫欲改革国家，必须改造社会，欲改造社会，必须改造个人。社会者，国家之根底也，个人者，社会之根底也。国家吾不必问，他人吾不必问，且须先问自身，吾自身既不能为人，何能责他，更何能责国家和社会，试问吾自身不能为完全为人之故安在？

——黄远生《忏悔录》

一、重译《古代社会》与《狄慈根哲学著作选集》

《古代社会》与《狄慈根哲学著作选集》

晚年杨东莼虽身兼数职，仍在百忙之中尽量挤出时间继续翻译或改译外国学术名著，其中就有摩尔根的《古代社会》、狄慈根的《哲学讲演录》等，他尤其对《古代社会》情有独钟，翻译起来乐此不疲。1965 年 4 月，中国科学院历史研究所翻译组又译出马克思的《摩尔根〈古代社会〉一书摘要》，这是马克思于 1881 年 5 月至 1882 年间研读摩尔根的《古代社会》写的摘要。它不仅摘录了摩尔根著作中的材料和论点，还附上摘录者的评论，并对其他有关原始文化史的著述也做了摘要和评注。

这部中译本是根据俄文版《马克思恩格斯文库》第9卷译出的，同时也参考了1957年三联书店再版的杨东莼、张栗原、冯汉骥译本。

1971年，杨东莼读到了由美国哈佛大学出版部于1964年出版的、由摩尔根著作研究专家怀特编校的《古代社会》，这个版本一则纠正了旧版的一些错误，二则由怀特本人作了一些注释和校订，显然比原来所有的版本都要好得多。

这次杨东莼选择合译者的时候也格外慎重。恰好在1973年，毛泽东主席想看这《古代社会》，当时只有日文及俄文转译本，可是他非要看从原著翻译的。周恩来总理就让日文版译者、时任民进中央副主席杨东莼找人翻译。

此时，杨东莼已经年过73岁高龄，如果由他一个人担当此任肯定困难重重。于是，他找到了马雍，请他协助自己从英文版来翻译此书。马雍当时40岁出头，年富力强，是著名历史学家，是章太炎的高足、杨东莼的好友马宗霍之子。马雍早年毕业于北京大学，在中国社会科学院历史研究所工作了近20年，主要从事中国古代史的研究，尤其专于西域史研究。曾参与整理马王堆帛书，缀合成《战国纵横家书》，著有《西域史地文物丛考》等。

当时，杨东莼看中马雍，还因为他有过翻译经验。马雍曾先后翻译过或与人合译过《斯巴达卡斯》、《伏尔泰评传》、《罗马帝国社会经济史》等著作，而且早就通读过《古代社会》一书。马雍在翻译中又找来他那位年仅28岁的弟弟马巨，马巨虽然只有高中毕业，但却靠自学掌握了英、德、意、日文，又能英汉互译，而且编过《意大利文语法》。有了这两位经验如此丰富的翻译家的帮助，译文的准确性有了更好的保障。

在一次访谈中，杨东莼谈到了他们这种老中青三结合的具体做法和体会：

> 一、译稿要相互看，看后没有发现问题了，再由我对全部译稿做最后核定；
>
> 二、最困难的是术语问题，过去用的术语，有的实在不合古代社会的实际情况，所以经过再三推敲，我们创造了一些新的术语，其详情，见出版后的《古代社会》的译后记；
>
> 三、在翻译中又发现了作者好几次笔误，这次都一一改正了。至

于谈体会，可以说三结合就是好，好就好在彼此取长补短，老年人总要持重些，中年人青年人阅劲足，不少创造的新术语，都是他们二人搞出来的，我只是听了他们做了说明之后表示同意而已。从我个人而言，感受实深，因为我对此书反反覆覆，前后一起搞过四次，都是关着门干，其结果，很不容易发现自己的错误；而采用三结合的办法来做，情况就完全两样了：不仅易于发现错误，而且能及时改正错误。班班辈出，后来居上，这正表现祖国一番新气象，可喜之至。[①]

为了确保这部著作重译的质量，杨东莼还委托驻英国大使宋之的从国外找来了最好的版本，其一是大不列颠博物馆所藏亨利·霍尔特出版公司1877年初印版，这是《古代社会》一书在英国出版的最早的本子；其二是美国世界出版公司1867年重印版，这个本子的编订者是E B李柯克。在翻译的过程中，他与马氏兄弟又做了一些校订和补注工作。原文中有个别明显的字误和脱漏之处，不知是由于摩尔根本人的疏忽还是由于排印错误，在各个版本中均同，怀特也没有订正，他们仍照原文译出，但做注说明其错误。有存疑的地方也予以说明。

另外，为了帮助读者阅读，他们还做了一些注释。这样，在这个译本中就包含了三种不同的注释。凡是不加“某某注”者系摩尔根原注，怀特注和译者注部分分别在注文前标明。除此之外，他们在书中对一些专门术语的翻译时也作了一些处理。有些并没有完全沿袭旧的译名，而是做了相当多的改变。如“period”一词，旧译“时代”，此处改译为“阶段”；“punalua”一词，旧译“普那路亚”或“群婚”，此次改译为“伙婚”；“monogamy”一词，旧译“一夫一妻制”或“单偶制”，此处改译为“专偶制”，等等。同时书前还加上“译者前言”和“摩尔根传略”，书末有“译名对照表”。正是有了这样认真的态度和合作精神，于是，杨东莼不再一个人独自翻译，“老中青”三结合，与马雍、马巨兄弟合作，夜以继日地工作，经过五年的努力，终于在1976年初完成了《古代社会》的全部重译，完成了将近60万字的译文任务，交由商务印书馆1977年印制发行，而这年正好是《古代社会》出版一百周年。

---

① 《杨东莼谈重译〈古代社会〉及其他（下）》，《大公报》（香港），1976-03-04。

唯一可惜的是，毛泽东主席临终前未能读到这部翻译力作。在杨东莼逝世后，这部合译的《古代社会》（全两册）被商务印书馆于1987年再次重印。他们三人合译的这个本子已经成为流行的最佳中文译本，这也可以看作是杨东莼留给人间最后的心血结晶。

这里需要补充说明的是，在1877年出版了《古代社会》之后，1878年夏季，摩尔根又到科罗拉多和新墨西哥去作了一次短期旅行，考察了一些考古发掘的遗址，并访问了印第安人的村落。此后便写出他的最后一部著作——《北美土著的家屋和家屋生活》。当初，摩尔根在写作《古代社会》时，其原定计划分为7大部分，其中第6部分“家庭生活及建筑”，不知为何当时没写。过了4年，即1881年，他又写出了这部《北美土著的家屋和家屋生活》，该书共计11章，319页，约有《古代社会》三分之一篇幅。如果从摩尔根的理论体系着眼，这本书实际上可以看作是《古代社会》的补编。恩格斯写成《家庭、私有制和国家的起源》以后，到了晚年，还在托人购买摩尔根的这部新著，经过许多周折，他终于买到了。在他的著作中，虽不见有对该书的评价，但这种苦苦寻觅，足见恩格斯对考古学和出土文物的个人爱好，以及他阐明人类社会发展史研究的事业需求。有鉴于此，杨东莼还准备利用他们这一老中青“三结合”的班子，将这部书也翻译出来，以便让国人看到《古代社会》的全部面貌，供我国考古工作者参考。可惜他这一愿望未能实现，便离开了人世，汉语读者最终未能看到这一“三结合”完成的《古代社会》的全貌。

杨东莼把毕生的精力都献给了马克思主义理论的学习、研究和翻译。他的翻译生涯，大体从就读北京大学期间翻译托尔斯泰的《克鲁斯奏鸣曲》和毕希纳的《达尔文的学说》开始，到1979年临终前仍在伏案试译狄慈根的《对话录》为止，前后共计56年，杨东莼的翻译工作始终没有停止过。

虽然他翻译的书不算很多，但在哲学界尤其是传播马克思唯物主义哲学方面影响极其深远。他是以一种开拓创新者的献身精神来进行翻译的，他是在克服了许多困难的情况下来进行翻译的。多年来，他抱着对原著者和读者极端负责的态度，对译文砥砺不辍、刻意求工，对这些译作全部重译，而且他的译作几乎都产生了广泛的影响。同时，他在翻译这些著作的时候，始终带有明确的目的性。因此在选材上，他往往侧重的是那些已经在马克思主义发展史上产生过重要影响的历史学和哲学著作。由于哲学著作的内容大多偏于高深，他多采用合译的方式，这样也确保了对原作意义的准确把握和得体地传达。

杨东莼十分尊重敬仰德国哲学家狄慈根，对其著作深感兴趣，即使到了晚年，这种热情依然不减。他认为，为了战斗，为了社会主义改造的顺利进行，作为先进生产力代表的工人阶级正在刻苦学习马列主义，形成了一支无产阶级的理论队伍，他们需要学习更多的马克思主义经典著作，而约·狄慈根正是一位无产阶级唯物论的学习楷模。他感到原来的译文过于粗糙，于是根据1961年出版的约·狄慈根三本著作的新版本，全面重译，定名为《狄慈根哲学选集》，共20余万字，交由生活·读书·新知三联书店出版。1978年12月，杨东莼又推出他翻译的一部《狄慈根哲学著作选集》。

尽管在新时代中国译界有了众多马列著作的译本，而且读者也能见到比狄慈根更优秀的哲学家的著作。但是，为展示一位自学成才的工人哲学家的心路历程，杨东莼还是选择将他的作品重新翻译出来。正是在这部选集里，我们看到了狄慈根当年是如何考察辩证认识论的一系列问题，这些问题包括认识的来源、认识的辩证性质、认识的范畴、真理的标准等。

1977年6月10日，杨东莼为生活·读书·新知三联书店再版他的译作《狄慈根哲学著作选集》补充“译者说明”。在文中，杨东莼说明了再版目的，“我们今天所处的时代跟狄慈根完全不同。我们生活在社会主义里，有很好的学习条件，有大量的马列著作中译本，有集体的学习方式，不必担心生活问题，能够做到学用一致。从这个方面说，我们将比狄慈根学得更好些，将会产生出许多比狄慈根更好的马克思主义哲学家。我译这本《狄慈根哲学著作选集》，就是为了向读者介绍狄慈根的主要著作，供同志们参考”。

从这段简短的文字中可以看出，杨东莼终生对于马克思主义哲学理论体系研究的信仰忠实乃至痴迷，他是一个甘于长坐冷板凳、有深厚历史责任感的马克思主义学者。

这本书照例收入狄慈根的四篇代表作，“《人脑活动的本质》、《论逻辑书简》、《一个社会主义者在认识论领域中的漫游》、《哲学的成果》，都是我在1932年译的，现在又重加译校”。由于马克思、恩格斯和列宁都指出了狄慈根论文缺点，如措辞不当，用词不确切，有些混乱的概念和过多的重复等，此外，有些地方在文法上还有缺点，这些都给译者增加了困难。在这次重新译校中，还发现原文个别地方可能误漏。为了便于读者阅读，杨东莼对这些都作了必要的订正，并加了译者注。也许正如古人云："校书如扫落叶，旋扫旋生。"这四篇译稿，虽经马巨、马元德认真核对，但在核对后，杨东莼仍重校了三遍。

不可否认，杨东莼理论素养很高，知识渊博，在20世纪30年代即有多种著述流行。但也许过于严谨，或者由于工作和社会活动太忙，新中国成立后反而没有新的学术佳作问世。他曾注意搜集宁调元诗文，准备为之结集付刊，也曾努力搜集《苏报》主人陈范的资料，也许想过写人物传记，但这两个计划都未实现。

他后半生的大部分精力多用于教育行政和统战工作，他的人生业绩另有所在，自然不应作为一般专业人士对其苛求。纵观一生，他始终在学者、政治活动家、教育家三个身份形成的交集里循环不定，但大部分时间是在从事教育工作。从21岁起，他便有大量译作、论文在《学灯》、《民铎》、《北新》、《东方杂志》、《教育杂志》、《青年界》等知名权威刊物上发表，还有丰富哲学译作和历史学、教育学、社会学、新闻学等著述出版。不可否认，杨东莼是一个富有天赋的非学痴型学者，一个有政治理想的非功利主义活动家，一个出色的教育家则是这两者在现实与理想间发生矛盾的调和物，或者是历史给予他的"意外的礼物"。

令人扼腕叹息的是，以如此好的学术素养，他却因过于忙碌与谨慎而流于"述而不作"，这也给学术界留下了很深的遗憾。诚如有学者在总结杨东莼的翻译生涯时候说的："东老博通古今，学贯中西，掌握德、英、日三种外语，加以历经世变，见多识广，本来应该有更多的学术硕果流传。但除在30年代出版《中国文化史大纲》、《中国学术史讲话》、《高中本国史》外，新中国成立后30年间除翻译外竟无新的学术专著问世。这除了他本人律己甚严、过于谨慎之外，恐怕与公务极端繁忙也有很大的关系。"①

---

① 章开沅：《序》，《杨东莼学术论著选》，华中师范大学出版社，1997：4。

二、始终关心政治事务

1976年10月，中共中央粉碎了“江青反革命集团”，结束了“文化大革命”。次年10月，中共中央向民主党派提出恢复活动的建议。全国政协在北京饭店举行春节联欢会，热烈祝贺粉碎“江青反革命集团”以后迎来的第一个春天。12月，中共中央统战部邀请各民主党派、工商联领导人开会，宣布了中共中央批准的各民主党派、工商联中央临时领导小组名单。民进成立由周建人、杨东莼等人组成的中央临时领导小组主持恢复党派活动。但是，由于当时“左”的思想束缚仍在，各项工作仍在徘徊。1978年3月9日，民进中央举行工作座谈会，交流各级组织恢复活动的情况和会员的思想情况，并就今后工作交换意见。

1978年3月9日，参加民进中央举行的工作座谈会全体人员合影

党派工作恢复后，杨东莼虽已有病在身，但他对恢复和开展党的统战工作极为关心，并亲自做了很多工作，这体现了他作为政治家的正直胸怀，如，他为解放干部、落实干部政策、解决干部生活上的种种困难多方联系；在揭批张春桥时，他一再表示反对株连周扬、田汉、夏衍、阳翰生等同志。

粉碎“江青反革命集团”后，报上也时常登载杨东莼参加庆祝或座谈的消息。正当统一战线迎来又一个春天的时候，杨东莼的身体却像一棵垂老的枯树，随时都有着折断的可能。

1978 年 12 月 18 日至 22 日，党的十一届三中全会召开以后，历史出现了伟大的转折。全会本着“实事求是，解放思想”的基本原则，从思想上、政治上、组织上恢复了马克思主义的正确路线，中国进入以实现四个现代化为中心任务的新的历史时期。统一战线和民主党派工作也进入一个新的历史发展阶段。

杨东莼欢欣鼓舞，他看到了党和人民的希望，表示要为党作出新贡献，然而肾脏综合征苦苦纠缠着他，剧烈的思想斗争折磨着他，全身浮肿的他被迫长期住院，但仍关心政治活动。他去世前一年，民进中央开全国工作座谈会时，他已经住进了医院，仍请假出来参加会议。春节举行茶话会，他在病中递交了书面发言。人大开会时，他又带病出席了几次大会。

1979 年 5 月 4 日，为了对五四运动历史史料的重新挖掘和整理，中国社会科学院在人民大会堂举行了“五四”时期老同志座谈会。出席这次座谈会的有：邓颖超、许德珩、茅盾、李维汉、胡愈之、傅钟、杨秀峰、叶圣陶、许杰、严济慈、潘菽、杨晦、张鸿浩、王一知、刘弄潮、杨东莼、俞平伯、顾颉刚、冯至、初大告、易礼容、唐铎等。座谈会由中国社会科学院副院长邓力群主持。此时，杨东莼这位 60 年前参加“五四”游行示威的老战士病得很重，但他仍然扶病与会。这次会议的情况被记载在《五四时期老同志座谈会纪录》一文中，也是本书开头的场景。

主持人邓力群说：

> 为纪念五四运动六十周年，中国社会科学院召开了一个学术讨论会，现在正在进行。今天请参加过五四运动的老前辈开个座谈会，请您们自由发表意见。我们举行这个座谈会的想法是：社会科学在实现四个现代化中的任务很重，要做的事情很多，而我们社会科学院的工作很差。请您们在座的老前辈提意见，作点指导，看我们社会科学院应做些什么，我们的工作有什么缺点、错误。但发言决不限于这些，请自由发表意见。①

① 《中国社会科学院举行五四时期老同志座谈会记录》，中国社会科学院近代史研究所：《纪念五四运动六十周年学术讨论会论文选》（一），中国社会科学出版社，1980：24。

在“实事求是，解放思想”指导方针下，按照“实践是检验真理的唯一标准”，有必要针对“文革”时期极度简化的五四历史叙述进行反拨和调整，这次座谈会有着明确的政治意图。正如许德珩在致开幕词时说的：“‘五四’以来，马克思主义理论在中国取得胜利的经验，雄辩的证明了一条真理，这就是：形成一个思想上大解放的局面，形成一种学术上充分自由讨论的空气，是最有利于马克思主义理论的传播和发展的。……这正是我们今天举行‘五四’学术讨论会的时候，强调通过解放思想、百家争鸣这个唯一正确的方针，来坚持和发展马克思主义理论，繁荣社会科学的理由。”① 显然，这次座谈会的主题与目的，是深谙马克思主义哲学，曾大胆质疑“江青反革命集团”对“唯生产力论”的批判，为孔子言行、章太炎的学术思想辩护的杨东莼期待已久的，犹如久旱逢甘露。

发言先由邓颖超开始，杨东莼次之。他从“五四”前后，自己在北京大学如何由一张白纸似的娃娃走上马克思主义的道路讲起，着重讲了他所了解的邓中夏开展早期工人运动时的一些情况。

杨东莼的话音刚落，邓颖超补充道：“我们党的历史上讲邓中夏同志的事很少，杨东老和他同住三年，对邓中夏同志的事迹知道的很多，你们社会科学院要派人访问整理。”② 在谈话交流中，邓颖超非常赞同杨东莼说的，五四运动来潮很猛，退潮很快，有分化。她还说明了其中的一个细节原因：“五四运动后，我们毕业了，骨干都出校了，各奔前程。还有军阀的镇压，周恩来等二十几个代表被捕了，我们还是先救人。”③

一生大部分时光都在从事教育，一辈子都是青年学子的良师益友，和任何弥留之际的老人一样，杨东莼在忆往昔的峥嵘岁月时，会无意间流露出对未来的嘱托。他在讲话的结尾，对青年殷殷寄语：

现在青年比我们当时高明的多，但不要忘记要做老实事，做老实

---

① 《开幕词》，中国社会科学院近代史研究所：《纪念五四运动六十周年学术讨论会论文选》（一），中国社会科学出版社，1980：5。

② 《中国社会科学院举行五四时期老同志座谈会记录》，中国社会科学院近代史研究所：《纪念五四运动六十周年学术讨论会论文选》（一），中国社会科学出版社，1980：29。

③ 《中国社会科学院举行五四时期老同志座谈会记录》，中国社会科学院近代史研究所：《纪念五四运动六十周年学术讨论会论文选》（一），中国社会科学出版社，1980：33。

人；第三，现在学校没有两元考试费，条件又那么好，更要勤奋学习。现在不学习，更待何时。少壮不努力，老大徒伤悲。现在都在搞四化，要为四化努力。责任多半在你们年青人身上，我向青年学习，后来居上，青年应该更好，我寄希望于后人。本来医生不让我来，我硬要来，说几句心里话，是我的心愿。①

整个座谈会的发言热烈而踊跃。

茅盾说道：

现在搞“四化”，青年人有有利方面，有不利方面，就是不懂历史。中国五四运动以来的这段历史很重要。是否写一本五四运动以来的历史。我认为现在也跟“五四”时期一样，也是思想解放时期，现在的青年也要博闻广见，研究外国的各种思潮，然后才能真正懂得现在党中央的方针、政策是何等英明正确。要能透彻理解“实践是检验真理的唯一标准”，光看正面文章不够，也需看反面文章，要总结正反两方面的经验。②

茅盾讲话内容简短，但涉及青年教育、历史研究、哲学探讨三个方面。杨东莼对教育、史学、哲学均有很深的研究造诣，茅盾的话给了他很好的启发，他于是接过话头：

社会科学院写一本历史书，给青年人看看，但不要写八股文。现在有人还写八股文，写来写去还是那么几句。历史书要有事实，有形象，感染、教育青年人。

在对待陈独秀的问题上，我赞成茅盾同志的观点。当时我在北大，陈独秀的影响是很大的，是应该肯定的，完全否定陈独秀是不对的。后来的错误那是以后的事。③

---

① 《中国社会科学院举行五四时期老同志座谈会记录》，中国社会科学院近代史研究所：《纪念五四运动六十周年学术讨论会论文选》（一），中国社会科学出版社，1980：33。

② 《中国社会科学院举行五四时期老同志座谈会记录》，中国社会科学院近代史研究所：《纪念五四运动六十周年学术讨论会论文选》（一），中国社会科学出版社，1980：33。

③ 《中国社会科学院举行五四时期老同志座谈会记录》，中国社会科学院近代史研究所：《纪念五四运动六十周年学术讨论会论文选》（一），中国社会科学出版社，1980：33。

这次座谈会上，病重的杨东莼显得格外精神矍铄，这是回光返照的征兆。令人遗憾的是，邓颖超提出的访问整理机会，因杨东莼的病情恶化而没有了。这位与邓中夏等一道开展早期共产党组织活动的老革命，在预感到即将离开人世的时刻，交给了时任中央统战部副部长童小鹏一份遗嘱：我死之后，一、不办丧事；二、不搞遗体告别；三、不开追悼会；四、不登报；五、不送八宝山，火化后入土作肥料。在“五不”的后面，他又补充了两条：一是保护冯曼莹；另外，个人藏书全部捐赠给中央文史馆。

9 月 25 日，一个月前还伏案继续翻译《对话录》的杨东莼，在北京，他的生命河床干涸了，在生命的终点写上了句号，享年 79 岁。

杨东莼去世后，中央统战部专门成立了治丧委员会，当童小鹏把杨东莼的“五不”遗嘱告诉杨慎之时，杨慎之不禁泪流满面，他被父亲的高尚的道德境界和道德情操深深震撼了。在当天的日记里，他怀着沉痛的心情，写下了这样几句：“父亲的‘五不要’的遗嘱，体现了一个马克思主义者的真正信仰，反映了一个无产阶级知识分子的真知灼见和优美情操。”①

杨东莼对子孙“留德不留财”，遵照他的遗愿，冯曼莹将一台电视机捐给了社科院的幼儿园，存款也悉数捐了出去。人生若只如初见，回首已是百年身。任何人无法改变“水滔滔而度日，人冉冉而行暮”的自然规律。尽管杨东莼生前特别交代要保护冯曼莹，但他的离去对原本身体状况很差的冯曼莹无疑是雪上加霜。她开始变得神志不清，一年后因病重而离世。这对恩爱夫妻，终于在天堂里得以重逢。

---

① 据杨东莼的长孙杨震在电话中向笔者口述的杨慎之的当天日记内容。

结语：历史的评判

杨东莼是20世纪中国一个富有传奇色彩的人物，虽然从未像他在北京大学的老师李大钊、胡适以及他的老乡、老战友毛泽东、老上级周恩来那样作为主演始终居于20世纪中国历史舞台中央，叱咤风云，挥斥方遒，引人注目，但确是这些主角身边始终相伴而且有所作为的人物，经历了风云激荡的五四运动、大革命时期的农民运动、工人运动、抗日战争、解放战争、抗美援朝、“三反五反”、“反右”、“文化大革命”、改革开放等20世纪中国诸多重大历史事件，是大时代的重要参与者和见证人，在中国现代革命和社会主义建设史上留下了自身的足迹。

历史固然应该记载那些处于中央位置的主角，但也应记载那些主角身边参与谋划和行动、知悉详情并积极有为的配角，甚至记载大时代里那些默默无闻但曾努力表达利益诉求、参与历史演变的社会各个阶层的小人物，主角、配角与小人物，共同构成了历史的动力，影响了历史的进程。这样的历史才是一部真正的信史。

对于杨东莼的一生，或许可以借用印度诗人泰戈尔的一句富有哲理性的话来表述：“人生虽只有几十春秋，但它决不是梦一般的幻灭，而是有着无穷可歌可颂的深长意义的；附和真理，生命便会得到永生。”

确实，杨东莼的一生是追求真理的一生，是投身革命的一生。用杨东莼自己的话说：“我追随革命50多年。”① 他经常说：无产阶级只有解放全人类，才能最后彻底解放自己。无产阶级政党的统一战线政策，就是在这个理论基石上产生出来的。其目的则是为了最大限度地团结一切可以团结

① 杨慎之：《杨东莼传略》，广西师范大学社会科学联合会：《纪念杨东莼先生文集》，广西师范大学出版社，1994：43。

的人，把最顽固、最反动的一小撮敌人驱赶到最狭窄的地带里去，充分孤立他们，以取得和扩大斗争的胜利。他在马克思主义领域的功绩，并不是在理论上有什么独创，而是在具体实践中颇具特色，值得后人研究。

1979年10月16日，新华社发了专电悼念杨东莼，高度评价了杨东莼的一生：

> 杨东莼在民主革命时期，长期从事革命活动，为党和人民的事业做了许多工作。解放后积极参加社会主义革命和社会主义建设事业，积极进行统一战线工作，为党的统一战线和文化教育事业贡献了自己的力量。

他的好友薛暮桥在《回忆杨东莼》的文章中也指出："杨东莼的一生，可以说是革命者的一生。"

追求进步，参加革命，忠心耿耿；传播马列，坚持真理，始终如一；研究学问，富于著述，多有建树；热心教育，哺育青年，奖掖人才；为人诚恳，团结同志，善于处事，这就是杨东莼，一位难得的马克思主义学者，历史学家、翻译家、教育家和社会活动家。尽管如此，囿于当时的历史条件和社会环境，杨东莼很难在更大的范围内完全施展自己的才华。到了晚年，因适逢十年内乱，他备受折磨，更难有大的作为，留下无法挽回的遗憾。

历经五四运动的青年知识分子，"五四"的反传统精神形塑了他们行动主义的"毅者"光环。杨东莼在北京大学的求学生涯是其重要的人生塑形期，恰好处于中国新型知识分子出现的关键期。随着1927年"白色恐怖"的降临，杨东莼同当时进步的左翼文化人士一样，在知识分子共同体中生存，"这种共同呼声的恢复，伴之以一种借用它的力量来护卫自由主义积极分子和共产主义烈士的意愿"①。在上海，"五四"知识分子在愈来愈危险的环境里重建他们共同体的联系管道，动员起来保护那些在国民党的政策下受到威胁或临近牺牲的人。

这种时代与人物重叠的历史机缘，既造就了杨东莼跌宕的"多面手"人生，也影射和体现了那一代知识分子不同的选择与使命，无疑，他们的

① 舒衡哲：《中国启蒙运动——知识分子与五四遗产》，新星出版社，2007：234。

人生曾辗转于多个岔路口。在史料的梳理过程中，尤其是那些与杨东莼同时代的知识分子群体所叙述的回忆文章，让人们感到：无论是五四运动中的主导者、参与者，抑或见证者，皆是“五四”遗产的具体化身，他们和杨东莼一样代表着一个从政治上的爱国主义到文化上的反传统主义之间的广义光谱。身处于和平与发展成为主题的时代的现代人，其实很难真正读懂这群有儒家知识分子特质的“五四”爱国者年轻时反传统的深层动机。

本书的传主虽然是杨东莼一人，但透过他却可以感受到中国“五四”知识分子的群体特质。“知识分子既不是调解者，也不是建立共识者，而是这样一个人：他或她全身投注于批评意识，不愿接受简单的处方，现成的陈词滥调，或迎合讨好，与人方便地肯定权势者或传统者的说法或作法。”著名批评家萨义德（Edward Wadie Said）在其《知识分子论》中，以这样孤独和脆弱的使命定位出发，讲述了任何一个知识分子所面临的共同的尴尬局面。然而，他们还必须铿锵有力地说，“不只是被动地不愿意，而是主动地愿意在公众场合这么说”，而且还要在“最能被听到的地方”说，最好这种“说”能影响到“正在进行的实际过程”，“比方说，和平和正义的事业”。

无疑，这种徘徊于学术与政治的现实状态，似乎像实际一直存在的影子一样，只有或长或短，或看得见或看不见的区别。同样，这种“影子”是中西知识分子所共同带有的特征。近代中国的社会转型，催生了新型的现代知识分子。而新生的现代知识分子，又对中国社会的变化产生了巨大的影响。职业知识分子的出现，标志着中国新式知识分子的正式产生。他们始终未放弃自己的专业，却又常怀忧虑天下之心，因而时时卷入政治的风云之中。现实政治的腐败，一方面使他们厌倦不已，另一方面又激发了他们匡世济民之心。从政时他们眷念学问事业，治学时又不能忘却时事政治。在学问与政治间徘徊踯躅、进退失据，便是杨东莼那一代知识分子无法摆脱的困境和悲剧①。

终生服膺马克思主义的杨东莼，他的著述和言行真是理性得让人感到不可思议，这是他受康德哲学严密的逻辑思维影响太深的缘故，但其实如果前后整体观之，却能看出他内心如大海般波澜壮阔的情感起伏。他在北

① 雷颐：《时空游走——历史与现实的对话》，山东教育出版社，1999：67。

京大学参加了中国最早的马克思主义研究组织“马克思主义研究会”，参加了中共北方劳动组合书记部组织开展的工人运动，以及社会主义青年团组织，1923 年在湖南正式成为一名中共党员，然而，因为种种主客观因素，他一生有过三次脱党经历，被说为“既是老革命，又是新党员”。

今天，我们应历史客观地分析那个残酷的生死大时代背景，才能对杨东莼评判得更加公允。

1930 年 3 月 2 日，鲁迅曾在左翼作家联盟成立大会上讲：“左翼作家是很容易变成为右翼作家的。为什么呢？第一，倘若不和实际的社会斗争接触，单关在玻璃窗内做文章，研究问题，那是无论怎样的激烈，‘左’，都是容易办到的；然而一碰到实际，便即刻要撞碎了。”①

他以善意的提醒态度宣称，“倘不明白革命的实际情形，也容易变成右翼。革命是痛苦的，其中也必然混有污秽和血，决不是如诗人所想象的那般有趣，那般完美；革命尤其是现实的事，需要各种卑贱的，麻烦的工作，决不如诗人所想象的那般浪漫；革命当然有破坏，然而更需要建设，破坏是痛快的，但建设却是麻烦的事。所以对革命抱着浪漫蒂克的幻想的人，一和革命接近，一到革命进行，便容易失望。”② 所以，他认为文化战线上的战士尤其需要“韧”。鲁迅说的“韧”，除了字面上的持之以恒的意思，也包含了要讲究笔杆子的斗争艺术的含义。

杨东莼具备鲁迅所说的“韧”性，在整个革命时期，他始终操持着马克思主义批评的枪法，从唯物主义辩证法的哲学立场出发，以笔代枪狙击了北洋政府时期昙花一现的好人政府论。他辩证看待 20 世纪二三十年代的教育救国论，在教育理念上，他认同陶行知提倡的生活教育学说，并在实际行动上参加生活教育社，积极主持上海战时普及教育服务团工作，为战时教育撰写了大量文章，有效发挥了教育力量对抗战的支持作用。

在他丰富的教育实践中，最值得称赞的是，作为一名马克思主义教育家，他利用蒋介石与新桂系之间的矛盾，在广西省立师范专科学校创造了团体训练与集体研究合一的教育方法，在广西地方建设干部学校实施集体主义教育思想时，充分吸收了生活教育的三大核心教育理论，共同寻找白

① 鲁迅：《二心集》，人民文学出版社，1973：35。

② 鲁迅：《二心集》，人民文学出版社，1973：36。

色恐怖下，培植革命力量的缝隙。他在担任广西省立师范专科学校校长和广西地方建设干部学校教育长期间，为革命事业做了大量地下工作，培植了很多进步力量。他的教育思想是理论与实际相结合的产物，是他善于将马克思主义中国化的重要表现之一。

应该说，从进入北京大学后不久，杨东莼的人生就寄托于伟大的中国社会主义革命事业。他对马克思主义哲学的浓厚兴趣，并没有关在“亢慕义斋”的图书室里，他和很多“五四”知识分子一样，是行动主义的“毅者”。他的渊博学识是始终和革命实际紧密结合的，所以，他的革命之路，没有罗曼蒂克的诗意，而是非常理性务实的。很多时候，他表面上的“胆小”，实际上是他采取的一种“策略”。这也能更好发挥他的特长，为革命贡献更多力量。较之那些对革命抱着浪漫蒂克的幻想的人，无论革命处于高潮还是低谷，无论身处境况的好坏，他对革命的态度，始终是乐观积极的。

这种对革命乐观的情绪，让他在历经“文革”的晚年，对国家的未来仍抱有希望，他大胆参加“三老进言”，为上山下乡的青年学子建言，这些壮举既是对他在反右斗争中“左”倾言论的反思，同时也是对一个真正的马克思主义学者、战士、教育家，所要具备的批评和自我批评精神的实际诠释。正如他的儿子杨慎之所言，杨东莼是一个出色的教育工作者。他一生中，大约有25年的时间在从事教育工作。他为人民教育事业呕心沥血，是一位不知疲倦的园丁。

虽然杨东莼的统战、教育、行政思想甚至处世哲学，有德国哲学的理性色彩，但同时他也是很早意识到马克思主义必须中国化的学者之一，这些从他的一系列哲学论文中可以看出（在此，因篇幅问题就不赘述，这方面还有待于哲学界的专家作专题探讨）。此外，他毕竟是一个受过传统文化教育的湖南人，他对被誉为“古今第一完人”曾国藩的处世箴言推崇备至。

对于治学，他渴望创造，就像他钟情于教育、喜欢与学生探讨交流一样，他将马克思主义的哲学思想用来塑造学生的精神生命。对于中西方思想文化的态度，他是持着批判的继承态度。他在任达德学院的代理院长时，曾对学生说，他不喜欢引用某某名人怎么说——别人都说了，自己还说什么？

然而，我们在他的很多文章里，尤其是关于教育类的文章中，发现了大量引用的曾国藩的名言，如他在1944年发表的一篇文章《谈小学教员与基层工作人员的进修》中，提到“许多工作人员不肯虚心向人家学习，自视过高，认为人家的意见不过如此这般，值不得稀罕”，对于这种不肯向大众虚心学习的态度，他认为，“曾国藩对于这点，有过两段名言，值得我们记取”：

> 与人为善，取人为善之道，如大河水盛，足以浸灌小河，小河水盛，亦足以浸灌大河，无论为上、为下、为师、为弟、为长、为幼，彼此以善相浸灌，则日见其益而不自知矣。
>
> 古圣人之道，莫大乎与人为善。以言诲人，是以善教人也；以德熏人，是以善养人也；皆与人为善之事也。然徒与人，则我之善有限，故又贵取诸人以为善。人有善，则取以益我，我有善则与以益人。连环相生，故善端无穷；彼此挹注，故善源不竭。君相之道，莫大乎此，师儒之道，莫大乎此。①

这样大段地引用处世名言，在几乎所有杨东莼的文章中都是较为少见的。对于曾国藩的道德哲学的理论领悟，也体现在他撰写的其他著作与文章中。与今人看到并学习的多是曾国藩的领导艺术不同，杨东莼看到的是曾国藩修身养性的道德追求。杨东莼虽然没有留下伦理道德方面的专著，但在他的许多讲演、报告和通信中，都可以找到关于伦理道德方面的论述。在《致基层干部的十封信》中，有一封谈及待人的问题，他认为，待人必须做到“诚、恕、敬、公”。这四个字，也是他终生的道德行为准则。

杨东莼既坚定地信仰马克思主义，在为人处世上，又奉行儒家的忠恕之道。这是“五四”一代知识分子所具备的混合特质。在《孟子·尽心上》中有这样一段话：“君子有三乐，而王天下不与存焉。父母俱存，兄弟无故，一乐也。仰不愧于天，俯不怍于人，二乐也。得天下英才而教育之，三乐也。”说的是君子一生中的三种乐趣。以此观之，杨东莼自幼为孤儿，与弟弟杨人梗相依为命，第一乐是没有的。第二乐和第三乐却都曾有过。对于革命信仰，他俯仰无愧，他培养了诸多青年英才，为社会主义革命和建设贡献了力量，一生虽有小遗憾，但是终有大乐。

---

① 杨东莼：《谈小学教员与基层工作人员的进修》，《安徽青年》，1944，4（1-2）。

杨东莼的坎坷心路历程，有如湖光掩映的时光宝镜，映照了一代知识分子群体既复杂又单纯、既刚毅又脆弱的心灵世界。也许，很多人因为不甚了解近代中国知识分子踯躅于学术与政治之间时幽深的内心困惑，便习惯将其与西方一些类似左拉那样的知识分子进行简单化的表象比较，对于中国知识分子的软弱和知识分子精神传统的断裂提出苛刻批评，笔者对此实在不敢苟同。

历史表明：任何对我们几千年传统文化有基本认知的知识分子，都会有高度的文化自信，会心甘情愿地为中华民族的复兴承担起知识分子的社会责任和道德义务，摆脱在革命动荡时代里的知识分子人格冲突——动摇性、依附性，不畏惧苦寒孤寂和路途遥远，勇往直前，把知识分子所珍视的精神和传统延续下去。他们才是扛起历史大旗不断前行的民族脊梁。

令人欣喜的是，今天，正在有越来越多的知识分子以建设者的姿态出现在社会每一个需要他们的角落，发挥他们的才智，展示卓越的才华。历史吹响了全面深化改革的号角，中华民族伟大复兴的“中国梦”的实现方向更明确、动力更充足，明天会更美好。

充满浓厚理性与革命色彩的杨东莼，在诸多的西方诗人中，只喜爱并翻译过德国诗人海涅的诗歌。因此，本书的结语，就借用海涅那首有名的《松》的结尾，来表达我们对杨东莼这位“东方火云”的追思之情：

高松岑寂羌无欢，
独立塞北之寒山。
冰雪蔽体光漫漫，
相思无梦来无端。
梦见东国之芭蕉，
火云千里石欲焦。
脉脉无言影寂寥，
欲往从之道路遥。①

① 胡适：《译德国诗人亥纳诗一章》，《留美学生年报》，1913（2）。

杨东莼生平年表

1900 年

农历 3 月 8 日寅时，生于湖南省醴陵县，原名人杞，又名岂匏。曾用罗东蓴化名进行地下活动，杨东蓴（“蓴”是“莼”的异体字）是 1927 年改用的名字，20 世纪 30 年代后通用杨东莼，在北大读书期间，曾用过笔名“采岩”。

父亲杨策，又名杨炳书，有两个兄弟：杨笔书、杨竹书①。

杨策 1880 年出生于江西省上高府高安县，思想进步，早年加入中国同盟会，曾任湖南陆军小学堂监督和新军四十九标管带。杨东莼幼年时，曾辗转于南京和日本求学。

母亲陈氏。旧式家庭妇女，负责料理家务，且体弱多病，在杨东莼 5 岁时撒手人寰。

杨东莼第一任妻子史淑宜（1900—1986），醴陵师范毕业，容貌端庄，颇识大体，“贤而能，克勤克俭”。与杨东莼婚事为父母指腹为婚所定。杨东莼出外从事革命活动，她一直住在醴陵史家老屋，独自抚育四个孩子，且教养有方，二子杨慎之子承父业，成为著名学者。杨东莼一直负责寄给她生活费用，杨东莼去世后，生活费用由国务院付给，直到去世。

杨东莼第二任妻子冯曼莹（？—1980），浙江人氏，大户人家出身。据杨东莼好友廖有为回忆，她是 1915 年前后出生。20 世纪 30 年代初，杨东莼在上海进行革命活动时遭遇逮捕，被冯曼莹所救。杨东莼返回上海后找到冯曼莹，此时她家境没落，为嫂子设计陷害，远离家门，身患重病。杨

---

① 兄弟三人均早故。

东莼为报搭被救之恩遂为她治病，经组织同意，杨东莼与她生活在一起。冯曼莹没有担任任何社会公职，一直负责照顾杨东莼的生活饮食起居。在杨东莼逝世后一年离世。

胞弟杨人楩（1903—1973），出生于湖南省醴陵县，字萝蔓，历史学家。1926年毕业于北京师范大学英语系，1946年起任北京大学历史系教授。

胞弟杨人楩妻子张蓉初，北京大学历史系教授，已故。

长子杨审之，1922年冬天出生。遵道中学毕业后，曾患肺病，到长沙福寿桥疗养，1943年因肺结核病故。

次子杨慎之，1924年3月7日出生。湖南省社会科学院原副院长，中共党员，著名的中国近现代史专家。1993年12月9日因病去世。

杨慎之妻子毛茅。1934年1月5日出生，北京人。湖南大学图书馆原副研究馆员。退休后，一直陪伴杨慎之在湖南醴陵居住。

三女杨周之，1925年出生，12岁因肺结核夭折于醴陵角鲤池。

四子杨祥之，1927年出生。生育三子，一直在湖南醴陵居住。1985年2月12日，在醴陵西山史家大屋用保险刀割断静脉自杀身亡。

长孙杨震。1955年5月12日出生，现供职于广州市铁路公安局。潜心收集和整理祖父杨东莼和父亲杨审之有关资料，并为华中师范大学和广西师范大学等相关单位提供杨东莼有关资料。

次孙杨克。1957年1月20日出生，曾在湖南省政府对外经济贸易委员会工作。

1905年（5岁）

母亲陈氏病逝，父亲在外求学，自此杨人杞与杨人楩依干妈童氏生活。

1906年（6岁）

进入醴陵私塾，开始了两年的蒙馆读书[①]，诵读《三字经》、《百家

① 据杨慎之的《杨东莼年谱》卡片资料（未刊本）记载，杨东莼念了三年私塾，而杨东莼1944年在《读书通讯》第92期发表的文章《我的读书过程》中称“前清季年我读过两年私塾”，此以杨东莼自己回忆的时间为准。

姓》、《千字文》、《包举杂字》。

1907 年（7 岁）

在醴陵私塾学堂读书，诵读《幼学琼林》、《论语》。

1908 年（8 岁）

因醴陵县城开办了小学，便由私塾转到小学读书。

1909 年（9 岁）

随父亲到长沙，在当时湖南省最进步的学堂——明德学堂读书。

1910 年（10 岁）

在明德学堂读书。

1911 年（11 岁）

因父亲去世，只得回到醴陵，进入醴陵县城朱子祠高等小学学习。10 月 10 日，辛亥革命爆发，受到自由平等新思想启蒙，经常参加学校的学潮。在这里读了三年的英国人编的《正则英文（第一册）》，然而因英文教员“顶不行”，《正则英文（第一册）》学了三年，杨东莼仍未掌握拼音，故后来改习德语①。

1912 年（12 岁）

在醴陵县城朱子祠高等小学学习。

1913 年（13 岁）

在醴陵县城朱子祠高等小学学习，参与了由在校学生黄龙联合李立三、李明灏、李君九、刘斐、刘素非、程星龄、程邦模、朱克靖、汪泽楷、肖昌烈、钟纬祖等十三子罢课学潮，罢课学潮延续七十五天。

① 根据杨东莼 1944 年在《读书通讯》第 92 期发表的文章《我的读书过程》记载。

1914 年（14 岁）

春，报考长沙长郡中学，未获录取，转入私立妙高峰中学读了半年。

1915 年（15 岁）

再次参加考试，考取长郡中学（学制四年），进入德语班学习，与黄坚同学。

1916 年（16 岁）

在长沙长郡中学读书，与后来成为湖南工人运动领袖的郭亮同班。开始学习代数和几何，并对这两门学科很感兴趣，看了谢洪宝氏的《大代数学》和《几何学讲义》课外辅导书籍。

1917 年（17 岁）

在长沙长郡中学读书。看了《不忍》、《庸言》、《大中华》之类的时政杂志和梁启超的《饮冰室文集》，受到很大影响，遂有了将来要做一个政论家的打算，并喜欢仿效这一类的文体做文章。

1918 年（18 岁）

夏，在长郡中学毕业后，没有接受校长的劝告去投考上海同济医工专门学校学医，而是跟同学谢君一起去了北京。最初几个月住在北大西斋学生宿舍，以后一直和邓中夏住在一起，起先在西斋对门中老胡同二号宿舍合租了三间南屋，以后又搬到达教胡同四号。二人朝夕相处达三年。

1919 年（19 岁）

5 月，在北京大学旁听，参加了当年爆发的“五四”运动。

6 月初，与北大同乡一道参加了“六三”示威，被军警赶到天安门内羁留到凌晨 2 点才释放出来。

8 月 7 日，北京大学“本校布告”公布，杨人杞考取为北京大学 380 名预科新生之一（根据《北京大学日刊》第 425 号，1919 年）。

秋，在北京大学中文系高年级学生邓中夏的倡议下，与罗章龙、易克嶷、马非百等二十几位同学租住在北京东皇城根达教胡同四号，组织以“实现新生活”为主要内容的“曦园”公寓生活，开始集体学习。

9 月，在醴陵同乡汪泽楷赴法留学前，与之合影于北京。

1920 年（20 岁）

1 月，毛泽东作为湖南省驱逐张敬尧的代表之一，来到北京。初到时由北大同学发起在湖南会馆欢迎他。毛泽东直到七八月份才离开，在此期间，毛泽东三天两头到曦园来，主要是和邓中夏、罗章龙、易克嶷、杨人杞等接触最多，他们一谈就是大半天，谈话内容十分丰富，从政治、社会、经济、道德、学术到文学、革命、个人修养，几乎无所不谈。

3 月 14 日，北京大学平民教育讲演团召开第三次常委会，选举邓中夏、杨钟健任总务干事，并决定了“除城市讲演以外，并注重乡村讲演、工场讲演”的活动方针。此后，杨人杞积极参与邓中夏等人组织的平民教育讲演团活动。

3 月，与邓中夏、罗章龙等参加了由李大钊直接领导的“北京大学马克斯（后通译为“马克思”）学说研究会”的创办活动。

3 月 27 日，“第一院预科一年级德文班学生杨人杞函请休学一年，北大当予照准”（据《北京大学日刊》1920 年 3 月 27 日）。

7 月 19 日，与罗敦伟、张树荣共同发起的“日文班”正式开学，聘请了日本明达商科毕业的周洛先生授课（根据《北京大学日刊》1920 年 7 月 22、23、24 日）。

初冬，随邓中夏深入长辛店铁路工人群众，经常与朱务善等一起找到工人积极分子史文彬了解工人爱国活动的情形、工人的生活状况，并到“锅伙”和工人家中去访问工人，广交工人朋友，宣传革命道理。

12 月 9 日，《北京大学日刊》发表了杨人杞与刘仁静、李梅羹、张国焘、李骏等 19 位同学联名拟的《上评议书》,《上评议书》详细报告了图书流通中存在的不合理现状，并提出了解决图书馆管理补救办法七条建议。《上评议书》认为，造成图书流通不畅的原因，一是借书规则不健全，管理不严格也不合理；二是借书者不守约，出现了种种怪现象，教员“有借不阅者”，“有携西书多种放洋者”，“有久借不还者”，“有代借书者”，甚至“有挟制借书者”，等等。12 月 7 日，在评议会临时会议上，李守常要求下次开会时，“学生对于图书馆办法建议案”（指杨人杞等同学的《上评议书》）也应审议。

12 月 19 日，劳动补习学校租北京长辛店大街祠堂口胡同 1 号的三间平房为校址。邓中夏、张国焘、张太雷、杨人杞等人到长辛店借工头邓长荣办酒席请客之机，在长辛店召开了劳动补习学校筹备会议，北京共产主义小组派杨东莼与邓中夏、张太雷、张国焘四人出席。这次会议通过了劳动补习学校《简章》，并确定 1921 年 1 月 1 日正式开学。

1921 年（21 岁）

进入北京大学本科学习。

1 月 1 日，长辛店劳动补习学校召开成立大会。会后，杨人杞与邓中夏、张太雷、张国焘在几位工长带领下参观了长辛店各工厂。

1 月 5 日，长辛店劳动补习学校正式开课，杨人杞与讲演团的成员一起，坚持每周都去轮流教“常识”课，教育工人，启发工人的觉悟，受到工人的信任。

3 月 22 日，参与起草了《发起马克斯学说研究会启事》。

7 月 14 日，胡适校改杨人杞等译的泡尔生（Friedrich Paulsen）的《哲学概论》（*Introduction to Philosophy*），胡适认为“译的尚好，但也有错误。Paulsen 的这书是由 Prof. Frank Thilly 译成英文的，Paulsen 是 Thilly 的先生，Thilly 又是我们的先生，译者二人又是我们的学生。这四代的师弟可谓巧极。但此书太偏向 Idealism 一方面，颇嫌太旧，故我劝他们不必译下去，且试别书”。

9 月 8 日至 25 日，《学灯》（《时事新报》馆编辑）上刊登杨人杞翻译海克尔（德国动物学家，进化论者。全名 Ernst Heinrich Philipp August Haeckel）的《生命之不可思议》部分章节《生命的渊源》等。

11 月，北京共产主义小组成立后，就着手筹备成立北京社会主义青年团，作为党的助手和预备学校，以便教育青年和壮大革命队伍。在北京大学学生会办公室举行的北京社会主义青年团成立大会，杨人杞等到会者有四十人左右，都是参加五四运动和学习马克思主义的积极分子，其中也有共产主义小组的成员，会议公推高君宇为书记，张国焘致辞。北京青年团成立以后的主要工作，是组织进步青年学习宣传马克思主义，发展团员并筹备国际性的会议。

11 月 17 日，作为北大“马克斯学说研究会”会员的 19 位发起人之一（19 名发起人中，除杨人杞、高崇焕、范齐韩 3 人外，其余 16 人都先后加入中国共产党），公开在《北京大学日刊》的“启事”上签名。

冬，与邓中夏、罗章龙、刘仁静等人，联合发起成立“北京大学马克斯学说研究会”。据刘仁静回忆，“杨人杞有一个时期和我住在一起，住在锡拉胡同”。

本年，在北京中国劳动组合书记部工作，与罗章龙一起担任长辛店铁路工人的组织和教育工作。

1922 年（22 岁）

1 月 15 日，中国社会主义青年团初创时期机关报《先驱》在北京创刊，并由北京地方团组织出版，邓中夏任主编，杨人杞与罗章龙等参与了办刊事务。这是北京中国劳动组合书记部最早的一个工人阶级的机关报（内部刊物），在传播马克思主义，介绍苏俄、国际共产主义运动情况，配合当时团的工作及青年运动等方面发挥了重要作用。

3 月 31 日，北京地方团组织召开全体团员大会，决议凡有一定数量团员的学校要建立团支部，积极参加群众运动。会议还选举了新的执行委员，贺恕（道培）、罗章龙担任书记，刘仁静、黄日葵负责出版部工作，杨人杞、陈为仁负责劳动部工作。

初，因经济拮据，无法维持北大学业，不得不回归故乡醴陵，与指腹为婚的史淑宜完婚。

冬，长子杨审之出生。

本年，曾在醴陵县甲种师范讲习所讲课。该校所长张晓啸是个思想开放、性格刚强的进步知识分子，向学生易足三介绍《新青年》、《改造》等进步书刊，所长张晓啸被迫辞职后，杨人杞与陈章甫等思想进步教师也一起被开除。

本年，在《民铎》杂志第 3 卷第 5 期发表文章《达尔文学说与唯物论的关系》。

在北大读书期间，因生活所迫，曾用笔名“采岩”用语体文从德文本翻译了一部托尔斯泰的小说《克鲁斯奏鸣曲》（Kreutzer Sonata）和毕希纳

(Buchner) 的《达尔文的学说》登在报纸周刊上。

1923 年（23 岁）

3 月 3 日下午 1 时，因北京学界各团体联合会于 3 月 2 日举行了市民提灯会，游行到大栅栏遭到军警毒打，酿成少有的流血惨剧。在北京大学第三院召开全体学生大会，杨人杞发言较多①。

春，回到湖南长沙，先后执教于长郡中学和协均中学。协均中学（长沙县三中的前身）为革命烈士柳直荀于 1921 年与雅礼中学同学数人所创办。在协均中学任教期间，杨人杞任该校史地科教学，领导协均中学文史科的全面教务，还担任了校办刊物《协均周刊》的主编。

5 月 21 日，在《协均周刊》第四期刊载的《严北溟论孔子学说》的文章上作批语，对严北溟极为赏识，二人结为文友。

5 月 27 日，在长沙完成《达尔文学说与唯物论的关系》（续进化论号上），后发表在《民铎》杂志第 4 卷第 4 期上。

7 月，在长沙协均中学任教时加入中国共产党，毛泽东出席监誓，与何叔衡、曹伯韩、黄芝岗等常有工作联系，但不久和黄芝岗同时失去了与党组织的关系。

夏，开始翻译海涅（德）的诗歌，并在协均中学主编的《协均周刊》上发表②。

1924 年（24 岁）

1 月，在国民党“一大”召开前夕，杨人杞在长沙以个人名义加入国民党。

3 月 7 日，次子杨慎之出生于醴陵南华宫。

---

① 根据《中华民国史档案资料汇编：民众运动》，第 583 页。

② 杨慎之的《杨东莼年谱》卡片资料（未刊本）认为：“这是杨东莼最早公开发表的译作，同时也是他仅有的文艺作品翻译。”事实上，现有史料表明，杨东莼最早公开发表译作应是刊登在 1921 年《学灯》上的《生命之渊源》；最早的文学翻译作品应是在北大读书期间，根据杨东莼 1944 年在《读书通讯》第 92 期发表的文章《我的读书过程》中：“那时费用很轻，可是我仍然无法维持，只好采用笔名译了一部 Kreutzer Sonata 登在报纸周刊上换些稿费来生活。”

4月3日，在长沙撰写完成《实践理性批判梗概》一文。

4月10日，在长沙翻译完成泡尔生的《哲学概论》中《康德之形式的合理主义》一文，文中“一切译名皆以杜里舒演讲录中张君劢先生所译者为准”。

7月23日，在长沙撰写完成《怎样研究本国史》一文。

冬，由王泽楷组建中共醴陵特别支部后，即着手筹建国民党县党部。在共产党的帮助下，醴陵县成立了国民党临时县党部。在文庙尚志学校召开的第一次党员大会上，杨人杞被选举为临时县党部常务执行委员，以姜湾开元学校、城东县立女校、西山县立中学等为据点，进行秘密活动。

本年，县立中学学生陈恭、陈党、左权、蔡申熙、宋时轮、王亚文等，在进步教师杨人杞、孙筱山的引导支持下，组织名为“社会问题研究社”的学术团体，研究政治，针砭时弊，还创办了《前进》周刊，宣传马列主义，揭露帝国主义、封建势力侵略、压迫人民的罪行。

本年，编辑出版《顾颉刚编现代初中本国史参考》（1924年醴陵石印本），该书现存湖南省图书馆。

本年，编辑出版《中国近代史参考资料（近世条约）》一册。

1925年（25岁）

4月，在《民铎》杂志第6卷第4期发表文章《实践理性批判梗概》。

在《民铎》杂志第6卷第10期发表译文《康德之形式的合理主义》。

夏，由于醴陵的国民党组织，是民国初年由同盟会分会改为国民党分部的，不久被袁世凯解散。中共醴陵特支根据党的“三大”实行国共合作，共产党以个人身份可以加入国民党的决定，帮助醴陵县建立了县党部，所有共产党员全都加入了国民党，并在开元学校召开了第二次代表大会，正式成立了国民党醴陵县党部，杨人杞担任第一届执行委员。

秋，任长沙长郡中学教务主任时，由郭亮介绍第二次入党。

12月，在共产党人帮助下，国民党长沙市第一次代表大会召开，成立国民党长沙市党部。李亚农当选为市党部执委会常委，杨人杞担任执行委员。

本年，因参加了改组后的国民党，通过何叔衡的介绍，兼任《国民日报》编辑。

本年，三女杨周之出生。

1926 年（26 岁）

春，湖南省总工会成立，会址设在大东茅巷。应郭亮（中国工人运动的领袖）的邀请，在全省第一次工人代表大会期间，制定通过了《湖南全省总工会章程》和工会组织大纲，依据《湖南全省总工会章程》规定，执行委员会下设文书、组织、财务、宣传、教育、交际、游艺等部。在第一次执行委员会上，杨人杞被聘请为湖南总工会宣传部部长。

冬，湖南省总工会创办《工人日报》，杨人杞任报社社长。

1927 年（27 岁）

4 月 1 日，为提高工人运动干部的水平，“使其得有正确的理论，战斗的方略，实施的技术”，湖南省总工会在长沙蚕业学校内创办工人运动讲习所，学员来自全省各县、各工厂矿山的工运干部，共 80 多人。讲习所主任由全省总工会教育部长袁旦初兼任，并聘请了李维汉、郭亮、杨人杞、夏曦、龚际飞等 10 余人任教，讲课内容以工人运动为主，也包括农民运动、社会主义、三民主义、社会各阶级分析等课程，学员配有枪支，除学习理论外，还学习军事，实行武装训练。

4 月 18 日，为了培养军事人才，提高工农武装素质，中共湖南区委决定对工农武装干部进行军事培训。省农协和省总工会在长沙开办了 300 人的“工农自卫军干部训练队”。训练队成立了一个委员会，训练委员 6 人，由工农两会各 3 人组成，杨人杞与郭亮、谢晓煦代表工会方面。学员学习内容分为政治课和军事课两大类，政治课包含中国革命问题、社会主义、马列主义、俄国革命史、农民问题与农民运动等 20 科，杨人杞是考试委员会人选之一（载 1927 年 4 月 22 日《湖南民报》）。

5 月初，在湖南省教育厅开示威大会，湖南省总工会、农会负责人讲了话，杨人杞作为宣传部长也讲了话。

5 月 21 日，“马日事变”当晚，郭亮告知杨人杞要赶紧撤离。在获得国民党反动军官许克祥率叛军袭击省总工会等革命机关的险恶讯息后，杨人杞仍然镇定地编发了《工人日报》最后一期报纸。

6 月 21 日，在杨笔钧的掩护下，顺利赶赴汉口，和郭亮、李立三一起，以湖南省总工会代表的身份，出席第四次全国劳动代表大会，并担任大会宣传处主任。

6月22日，在东南七省党部招待湖南各团体代表请愿团会上，与戴述人、彭瑞初、简傅良等人分别作了报告，以确凿的事实说明“马日事变”的原因、经过，以及事变后许克祥的反动行径。

6月28日，第四次全国劳动大会结束。选出中华全国总工会执行委员李立三、邓中夏、苏兆征、向忠发、林育南等9人为常务委员，杨人杞与刘少奇、董锄平、马超凡、黄钊5人为候补常务委员，并与同为湖南工人代表的郭亮、袁达时、宁迪卿被选为中华全国总工会执行委员。

7月，农军围攻长沙失败后，杨人杞、郭亮到了武汉。

后来，杨人杞被派往国民革命军15军任政治部秘书，不久因身份暴露被迫离开该部，并又一次与党组织失去联系。

12月，大革命失败后，杨人杞被醴陵县令悬赏500光洋缉拿，在弟弟杨人楩的帮助下，东渡日本留学①。在东京三年间，继续研究马克思主义及从事翻译和著述工作。

本年，四子杨祥之出生。

1928年（28岁）

初，在日本与刘斐、沈其震、陈公培等相遇。在东京牛込区若松町刘斐家中一住经年，向通晓华语的日本人——“支那通”数纳兵治学习日语，受到刘斐资助。

春，开始翻译《狄慈根全集》。

年底，写成了《一九二八年国际形势》一书，此书经修改后，1929年改题为《世界之现状》。

1929年（29岁）

1月30日，在《北新》杂志第3卷第9期发表论文《中国过去教育的批判》。

2月24日，在《民铎》杂志第10卷第2期发表论文《赫格尔与傅尔亚巴哈》。

---

① 1927年，为躲避逮捕，杨人杞改名为杨东蓴（莼）。

3 月，在上海昆仑书店出版专著《世界之现状》，该书是对当时国际形势和几个主要大国实力的精辟分析之作。

7 月 15 日，在东京为翻译约瑟夫·狄慈根的《一个社会主义者在认识论领域中的漫游》的译作《新唯物论认识论》写“译者例言”。

本年，在《民铎》杂志第 10 卷第 3 期、第 4 期、第 5 期先后发表文章《狄慈根之哲学》、《思想之方向转变》、《从自然科学的唯物论到辩证的唯物论》；在《教育杂志》第 21 卷第 7 期、第 9 期先后发表文章《十年来之日本学生运动》、《苏俄的性教育问题》；在上海昆仑书店出版译作《辩证法的唯物观》、《新唯物论的认识论》。

1930 年（30 岁）

4 月 10 日，在上海商务印书馆《东方杂志》第 27 卷第 7 期发表论文《产业合理化》。

11 月 3 日，在上海旅途中写成《评中国十九年来的妇女运动》。

12 月，杨东莼从日本归国[①]。

本年，在日本期间先后翻译了恩格斯的《费尔巴哈论》；约·狄慈根的哲学著作《人脑活动的本质》（又名《辩证法的唯物观》）、《论逻辑书简》、《一个社会主义者在认识论领域中的漫游》和《哲学的成果》、摩尔根的《古代社会》。在日本期间的著述成果有：《世界之现状》、《本国文化史大纲》、《中国学术史讲话》。

在《教育杂志》第 22 卷第 3 期发表文章《最近各国教育之趋势》。在《北新》杂志第 4 卷第 21 至 22 期发表文章《学潮与苦闷中的学生》和译作《评托尔斯泰主义》。

在上海昆仑书店出版与张栗原合译摩尔根的著作《古代社会》初版。商务印书馆《万有文库》1935 年 12 月再版，商务印书馆 1950 年 4 月再版，

---

① 关于杨东莼归国的时间《杨东莼年谱》卡片资料（未刊本）及 1979 年 10 月 20 日《人民日报》发的专电吊唁文章，均认为是 1930 年 12 月，而《中国文化史大纲》序言的结尾写道：“1931 年 6 月 11 日著者识于东京。”另外，1932 年 10 月 20 日《青年界》刊发的杨东莼的文章《世界恐慌中的日本资本主义》，结尾写道“一月二十日于东京”，且文章里引用了大量东京《日日新闻》（1931 年 1 月 16 日）等报刊资料，这说明 1930 年杨东莼可能回国，但 1931 年旋即又去过东京。

生活·读书·新知三联书店1957年9月重版（经冯汉骥修订），商务印书馆1971年12月新版；1978年后与马雍、马巨重译修订，由商务印书馆1982年重版。

1931年（31岁）

初，在上海继续从事编译工作。

6月11日，在东京为《本国文化史大纲》（该书是供高级中学及大学预科班学生读的，全书共分为三部：一、经济生活之部；二、社会生活之部；三、智慧生活之部）写序言，指出了本书取材的标准和编著、叙述方法等。

8月，在上海北新书局出版专著《本国文化史大纲》。1933年、1934年两次重印。

12月，遭国民党迫害，被捕入狱，后经友人营救得以获释，出狱后开始从事革命教育工作。

本年，在《妇女杂志》第17卷第1期、第3期、第4期发表论文《评中国十九年来的妇女运动》、《产业合理化与妇女问题》、《产业合理化与妇女问题（续）》；在上海三联书店《读书杂志》第1卷第6期发表文章《评所谓读书运动》；在《民铎》杂志第11卷第1期发表论文《唯物论的认识论》。

1932年（32岁）

初，李任仁令唐现之（他是南京高师毕业生，是陶行知的学生，受教育救国论思想影响很深）从广东中山大学回南宁任广西省立师范专科学校筹备处主任①。

初，杨东莼等三人在刘斐的陪同下，到南宁与李宗仁、白崇禧相见。

---

① 广西省立师范专科学校（以下简称“广西师专”）最初于1932年3月在南宁前工程专门学校旧址建筑校舍四座。由于唐现之崇尚陶行知的教育思想，想把广西师专仿照1930年陶行知在南京办的晓庄师范进行设计，对于广西师专校址设在南宁市区甚不满意。他以桂林附近的西林公园为白崇禧、李任仁的家乡为由，建议将校舍北迁，获得准允。旋令该校迁移到良丰西林公园（钟文典主编：《20世纪30年代的广西》，广西师范大学出版社，1993：781）。

春，杨东莼应周谷城之邀，受广东中山大学校长许崇清聘请，担任广州中山大学社会科学系教授，讲授社会主义史和唯物论，在中山大学的时间不足半年。

春，李宗仁、白崇禧等从巩固自身统治地位出发，决定创办广西师范专科学校，他们把这件事交给新桂系民主派、时任广西省教育厅厅长的李任仁具体落实。刘斐（白崇禧作战室主任参谋，杨东莼的同乡同窗）极力向白崇禧和李任仁推荐杨东莼担任校长一职，白崇禧和李任仁表示同意。杨东莼就这样被定为广西师专校长，刘斐旋即给杨东莼写信通知此事。

3 月 20 日，在《青年界》杂志第 2 卷第 1 期发表文章《一九三一年国际情势概观》。

6 月，与宁敦伍合译的恩格斯的一部重要论著《费尔巴哈论》，在上海昆仑书店出版。该书又名《机械论的唯物论批判》，全名《路德维希·费尔巴哈和德国古典哲学的终结》。

6 月，杨东莼与爱国进步经济学家千家驹主办了南宁技术人员养成所，培养了廖原等广西新四军人物。

8 月，杨东莼根据刘斐的来信嘱咐，从上海来到桂林。当即，由刘斐、田良骥（湖南醴陵人，与刘斐、杨东莼、朱笃一等均系同乡同窗好友，此时在广西兴安县任县长）陪同，从桂林到南宁，与李宗仁、白崇禧见面。在见面时，白崇禧叮嘱杨东莼办好广西师专，为广西培养更多的人才。此后，杨东莼在南宁与刘斐相处一个多月。

10 月 12 日，就任广西省立师范专科学校首任校长。在开校典礼上发表讲话《在师专开校典礼上的答词》，记录稿载于《师专校刊》第 7 期开校特刊。讲话强调教育不能脱离政治，国难当头，读书不忘救国。

杨东莼到广西师专任职后，具体了解、分析和研究广西师专在筹建过程中唐现之所制定的办校宗旨造成的思想混乱，用他学到的马列主义理论，加以澄清。杨东莼指出，教育是为政治服务的一种工具，脱离政治的单纯教育是不存在的，不着眼于改革腐败政治而单纯寄希望于教育本身的功能，这是自欺欺人。他还尖锐指出，只是提倡教育救国而不讲政治革命是错误的（见《广西文史资料》第二十辑）。杨东莼的政治观点和教育主张与唐现之逐渐发生矛盾，而且矛盾很快反映到教师和学生中间去，形成了拥唐派和拥杨派，互相摩擦。如拥唐派的教师张宗麟影射杨东莼，对学生说：“我很佩服湖南人，湖南人来广西谋生的很多，挑一担灯草，也可以到处找饭吃，广西几乎成了湖南人的殖民地。”随后，杨东莼在全体师生的集会中公开批评了桂林是湖南殖民地的错误观点。

任校长三年期间，提倡“自由研究”和“集体生活”的办学指导方针，聘请一批知名进步人士来校任教（这些人士基本上都是共产党员、作家、翻译家），施行“团体训练”，把学校办成当时国统区一所新型的民主进步学校。聘请的知名进步人士朱笃一（原名朱克靖，任教务主任，讲授世界大势）、薛暮桥（讲授政治经济学和中国农村经济）、沈起予（讲授文学概论）、马哲民（讲授马克思哲学唯物辩证法）、梁存真（任图书馆馆长，讲授古代文学）、张海鳌（任乡村师范部班主任）、杨必声（又名杨德华，任军训大队长）等来校任教。

10月20日，在《青年界》杂志第2卷第3期发表文章《从读书谈到青年的出路问题》。

10月28日，出席师专召开的校务执委会，会上推举唐现之、朱克靖二人起草健康委员会组织大纲和细则。

10月，画家官亦民被杨东莼聘任为美术教员，官亦民一到师专就向杨东莼找党组织。杨东莼说，我是“寡妇”，不再“嫁人”，在中国找不到党，可以到日本去找①。1935年官亦民夫妇到日本，参加了中国共产党东京支部，回国后，解放战争时任团政委，在四平战役中阵亡。

11月，在上海北新书局出版专著《中国学术史讲话》。1934年4月被列入《语言文学讲话丛书》，美华书馆排印，北新书局再版印行。1986年7月岳麓书社《凤凰丛书》、1996年3月东方出版社《民国学术经典文库》先后再次印行。

12月20日，在《青年界》杂志第2卷第5期发表文章《世界恐慌中的

① 20世纪30年代初，全国革命形势处于低潮，各地党组织遭受严重破坏。广西党组织被国民党桂系血腥摧毁，至1933年仅存郁江特委成员陈岸一人，坚持在玉林区五属地区。因而当时的广西师专，是没有、也不可能有党组织的。国民党桂系伪装开明，却害怕、遏制进步势力发展，派遣爪牙监视师专师生活动。在这种情形下，公开开展马列主义革命的教育，艰难危险，搞不好，广西师专可能遭遇停办，更不利于革命思想的播散。因此，当时杨东莼曾与薛暮桥等中共党员商量，认为师专还不宜成立党组织，故以“寡妇”自喻，来回应官亦民、杨必声等进步教师的入党要求。

日本资本主义》。

1933 年（33 岁）

1 月，先后在上海等地招聘一批教师，如薛暮桥、陈望道、夏征农、邓初民、施复亮、朱笃一、汪士楷[①]等，组成教师骨干，由他们担任主要课程的教学。杨东莼因慕陈翰笙之名，请他介绍一位农村经济教员。杨东莼知道，陈翰笙做农村经济调查，掌握了大量的资料可以证明党的六大路线的正确性，所以请陈推荐薛暮桥来讲农村经济。

在上海期间，师专校务由朱笃一代理。杨东莼从上海来信表示，杨（杨东莼）、唐（唐现之）不能并存，唐如不去，杨即不回。于是，由杨必声到教育厅反映师专内部矛盾情况，杨东莼得到李任仁支持。唐现之调回教育厅，唐聘的教师也陆续走了。一些支持唐现之的学生也有走的，矛盾得到解决。当唐现之离开师专之日，杨东莼召开了一个欢送会，会上他赞扬唐现之是师专的开创者、奠基者，同学们的刻苦自学精神是唐现之一手培育起来的。唐现之也在会上称赞杨东莼为博学之士，是教育家，善于教育青年，勉励同学们在杨东莼的教育下发扬苦学钻研的精神。

2 月，薛暮桥随杨东莼来到桂林。开学那天，杨东莼、朱笃一讲话后，杨东莼要薛暮桥向全校师生也讲几句话。薛暮桥讲了怎样研究农村经济，批评了代表帝国主义和地主资产阶级利益的各农村工作团体的错误主张，讲完后，杨东莼同薛暮桥握手表示赞赏。从此杨东莼与朱、薛二人成为志同道合的亲密朋友。杨东莼在广西师专讲伦理学，很受学生的欢迎。

初，在《师专校刊》第 1—2 期合订本发表文章《师专前途的希望》、《论集体生活与自我教育》。《论集体生活与自我教育》一文，从理论上全面而深刻地阐述了所处时代的特点，集体主义精神的重要意义，深刻分析了个人主义思想的根源及其落后性，论证了自我教育的必要性。这篇文章议论精辟，说理透彻，富有说服力，对学生的思想影响很大。

6 月 20 日，在《师专校刊》第 2 卷第 2—3 期发表文章《理论与实际》，该文从四个层次进行了分析，精辟地阐明了理论联系实际的原则、方法，通篇体现了马克思主义辩证唯物主义基本精神，被作为师专开展调查工作

---

① 又名汪泽楷，杨东莼的同乡。

的思想指导。

暑假，原本陈翰笙推荐薛暮桥到师专任教师，要求薛暮桥利用教育机会进行广西省的农村经济调查，加上广西师专学生来自全省九十九个县农村。校长、教师、学生的想法都一致，于是杨东莼把师一、师二、师三等班级的学生组织起来，由教农村经济的进步教师、中共党员薛暮桥带队，组织学生到龙州、百色、梧州、玉林和临桂等桂南、桂中 6 个专区、38 个县的 74 个行政村，对 4 919 户进行经济、政治等方面的社会调查，填写了数以万计的各类表格。回校后，由薛暮桥、刘端生等进行综合整理，印成《广西农村经济调查》(1934 年，薛暮桥等以此为基础出版了《广西农村经济调查报告》，该书出版 80 年来一直是研究中国农村经济最珍贵的资料。解放后，该书被收入《旧中国的农村经济资料》，由展望出版社出版)。

秋，有几个原广西党政研究所（简称“党所”）的学员或职员进入广西师专读书。王公度曾任党所的教育主任，此时任国民党广西省党部的常务委员、广西省政府委员、第四集团军总政训处长、南宁军校政训主任。他曾留学苏联，深沉多谋，正在培植党羽，扩张势力。杨东莼把这几个人看作是王公度派来的。这几个人表面很守校规，也积极地阅读进步书籍，暗地里却搞阴谋诡计，把杨东莼及其他进步教师的言行和活动秘密报告给王公度。

10 月，广西师专举行建校一周年校庆大会，邀请各界来宾出席。桂林专员田良骥是杨东莼和朱笃一的同乡同学，也来参加。开会前一天，杨东莼被白崇禧邀去南宁，校庆会委托训育主任朱笃一主持，朱笃一作了一个言辞激烈的反蒋抗日的讲话。当庆祝大会结束的时候，主席台上放着几箩花生，朱笃一举手大呼一声“暴动”，大家就抢起花生来。这本是戏言助兴，但李志成等却向王公度报告说，朱笃一在训练学生暴动。他们便把朱笃一的讲话，师专开设的“社会发展史”等课程，教师讲课时所阐述的马列主义观点，都报告给王公度。王公度负责桂系的特务工作，自然就把他所收集的情报向白崇禧汇报。

本年，《教育新路》（第 37—38 期）刊发杨东莼语录文章《理论与实际》。

本年，《江苏省立徐州民众教育馆周年纪念特刊》连续三期，节录刊发广西师专校长杨东莼所著校刊发刊词。

1934 年（34 岁）

1 月 9 日上午 10 时，杨东莼与秘书钟纬组、教员朱少希等自良丰来，与故友田曙岚①见面，倾谈甚久。午后，杨东莼邀请田曙岚同往广西师专，田答复“尚有俗事待办，期待以异日”。

1 月 10 日上午 10 时，田曙岚接到杨东莼来函，邀请他 12 日到广西师专讲演，并游良丰胜迹，且告知已经在学校公布讲演消息，希望不要推却。田曙岚考虑到，师专是广西最高学府之一，且校舍建于良丰第一胜景之西林公园中，为考察当地文化及欣赏佳景，当即答应此事。

1 月 12 日下午，田曙岚乘师专校车前往良丰西林公园，杨东莼在校内迎接。

1 月 13、14 日，田曙岚在广西师专礼堂分别向甲、乙组学生（因全校学生人数颇多，礼堂不敷全坐，故分甲、乙二组）讲演，他特意讲到 1933 年间到江西中央苏区旅行的细节，叙述了苏区社会安定、人民生活幸福的欢乐情景。这个长达四小时的报告，使学生们对于中国共产党所领导的武装斗争深得人民的支持，有了深刻的印象。

2 月，杨东莼在学制方面敢于打破常规，允许学习成绩优异的乡村师范部（简称“乡师”）一年级学生李隆、刁剑萍、潘伯秀、陈大文、黄子爵、毛呈林等入校一学期后，跳级转入专科一年级第二学期肄业。

4 月，白崇禧来桂林，听到有人讲师专朱笃一作了一个红色报告，询问朱笃一的身材面貌特征，便怀疑是朱克靖。于是向田良骥查问，田良骥不敢隐瞒，只得如实告诉白崇禧，朱笃一就是朱克靖（曾任北伐第七军党代表）。田良骥知道事情不妙，私下将情况告知杨东莼和朱克靖。杨东莼和朱克靖感到问题严重，就去见正在桂林家中养病的教育厅厅长李任仁。一走进李公馆就看到白崇禧在座。杨东莼不愿连累李任仁，自己承担责任说：

---

① 湖南醴陵人。原名田澍，为杨东莼同乡，著名地理学家。1923 年肄业于北京中国大学。1925 年后，长期任中学教员。曾于 1933 年 5 月至 1934 年 2 月游历广西境内 40 个县，并将沿途所见、所闻，撰写成《广西旅行记》一书（中华书局，1935 年 9 月版，1938 年再版），他与杨东莼的这次交往，被载于这本书中“良丰之游”一节。

“朱克靖是我聘请来师专讲课的，没有向李厅长和您报告，我很抱歉。”接着，白崇禧问朱克靖来桂林工作，为什么不跟他“打声招呼”，朱克靖当即表示，他即将离开广西。

5月，朱克靖被“礼送出境”后，杨东莼的处境更为艰难。正当他返校后与薛暮桥等商量是否向白崇禧提出辞职一事时，送报人员送来了当天的桂林报纸。打开一看，报纸上刊载一条消息：“杨东莼辞职照准。”白崇禧以这种“体面”方式给了杨东莼一张逐客令，杨东莼被迫辞去广西师范专科学校校长职务，接任的是当时任贵县中学校长的罗尔棻。

杨东莼、薛暮桥一起到桂林后，外出行动，发现有特务尾随。他们找到田良骥，田说：“在桂林我能保证你们安全，但在路上一路民团查问，可能会有麻烦。”杨东莼建议由几个人出面写信给白崇禧，要求保证安全出境。信送出去不久，不料白崇禧亲自到旅馆来看他们。他们反映了自身安全问题的情况，请白崇禧保证他们在路上的安全。白崇禧回去后送来一个沿途民团免于搜查的护照。新任师专校长罗尔棻也请杨东莼和薛暮桥吃饭，补发了一个月工资，也算是“礼送出境”。杨东莼和薛暮桥同行，一路上民团看了护照就不检查，安全离开了广西。

杨东莼离职后，白崇禧曾到广西师专学生集会上讲话，攻击马克思主义，谩骂共产党，指责杨东莼宣传进步思想。

6月，前往上海，经钱亦石、田汉介绍，杨东莼参加了教育座谈会，同时加入中国农村经济研究会和生活教育社，并在经济上资助该研究会。

9月，在《青年界》第6卷第2期发表《怎样研究本国史》。

12月7日，写完《我们对团体训练应有的认识》初稿。

12月11日，又补写了《我们对团体训练应有的认识》，补充了两点内容：第一点是我们对组织观念的薄弱，以后应当从各种实际活动中深刻地认识这观念。第二点是关于研究方面的，主张免除个人狭隘的偏见，服从团体的行动和主张，才能不从自私自利的出发点去追求知识技能。该文章后在《师专校刊》第2卷第4、5、6期发表。

1935年（35岁）

本年，在酝酿筹组上海文化界救国会时，沈钧儒、陶行知和杨东莼等人开始以聚餐形式进行活动，第一次活动在南京饭店吃饭，只有陶行知、杨东莼、曹亮等八九人。席间，沈钧儒说："要参加就要准备坐班房，甚至砍头，否则就不参加。"杨东莼依然不为形势所惧，积极参与筹备组织工作。

12月12日，杨东莼参与发表了《上海文化界救国运动宣言》，此次宣言共有马相伯等文化界三百余人参与，宣言的背景是，"鉴于中华民族的危机日迫，整个华北又将成为第二个'伪满'，特发起救国运动"。

12月21日，杨东莼参加了沈钧儒、邹韬奋等人发起组织的"上海文化界救国会"，在白色恐怖中从事文化救国工作。

本年，在上海由曹亮介绍，杨东莼第三次入党。

本年，与陶行知在上海大场办山海工学团，后来他回忆说，我们当时奔走了一天，才搞到一点钱，工学团才能过年，极力称赞陶行知的这种"孜孜不倦，锲而不舍"的办教育精神。

本年，在《青年界》第8卷第1期发表《八本〈说文解字〉伴着我到了北京》、《现代美国文明的自己批判》；在上海北新书局出版专著《高中本国史》（三册），该书是20世纪三四十年代多次重印的教材。

1936年（36岁）

5月2日，《新中华》杂志社由舒新城、倪文宙在新亚酒楼约请作者交换意见，有杨东莼、周予同、郭一岑、张宗麟、钱亦石、王造时等参加。

5月4日，参加张劲夫等在上海北京路青年会召开的"五四"纪念会，演讲热情洋溢，说理透辟，语言生动，得到听众的热烈鼓掌欢迎，反映很强烈。

5月31日，参加了由宋庆龄、何香凝、马相伯、沈钧儒、章乃器、邹韬奋等牵头在上海成立的"全国各界救国会联合会"，声明响应中国共产党"停止内战、一致抗日"的主张。

6月1日，两广实力派李宗仁、白崇禧、陈济棠等，为了维护其在两广的地位，以"抗日救国"为名，联合进行反蒋，从粤汉铁路和湘桂边界出兵北上，进兵湖南，蒋介石对两广军准备武力对付，形成"两广事变"（也称"六一运动"）。

8月，中国农村经济研究会和生活教育社在上海联合举办暑期乡村工作讲习会，借真善美女校为讲习会的地点，参加的有不少是在上海以外地区从事乡村工作的同志；这个讲习会主要邀请薛暮桥、杨东莼、张劲夫（当时在山海工学团工作）等主讲。

8月，李宗仁、白崇禧再三电邀沈钧儒赴桂共商国是。救国会成员仔细研究，认为沈钧儒去桂林很不合时宜，决定改派杨东莼为代表。

8月22日，以救国会成员身份，参加李宗仁主持的广西各界欢迎李济深、刘芦隐及各地抗日救国人士大会。

8月24日，应邀出席李宗仁召开的会议，参与讨论成立抗日政府问题。会议初步拟定名称为“中华民国国民救国委员会”或“中华民国临时政府”。

9月，在大众文化社出版专著《国际新闻读法》，该书被列入“大众文化丛书”第一辑。

10月，受救国会主席沈钧儒的委托，从上海专程去南宁，代表救国会联合会，再次入桂“共商国是”，表明救国会“全国应该团结抗日，不赞同内战”的主张。

在南宁对广西师专的学生说：“在师专，我和张宗麟合不拢，在上海却和他合作得很好。”

10月，上海文化界著名爱国民主人士邹韬奋、杨东莼、钱俊瑞、金仲华、胡愈之、郑振铎、沈兹九等一行10多人抵达梧州，中共苍梧县委请他们作抗日形势讲话。12月，他们由梧州到玉林。

11月23日，杨回到湖南长沙，逃过国民党当局追捕一劫。国民党当局在上海悍然逮捕了救国会领袖沈钧儒、邹韬奋、章乃器、李公朴、沙千里、王造时、史良七人，这就是震惊中外的救国会“七君子事件”。

11月，在《新世纪》第1卷第2期发表文章《辛亥革命的意义及其教训》。

12月12日，西安事变发生，杨东莼由上海致电刘斐，告知将到刘斐在湖南南岳的住所来。其后，杨东莼到南岳，告诉了刘斐救国会对这次事变的态度，然后同他去桂林见李宗仁、白崇禧。李宗仁、白崇禧再次与杨东莼探讨对时局的看法，杨东莼反对胡鄂公与章伯钧等的作法（他们极力要李济深乘机推动李、白起事），明确地指出中共的抗日民族统一战线是坚定的，西安事变的结果最终还是会由统一战线来决定，并赶到梧州戎墟看李济深，要他不要上了胡鄂公等人的当。

本年，杨东莼与宁柏清合编的《法律大意》一书在上海北新书局出版；

在《青年界》第 9 卷第 1 期、第 10 卷第 1 期先后发表《青年和职业》、《国难时期中没有暑假》；在《现世界》第 1 卷第 5 期发表《我们怎样纪念今年的双十节》；在《知识与生活》第 1 卷第 4 期发表《教育上的一个重大问题》；在《小学生》（上海 1931）第 6 卷第 6 期、第 7 期、第 9 期、第 10 期先后发表《第一课　万物时时在变化着》、《第二课　变化的法则也适用于人类社会么?》、《第四课　英雄造时势 时势造英雄》、《第五课　我们为什么要学历史呢?》；在《大众教育》第 1 卷第 1 期、第 2 期先后发表《一个学校的团体训练的实验报告》、《一个学校的团体训练的实验报告（续创刊号)》；在《津浦铁路日刊》（第 1613—1637 期）先后发表《青年修养问题(上)》、《青年修养问题（下)》，这篇文章同时在《福建县政》第 1 卷第 2 期发表。在《申报每周增刊》第 1 卷第 10 期、第 21 期、第 24 期、第 25 期、第 28 期、第 29 期、第 31 期、第 34 期、第 40 期、第 43 期先后发表《难产的日本广田内阁居然成立》、《谈谈历史的教训》、《青年的升学问题和职业问题》、《智识分子的任务和出路》、《论甲午之役（上篇)》、《论甲午之役（下篇)》、《青年修养问题》、《中国近代史研究大纲》、《论辛亥革命》、《书院与学校》。

本年，上海大众文化出版社邀请杨东莼担任主编，陶行知、章乃器、钱亦石等执笔，编辑“大众文化丛书”。

1937 年（37 岁）

5 月，在上海北新书局出版专著《经济概要》。

7 月 7 日，抗日战争全面爆发，杨东莼离开上海来到长沙，住在长沙市上蕨圆岭 42 号。因过去和张治中相识，为了便于开展抗日工作，他担任了以张治中为主席的湖南省政府的高级参议，主持当地救国会的工作，在长沙进行抗日救亡的宣传活动，对《观察日报》的编辑出版进行帮助，且经常与在集头街的八路军驻长沙办事处主任徐特立联系，徐老也几次到杨东莼家里来，告知大家政治情况，指导抗日救国的活动方针。杨东莼的家经常有救国会的朋友来往，郭沫若、沈钧儒、邹韬奋等来长沙时都与杨东莼有密切联系。

7 月 24 日，湖南省人民抗敌后援会成立。长沙人民抗敌后援会在省党部开会，扩大了参加单位，改称为湖南人民抗敌后援会并通过该会章程，成立宣传队。“八一三”抗日战争爆发后，薛暮桥到南昌出版《中国农村》战时特刊。年底南昌危急，《中国农村》战时特刊自第12期起移到杨东莼家里办理编辑、出版，得到杨东莼的资助。此时，杨东莼知道薛暮桥和罗琼都生活困难，留他们住在家中，供应食宿，并介绍薛暮桥在长沙文化界抗敌后援会负责宣传工作。文化界抗敌会（简称“文抗会”）实际上是救国会的化名，杨东莼利用他同张治中的关系，和张治中同国民党省党部（CC分子）之间的矛盾，为抗敌后援会出谋划策，取得完全公开合法的地位。

9月16日，上海战时普及教育服务团成立，杨东莼担任主席，陶行知、刘良模、吴涵真、沈体兰、张宗麟等9人担任理事。组织来自中华普及教育协会、国难教育社、生活教育社的成员200多名，深入里弄、农村、工厂、军队，采取办小学和训练班等方式，组织弄堂学校、流浪儿童学校、民众学校等，进行抗日救亡基本知识的宣传和教育。服务团还走入难民收容所，在简陋的芦棚里，在千百难童的围聚中，执起教鞭；在没有薪金，时常受到租界的搜查和逮捕威胁的条件下，无私地为难童服务。

9月21日，在《战时教育》第1期发表文章《要从战时教育中树立起新文化的基础》。

9月29日，在《战时教育》第1期发表文章《战时教育中大学生的动员》。后又在《战时教育》第2期发表文章《大学生的动员》。

10月1日，在《文化战线》(该刊内容全部是宣传抗战，讨论与抗战有关的问题，杨东莼与胡愈之、邹韬奋、郭沫若、邓初民、张申府、沈志远等文化名人为主要撰稿人）第4期发表文章《战时教育问题》，收入《抗战言论集　第一辑》(叶波澄编纂，汉口现代出版社1937年出版)。

10月3日，在《半月》第2期发表文章《要求政府立即对日绝交》，收入《抗战言论集　第二辑》(叶波澄编纂，汉口现代出版社1937年出版)。

10月6日，在《文化战线》第5期发表文章《纪念辛亥革命与当前的抗战》，收入《抗战言论集　第一辑》(叶波澄编纂，汉口现代出版社1937年版)。

10月7日，在《战线》第6期发表文章《今年的双十节》，收入《抗战言论集　第二辑》(叶波澄编纂，汉口现代出版社1937年11月出版)。

10月9日，广西建设研究会在李宗仁的公馆所在地旧藩署的八桂厅正式成立，它表面上是一个学术研究团体，实际上是桂系为团结非蒋的各派政治力量而建立的一个“国民参政会”式的机构，也是桂系的一个智囊集团和咨询机构，会员多为广西党政军高中级干部和社会知名人士。建设研究会的正、副会长分别由桂系三巨头李宗仁、白崇禧、黄旭初担任，而具体工作则由任常务理事的广西著名开明人士李任仁、陈邵先主持。李、陈过去都与救国会有过联系，对杨东莼十分了解。因此，杨东莼与李四光、李达、胡愈之、欧阳予倩、张志让、千家驹、范长江等知名人士被聘为委员。在抗战中，该会支持胡愈之成立文化供应社，发行抗日书刊，在推动抗日、联络社会进步人士方面起过一定作用。

10 月 11 日，在《战时教育》第 3 期发表文章《战时的政治教育》。

10 月 23 日，在《战时教育》第 4 期发表文章《向全国教育专家与教育工作者的一个建议》，收入《抗战言论集　第三辑》（叶波澄编纂，汉口现代出版社 1937 年出版）。

10 月 24 日，在《文化战线》第 10 期发表文章《一个小小的建议》，收入《抗战言论集　第二辑》（叶波澄编纂，汉口现代出版社 1937 年版）。

秋，杨东莼与邹韬奋、金钟华、沈兹九、钱俊瑞、张仲实等一行，赴重庆取道梧州，来广东省立文理学院作抗战形势报告，杨东莼在报告中着重提到的“抗战即教育”（这是中共在“九一八”后提出的教育方针），受到院长林砥儒的极大欣赏。

年底，杨东莼与上海生活书店领导人邹韬奋、钱俊瑞、金仲华、张仲实、沈兹九等 14 人在香港同住一个旅馆，商量路程，12 月 2 日集体结伴前往汉口。邹韬奋在他最后一本著作《患难余生记》中称为“别开生面”的流亡生活。路途中为青年作大量演讲，杨东莼讲战时教育问题。

12 月，郭沫若从汉口到过一次长沙，文艺界由田汉、孙伏园、杨东莼等人出面，举行盛大招待茶会。许多作家、教授、编辑、记者都来参加。招待会由田汉主持，大家济济一堂，开得空前热烈，郭沫若发表了热情洋溢的讲话。

12 月初，湖南“文抗会”开办战时常识训练班和其他各种训练班。以吕振羽为首的研究部开办免费战时常识训练班，每 4 周一期，前后共开办 6 期，连同函授班共训练学员 800 多人。各期开设课程不尽相同，杨东莼主讲中国革命史，薛暮桥主讲战时经济。

冬，四女杨周之夭折，杨东莼回醴陵老家一次，住在角鲤池 10 号。

本年，杨东莼与熊得三①（又名熊得山）合著的《社会问题政治概要》一书，在上海北新书局出版，后被收入《高中公民》系列丛书。在《京沪沪杭甬铁路日刊》第1823期发表《生活力》。在《兴华》第25期发表《教育的失败怎样解决》。在《申报每周增刊》第2卷第6期、第8期、第15期、第19期、第25期先后发表《谈青年的生活》、《中国的文化问题》、《青年的读书问题》、《青年的婚姻问题》、《青年的职业生活》。

1938年（38岁）

2月9日下午，郭沫若探望杨东莼，值此机会，以抗敌后援会名义请郭沫若作报告。此后不久，沈钧儒、邹韬奋路过长沙，杨东莼和薛暮桥先后两次去旅馆，准备同他们商量安排他们的活动日程，都因爱国青年排着长队要求接见，而沈、邹不忍青年失望，一再推辞。

2月16日，湖南省“文抗会”改选理事，改选前国民党省党部特派员赖琏召集“文抗会”翦伯赞、吕振羽、李仲融、陈润泉四个常委谈话，拿出一张60人的理事名单，强迫“文抗会”通过，否则便要解散“文抗会”。2月17日早晨，翦伯赞要求在理事名单中增加刘岳厚、杨东莼二人，但赖特派员坚决不同意。当天，“文抗会”第二次会员大会在青年会礼堂正式召开，到会800余人。大会选举杨东莼与康德、吕振羽、翦伯赞、李仲融为主席团成员。

---

① 熊得三，1891年生于湖北江陵熊河镇吴桥村熊家大湾，原名熊学峻，字子奇，又字德山、德三、康年。清末留学日本，肄业于明治大学，先后加入共进会和同盟会，还与胡鄂公在保定成立共和会。辛亥革命爆发后任北方革命总司令部指挥处秘书长。五四运动后接受马克思主义理论，与胡鄂公等在北京组织马克思主义研究会。在天津发刊《大中华日报》，任编辑。1922年在北京创办《今日》杂志，宣传革命，并加入中国共产党。其后熊回乡，任武昌《商大周刊》主编、武昌法科及中山大学教授。1928年与李达、邓初民等人在上海创办昆仑书店，昆仑书店的出版物一直遭到国民党当局的查禁。1932年底昆仑书店被以“宣传赤化、危害民国”为由查封。在昆仑书店存在的这几年时间里，熊得三出版了马克思主义著作和社会科学译著达数十种。如杨东莼的译著《机械论的唯物论批判》。1929年，熊得三加入中国社会科学家联盟和中国互济会。1932年任教于广西大学，直至1939年逝世。著有《中国社会史研究》、《社会问题》，译有《物观经济学史》、《欧洲经济通史》及《西方美术东渐史》等。

2月17日上午11时，杨东莼致信沈钧儒，并托沈钧儒转钱俊瑞、张志让、邹韬奋、金仲华等救国会成员，信中介绍了湖南文化界抗敌后援会活动开展情况等。

5月，中共湖南省工委设立军事部，确定了特定环境下开展军事工作的方针和策略。根据国共双方关于共产党在国民党管辖区不能孤立抓武装的规定，省工委把重点放在加强军事统战工作上。华容、岳阳、南县、安乡等地中共党组织还举办游击队和自卫队训练班。第七十军军长李觉，字云波，七十军便以“云”字为代号，故该训练班又称“云干班”①。李觉率第七十军在上海作战时与中共上海办事处主任和八路军驻上海办事处主任潘汉年接触时，同意由共产党派人帮助他办干训班，以提高部队素质。此事经中共长江局周恩来同意后，即派曾任红七军政治部主任的陈希周为班主任，并在长沙、武汉两地设招生办事处，分别由杨东莼、朱江户负责。

6月，杨东莼自长沙来到上海，向沈钧儒汇报湖南各界抗敌情况，“言及长沙方面友人均主张有组织，王昆仑先生亦主张有组织”，沈钧儒在6月21日出席第四次座谈会②，将杨东莼所汇报情况向会议作报告，并提交会议讨论应如何组织问题。讨论时沈钧儒指出，“根据最近形势，公开组织的确不可能”，可成立一个骨干的组织，“但必须严密，而且朋友之间的缺点和优点必须相互了解”。经讨论得出如下结论：“一、要有组织；二、组织要严密；三、不收会费；四、最高干部会议参加者应各有部门。”会议基本上采纳了杨东莼的意见。

7月，在《中苏》半月刊第9—10期合刊发表文章《抗战一年来的湖南》。

8月13日，湖南省政府主席张治中是“八一三”淞沪抗战的统帅，在“八一三”一周年的时候，他希望能开群众大会来庆祝。然而，省党部却下密令，机关学校一律不准参加。杨东莼与薛暮桥等商量，由抗敌后援会动

---

① “云干班”教员大多是思想进步的共产党人和进步人士；课程设置是7分政治3分军事。政治课主要讲授《目前的形势和我们的任务》、《大众哲学》、《政治经济学》、《抗日军队中的政治工作》等，在“总理纪念周”中讲解《论持久战》、《论新阶段》等毛泽东著作。

② 沈钧儒与原救国会同人沙千里、李公朴、史良、艾寒松、金仲华、邹韬奋、沈兹九、胡愈之、杜重远、张志让等开会讨论是否成立组织，且对钱俊瑞等三人起草的《纲领》和《主张》进行讨论。

员几千青年开了一个热烈的大会，并请张治中亲临致辞。张治中非常高兴，特意批准每月拨给抗敌后援会经费五百元。

当时湖南许多青年到徐特立的住所，要求北上抗日。张治中为了抵制破坏这些事情，曾准备组织一个湖南人民自卫军之类的团体，要杨东莼去当政治部主任，后来被廖维藩所破坏，杨东莼也没有去那工作①。

9月20日下午6点，邹韬奋、范长江、沈钧儒等一行6人从南昌转到德安前线慰问抗战将士，中国青年记者学会湖南分会举行了一个小型的谈话会，杨东莼参加并简略地介绍了沈钧儒、范长江、邹韬奋、王炳南四位先生。

9月24日，沈钧儒抵达德安、星子一线的某军军部，嗣后赴南昌了解当地的抗敌后援工作情况后，即赴长沙，往访长沙抗敌后援会工作的救国会友人杨东莼和薛暮桥。

9月30日，湖南省民众抗战统一战线委员会成立，张治中、覃振、徐特立、任作民、翦伯赞、杨东莼等64人为委员。张治中、覃振、徐特立等19人为常委。

10月12日，陶行知在宜昌致函给吴涵真，信中写道："弟于上月二十八日早到长沙……二十九日对新安旅行团谈话后，即赴衡阳对湘省中学以上集中军训学生四千余人演讲。薛暮桥先生曾约朋友十余人茶叙，东莼先生下乡，未得相见。"

10月，从长沙出发经衡阳辗转来到桂林，准备赴重庆到国民党战地党政委员会供职。在桂林，看望了八路军办事处处长李克农，此举实际上是接转党的秘密关系，并拜会老朋友李任仁。

10月，广州、武汉相继沦陷。李任仁曾有过预计，当时白崇禧估计蒋介石可能与日本谈和，一旦谈成，首先恐怕要吃掉桂系。因此当白崇禧受任桂林行营主任时，企图使用"两广事变"时的故伎，罗致进步人士以自重，想要杨东莼当行营秘书长，李任仁当广西日报社社长，胡愈之为副社长（手令已经下达）。杨东莼与李任仁等商量后，认为桂系寡信善变，他们如果接受这些任务，一定要请一些进步人士协助，一旦蒋桂之间又握手言欢，对请来的进步人士就不利。李任仁称病不到任，杨东莼亦找了相应借

① 据1960年6月25日，苏镜、彭振铎、陈海波访问杨东莼的记录。

口婉拒。

11月12日，因长沙大火①，抗战形势严峻，而杨东莼又受到广西当局邀请担任广西地方建设干部学校教育长，在征得李克农②的同意后，他才正式接受广西当局之邀，担任广西地方建设干部学校教育长。校长由当时的广西省政府主席黄旭初兼任，教育长实际全权负责该校工作。杨东莼在任干校教育长前后，通过与周钢鸣同志联系（他是从救亡日报报社来干校工作的，《救亡日报》归李克农领导），或事先安排好的聚餐会形式接受党的指示。

担任广西地方建设干部学校教育长后，与广西地方当局政府定约三条：一是关于学校训练计划，由教育长主持制定，经省政府批准后，由教育长全权执行。二是学校工作人员、军事教官由省政府调派，教职员由教育长物色。三是学校经费编列预算，经省政府批准后，由教育长全权支配。

冬，中国农村经济研究会和生活教育社曾共同请徐特立同留桂的会员作报告，杨东莼与前来桂林作报告的徐特立在桂林施家园39号（杨东莼本人的住处，隔了一天，杨东莼迁往干校，这里成为中国农村经济研究会的会址）一直谈到深夜，主要向徐特立请教关于筹备广西地方建设干部学校等事宜。为确定办校方针，有一次和中国农村经济研究会、生活教育社的同志谈了一个通宵。

11月28日上午，日本反战作家鹿地亘及其夫人池田幸子等一大批文化人与民主人士，从衡阳抵达桂林。下午3时，李任仁以广西建设研究会的名义，在乐群社西餐厅举行了盛大的欢迎宴会，把桂林的文化名人都请去参加，如巴金、胡愈之、陶行知、杨东莼等，共50余人。

11月28日，参加中国农村经济研究会在中华职业教育社桂林分社举

---

① 长沙大火又称为“文夕大火”，是1938年11月13日凌晨发生在长沙的一场人为毁灭性火灾。因应日寇的进犯，国民党当局采用焦土政策，制定了焚烧长沙的计划。但在计划正式实施之后，一系列偶然因素却让这场火灾变得完全不受控制，最终导致长沙30 000多人丧生，全城90%以上的房屋被烧毁。也让长沙与斯大林格勒、广岛和长崎一起成为第二次世界大战中毁坏最严重的城市。中共组织及进步团体因此被迫转移。杨东莼本来打算到延安去，已得到周恩来同意，偏巧广西当局要物色一位得力的人来筹办广西地方建设干部学校（简称“广西地干校”），杨东莼便成为遴选的对象。

② 李克农此时为八路军驻桂林办事处主任。

行的战时农村问题座谈会。同时参会的还有千家驹、陶行知、李紫翔、徐雪寒、黄药眠、秦柳芳等。

12月15日，在桂林中山纪念学校礼堂里举行了生活教育社成立大会，杨东莼参加了此次盛会。经社员大会选举，陶行知被一致选为理事长，杨东莼为33位理事之一，担任调查设计部的常务干事。

12月，鉴于国民党中央CC势力派人到广西发展三青团，为协助桂系不让国民党中央势力插进广西，杨东莼等在八路军办事处指导下，从广西地方建设干校第一期学生中调出几百人，筹建广西三青团，并分到各地建立了各县的三青团。

本年，由战时出版社出版《战时教育问题》；组织生活教育社编《战时教育论集》，收入李实的《反对亡国教育》、白桃的《战时民众教育之任务与内容》等40篇文章，另附有《抗战教育的实施与推进》（汉口文化界座谈会记录）一文，该书由广州生活书店出版。

本年，担任《建设研究》、《十日文萃》主要撰稿人。在《战时教育》第8期发表文章《战时高等教育》。

1939年（39岁）

2月1日，战时新闻讲习班开学后，每晚6时至9时，杨东莼与文化新闻界人士范长江、陆诒、夏衍等分别讲课。

2月10日，在《战时教育》第3卷第12期发表文章《生活教育的远景(代论)》。

2月，广西地方建设干部学校正式开办，于1940年底结束，为期两年，总共举办训练班4期，结业学生1 402人，还开办了特别训练班4期。这些学生有大批成为共产党员。广西地干学校校址设在桂林东郊建干路天圣山天赐田，除了利用三间破庙外，全校没有一间砖瓦盖的房子，住的是竹棚，没有电灯和自来水；教室没有坐椅，睡“太平铺”，吃饭蹲在地上，条件很艰苦。杨东莼住在天圣山西麓一间竹屋，生活条件和学员一样，步行进城办事，他极力提倡艰苦朴素。

3月18日至6月26日，主持了全校性的时事专题报告会和讲演会13次，邀请胡愈之、夏衍、张志让、千家驹等到广西地干校作专题报告，有时亲自主持报告会。

春，杨东莼与千家驹、张铁生、张志让、宋云彬等在桂林的知名文化进步人士担任国际新闻社的专论撰写员。

4月下旬，周恩来代表中共中央赴皖南指导新四军工作，途中在桂林作了短暂停留，桂林文化教育界获悉后，特在大华饭店举行欢迎宴会，杨东莼出席。宴会结束后，周恩来又在桂林市参议会会议室接见了文教界的中共党员和爱国民主人士杨东莼、千家驹、胡愈之、张志让、周钢鸣等数十人，周恩来与他们进行了长达3个小时的谈话。

5月21日，叶剑英去南岳游击训练班讲学归来，经过桂林，应黄旭初的邀请①，与白崇禧骑马并行，到广西地方建设干部学校，向全校师生作题为《当前战局之特点》的演讲。演讲会由杨东莼主持。叶剑英在露天操场作报告时，杨东莼在讲台上对叶剑英表示既崇敬，又亲热。为此还受到批评。

5月29日，在总理纪念周期间为广西地干校师生作题为《两个伟大的纪念日》的报告。这次纪念周是第九周的纪念周。由于学校将“五卅”、“六三”纪念合并在此举行，所以，主要报告内容是关于“五卅”纪念和“六三”纪念的意义。

6月5日，在总理纪念周期间为广西地干校师生作题为《应有公勇诚毅的精神》的报告。

6月13、19日，在总理纪念周期间为广西地干校师生作题为《如何克服我们当前的困难》的报告。

6月26日，在总理纪念周期间为广西地干校师生作题为《青年思想与青年职业》的报告。

7月3日，在总理纪念周期间为广西地干校师生作题为《如何纪念“七七”两周年》的报告。

7月10日，在总理纪念周期间为广西地干校师生作题为《几个重要名词的解释》的报告。

7月24日，在总理纪念周期间为广西地干校师生作题为《集体生活与军事管理》的报告。

7月27日，对广西地干校第一大队学生作《除三害》的精神讲话，通

① 据薛暮桥回忆是杨东莼主动邀请叶剑英的。

过讲话扫除师生中存在的自由主义、个人主义、理想主义三害。

8月2日，对第二期学生作题为《战时生活》的训话，提出“第一，战时生活要简单。第二，战时生活要机警。第三，战时生活要迅速。第四，战时生活要确实。第五，战时生活要节约。第六，战时生活要相互亲爱、相互帮助”的六点要求。

8月4日，在总理纪念周期间为广西地干校师生作题为《纪念“八一三”与我们应有的认识和任务》的报告。

8月12日，对广西地干校第一大队学生作题为《关于干部问题》的精神讲话。

8月18、26、30日对广西地干校第一大队学生作《关于实习》的训词。

8月，在广西地干校第二大队小组指导员办公室第六次室务会议上作《检讨工作报告提纲》的报告。

8月21日，在总理纪念周期间为广西地干校师生作题为《纪念廖仲恺先生的意义》的报告。

夏，杨东莼与胡愈之、沈钧儒、李任仁、千家驹等二十余人联名正式发起，倡议集资成立文化供应社股份有限公司，并推胡愈之、陈邵先、陈此生为筹备人，本年8月1日，在桂林的施家园成立了筹备处，10月22日正式成立。文化供应社的创立，不仅适应了进步文化的需要，同时也适应了广西地方当局的需要。

杨东莼主编的《文化月刊》是文化供应社出版的四大刊物之一，是政治、经济、历史、哲学、文化的综合性的大型学术刊物，写稿的多为一些知名的进步文化人如李达等，宣传进步的学术思想。

夏末秋初，杨东莼将史瑞宣介绍给阮镜清，去广东连县东陂广东省立文理学院读书。介绍史公直到广西大学读书①。

9月18日，在“九一八”八周年纪念会上为广西地干校师生作题为《纪念“九一八”》的报告。

11月16日，中午12时，杨东莼参与了日本反战同盟负责人、著名作家鹿地亘在乐群社举行的茶会，会上共有新闻、文艺界人士40多人，茶会

---

① 据杨东莼的长孙杨震称，史瑞宣与史公直为杨东莼第一任妻子史淑宜的亲戚。

介绍在华日本人民反战同盟西南支部的组织、工作等情况。

12月25日，在民族复兴节纪念会上为广西地干校师生作题为《纪念民族复兴节我们应有的努力》的报告。

12月，在华日本人民反战同盟西南支部在桂林成立前夕举行茶话会，杨东莼与新闻、文化界人士和各报记者共40余人出席。

本年，杨东莼为宣传毛泽东的《论持久战》和《抗日游击战争的战略思想》，在不同场合作过多次宣传团结抗战，持久抗战的演讲，并在广西地方建设干部学校开设《抗战形势讲话》课程，由肖敏颂（中共党员）主讲并编了讲义，其后修订成书，对学生走向革命影响较大。

本年，在广西建设研究会《建设研究》第1卷第1期发表文章《广西地方建设干部学校的自我介绍》；在《中国农村》第5卷第5期发表文章《利用文化机构来动员农民》；在《公论众书》第1、7、10—11期先后发表文章《一人当两人用》、《认识敌人的企图　坚定我们的意志》、《抗战以来的国内政治》。在广西桂林文化供应社印行出版专著《中国历史讲话》，广西地方建设干部学校编印《杨教育长报告集（第二集)》。

1940年（40岁）

1月18日，致函沈钧儒，汇报近期情况，并向其请教办校的有关事宜。

1月23日下午，国际反侵略大会中国分会桂林支会召开会员大会，改选第二届理事会，杨东莼当选为49名理事之一。

4月，石西民从皖南新四军去重庆，路过桂林。杨东莼请他为广西地干校指导员作报告，主要介绍当时国民党顽固派搞反共、投降的阴谋活动。报告的目的，在于让大家提高政治警惕。

5月，自抗日战争进入相持阶段之后，白崇禧被蒋介石的打、拉政策所折服。桂林的政治形势急转直下，杨东莼的行动受到特务的监视，混入广西地干校的特务不断向白崇禧告密，说广西地干校成了共产党的窝点、大本营。白崇禧接到密报后，立即指使黄旭初排查。黄旭初从此频繁地出入广西地干校，不是找人谈话，就是集合学员“训话”。

桂林形势继续恶化，杨东莼意识到广西地干校已办不下去了，他找到八路军桂林办事处李克农，汇报自己的想法，经过李克农批准，他向黄旭初提出辞呈，黄旭初对此表示同意。

根据形势的变化，有分别有步骤地撤退中共党员和进步分子。在转移和撤退中，杨东莼从广西地干校经费中开支一些作他们的路费，在经济上给予他们一定的支助，开支达 2 千多元。杨东莼无力归还，只好向黄旭初报告，说外来的工作人员很穷，他们走的时候每人开支一点路费，请批准在“特别费用”报销，黄旭初点头认可。

杨东莼借考察广西基层干部的名义到桂南、桂中调研。三个月之后，杨东莼回到桂林，住进李任仁（当时广西教育厅厅长）临桂县会仙老家。此后，《广西日报》发表一则消息称：“杨东莼教育长考察归来身体不适，已赴港治病。”

5 月 28 日，广西宪政协进会在桂林乐群社举行成立大会，会议由李任仁主持，杨东莼参加了成立会，被选为 29 名理事之一。

6 月 15 日，白崇禧秘书程思远受邀到广西地干校来讲演，程的演讲题目是《干部与建设》。

6 月 15 日，黄旭初以广西省政府的名义，批准杨东莼的辞职，广西地干校的教育长职由张健甫（指导员兼秘书）代理，杨东莼改任广西省政府参议，到几个县视察县政。同时，广西当局下令广西地干校于年底结束。

6 月，由广西地方建设干部学校出版《杨教育长报告集（第三集）》。

6 月底，内迁桂林的江苏省立教育学院强迫近 10 名进步学生转学，杨东莼设法给这批青年以帮助，亲自写信给当时在粤北的广东省立文理学院院长林砺儒，林将这批学生全部接收了。

辞职后，杨东莼指定中共党员、广西地干校秘书周钢鸣负责编辑《两年来的干校》一书。参加撰写该书的人员有中共党员、进步分子。

在广西地方建设干部学校第十五次纪念周上发表讲话《几个重要名词的解释》，记录稿在《干部生活》第 1 期发表。

在广西地方建设干部学校第二大队第六次室务会议上作的报告《检讨工作报告提纲》，记录稿发表在《干部生活》第 2 期。

在广西《建设研究》第 4 卷第 4 期发表《广西地方建设干部学校的自我批判》。这篇文章发表的经过如是：有一期，《建设研究》月刊编辑部收到亢真化（民团周刊社骨干）写的一篇稿子《基层干部训练的几个基本问题》，内容是攻击杨东莼负责的广西地方建设干部学校忽视三民主义政治教育，由编辑万仲文请示黄旭初，黄认为是自由讨论，可以发表。其实这时黄旭初已开始监视杨东莼负责的广西地干校的进步活动，亢真化的文章即是秉承黄旭初的意旨而写的。亢文发表后，杨东莼大为不快，当即由广西地干校教育处长周钢鸣撰写一文解释和介绍广西地干校教育情况，并驳斥亢文的攻击，万仲文又送给黄旭初核定，黄也批示：可发表。

8月1日，《救亡日报》二版刊登记者“海蓝”访问杨东莼的谈话内容：《杨教育长谈四月来的经验》。

11月11日，在广西地方建设干部学校庆祝湘北大捷暨纪念国庆的大会上，杨东莼以教育长的身份发起“突破一万元”赶制寒衣运动的号召。干校第二期招收的女生队，首先挺身起来响应，在学校生活竞进会的领导下，开始踊跃赶制棉衣。

12月1日，参加中国农村经济研究会举办的桂南收复区农村经济复兴问题的座谈会。

12月4日，中共南方局以周恩来、叶剑英两人名义发电文给李克农，要求加强对李任潮（李济深）等人的统战工作。电文内容涉及杨东莼的有：“对李任仁应根据佳电多向其解释华北无法容下两部，我军必须在华中求食，可经杨东莼等促他多作解释工作，并说明反共阴谋之咄咄逼人，企图造成内战以便投降，同时应解释此次白之作反共先锋实为不智。”

12月，文化供应社印行出版《干部政策》，该书是杨东莼在隐居期间，用辩证唯物主义和历史唯物主义的观点和方法写成的。黄旭初极为赞许，并以黄的名义发表，发至广西县一级干部学习。

12月，广西地方建设干部学校出版《两年来的干校》，该书对广西地干校的沿革、组织、体制、训练、施政方针、工作方法、成绩、经验教训、大事记等都有详细记载和总结。杨东莼在主持广西地干校期间，很重视宣传和总结工作。他在校内组织编印了《干部生活》杂志，在《广西日报》出刊《新干部》副刊。学校行将结束时，他领导各部门总结工作，对此倾注全力，反复审阅推敲，并撰写了《两年来干校的自我批判》一文，置于卷首。该书16开本，全书90万余字，是研究抗战时期广西教育最珍贵的资料。

文化供应社编印《怎样做基层工作》，全书所收的各篇文章都是训练班讲课的教材或基层干部的实践总结。全书分上下编。上编收集：《做人与做事——黄旭初在干训班学员中的训词》、《立业处事的作风——杨东莼讲》，此外还有《宪政问题》、《怎样促进地方自治》、《怎样领导干部》、《怎样办兵役》等十六篇文章；下编十篇文章由杨东莼著，又名《致基层干部的十封信》，内容有：基层工作的重要，试论集权与集事，关于处事问题，论事务与政治之不可分，论工作与进修之不可分等。

在桂林期间，杨东莼也受一家"中间偏左"姿态的民营报纸《力报》(1940年3月10日正式出版）特约写过一些专论。同时，经常参加由胡愈之牵头办的文化界人士聚餐会，在桂林的救国会成员，一直定期集会，每一两个月在桂林南路天然酒家楼上叙餐一次，先后经常参加的还有：夏衍、胡愈之、范长江、千家驹、田汉、萨空了等，八路军驻桂林办事处主任李克农也曾参加过这个叙餐会。

1941年（41岁）

1月28日，"皖南事变"后，获悉八路军驻桂林办事处结束工作，李克农等冒险离桂撤回延安。李克农离开桂林时交代《救亡日报》的负责人林林，《救亡日报》何时停刊可问东莼同志。

2月1日，在情况恶化下，顺势指导《救亡日报》停刊。

2月28日，《救亡日报》正式被禁止出版。

4月，杨东莼已不能在桂林立足，形势相当严峻。黄旭初不得不用自己的小汽车，将杨东莼送到钦州，让他乘汽船去了香港。初到香港，由方少逸出面租用了山林道19号四楼，杨东莼与方少逸、陈此生、梅龚彬三人住在一起。

5月，在香港，与邹韬奋等人组织了全国救国会海外工作委员会，并与邹韬奋负责承担会务。

5月29日，杨东莼与邹韬奋和茅盾等九名救国会留港代表发表《我们对国事的态度和主张》，痛斥国民党反动派对日本侵略者的投降倾向和对进步文化事业的摧残。

8月，新知书店以中国出版社的名义，出版了由杨东莼校阅、湘潭人肖敏颂翻译的俄国哲学家赫克（Julius Hecker）的《哲学对话》，该书是介绍马列主义和革命思想的读物，在重庆和香港等地同时发行，这部著作对于抗战时期的文化宣传曾经起到重要作用。

本年，由文化供应社出版专著《抗战的形势》。在《国民公论》第4卷第11期、第12期的“政治问题”专栏上，先后发表文章《团结与进步(上)》、《团结与进步（下)》。

1942年（42岁）

初，由于1941年12月起，日军发动太平洋战争，香港、九龙很快沦陷。中共中央和南方局指示香港八路军办事处廖承志，尽快把留港的文化工作者和民主人士抢救出港。在中共党组织的具体安排下，杨东莼与何香凝、柳亚子、茅盾、夏衍、沈志远、金仲华、冯和法、梁漱溟、陈翰笙、萨空了、陈此生、胡绳等，分批经东江游击区取道粤北和广州湾（今湛江）等地返回桂林。

2月，夏衍从香港脱险归来，到桂林拜会了杨东莼，了解了广西的现状。杨东莼对夏衍说桂林的情况是外松内紧，认为白崇禧表面上缓和了一些，但是他在皖南事变中充当了炮手，所以在反共这一点上，他是不会改变的，故重新出版《救亡日报》的事还是慎重一点为好。

9月，临近中秋的时候，诗人柳亚子弄来了一条船，约了杨东莼、茅盾、陈此生、田汉、熊佛习等人游漓江。为了防止遇上敌机轰炸无处躲藏，他们趁月夜漂流而下，在舟中饮酒赋诗、观景赏月，于次日早晨到达阳朔码头，下船后又游览了碧莲峰等景点，至下午才乘烧木炭的汽车返回桂林。

冬，从重庆到乐山，担任内迁的武汉大学教授，再次失去党组织关系。

(1942年到1948年，杨东莼先后在内迁乐山和成都的武汉大学、四川大学、华西大学、鸣圣学院担任教授。)

本年，四川省教育厅下达训令：“令各专署各县市政府，本府教育厅督学、地方教育视导员：准内政部咨请通令所属各行政机关遵照执行查禁北新书局出版杨东莼著《高中本国史》一案令仰查禁由。”①

本年，在《文讯》第5期发表文章《行军与天文》，署名“岂匏”。

1943年（43岁）

1月，在武汉大学担任教授，利用讲授中国政治思想史课程的机会，

① 《四川省政府公报》，1942，95（28）。

对比国民党的反动统治，积极向学生宣传马克思主义历史观。在此期间，他和弟弟杨人楩同住在乐山嘉乐门外武圣祠一个四合院内。

6 月，应迁往粤北坪石的中山大学文科研究所邀请，杨东莼作题为《中国文化史》的讲演。

12 月，“大别山惨案”（即广西省立师范专科学校毕业的刘敦安等中共党员被广西军阀李品仙残酷地活埋）发生后，李宗仁到安徽立煌检阅第五战区部队，皱紧眉头对其部下说：“为什么杨东莼训练的干部如此成功，你们训练的干部这样蹩脚呢?”李宗仁的口气可以证明，杨东莼任校长时，把广西师专变成培养进步学生的革命摇篮，不少进步学生暗称广西师专为“小莫斯科”。

1944 年（44 岁）

在武汉大学举办的纪念“五四运动”座谈会上，公开对师生演讲：要继续高举德先生（民主）和赛先生（科学）两面旗帜，发扬它的光荣传统。在武大任教期间积极支持进步学生的革命活动，提出许多重要指导意见，引起国民党特务的严密监视。

本年，在《读书通讯》第 92 期发表文章《我的读书过程》。在《安徽青年》第 1—2 期发表文章《谈小学教员与基层工作人员的进修》。

1945 年（45 岁）

2 月 6 日，武汉大学为进步师生极力辩护，在向国民党的呈文中写道“……又法学院教授杨东莼政治思想一科，范围只止于先秦时代史，其人在校教学期间亦很努力，平常言论并无涉及任何实际问题。……”

1946 年（46 岁）

8 月起，赴成都先后任四川大学、华西大学、鸣圣学院教授，讲授中国政治史、中国政治思想史和中国外交史。其间帮助光华大学的潘大逵教授（民盟西南总支部盟员）评阅试卷。

本年，当四川省主席王陵基迫害参加民主运动的学生时，曾出面与王抗争，使被捕学生获释。

本年，在成都期间，担任《西方日报》①、《华西日报》等进步报纸特约撰稿人。

本年，在《青年界》第1卷第3期、第4期先后发表文章《学习漫话》、《直挺挺地站起来》。

1947年（47岁）

4月，同从上海来的救国会成员秦柳方（曾参加发起成立中国农村经济研究会，任理事）以及四川大学的部分进步教授作了一次长谈。秦柳方转达了沈钧儒要杨东莼积极开展民主运动的建议。

本年，先后在成都四川大学执教，任华西大学、鸣圣学院教授。向蒋介石反动阵营中的某些人物做策反工作，得不到任何反应时，不把门关死，而是把自己的通讯处写在一空白信封上去，不写一个字在信封内，意思是以后想过来了还可以寄信找他。到淮海大战结束，不到十天就收到许多回信。

本年，上海开明书店出版杨东莼编的《开明新编高级本国史》（上下册）教材。

1948年（48岁）

3月15日，《大公报》在香港复刊，实现了出版同时发行的计划。

8月，转任厦门大学教授。

10月，陈公培从上海来到厦门，找到在厦门大学任教的杨东莼和张圣才。张圣才介绍了他在福建民联的工作情况，并将今后工作设想说了一下。三人相互商量后，认为张圣才的工作应该与中共华南局直接联系，便决定由杨东莼去香港向中共华南局书记潘汉年请示。几天后，杨东莼致信陈公培，说："大风兄请你陪同圣才兄来港一趟。"

12月，离开厦门大学秘密出走香港，由潘汉年安排，将任香港达德学

① 《西方日报》是在四川出版的与西康方面有关的民营报纸，其"发行旨趣"积极进步："本报只有一个立场，代表大多数中国人民尤其是西部人民说话。本报同人都是职业报人，极想在这个思想混乱、是非不明的国度里，办出一张态度客观，而且有独立风格的报纸。"

院代理院长（香港达德学院是1940年代末中国共产党在香港建立的大专院校，由周恩来和董必武指导创办）。杨东莼到香港后，受到各界进步团体和人士的热烈欢迎。在香港的原广西师专、广西大学、桂林广西地方建设干部学校师生，聚集在九龙某饭店设宴热烈欢迎杨东莼。参加宴会的有张铁生、周钢鸣、成庆生、潘伯津、李志仁等20多人，席间杨东莼讲了话。最后为表示鸣谢，以兴奋激动的心情唱了一段京戏。

12月28日，达德学院召开第十四次院务委员会，会议决定请杨东莼教授讲授中国近百年史。

1949年（49岁）

1月，因陈其瑗院长、邓初民教授北上参加新政协筹备工作，香港的党组织和各民主党派协商，一致同意聘请杨东莼代理院长。

1月18日，杨东莼拜访在香港的叶圣陶，两人交谈一时许。

1月25日，达德学院召开第十五次院委会，由杨东莼主持会议，会议讨论的事项计有：（1）通过各系班课程及教授名单。除原有教授全部留任外，还增聘陶大镛为教授，另拟聘占奕楠、赵元浩等为教授，杨敏为副教授，由各系主任与代院长商洽后聘请，再提交院委会追认。追认杨东莼为政法法政系主任。（2）决定春季招收商经、文哲、法政三系新生各一班共120名。

2月6日，杨东莼邀请叶圣陶到校访问讲学。

2月23日，港英政府无理下令撤销达德学院注册，达德学院被迫停办，杨东莼担任代理院长时间仅2个多月。

2月25日，中共中央香港分局召开会议讨论善后的工作。方方主持分局会议，讨论达德学院被迫停办事宜，杨东莼作为代理院长与夏衍、乔冠华、饶彰风、苏惠、黄焕秋、潘汉年出席了会议。杨东莼汇报了向港英政府交涉经过和全体师生的思想动态。会议精神，由杨东莼、张明生直接向师生作了传达，随后，师生分头撤离。

2月底，由潘汉年安排，在香港《大公报》任顾问，并任《文汇报》评论委员会委员，在新闻界继续推行党的统战政策。

3月，在东北解放区举行第一次全国学生代表大会，杨东莼为《大公报》写了一篇学生运动的社论，他引用鲁迅“血债须用同物偿还”语，因将“同物”误写为“动物”，引起了同一壁垒的报纸大加批评。杨东莼后与化名作者解释乃一时笔误，对方误以为他有意而作此文。

5 月，曾任李宗仁之总统府秘书长的翁文灏来到香港，杨东莼到他家做他的统战工作。

春末，由香港至北平，住北平府学胡同杨人楩处。

7 月 1 日，参加中国新史学研究会发起人会议，在北平正式成立筹备会。

9 月，在北平参加全国政协一届一次会议。

10 月，受到周恩来总理单独接见，被任命为广西大学校长。周总理对他作了八个字的评价：见多识广，胆小如鼠。并且说：“现在你应该把红旗插起来啦！从来只有个人找党，没有组织来找个人。”杨东莼受到十分深刻的教育后，万分内疚地归告亲友：“周总理说的‘见多识广’对我是一种鞭策，‘胆小如鼠’则是痛下针砭，是忠言良药。我是一个孤儿出身，我再不能失去政治上的母亲，一定要认真总结教训，积极争取插上红旗。”

12 月底，杨东莼随广西省张云逸主席来到桂林。

1950 年（50 岁）

初，天津《大公报》改名为《进步日报》后，与儿子杨慎之谈话说：“旧《大公报》从 1902 年创办，到 1949 年新生，其间长达 47 年之久，这张报纸在国内是有影响的，轻率地改换报名，这是不对的。我有责任向党反映我的看法。”

初，香港大公报社社长费彝民来广州，被聘为岭南大学的校董，宴请杨东莼与朱光潜、陈序经参加。

2 月，任中南军政委员会委员。

2 月 8 日，彭伊洛（曾在香港达德学院学习）在一本杨东莼赠送的专著《中国学术史讲话》（上海北新书局 1932 年 11 月初版）书页上写道：“杨东莼先生系吾政治学教授，于课间常绍介余读此书，甚钦其精深博大。”后来，彭伊洛又将书赠给杨东莼的儿子杨慎之。

3 月 2 日，在广西省委第一书记兼省长张云逸、中国人民解放军桂林军事管制委员会文教部长刘宏的陪同下，杨东莼来到广西大学就职，上任广西大学校长（从 1950 年初到 1953 年底，在任广西大学校长期间，先后完成了解放接管、恢复教学、调整院系、纳入正轨等十分繁重的工作)。在桂林工作期间，杨东莼曾在两处居住，一是市内龙珠路漓江畔的住宅，另一处是当时还算市郊的将军桥广西大学校园。

杨东莼到校后遇到的第一件大事是接纳南宁师院师生。为了做好迎接工作，他动员师生员工积极准备。他在动员会上诚恳地说："这次迎接工作，是我上任校长后的第一炮，请大家一定要努力帮助把这一炮打响呀!"

3 月 16 日上午，广西国立南宁师范学院教育、国文、史地、英语、数学、理化、博物 7 个系的师生员工 358 人，一到桂林火车南站，就受到了早在那里等候的广西大学师生员工的欢迎。随后，南宁师范学院并入广西大学，改制为广西大学师范学院，院址在紧靠广西大学本部的科学馆和原造纸厂处，经过短短的几天安排便开始上课。开学后，杨东莼利用星期天，多次约师范学院的学生代表到他家里谈话，询问师生到桂林后的思想情况和实际困难，并对代表说过，师范学院同学一般出身贫寒，思想较易进步，又有民主斗争传统，因此寄予较大希望，希望大家在思想改造和建设新广西大学方面带个头，同时要团结原有的老师，共同奋斗!

3 月，组建中共广西大学党支部。

4 月，对全体学生作报告，布置开展"打'鬼'运动"，号召大家要努力学习，树立无产阶级思想，并用它来揭露、批判和打击形形色色的个人主义、自私自利、小资产阶级思想等"鬼"怪。这次运动时间不长，但对学生们正确认识自己，明确努力方向是很有帮助的。

4 月 22 日，兼任中南军政委员会文化教育委员会委员 (依据中南军政委员会秘字 138 号通令：案奉中央政务院四月五日政人字第九〇号令)。

5 月，号召全校建立团组织。使原来只有 20 人的团支部发展到 500 多人的团委会。杨东莼紧紧依靠党团组织去开展各项工作，他曾多次向团员或团干作报告，通报学校情况，征询团对学校工作的意见。

夏，二子杨慎之随郑坚、王彬到华北解放军报报社学习，杨东莼与他见面时说："我已经受到了周总理的接见，用总理话，应当在背上把红旗扛起来，只有个人找党，没有党找个人。周总理问我愿到什么地方去工作，有两个职务，一是担任广西大学校长，一是担任上海市教育局局长。张云逸同志要我去广西，我只好到广西大学去。"

6 月 14 日，中国人民政治协商会议第一届全国委员会第二次会议在北京开幕。因广西省尚未建立协商委员会，经有关方面协商，由杨东莼赴京列席会议。

6月，朝鲜战争爆发，在校内外开展抗美援朝、保家卫国的宣传教育运动。

7月，依靠党团组织开展工作，解放后第一届毕业生397人，服从组织安排愉快走上工作岗位。

8月，进行校内院系调整，原文学院、理工学院和师范学院相同的系、组合并，分别组成文教学院、理学院、工学院，法商学院不动，农学院将原来的三个系调整成六个系。

10月至12月，支持文教、法商学院130多名学生参加桂北地区土改试点工作（在1951年至1952年期间，又支持很多学生参加了土改参观团和参观土改复查等活动）。

12月15日起，在全校掀起报名参加军事干部学校的运动，支持抗美援朝。各系报名的同学自动组织战斗队，每天利用早操时间进行操练。在全校师生员工大会上亲自向各战斗队长授旗，以示鼓励。当时，全校共有1 311名学生报名，占学生总数的64%，有103人被录入军事干部学校。

同年，杨东莼在北京开会，从在北京大学历史系任教的弟弟杨人楩教授口中探知，有个广西籍青年钟文典北京大学毕业后，正在北京大学工作，担任郑天挺教授的助教。杨东莼情辞恳切邀请钟文典去广西大学任教，并想办法将钟文典的编制转到广西大学。

1951年（51岁）

2月，调廖有为任秘书。

1月13日起，在学校开展抗美援朝捐献运动，在大会上带头捐献，夫人冯曼莹也捐献了长期珍藏的黄金首饰。

2月7日，在广西南宁火车南站，举行了隆重的欢送仪式，热烈欢送广西大学被录入军事干部学校的团员和青年走上战斗岗位。杨东莼作为校长发表了热情洋溢的欢送词。

3月7日，在学校作报告，动员校本部全体师生员工劳动建设，用自己的双手，治好被日本帝国主义和国民党政府破坏的创伤，美化校园，创造良好的学习环境。

6 月 20 日，结束学校劳动，修好校园便道 15 条，计 2 493 米，开沟挖塘 1 100 立方米，用碎石铺路 260 立方米，校园面貌焕然一新。

暑期，支持学生根据专业要求，走出校门，进行各类实习。如，土木系三、四年级学生 55 人，到河南省治淮测绘工地实习；化学系三年级学生分组，分别到武汉和广州的肥皂厂、造纸厂实习等。

8 月 16 日，在全校欢送会上，带头扭秧歌欢送应届毕业生走上工作岗位。

9 月，任贫农家庭出身的教师林焕平为土改团团长，带领文教、法商两学院师生到钦州地区参加土改工作，并派熟悉师生情况、刚毕业留校工作的团委书记周克彬当工作团秘书长。

10 月 1 日至 11 日，广西省第一届各界大会代表会议第二次会议在南宁召开，原协商会副主席张一气病故，遗缺由杨东莼继任。

10 月，组织师生 700 人参加土改工作团，前往桂南钦州地区参加土地改革。

冬，在德明饭店（汉口胜利街）参加中南军政专号令会议，推荐杨慎之为程潜秘书。

冬，杨东莼写了详细自传交组织审查，要求重新入党。

12 月 26 日，次子杨慎之到长沙报到，开始任程潜秘书。

1952 年（52 岁）

3 月中旬，在全校教职工中开展反对贪污、反对浪费、反对官僚主义的“三反”运动的动员会上作报告。在报告中，列举许多已经揭发出来的贪污、浪费和官僚主义现象，并表示愿意承担领导责任，同时深入分析自己的错误思想根源，号召大家进一步深入揭发批判。

3 月下旬，全校教职工中开展“三反”运动，教职工对杨东莼的最大意见，是认为他住在离学校约 7 公里的木龙洞附近朋友家里，上下班坐小汽车来回，既浪费时间和汽油，又影响与群众的联系。杨东莼诚恳接受群众意见，从市里搬回学校，与总务长石兆棠合住一套平房。

4 月 9 日，在学校的“三反”运动中再作报告。在报告中，以身作则，深刻地作自我检查，使师生员工受到很大震动，大大加速了运动的进程。

4 月，李克农给杨东莼随函寄来了毛泽东主席亲笔题的“广西大学”

四个字①。杨东莼收到题字后欣喜若狂，当即交给校长办公室秘书唐肇华同志（1953年后任新成立的广西师院副教务长），准备制作新校牌。

7月13日，以中共广西省委宣传部副部长史乃展、中共桂林市委副书记段远钟为领导的8人联合工作组进驻校本部领导思想改造运动。杨东莼作为校长对工作组的到来十分高兴。他主动将过去一段运动的情况、问题以及下一步打算详细地向工作组汇报，尊重工作组的领导。为了方便工作，便于与工作组及群众的联系，他主动搬到简陋的办公室住。

12月，得到广西大学院系调整后改组为广西师专的消息后，与广西大学人事处商量筹组师专的初步名单和调整方案（后来证明基本上采纳）。

杨东莼收到民进中央理事会主席马叙伦希望他加入民进的亲笔函件，并应允加入民进和同意民进广西小组成员陈宪章作为入会介绍人之一。

12月13日，民进中央理事会秘字第168号文件通知民进广西小组，同意给民进广西小组5个专职干部编制（包括民进广西小组3人，正在筹建的民进桂林小组2人）。

12月15日，广西省第二届第一次人民代表会议在南宁召开，选举杨东莼为省协商委员会副主席。

1953年（53岁）

初，师生们离校前，包括杨东莼在内，纷纷到新建的校门口、毛主席题的校名旁留影。

初，中共桂林市委对杨东莼的历史和社会关系进行了调查审理，认为没有问题，正式接受了他重新入党的申请，让他填了入党志愿书，由段远钟和陈亮两人介绍，准备按第七条精神办理。中共广西大学支部大会不讨论，只征求支委会意见。支委会认真讨论后，认为他在“三反”、思想改造运动中经受了考验，进步很大，一致同意他重新入党。但是，他离开广西时还没有得到批准。

1月21日，任中央行政委员会委员。

---

① 原件是红色油墨印制的16开中式直行书笺，上方印有“中国人民革命军事委员会信笺”字样，毛泽东在信笺上用毛笔竖写了“广西大学”四个字。

1 月 29 日，经民进中央常务理事会批准，加入中国民主促进会①。

1 月底，遵照民进中央理事会指示，与胡明树共同研究筹建民进广西分会筹委会事宜。

3 月 6 日，与阳太阳、朱乃文、秦宗汉、甄伯蔚参加民进桂林小组成立会议，并担任民进桂林小组组长，阳太阳任副组长、朱乃文任秘书，开始负责筹建中国民主促进会广西省分会筹备委员会。

春，在广西大学礼堂开大会说服大家把筹组广西师范学院迁建地址设在广西桂林王城内，并积极争取到广西师范学院修建款 150 万元（旧币 150 亿元）。

4 月 18 日，次子杨慎之与毛茅在湖南长沙结婚。

4 月 19 日，主持民进桂林小组举行第一次会员大会，并作讲话，刘牧汇报桂林小组发展情况。会员 15 人参加会议。

5 月 4 日，民进中央第 70 次常务理事会审议并批准了“民进广西省分会筹备委员会成员名单”，并同意于同年 5 月成立民进广西省分会筹备委员会。

5 月 31 日，主持民进广西省分会筹备委员会成立大会并致开幕词。当选为民进广西省分会筹备委员会主任委员。阳太阳、胡明树当选为副主任委员，陈宪章、朱乃文、刘牧、李腾芳当选为委员。

6 月 2 日，赞同广西大学调整后成立广西师院，比较师专来说成立广西师院更有发展空间。

临近暑假，杨校长在大礼堂作报告时，第一句话就是：“夹竹桃花开了，一年一度的暑假快到了。同学们将离开校园，走上社会大学了，在社会大学可以学到许多在校内学不到的知识。”杨东莼有意以夹竹桃的品格来勉励青年学生，只要有坚强的上进心，就能茁壮成长，事业有成。

---

① 关于杨东莼的会籍问题。由于杨东莼会籍丢失，发现杨东莼入会时间有三个说法：一是《纪念杨东莼先生文集》一书中认为 1952 年 9 月 11 日；二是中央组织部 1964 年会员名册上登记是 1952 年 12 月；三是民进广西区委会会史资料写明是 1953 年 1 月 29 日。根据《民进广西区委会桂林民进大事记》记载：民进中央常务理事会《1952 年 9 月—12 月组织工作计划》中发展首批桂林民进会员 3 人是阳太阳（9 月 11 日入会）、朱乃文（11 月 17 日入会）、秦宗汉（12 月 31 日入会），1952 年 12 月以前发展的会员中没有杨东莼。

7 月 25 日，为处理第二次院系调整事宜，成立中南高等学校调整委员会桂林分会，杨东莼任主任委员。

8 月 24 日，在广西师院一位老师请求“离职复学”报告上用毛笔批语：“经再三考虑，当西大改制为师范的时候，为了稳定全体留在师范工作的同志情绪，同时为了为师范工作建立一个基础，我的意见，不同意杨祖桐离职复学。”最后盖上他的印章。这位老师后来成为该校骨干教师。

10 月 19 日，参加在广西大学礼堂举行的“欢送杨东莼校长”大会，广西师院副院长石兆棠致欢送词说，现在桂花盛开，可杨校长走了，将来当桂花开的时候，我们会特别想念杨校长。

年底，在北京中山公园，看望被分配在京工作的广西师范大学毕业的学生们，亲切询问学生们从南方到北方生活习惯不，工作碰上什么困难，能不能胜任，并和学生们合影留念。晚餐时，特意请学生们到他湖南老乡开的奇珍阁餐馆吃饭，临走前叮嘱学生们：“既要尽力做好本职工作，又要注意身体，争取做一个思想进步、身体健壮的毛泽东时代的好青年！”

本年，杨东莼出席在汉口中南高教部召开的一个会议，遇见老朋友李达，亲切地称呼李达：“鹤鸣！鹤鸣！”①

1954 年（54 岁）

春，中华人民共和国第一次全国人民代表大会第一次会议开幕，杨东莼由广西选为人民代表。

春，从南宁到武汉高校任职。路过广州，到中山大学拜访戴镏龄教授，与戴镏龄促膝谈心。对戴镏龄说：“接受中央对我职务的调动。高等学校从旧社会遗留下来的问题很多，甚至有明争暗斗的派系。有人劝我继续当广西大学的校长，认为去一所新的大学，可能更加难搞，得罪人，惹麻烦。关于这一点我表示绝对服从中央的决定，无讨价还价的余地。”“奇怪的是，还有人建议我不能一个人单枪匹马去，必须带几个信得过的人到武汉上任。什么上任，我又不是去当官！一个校长变成官老爷，岂不更糟。‘带几个自

① 李达（1890—1966），字永锡，号鹤鸣，湖南永州人。1919 年五四运动后，致力于研究、宣传马克思主义，是中国著名马克思主义理论家。杨东莼担任华中师范学院院长后，常常拜访时任武汉大学校长的李达。

己信得过的人’更是万分荒唐。这些先生怎么竟说得出口的。不依靠共产党，不相信组织单凭一个人的小圈子，他们脑子里装的什么思想，要我搞什么名堂呀！当校长的应善于团结广大知识分子，一视同仁，不分彼此，首先不限于门户之争。”戴镏龄深感杨东莼的胸襟博大。

3月，来到武汉。去时任武汉市教师进修学院院长兼教务长胡铭心家中走访，请胡铭心帮助筹建湖北民进。当时胡铭心是中共党员，受中共武汉市委统战部安排，交叉到民主党派中去帮助民主党派组织发展。

3月，在武汉市的景明大楼一间小会议室主持召开第一次民进武汉市筹备小组会议，到会的有武汉大学历史系讲师石泉，中南美术专科学校校长阳太阳等。会上研究确定：马上把办事机构建立起来，尽快发展组织。首先在华师、武大、美专、市教院建成第一批支部。会后，杨东莼自掏腰包请参会同志吃了一顿中饭。

机构成立后，杨东莼亲自执笔撰写民进简史。内容有：(1)民进是新民主主义性质的政党（当时是这么说的)。(2)它成立在抗日战争的末期，目的是向国民党政权争取民主。(3)三年内战时期它组织了上海数万人大游行反内战、要民主。1947年组织上海群众组织代表去南京请愿，在下关受到特务殴击，会长马叙伦及会员雷洁琼被殴伤，引起全国震动。(4)解放战争胜利后，中国民主促进会认为斗争目的已达到，立即要宣布解散。是周恩来总理劝阻，并提出“长期共存、互相监督”口号（以上内容根据胡铭心回忆)。

4月8日，经中央教育部批准，任华中师范学院第一任院长。

4月10日，到华中师范学院视事，杨东莼的到来使学院师生为之振奋。因为此前数年武汉高校工作颇受“左”倾思潮干扰，不仅是对某些高级知识分子的粗暴批判，而且还沿用过去办革命大学的方法来办正规大学，因此很难实现以教学为主的原则。中共中央与中南教育局对此已有察觉，并采取一系列措施加以改进，调杨东莼出任华师院长，正是这些重要举措之一。(依据章开沅著《实斋笔记》中《忆东老》一文。)

4月26日，主持召开院行政会议。在会上，他特别强调师资培养的问题，要求重视教师的培养。

5月4日，主持召开华中师范学院首届院行政会议。共讨论了5个问题，并就其中的3个问题作出决议：(1)关于集体领导的问题。(2)关于额定各级教师教学时数问题。(3) 关于培养师资问题。正是因为杨东莼的重视，从 1953 年到 1955 年，学院先后选派到北京大学、中国人民大学、北京师范大学、东北工专、华东师范大学等院校学习和进修的教师（包括少数行政干部）达 53 人。

6 月 17 日下午 3 点半，在武昌中南美术专科学校召开“中国民主促进会总部直属武汉市临时小组”第一次小组会，会议主席为杨东莼，正式成立了“中国民主促进会武汉临时小组”，选出杨东莼为小组组长。由于会员住处分散，于是成立两个分组。武汉水利学校副校长黄肇翔任第一分组组长，武汉大学历史系讲师石泉任第二分组组长。会议还讨论了关于武汉市分会的建会工作，初步拟建五个小组（汉口、喻家山、徐家棚、珞珈山、武昌各建立一组），于本年 10 月至 11 月间成立分会的筹备委员会。

6 月，武汉市民进筹委会在景明大楼 4 楼成立，民进中央派组织部郑芳龙同志来参加，武汉市委统战部部长、党派处处长出席，大会公推杨东莼为主委，阳太阳为副主委，石泉为秘书长。

秋季，任民进中央直属华中师范学院支部主任，亲自抓组织工作，发展了伍文、姜乐仁、杨葆琨、张舜徽、石明俊等第一批会员。

9 月 15 日，当选为第一届全国人民代表大会代表。

9 月中旬，在华中师范学院新生入学不久后的一次集会上，杨东莼自我介绍说：我叫杨东蓴，“蓴”字上面有两棵草，故不叫杨东“專”。让师生顿感平易亲切。他讲的一句话：一个人生活在集体，在社会，时时要想到除了自己还有别人。许多学生把它作为一条宝贵的做人准则。

9 月 29 日，报请武汉市公安局批准，聘请 10 位苏联专家来华中师范学院授课。

10 月 14 日，华中师范学院保健委员会成立，杨东莼任主任委员。

12 月，开展国际学术交流活动，邀请德国近代史学者贝喜发博士作关于中国近现代史教学工作的报告，报告结束后还邀请了武汉大学与学院有关教师举行座谈，指派章开沅作为接待陪同。从此，开始精心培养青年骨干教师历史系章开沅等人，章开沅后来成为著名历史学家、教育家、华中师范大学校长。

12 月 16 日下午 1 点半，在德明饭店会客室，出席了武汉市民进筹委会召开的第一次筹委会会议，任民进武汉市分会筹备委员会负责人。

1955 年（55 岁）

仍任华中师范学院院长。

1 月 9 日上午 9 点出席在汉口鄱阳街 49 号举行的武汉民进全体委员会议。会议内容：（1）委员新年联欢。（2）漫谈对筹委会今后工作的意见。会后举行餐叙，下午招待委员观看电影及其他娱乐节目。

1 月 15 日，任第一届湖北省政协常委。

2 月，学术性刊物《华中师院学报》创刊号出版，杨东莼任《华中师院学报》临时编辑委员会主任委员。学报的产生，是 1953 年 10 月，伴随着华中高等师范学校改名为华中师范学院。真正启动是 1954 年，最初定名为“教学与研究”，后改为《华中师范学院学报》，杨东莼与几位副主任委员一起，认真地负责着学报的创刊和发展，把握着学报的编辑宗旨——“科学性、理论性、争鸣性，突出理论联系实际”，从此学报有声有色地办了起来，并最终成为中国高校学报中有较强影响力的刊物。

上半年，在学生开展实习之前，杨东莼亲自参加教育实习委员会举行的首次会议，对实习问题提出意见。他视察了附属工农速成中学、附中、省实验中学和省一中等，认真听了实习生的课堂试教，并参加了评议会。

6 月，华中师范学院毕业生分配委员会成立，杨东莼任主任委员。

9 月中旬，新生上课不久的一天下午，杨东莼先于学生来到上课的大教室，坐在前排。看到有些同学衣着不够整齐，他便站起来，把那些同学叫到面前，一一给他们牵扯一下衣襟或扣扣纽扣，很让那些同学脸红。有些两广来的男生，穿着拖鞋进来，他便要求他们回寝室换掉。他说，同学们将来都要为人师表，从现在开始，一言一行都要严格要求，合乎师范。座谈中，他问学生对学校有什么意见和要求。学生们便毫无拘束地说开了。杨东莼对学生特别强调：眼里除了自己之外，还要有别人。这句话深深教育了在座的学生。有一位学生提出这样的意见，他说学校附近不远有个南湖机场，上课时，不时有飞机从我们教学楼的上空隆隆而过，影响听课，能不能提个要求，要飞机绕道而飞。这位学生的话音未落，其他学生大笑起来。杨东莼亲切地笑着说：“这位同学的意见提得很有意思，可见他很用心听课。但我们不能要求飞机绕道，飞机来往频繁，正是我们国家兴旺的表现嘛！”这次座谈，给在座的学生留下了很深的印象。

11 月 20 日，听取华中师范学院一年级学生对教学、生活、娱乐各方面的反映和意见。

11 月，参加华中师范学院历史博物馆会议并提出建馆的意见，他强调，华中师范学院的历史博物馆不同于社会性的历史博物馆，也不同于综合性大学的历史博物馆。华中师范学院的历史博物馆，其任务是为培养合乎规格的中学师资服务。因此，面向中学也应是它的工作方针。他认为博物馆的工作不仅关系着历史系的教学问题，而且与全院许多系的教学有关。只有逐步发展服务教学的范围，才能贯彻社会主义的教育方针，这是历史博物馆的努力目标。同时，也要依靠全体教员的关心和支持，才能更好地向这个目标努力工作。

12 月，组织各级领导检查一年级学生工作，进行调查研究。杨东莼研究了学生各种统计材料及学生基本情况，然后到新生宿舍、餐厅进行反复检查，在现场检查时发现问题随时通知有关部门及时予以解决。他与新生谈话，跟踪调查，经过调查研究后得出科学结论。他还要求把一年级新生的检查工作下放到各系认真抓好。

12 月 8 日，华中师范学院第八次院务会议讨论杨东莼院长关于本学年第一年级学生工作的小结。

本年，华中师范学院推广普通话委员会成立，杨东莼任主任委员，陶军任副主任委员。该委员会制定出推广普通话工作的初步方案。

1956 年（56 岁）

2 月，民进中央召开第一次组织工作会议，武汉市民进组织派石泉和胡铭心参加，杨东莼特别重视，并在德明饭店宴请二人。

4 月 3 日，增选为第一届武汉市政协副主席（依据 1955 年 4 月 4 日中央台来特级 A 字 65 号文件）。

8 月 11 日，当选为民进第四届中央委员会委员。湖北地区同时当选民进中央委员的还有金通尹、阳太阳，候补中央委员胡明树。

8 月 24 日，在民进第四届中央委员会第一次全体会议上，当选为民进中央常务委员。

10 月，参加华中师范学院第一次函授专科教学辅导秘书工作经验交流会，并提出搞好函授教育的意见和建议。

12月6日，学报编辑委员会举行正式成立大会，在总结办刊两年工作的基础上，讨论并制定了《华中师院学报出版暂行办法》（草案）。在会上成立了新的编委会，杨东莼院长任主任委员。学报编辑部在院长领导下开展工作。学报除了刊载学院著名学者的学术文章，也积极扶持新秀。如章开沅的《关于中国近代史分期问题》和《关于太平天国的土地改革若干问题》等学术文章在学报上刊载，并在学术界产生了较大影响。

本年，国家提出普通教育12年发展远景规划，向高师提出了艰巨的任务，要多、快、好、省地培养中学教师。面对这项任务，杨东莼认为单靠发展正规的学校教育是赶不上要求的，只有同时努力创办和发展业余高等师范教育，即创办和发展学院的函授部、夜大学，才能适应当前的需要。在他的领导下，学院克服重重困难，接受创办函授专修科的任务。

1957年（57岁）

初，在武汉热情接待来访的民进湖南地方组织专干，并就筹建湖南民进工作提出指导性意见。

初，受中国民主促进会中央委派，与周建人等人到长沙发展会员。

年前，学院接到中央教育部通知：经国务院批准，自5月8日起，以华中师范学院的音乐和图画系科为基础，成立武汉艺术师范学院，并任命原华师院长杨东莼为筹委会主任（此文件下达后不久，杨东莼即奉调去北京主持民主促进会中央的工作）。

1月21日，被民进第四届中央常务委员会推选为秘书长。

2月8日至9日，在汉口合作路体委礼堂，武汉民进召开了第一次会员大会，选举产生了民进武汉市第一届委员会，民进中央派葛志成参加了成立大会。大会选举了杨东莼为主委，阳太阳、王典昭、胡文裕为副主委，石泉为秘书长。

2月，民进长沙市委会成立，杨东莼与周建人等共发展会员40余人。

春，主持召开华中师范学院第一次科学讨论会。这次大会检阅了学院的科研成果。杨东莼强调开好研讨会，一定要开展争鸣。这是一种为了更好地实现马克思主义对科学事业领导的办法，是如何使我们祖国科学事业昌盛繁荣的方法，也是帮助知识分子改造的方法。在他的积极倡导下，当时学院的学术理论刊物学报也诞生了，为师生开辟了发表学术研究成果的园地。

春，在全国人大会议上作《知识分子在斗争风暴中何去何从?》的发言，受到周恩来总理的好评。

5月8日，参加中共中央统战部召开的各民主党派负责人座谈会。

5月13日，离开华中师范学院，奉调赴京，到民进中央机关工作（本年杨东莼移住北京东城炒豆胡同33号，与程潜为邻）。

5月30日至6月3日，中共中央统战部继续召开民主党派和无党派人士座谈会。时任中国民主促进会秘书长的杨东莼在会上发了言。这次座谈会的发言，《人民日报》于5月31日，6月1日、2日、3日作了详细报道。整个座谈会期间，毛泽东一直关注各民主党派、无党派人士的发言。

7月7日，担任民进中央整风领导小组召集人。召集人还有马叙伦、王绍鏊、周建人、许广平、车向忱。

7月12日下午3时，杨东莼在全国人代会大会上的发言，博得了很大掌声，反映强烈。刘斐对杨慎之说这是“传世之作”。杨东莼很高兴，告诉杨慎之，周总理评论极佳。彭真把他叫去，要他删去“喝了点海水，吃了点洋面包”之类的话，他照办了。

7月13日，《人民日报》第4版刊登了杨东莼在第一届全国人民代表大会第四次会议上作的《知识分子在斗争风暴中何去何从?》的发言①。

8月13日，在《教师报》上发表文章《正确对待子女升学、就业和自学问题》。

8月31日，在《中国青年报》第3版发表文章《关于“叛逆性格”》。

10月13日，与民进中央领导人马叙伦、王绍鏊、许广平一起参加了最高国务会议。

11月18日，杨东莼担任光明日报社最高管理机构社务委员会委员，参加杨明轩主持召开光明日报报社改组后的第一次社务会议，会议经过讨论，通过了《光明日报编辑方针》。

---

① 据杨慎之的《杨东莼年谱》卡片资料（未刊本）中记载，《知识分子在革命风暴中何去何从?》、《坐什么渡船?》、《人民的新闻事业决不容许右派分子插手!》、《打渔杀家新解》、《从剪辫子想到的——看老舍〈茶馆〉有感》这些文章都是由杨慎之执笔的（包括批判马哲民的文章在内）。

本年，在《新华》半月刊第17号发表文章《知识分子在斗争风暴中何去何从?》，以及第19号发表文章《何物自由主义》(最先发表在《大公报》上，后来《人民日报》转载)、第22号发表《坐什么渡船?》；《人民的新闻事业不容许右派分子插手!》、《关于“叛逆性格”》被收入《何物自由主义》一书（湖北人民出版社1957年版）。

1958年（58岁）

3月12日，《光明日报》刊登了采访文章《一码事和落脚点——杨东莼谈自我改造大跃进》。杨东莼在接受记者采访时说：“我虽还没有具体写出规划来，但已想好规划第一条，就是要把心交给党，以共产党员标准严格要求自己，在三年内把自己改造成为工人阶级知识分子。”

4月5日，在《人民日报》发表文章《把心交出来》。

4月8日，在《教师报》发表文章《“您方便，我倒不方便了”》。

4月25日，在《人民日报》发表文章《从剪辫子想到的——看老舍〈茶馆〉有感》。

5月7日，在《人民日报》发表文章《打渔杀家新解》。

7月24日，在《文汇报》发表文章《自我改造道路上的良师益友——纪念韬奋同志》。

9月22日，沈钧儒在武汉考察，杨东莼前往江汉饭店拜访。

11月17日，当选为民进第五届中央委员会委员。

12月10日，在民进第五届中央委员会第一次全体会议上，当选为副主席，兼任民进中央学习委员会主任。

本年，将经学家马宗霍被从湖南调至北京中央文史馆当馆员，月支100元，待遇骤降，生活困难，杨东莼设法调他到中华书局做编辑工作，使他生活安定，发挥了专长。

本年，发表文章《文字必须改革》，被收入《文字改革笔谈第二辑》(文字改革出版社1958年版)。在《语文学习》第6期发表文章《文风笔谈》。

1959年（59岁）

3月，参加由民进中央委员同时担任全国人大代表和全国政协委员组成的代表团，分别到上海、浙江、安徽、河南、辽宁、广东、陕西、湖南等地，深入工矿、企业、人民公社、学校、街道等基层单位进行考察。

4 月 17 日，当选为第三届全国政协常务委员会委员。

4 月 28 日，当选为第二届全国人民代表大会代表。

4 月 29 日，参加刚刚当选中国人民政治协商会议第三届全国委员会主席的周恩来召集的茶话会。

5 月 3 日，在《光明日报》发表文章《“后之视今，亦犹今之视昔”——为纪念五四运动四十周年而作》。

5 月，在《语文学习》第 5 期发表文章《前事不忘 后事之师——为纪念五四运动四十周年而作》，以自己的视角记述了当年五四运动的历史面貌，通过分析“五四”后到解放前不同类型的知识分子，指出旧知识分子必须深化改造。

7 月 20 日，担任全国政协文史资料研究委员会副主任委员。

8 月至 1966 年 5 月，任国务院副秘书长。

本年，发表文章《从宇宙火箭上天看科学发展的两条道路》①；撰写文章《关于五四运动和邓中夏同志的几点回忆》②。

1960 年（60 岁）

1 月 25 日，接受彭振辉、陈海波的访问，回忆早期参加革命运动的历史。

8 月，与出席民进五届二中全会的代表一道，受到毛泽东和中央其他领导的接见。

作为《大公报》王芸生和党的联系人，使王芸生免遭反右斗争的劫难，并告之是毛主席将他保下来。

1961 年（61 岁）

3 月 1 日，对溥仪先生的自传体回忆录《我的前半生》书稿进行审阅，并用小楷毛笔字书写完整的审阅意见。这份意见的原件，除用小楷毛笔，间有红钢笔字迹，后作为全国政协文史资料研究委员会图书档案保存。

---

① 该文被收入《人类征服宇宙的新纪元》（世界知识出版社 1959 年版）。

② 该文被收入《五四运动回忆录》（中华书局 1959 年版）。

4月14日，在政协第三届全国委员会常委会第十二次会议上，作关于文史资料研究委员会的工作报告。

5月8日，在《光明日报》发表文章《百家争鸣与群众路线》。

9月，在中共中央统战部焦琦、肖贤法的介绍下，杨东莼重新加入了中国共产党。

10月8日，在《人民日报》发表文章《介绍〈辛亥革命回忆录〉第一集》、《关于五四运动和邓中夏同志的几点回忆》。

11月10日至14日，与参与点校《二十四史》、时任中华书局编辑的宋云彬（抗战期间在桂林，他曾与杨东莼共同参与创办文化供应社）多次通函。

本年，受国务院秘书长齐燕铭委托，赴四川了解被划为“右派”的康心如的境况，将实际情形电话告知中央文史馆馆长章士钊，建议仍保持康心如的重庆市政协委员职位，工资由重庆市政协支付，并报销医药开支。

1962年（62岁）

夏，冒着酷暑，为北京市民进会员连续作了两个半天的报告，从理论到实践，详细地阐述了毛泽东的统一战线思想和“长期共存，互相监督”的方针，以及红与专的关系等问题，对帮助大家提高思想认识起到很大的作用。

9月，出席民进中央召开的座谈会并讲话，庆祝人民解放军击落美蒋U-2飞机，谴责美帝侵略罪行。

11月27日，在全国政协礼堂参加全国政协文史资料研究委员会举行的《我的前半生》研讨会。

12月，参加全国政协召开的第一次文史资料工作会议。

本年，在毛泽东主席召开的知识分子问题座谈会上，杨东莼提出有关意见，得到主席充分的肯定。

1963年（63岁）

3月2日起，亲自赴长沙、广州、武汉、上海、杭州、苏州、南京等地，深入调查研究，了解民进各地会务情况，指导会务工作。

3月，杨东莼来到中山大学看望陈寅恪。在访谈间，陈寅恪就向杨东莼表达了很想写写唐代玄奘去印度取经的历史，并说很想与向达[①]合作研究这段历史，甚至说到没有机会与向达合作是一个遗憾。后来杨东莼在拜会陈序经时，提出能否请向达来广东讲学，以了却陈寅恪这个心愿。

4 月 7 日，浙江省委会一届二次杭州市委会五届六次委员会（扩大）会议联合召开，会上，民进中央副主席杨东莼就“三个主义”教育问题作了讲话。

5 月 28 日，写信给老友——西北农业大学教授石声汉，要他注意身体，做到“细水长流”。

7 至 8 月间，与王芸生一起赴约，聆听周恩来总理指示，接受周总理交给的“恢复政协出版《文史资料选辑》”的任务。王芸生的任务是把《六十年来中国与日本》这部书整理出来，以便重新出版。

10 月，根据胡乔木的建议，代表中共中央统战部和中国近代史研究所联合筹建中国近代社会历史调查委员会，把华中师范学院列为主要协作单位，并调当时该校青年骨干教师章开沅进中国近代社会历史调查委员会，负责具体筹建工作。

后赴天津，查阅商会档案等宝贵文献资料。

1964 年（64 岁）

2 月 7 日，与中国社会科学院近代史研究所副所长刘大年联名致函中国科学院哲学社会科学部分党组、全国政协党组、中宣部、统战部，建议成立“近代中国社会历史调查工作委员会”。

2 月 29 日，中宣部、中央统战部即复函：“同意杨东莼、刘大年同志关于由学术界和政协合作开展近代中国社会历史调查工作的建议。”

4 月 3 日，在近代史所召开“近代中国社会历史调查工作委员会筹委会”的成立会上，就社会历史调查的重要性作长篇发言。会上，杨东莼当选为主任，刘大年、黎澍为副主任，“近代中国社会历史调查工作委员会”以中华书局为办公地点，并制订了一个包罗甚广且相当详细的调查计划。

---

① 向达是国内有名的中西交通史专家，1957 年反右派斗争时受到了严重冲击，为了保护向达，杨东莼曾向有关方面反复介绍向达的专业成就和他在第三次国内革命战争时期的鲜明的政治倾向。

5月，“近代中国社会历史调查工作委员会”正式宣告成立。带领邵循正、何重仁、郝斌、章开沅等人前往天津，在市博物馆、档案馆、图书馆、政协齐齐哈尔资料委员会进行调查研究。

在中国近现代史学术会议上作关于社会历史调查的报告。为了作好报告，做了长时间准备，重新通读《列宁全集》，并在有关卷页夹上许多记心得的纸条，还就若干理论见解询问了包括章开沅在内的许多中青年学者的看法。

6月1日，在全国中国近代史研究规划会议上，就社会历史调查专门作报告，并给天津历史所、上海经济所等地方研究机构布置了具体调查任务。

秋，近代中国社会历史调查工作委员会刚刚建立不久，由于阶级斗争之弦日趋紧绷，大多数人员被抽回参加“四清”运动，调委会工作便渐趋瘫痪，名存实亡。

12月21日，当选为第三届全国人民代表大会代表。

1965年（65岁）

1月5日，当选为第四届全国政协常务委员。

4月12日，被推为政协全国委员会学习委员会民进中央学习分会主任委员。

8月8日，中华书局的总编辑金灿然得知毛泽东写信给章士钊，评阅章士钊的著作《柳文指要》消息后，就给文化部、中宣部的领导写信，请杨东莼向章士钊要这部稿子①。

9月26日下午，自解放十六年以来召开的第一次中外记者招待会在政协礼堂三楼举行。当晚，李宗仁在政协礼堂楼下大厅（包括各会议室）举行冷餐会，招待应邀参加招待会的中外记者共500多人，杨东莼作为民主党派代表人士出席了冷餐会。

10月31日，为纪念孙中山诞辰100周年，特成立孙中山诞辰100周年纪念筹备委员会，廖承志任秘书长，杨东莼任分管学术方面工作的副秘书长，并以委员身份参加第一次会议。

① 杨东莼曾为章士钊《柳文指要》的付梓四处联系，使章士钊在逝世以前，见到了《柳文指要》的精致的大字体印刷版本，宽慰了老人的一颗赤子之心。

1966 年（66 岁）

力图恢复并拓展社会历史调查工作，但随着“文革”风暴骤起，最终无济于事。

春，以纪念孙中山诞辰 100 周年筹备会的名义，把章开沅借调到北京协助秘书处工作。

8 月，时任中央统战部部长徐冰看望了杨东莼。

1967 年（67 岁）

在“文化大革命”中遭受冲击。

1968 年（68 岁）

在“文化大革命”中遭受冲击。

1969 年（69 岁）

4 月，杨东莼在写的一份证明材料中说：“石声汉为人憨直，有话必说，话带讽刺，大有目空一切之慨。……石声汉对我说过，他是‘魏晋作风，宋元头脑’这类的人。我认为这八个字刻画他十分恰当。”

1970 年（70 岁）

9 月，赠送笔砚给赵朴初。赵朴初为“谢杨东莼同志赠笔墨砚”作小诗一首，以表达谢意和当时知识分子的心境。这首诗被收录在赵朴初的《片石集》中。

11 月 1 日，随八个民主党派机关迁入全国工商联大楼办公。在统战系统军代表领导下，各民主党派和工商联机关负责人和部分中委成立四个学习组，民进与民盟组成一个学习组，杨东莼与胡愈之担任学习组召集人。

1971 年（71 岁）

5 月，在中共中央召开的两次座谈会上，及时地反映了知识分子的现状，对纠正“文革”期间种种极“左”的做法，提出了许多有价值的意见，对恢复民主党派活动和落实知识分子政策，起到了积极推动作用。

12 月 8 日，写信给《人民日报》编辑部，据理驳斥《人民日报》7 月

19日刊登的山东写作组《批判孔丘的教育思想》长文与9月25日发表的上海市委写作组罗思鼎的《学习鲁迅批判孔家店的彻底革命精神》。全信长达千字以上，所以经过了两个多月的时间才寄出。他在信中不避风险地为孔子辩，亦为章太炎辩。指出孔子的言行实为进步，章太炎先生并非孔家店人，两篇大批判文章纯属无稽之谈。

1972年（72岁）

7月13日，参加王季范（毛主席姨表兄）先生的追悼会。

7月16日，杨东莼在胡愈之的寓所，与周世钊、萨空了、楚图南等谈了一晚，形成了要向毛主席进言的共识，并委托周世钊通过王海容（王季范的孙女，担任毛主席的身边翻译）联系。

10月3日和10月5日，杨东莼与周世钊、胡愈之通过前来听取意见的汪东兴向毛泽东进言，被誉称为“三老进言”。杨东莼接过周世钊的教育话题，谈到青年问题。一是他们在校时受不到良好教育，离开学校后上山下乡使家长很不放心；一是青年人普遍感到前途迷惑，在生活、就业、婚姻等方面都存在许多问题。

本年，译作《古代社会》由商务印书馆重印5万册。

1973年（73岁）

初夏，经周恩来总理同意，中央统战部组织一部分民主人士去华北参观，杨东莼与胡愈之等同去。

秋，杨人楩去世。杨东莼对儿子杨慎之说：“这样一位学者，就这样被折磨至死，我不服这口气，我要控告！”

9月，参加杨人楩的追悼会。

1974年（74岁）

2月，被聘为中央文史研究馆第三任馆长。

9月12日，唐振南、李仲民对杨东莼进行访谈，杨东莼主要回忆了早期中共工人运动开展情况。

10月16日，在全国政协的联组学习会上作一次专题发言。指出：所谓“唯生产力论”，是一个心造的幻影，在所有的经典著作（马、恩、列和毛泽东的全部著作）中找不到任何依据，引经典予以驳斥。

10 月 19 日，胡愈之电话相约，杨东莼、陈此生招游香山。同游者尚有杨东莼夫人、胡愈之、沈滋九、沈雁冰、陈翰生夫妇、冯雪峰、罗叔章。同游人皆为七十岁以上。

1975 年（75 岁）

1 月 9 日，给廖有为夫妇信中写道："来信及照片均已收到。西川的信也收到了。您们夫妇总算是坚持革命信心，终于得到了今天的结果，可喜之至。不过来日方长，仍须努力，以求得到改造。台驾来京，住不成问题，吃则到时再设法解决。"

1 月 17 日，当选为第四届全国人大常务委员会委员。

在第四届全国人大会上，在选举的头一天晚上，主席团成员得到候选人名单，与王芸生得知周恩来继续担任总理时高兴得抱头痛哭，从此，两人心心相印，经常一起议论国家大事。

不久，得知毛主席批判"江青反革命集团"的好消息，兴奋得手舞足蹈。

1 月 29 日，给廖有为夫妇信中写道："欢迎你们来，粮票富有不必带，住宿无问题，火车到北京时间最好白天，晚上八点以后，我就梦见周公去了，已要青菜苔子火车上怕不好带。兹将到北京站后坐车到我处路线奉告，以免到时奔波。"

9 月，作诗四首回赠张毕来，有一首引《贤文》"是非只为多开口，烦恼皆因强出头"为序，表达自己"欲言而又不言，欲不言而又言"的精神折磨状态。

10 月 27 日，杨东莼出于对"江青反革命集团"把矛头对准周恩来总理的义愤，他在政协学习会上发言说："理论学习还没完，又搞个批《水浒》……好多事都是一阵风，我看批《水浒》也搞不了好久。批来批去，还批什么？"

年底，"批判反击右倾翻案风"的运动开始了，与薛暮桥商量在民主党派会议上的发言稿，对发言稿字斟句酌，但是还是遭到围攻，一度被攻得精神失常。

本年，与胡愈之、沈兹九、罗叔章、谢冰心游览三峡。

1976年（76岁）

初，将《古代社会》全部重译，采取“老中青”三结合办法，与马雍、马巨合作完成50万字的译文任务。

1月15日，参加周恩来总理追悼会。

1月29日，致程元（程潜次子）信，对周恩来总理逝世表示哀悼之情。

1月31日，致程元信，信中写道：“杨笔钧现年81岁，单身一人在长沙，自烧自吃，真的受不了。马日事变后，是他帮助后，才得到汉口出席第四次全国劳动代表大会。1926—1927年，柳直荀烈士在长沙活动，他起到了一些掩护作用。政治清白，为人正直，有口皆碑。是长沙老牌中学英语教员，桃李满天下。照党的政策，把他的女儿女婿和孙子二人一共四口调到长沙，以便照顾他，这是合理的。”

2月5日，致程元信，信中写道：“近来精神不济，记忆力大为减退，以未知前函将杨笔钧住址写清楚否？殊为墨记。杨寓长沙西园九仪里七号，特补陈之叶帅因病休养事谅有所闻，尊事幸而及时办理，可贺！何时离苏县，新寓所地名望见示。”

3月3日至4日，香港《大公报》刊载中国新闻社记者的文章《杨东莼后全译〈古代社会〉及其他》文章。

3月30日，致程元信，信中写道：“二月十日手书奉悉。不可思议，多思多议，便可思议。《老子》想已读过，重读更有好处。周绮文事只好听之任之。惟有杨笔钧要求调任其女儿至长沙事，则千万求兄函告李振军同志鼎力成之。杨已八十岁，活不了多久了，让其与女儿团聚，亦人情之常。”

5月18日上午11时，因“文革”期间，常常从外边传来一些理论性的判断，要民主党派组成的学习组按调子唱歌，有一回传来对刘禹锡《陋室铭》中“谈笑有鸿儒，往来无白丁”两句的理解。据说，这是知识分子与劳动人民完全无关的阶级性的写照。杨东莼听了后，回去搞了一番冷门考证，找出《北史・李敏传》，证明白丁不是什么劳动人民。杨东莼请人抄了《北史・李敏传》的全文，在抄件后面写下几句话，作为给胡愈之和张毕来的信，信的内容是：“右，由老友之子潘小援录自《北史》卷五十九列传四十七，请愈老、毕来两兄研究之，并代我向文宜同志问好。如有可能，就在小组会上由毕来同志宣讲。”杨东莼在一次学习小组会上，将一包东西交给张毕来[1]，恭敬地鞠躬说："请妥为保存。"张毕来把包接下后，杨东莼回到座位上去，手指着张毕来对胡愈之说："此人可靠。"

6月20日，致程元信，信中写道："为杨笔钧事，实在不好意思再打扰您了。只因他是马日事变掩护我从长沙到汉口之义友。如今他以八十高龄独自住在长沙，生活上实多不便。从政策上说，从我个人报答他的意义说，我都有必要替他说话。所以不避烦渎，再函不以此为怪也。方鼎英九十四岁，于上星期突然以脑溢血逝世。程文的公公问题未解决，其他依旧，只是于半月前撤销了他的高干医疗待遇，其故为何，不明。"

6月26日，致程元信，信中写道："兹遵嘱奉上杨笔钧有关文件。他希望由您写一信与他，由他直接去找李振军同志，不知可否。"

夏，对杨慎之的《魏源诗文选集》征求意见稿，在中央文史馆小会议室三次与杨慎之约谈，并发表真知灼见。

7月5日，当选为光明日报社委会委员。

1977年（77岁）

3月，为商务印书馆重印译作《古代社会》写译者前言，文中指出："现在这个新译本所采用的原文本是美国哈佛大会出版部于1964年刊行的，这个本子的编者是现代美国研究摩尔根的专家L. A. 怀特。它是以1878年美国霍耳特出版公司第二次印行本为依据的。""还参考了另外两个比较好的版本。其一是英国不列颠博物馆藏麦克米兰公司1877年初印本，这是《古代社会》一书在英国出版的最早的本子。其二是美国世界出版公司1967年重印本，这个本子的编订者是E. B. 李柯克。"

6月10日，为自己的译作《狄慈根哲学著作选集》撰写译者说明，文中指出"本书收入狄慈根的四篇代表作：《人脑活动的本质》、《论逻辑书简》、《一个社会主义者在认识论领域中的漫游》、《哲学的成果》，都是我在

---

① 杨东莼交给张毕来的一包东西里有：《北史》一册和一个抄件（抄件题曰《白丁解》）。此外是《参考资料》（15908和15912），共五本；文物出版社出版的《毛主席诗词三十七首》一册；北京出版社出版的《一九六六年历书》一册；中国历史博物馆的"周恩来同志纪念展览"请柬一张；黑纱一条。《北史》的扉页上有杨东莼留给张毕来的一张字条，上面写着"《北史》一册，请毕来同志保存。再见！"

1932年译的，现在又重加译校。”

12月24日，任民进中央临时领导小组成员。同时担任的还有周建人、叶圣陶、徐伯昕。翌年又增加赵朴初、葛志成，共六人。

1978年（78岁）

2月24日，当选为第五届全国政协常务委员会委员。

3月5日，当选为第五届全国人大常务委员会委员。

12月，由生活·读书·新知三联书店出版译著《狄慈根哲学著作选集》。这部书收入4篇狄慈根的代表作：《人脑活动的本质》、《论逻辑书简》、《一个社会主义者在认识论领域中之漫游》和《哲学的成果》，共20余万字。这一次是杨东莼根据德文加以重新校译。

1979年（79岁）

5月4日，重病中出席中国社会科学院在人民大会堂举行的“五四”时期老同志座谈会并作发言，在讲话中对青年一代殷殷寄予厚望。

9月，伏案继续翻译《对话录》。

9月25日，因病在北京逝世，享年79岁。

10月16日，新华社发了专电悼念杨东莼，高度评价了杨东莼：“杨东莼同志在民主革命时期，长期从事革命活动，为党和人民的事业做了许多工作。解放后积极参加社会主义革命和社会主义建设事业，积极进行统一战线工作，为党的统一战线和文化教育事业贡献了自己的力量。”

杨东莼主要编译著系年

1921 年（21 岁）

9 月 8 日至 25 日，在《学灯》上刊登其翻译海克尔（德国著名动物学家，进化论者）的《生命之不可思议》部分章节《生命的渊源》等。

本年，与北京大学“马克斯学说研究会”成员一起翻译德国著名哲学家、伦理学家、教育家泡尔生（Friedrich Paulsen）的《哲学概论》（*Introduction to Philosophy*）。

在北京大学读书期间，曾用笔名“采岩”，用语体文从德文本翻译了一部托尔斯泰的小说《克鲁斯奏鸣曲》（Kreutzer Sonata）和毕希纳（Buchner）的《达尔文的学说》登在报纸周刊上。

1922 年（22 岁）

本年，在《民铎》杂志第 3 卷第 5 期发表《达尔文学说与唯物论的关系》。

1923 年（23 岁）

5 月 27 日，在长沙完成《达尔文学说与唯物的关系》（续进化论号上），后发表于《民铎》杂志第 4 卷第 4 期。

夏，开始翻译（德）海涅的诗歌，并在协均中学主编的《协均周刊》上发表。

1924 年（24 岁）

4 月 3 日，在长沙撰写完成《实践理性批判梗概》。

4 月 10 日，在长沙翻译完成泡尔生的《哲学概论》中《康德之形式的合理主义》一文，文中“一切译名皆以杜里舒演讲录中张君劢先生所译者为准”。

7月23日，在长沙撰写完成《怎样研究本国史》。

本年，编辑印行《顾颉刚编现代初中本国史参考》（1924年醴陵石印本），该书现存湖南省图书馆。

本年，编辑印行《中国近代史参考资料（近世条约）》一册。

1925年（25岁）

4月，在《民铎》杂志第6卷第4期发表《实践理性批判梗概》。

本年，在《民铎》杂志第6卷第10期发表译作《康德之形式的合理主义》。

1928年（28岁）

春，开始翻译《狄慈根全集》。

年底，写成了《一九二八年国际形势》一书，此书经修改后，1929年改题为《世界之现状》。

1929年（29岁）

1月30日，写成《中国过去教育的批判》，在《北新》杂志第3卷第9期发表。

2月24日，写成《赫格尔与傅尔巴哈》，在《民铎》杂志第10卷第2期发表。

3月，由上海昆仑书店出版编著《世界之现状》。

5月，在上海昆仑书店出版编著《第二次世界大战问题》。

本年，在东京旅途中写成《狄慈根之哲学》。在《民铎》杂志第10卷第3期、第4期、第5期先后发表《狄慈根之哲学》、《思想之方向转变》、《从自然科学的唯物论到辩证的唯物论》；在《教育杂志》第21卷第7期、第9期先后发表《十年来之日本学生运动》、《苏俄的性教育问题》；在上海昆仑书店出版译作《辩证法的唯物观》、《新唯物论的认识论》。

1930 年（30 岁）

4 月 10 日，在《东方杂志》第 27 卷第 7 期发表论文《产业合理化》。

11 月 3 日，在上海旅途中写成《评中国十九年来的妇女运动》。

本年，发表与张栗原合译的著作《古代社会》，由上海昆仑书店出版，后多次再版。1978 年后与马雍、马巨重译修订，由商务印书馆 1982 年重版；在《教育杂志》第 22 卷第 3 期发表《最近各国教育之趋势》；在《北新》杂志第 4 卷第 21—22 期发表《学潮与苦闷中的学生》和译作《评托尔斯泰主义》。

1931 年（31 岁）

8 月，在上海北新书局出版其专著《本国文化史大纲》，1933 年、1934 年两次重印。

本年，在《妇女杂志》（上海）第 17 卷第 1 期、第 3 期、第 4 期分别发表《评中国十九年来的妇女运动》、《产业合理化与妇女问题（未完）》、《产业合理化与妇女问题（续）》；在上海三联书店《读书杂志》第 1 卷第 6 期发表《评所谓读书运动》；在《民铎》杂志第 11 卷第 1 期发表《唯物论的认识论》。

1932 年（32 岁）

3 月 20 日，在《青年界》杂志第 2 卷第 1 期发表《一九三一年国际情势概观》。

10 月 20 日，在《青年界》杂志第 2 卷第 3 期发表《从读书谈到青年的出路问题》。

12 月 20 日，在《青年界》杂志第 2 卷第 5 期发表《世界恐慌中的日本资本主义》。

10 月 12 日，在广西师专开校典礼上讲话《在师专开校典礼上的答词》，记录稿载于《师专校刊》第 7 期开校特刊。

11 月，由上海北新书局出版《中国学术史讲话》，岳麓书社《凤凰丛书》1986 年 7 月重印。1996 年由东方出版社收入《民国学术经典文库》再次重印。

本年，与宁敦武合译《费尔巴哈论》（又名《机械论的唯物论批判》），由上海昆仑书店出版。

1933 年（33 岁）

3 月，在《师专校刊》第 2 卷第 2—3 期发表《理论与实际》、《论集体生活与自我教育》。

本年，在《师专校刊》第 1—2 期（合订本）发表《师专前途的希望》。

本年，《教育新路》（第 37—38 期）刊发杨东莼语录《理论与实际》；《江苏省立徐州民众教育馆周年纪念特刊》连续三期，节录刊发广西省立师专校长杨东莼先生著校刊发刊词。

1934 年（34 岁）

4 月，由上海北新书局再版《中国学术史讲话》。

9 月，在《青年界》第 6 卷第 2 期发表《怎样研究本国史》。

12 月 7 日、11 日，写完《我们对团体训练应有的认识》，并在《师专校刊》第 2 卷第 4、5、6 期上发表。

1935 年（35 岁）

本年，在上海北新书局出版《高中本国史》（三册），该书在 20 世纪三四十年代多次重印；在《青年界》第 1 期发表《八本说文解字伴着我到了北京》、《现代美国文明的自己批判》。

1936 年（36 岁）

9 月，在大众文化社出版专著《国际新闻读法》，被列入“大众文化丛书”第一辑。

11 月，在《新世纪》第 1 卷第 2 期发表《辛亥革命的意义及其教训》。

本年，杨东莼与宁柏清合编的《法律大意》一书在上海北新书局出版；在《青年界》第 9 卷第 1 期、第 10 卷第 1 期先后发表《青年和职业》、《国难时期中没有暑假》；在《现世界》第 1 卷第 5 期发表《我们怎样纪念今年的双十节》；在《知识与生活》第 1 卷第 4 期发表《教育上的一个重大问题》；在《小学生》（上海 1931）第 6 卷第 6 期、第 7 期、第 9 期、第 10 期先后发表《第一课　万物时时在变化着》、《第二课　变化的法则也适用于人类社会么?》、《第四课　英雄造时势 时势造英雄》、《第五课　我们为什么要学历史呢?》；在《大众教育》第 1 卷第 1 期、第 2 期先后发表《一个学校的团体训练的实验报告》、《一个学校的团体训练的实验报告（续创刊号)》；在《津浦铁路日刊》（第 1613—1637 期）先后发表《青年修养问题(上)》、《青年修养问题（下)》，这篇文章同时在《福建县政》第 1 卷第 2 期发表。在《申报每周增刊》第 1 卷第 10 期、第 21 期、第 24 期、第 25 期、第 28 期、第 29 期、第 31 期、第 34 期、第 40 期、第 43 期先后发表《难产的日本广田内阁居然成立》、《谈谈历史的教训》、《青年的升学问题和职业问题》、《智识分子的任务和出路》、《论甲午之役（上篇)》、《论甲午之役(下篇)》、《青年修养问题》、《中国近代研究大纲》、《论辛亥革命》、《书院与学校》。

1937 年（37 岁）

5 月，在上海北新书局出版专著《经济概要》。

9 月 21 日，在《战时教育》第 1 期发表《要从战时教育中树立起新文化的基础》。

9 月 29 日，在《战时教育》第 1 期发表《战时教育中大学生的动员》。后又在《战时教育》第 2 期发表《大学生的动员》。

10 月 1 日，在《文化战线》第 4 期发表《战时教育问题》，收入《抗战言论集 第一辑》(叶波澄编纂，汉口现代出版社 1937 年出版)。

10 月 3 日，在《半月》第 2 期发表《要求政府立即对日绝交》，收入《抗战言论集 第二辑》(叶波澄编纂，汉口现代出版社 1937 年出版)。

10 月 6 日，在《文化战线》第 5 期发表《纪念辛亥革命与当前的抗战》，收入《抗战言论集 第一辑》(叶波澄编纂，汉口现代出版社 1937 年版)。

10 月 7 日，在《战线》第 6 期发表《今年的双十节》，收入《抗战言论集 第二辑》(叶波澄编纂，汉口现代出版社 1937 年 11 月出版)。

10 月 11 日，在《战时教育》第 3 期发表《战时的政治教育》。

10 月 23 日，在《战时教育》第 4 期发表《向全国教育专家与教育工作者的一个建议》，收入《抗战言论集 第三辑》(叶波澄编纂，汉口现代出版社 1937 年出版)。

10 月 23 日，撰写文章《向全国教育专家与教育工作者的一个建议》，后在《战时教育》第 4 期发表。

10 月 24 日，在《战线》第 10 期发表《一个小小的建议》，收入《抗战言论集 第二辑》(汉口现代出版社 1937 年版)。

本年，杨东莼与熊得三（又名熊得山）合著的《社会问题政治概要》一书，在上海北新书局出版，后被收入《高中公民》系列丛书。在《京沪沪杭甬铁路日刊》第 1823 期发表《生活力》。在《兴华》第 25 期发表《教育的失败怎样解决》。在《申报每周增刊》第 2 卷第 6 期、第 8 期、第 15 期、第 19 期、第 25 期先后发表《谈青年的生活》、《中国的文化问题》、《青年的读书问题》、《青年的婚姻问题》、《青年的职业生活》。

1938 年（38 岁）

7 月，在《中苏》(半月刊) 第 9—10 期合刊上发表《抗战一年来的湖南》。

本年，在战时出版社出版专著《战时教育问题》，该书分平时教育与战时教育、中国过去教育的缺点、战时教育的任务、最高原则、实施方法和问题等七部分；组织生活教育社编辑出版《战时教育论集》，收入《要从战时教育中树立起新文化的基础》、《战时的政治教育》、《向全国教育专家与教育工作者的一个建议》、《战时教育中大学生的动员》等 40 篇文章，另附有《抗战教育的实施与推进》(汉口文化界座谈会记录）一文，该书由广州生活书店出版。

1939 年（39 岁）

2 月 10 日，在《战时教育》第 3 卷第 12 期发表《生活教育的远景 (代论)》。

本年，在广西建设研究会《建设研究》第 1 卷第 1 期发表《广西地方建设干部学校的自我介绍》；在《中国农村》第 5 卷第 5 期发表《利用文化机构来动员农民》；在广西桂林文化供应社印行专著《中国历史讲话》。

1940 年（40 岁）

本年，在广西地方建设干部学校第十五次纪念周上发表讲话《几个重要名词的解释》，记录稿在《干部生活》第 1 期发表；在广西地方建设干部学校第二大队第六次室务会议上作报告《检讨工作报告提纲》，记录稿在《干部生活》第 2 期上发表；在《建设研究》第 4 卷第 4 期发表《广西地方建设干部学校的自我批判》；由广西地方建设干部学校印行专著《杨东莼报告集》（三集）、《致基层干部的十封信》及其组织编撰的《两年来的干校》，并将撰写的《两年来干校的自我批判》一文，置于卷首；代黄旭初撰写《干部政策》一书。

1941 年（41 岁）

本年，在广西桂林文化供应社出版专著《抗战的形势》；与黄旭初的合著《长官言论集》，由广西地方建设干部学校色保特训班整理印行，收入了杨东莼《关于处事问题》讲话文章。在《国民公论》第 4 卷第 11 期、第 12 期的“政治问题”专栏上，先后发表《团结与进步（上）》、《团结与进步（下）》。

1944 年（44 岁）

本年，在《读书通讯》第 92 期发表《我的读书过程》。在《安徽青年》第 1—2 期发表《谈小学教员与基层工作人员的进修》。

1946 年（46 岁）

本年，在《青年界》第 1 卷第 3 期、第 4 期先后发表《学习漫话》、《直挺挺地站起来》。

1947 年（47 岁）

本年，上海开明书店出版杨东莼编的《开明新编高级本国史》（上下册）教材。

1957 年（57 岁）

8 月 13 日，在《教师报》发表《正确对待子女升学、就业和自学问题》。

8 月 31 日，在《中国青年报》第 3 版发表《关于“叛逆性格”》。

本年，在《新华》半月刊第 17 号发表《知识分子在斗争风暴中何去何从?》，以及第 19 号发表《何物自由主义》（最先发表在《大公报》上，后来《人民日报》转载）、第 22 号发表《坐什么渡船?》；《人民的新闻事业不容许右派分子插手!》、《关于“叛逆性格”》被收入《何物自由主义》一书(湖北人民出版社 1957 年版)。

1958 年(58 岁)

4 月 5 日，在《人民日报》发表《把心交出来》。

4 月 8 日，在《教师报》发表《“您方便，我倒不方便了”》。

4 月 25 日，在《人民日报》发表《从剪辫子联想起来的》。

5 月 7 日，在《人民日报》发表《打渔杀家新解》，被收入《思想解放杂谈》(人民出版社 1958 年版)。

7 月 24 日，在《文汇报》发表《自我改造道路上的良师益友——纪念韬奋同志》。

本年，撰写文章《文字必须改革》，被收入《文字改革笔谈 第二辑》(文字改革出版社 1958 年版)。在《语文学习》第 6 期发表《文风笔谈》。

1959 年(59 岁)

5 月 3 日，在《光明日报》发表《“后之视今　亦犹今之视昔”——为纪念五四运动四十周年而作》。

本年，撰写《关于五四运动和邓中夏同志的几点回忆》、《从宇宙火箭上天看科学发展的两条道路》；在《语文学习》第 5 期发表《前事不忘　后事之师——为纪念五四运动四十周年而作》。

1961 年(61 岁)

5 月 8 日，在《光明日报》发表《百家争鸣与群众路线》。

10 月 8 日，在《人民日报》发表《介绍〈辛亥革命回忆录〉第一集》。

1978 年(78 岁)

12 月，在生活·读书·新知三联书店出版译著《狄慈根哲学著作选集》。这部书收入 4 篇狄慈根的代表作：《人脑活动的本质》、《论逻辑书简》、《一个社会主义者在认识论领域中之漫游》和《哲学的成果》，共 20 余万字。这一次杨东莼是根据德文加以重新校译。

主要参考文献

一、著作文集类

杨东莼. 世界之现状 [M]. 上海: 昆仑书店, 1929.

杨东莼. 本国文化史大纲 [M]. 北京: 北新书局, 1933.

杨东莼. 高中本国史 [M]. 北京: 北新书局, 1935.

杨东莼. 国际新闻读法 [M]. 上海: 大众文化社, 1936.

梁启超. 饮冰室合集 [M]. 上海: 中华书局, 1936.

叶波澄. 抗战言论集　第一辑 [M]. 武汉: 汉口现代出版社, 1937.

叶波澄. 抗战言论集　第二辑 [M]. 武汉: 汉口现代出版社, 1937.

杨东莼. 两年来的干校 [M]. 桂林: 桂林出版社, 1940.

杨东莼. 开明新编高级本国史 [M]. 上海: 开明书店, 1947.

邓中夏. 中国职工运动简史 [M]. 北京: 中国人民大学出版社, 1952.

杨东莼. 何物自由主义 [M]. 武汉: 湖北人民出版社, 1957.

毛泽东. 毛泽东同志论教育工作 [M]. 北京: 人民教育出版社, 1958.

李大钊. 李大钊选集 [M]. 北京: 人民出版社, 1959.

韦君宜. 北方的红星 [M]. 北京: 作家出版社, 1960.

马克思. 摩尔根《古代社会》一书摘要 [M]. 北京: 人民出版社, 1965.

鲁迅. 鲁迅全集 [M]. 北京: 人民文学出版社, 1973.

约·狄慈根. 狄慈根哲学著作选集 [M]. 北京: 生活·读书·新知三联书店, 1978.

中国社会科学院近代史研究所编．五四运动回忆录［M］．北京：中国社会科学出版社，1979．

李泽厚．中国近代思想史论［M］．北京：人民出版社，1979．

井上清．昭和五十年［M］．天津：天津人民出版社，1979．

中国社会科学院近代史研究所．纪念五四运动六十周年学术讨论会论文选（一）［C］．北京：中国社会科学出版社，1980．

陶行知．行知书信集［M］．合肥：安徽人民出版社，1981．

色川大吉．昭和五十年史话［M］．哈尔滨：黑龙江人民出版社，1982．

汪原放．亚东图书馆与陈独秀［M］．南京：学林出版社，1983．

万仲文．桂系见闻谈［M］．桂林：广西师大历史系、广西师大生产科研处，1983．

张毕来．张毕来文选［M］．贵阳：贵州人民出版社，1984．

中国社会科学院近代史研究所中华民国史研究室．胡适的日记［M］．北京：中华书局，1985．

中国人民政治协商会议湖南醴陵市委员会文史资料工作委员会编．醴陵文史第6辑［M］．［出版地不详］：［出版者不详］，1989．

冷德慧，毛国斌主编．八路军桂林办事处［M］．南宁：广西人民出版社，1990．

中国第二历史档案馆．中华民国史档案资料汇编——民众运动［M］．南京：江苏古籍出版社，1991．

沈谱，沈人骅．沈钧儒年谱［M］．北京：中国文史出版社，1992．

钟文典．二十世纪三十年代的广西［M］．桂林：广西师范大学出版社，1992．

桂林市政协文史资料委员会编．桂林文史资料第二十辑：三十年代广西师专［M］．桂林：漓江出版社，1992．

周彦瑜．毛泽东与周世钊［M］．长春：吉林人民出版社，1993．

吴贻谷主编．武汉大学校史1893—1993［M］．武汉：武汉大学出版社，1993．

汪文汉，宋才发．华中师范大学校史（1903—1993）［M］．武汉：华中师范大学出版社，1994．

中国人民政治协商会议湖南醴陵市委员会文史资料工作委员会编. 醴陵文史第11辑［M］.［出版地不详］:［出版者不详］, 1994.

黎维新, 周德辉主编. 长沙文化城抗战初期长沙抗日救亡文化运动实录［M］. 长沙: 湖南出版社, 1995.

秦柳方. 云海滴翠［M］. 北京: 中国财政经济出版社, 1995.

达德学院校友会. 达德学院建校五十周年纪念文集［M］. 广州: 广东人民出版社, 1996.

中共广东省委党史研究室, 广东省中共党史学会, 广东省中共党史人物研究会编. 方方研究（上卷）［M］. 广州: 广东人民出版社, 1996.

杨东莼著, 罗福惠、胡永弘选编. 杨东莼学术论著选［M］. 武汉: 华中师范大学出版社, 1997.

章开沅. 实斋笔记［M］. 上海: 东方出版中心, 1998.

盛永华, 王健. 胡愈之画传［M］. 北京: 生活·读书·新知三联书店, 1998.

魏华龄, 王玉梅主编. 桂林文史资料第三十七辑: 人物专辑［M］. 桂林: 漓江出版社, 1998.

中央文史研究馆编. 崇文集中央文史研究馆馆员文选［M］. 北京: 中华书局, 1999.

李大钊. 李大钊全集［M］. 石家庄: 河北教育出版社, 1999.

中国人民政治协商会议全国委员会文史资料委员会办公室. 周恩来同志倡导政协文史资料工作四十年纪念集［M］. 北京: 中国文史出版社, 1999.

中国人民政治协商会议武汉市委员会文史学习委员会. 武汉文史资料文库第8辑历史人物［M］. 武汉: 武汉出版社, 1999.

中国社会科学院近代史研究所, 近代史资料编辑部. 近代史资料（总第103号）［M］. 北京: 中国社会科学出版社, 2002.

郁达夫. 郁达夫散文集［M］. 上海: 上海古籍出版社, 2002.

苗润田. 儒学与实学［M］. 北京: 中华书局, 2003.

周挥辉, 程秀莉. 岁月如歌——我与华中师大［M］. 武汉: 华中师范大学出版社, 2003.

王芝琛. 一代报人王芸生［M］. 武汉: 长江文艺出版社, 2004.

石定扶．用生命去创造——记我的父亲植物生理学家和农业历史学家石声汉［M］．西安：西北农林科技大学出版社，2005.

赵勤轩，康青星．朱克靖传［M］．北京：中共党史出版社，2006.

王序平，刘沉刚．刘斐将军传略［M］．石家庄：花山文艺出版社，2007.

舒衡哲．中国启蒙运动——知识分子与五四遗产［M］．北京：新星出版社，2007.

路易斯·亨利·摩尔根．古代社会［M］．杨东莼，等，译．北京：中央编译出版社，2007.

茅盾．子夜·林家铺子［M］．天津：天津人民出版社，2008.

周洪宇．人民之子——陶行知［M］．武汉：湖北人民出版社，2011.

杨东莼．中国学术史讲话［M］．长沙：岳麓书社，2011.

许纪霖．大时代的知识人［M］．北京：中华书局，2012.

杨东莼等．万卷书万里路［M］．成都：天地出版社，2012.

王枬，黄伟林．广西师范大学历任校长故事集［M］．桂林：广西师范大学出版社，2012.

二、期刊报纸类

丘品璋．我的婚姻痛苦［J］．到民间去，1924（2）.

杨东莼．狄慈根之哲学［J］．民铎，1929（3）.

杨东莼．从自然科学的唯物论到辨证的唯物论［J］．民铎，1929（5）.

杨东莼．中国过去教育的批判［J］．北新，1929（9）.

杨东莼．赫格尔与傅尔亚巴哈［J］．民铎，1929（2）.

杨东莼．思想之方向转变［J］．民铎，1929（4）.

杨东莼．十年来之日本学生运动［J］．教育杂志，1930（7）.

杨东莼．苏俄的性教育问题［J］．教育杂志，1930（9）.

杨东莼．学潮与苦闷中的学生［J］．北新，1930（21—22）.

杨东莼．产业合理化［J］．东方杂志，1930（7）.

杨东莼．产业合理化与妇女问题［J］．妇女杂志，1931，17（3）.

杨东莼．产业合理化与妇女问题（续）［J］．妇女杂志，1931，17（4）.

杨东莼．评中国十九年来的妇女运动［J］．妇女杂志，1931，17（1）.

杨人梗. 读书论 [J]. 青年界, 1932, 2 (3).

杨东莼. 评所谓读书运动 [J]. 读书杂志, 1933 (6).

杨东莼. 怎样研究本国史 [J]. 青年界, 1934, 6 (2).

杨东莼. 八本《说文解字》伴着我到了北京 [J]. 青年界, 1935 (1).

杨东莼. 现代美国文明的自己批判 [J]. 青年界, 1935 (1).

应普汉. 评本国文化史大纲 [J]. 学艺杂志, 1935 (14).

杨东莼. 如何纪念今年的双十节 [J]. 现世界, 1936 (5).

杨东莼. 国难时期中没有暑假 [J]. 青年界, 1936 (1).

杨东莼. 青年和职业 [J]. 青年界, 1936 (1).

杨东莼. 一个学校的团体训练的实验报告 [J]. 大众教育, 1936, 1 (1).

东莼. 书院与学校 [J]. 谈风, 1936 (4).

杨东莼. 谈谈历史的教训 [J]. 申报每周增刊, 1936 , 1 (21).

杨东莼. 向全国教育专家与教育工作者的一个建议 [J]. 战时教育, 1937 (4).

杨东莼. 青年的婚姻问题 [J]. 申报每周增刊, 1937, 2 (15).

杨东莼. 青年的读书问题 [J]. 申报每周增刊, 1937, 2 (19).

杨东莼. 广西地方建设干部学校的自我介绍 [J]. 建设研究, 1939 (1).

杨东莼. 一人当两人用 [J]. 国民公论, 1939, 2 (1).

杨东莼. 生活教育的远景 (代论) [J]. 战时教育, 1939, 3 (12).

杨东莼. 广西地方建设干部学校的自我批判 [J]. 建设研究, 1940 (4).

杨东莼. 几个重要名词的解释 [J]. 干部生活, 1940 (1).

杨东莼. 检讨工作报告提纲 [J]. 干部生活, 1940 (2).

唐现之. 我对于国民中学的意见 [J]. 广西教育研究, 1940, 3 (5).

秦柳方. 国民中学的路向问题 [J]. 建设研究, 1940, 4 (4).

鲁立刚. 湖南长郡联立中学概况 [J]. 湖南教育, 1941 (23).

杨东莼. 团结与进步 (上) [J]. 国民公论, 1941, 4 (11).

杨东莼. 团结与进步 (下) [J]. 国民公论, 1941, 4 (12).

岂匏. 行军与天文 [J]. 文讯, 1942, 2 (5).

杨东莼. 我的读书过程 [J]. 读书通讯, 1944 (92).

杨东莼. 谈小学教员与基层工作人员的进修 [J]. 安徽青年, 1944, 4 (1—2).

杨东莼. 学习漫话 [J]. 青年界，1946 (3).

杨东莼. 直挺挺地站起来 [J]. 青年界，1946 (4).

杨东莼. 知识分子在斗争风暴中何去何从 [J]. 新华半月刊，1957 (17).

杨东莼. 前事不忘，后事之师——为纪念五四运动四十周年而作 [J]. 语文学习，1959 (5).

章开沅. 建设社会主义要靠真才实学——怀念老院长杨东莼同志 [J]. 华中师院学报：哲学社会科学版，1983 (5).

邓立勋. 通古今之变，成一家之言——读杨东莼《中国学术史讲话》[J]. 船山学报，1987 (2).

蓝常周. 试论广西地方建设干部学校 [J]. 广西师范大学学报：哲学社会科学版，1992 (2).

孙利天. 现代哲学革命和当代辩证法理论 [J]. 哲学研究，1994 (7).

汪东林. 杨东莼顶“风”质疑 [J]. 民主，1995 (10).

许康、史晓斌. 杨东莼对“合理化”的介绍——科学管理法传入中国源流探索之五 [J]. 科学学与科学技术管理，1997 (3).

俞曙霞. 珍贵的照片永久的纪念，纪念杨东莼先生逝世 20 周年 [J]. 民主，1999 (9).

李平. 世纪回顾与展望：20 世纪中国文化史研究评述 [J]. 文艺理论与批评，2000 (3).

高巍. 三老上书毛泽东 [J]. 党史博览，2000 (11).

杨齐福. 20 世纪中国文化史研究回顾与展望 [J]. 淮阴师范学院学报：哲学社会科学版，2000 (22).

谢丹. 评杨东莼的《本国文化史大纲》[J]. 湖北大学学报：哲学社会科学版，2001 (4).

曹裕文. 杨东莼在广西大学 [J]. 广西文史，2004 (1).

何开粹. 红色教授轶事（下）[J]. 中共桂林市委党校学报，2004 (2).

高言弘. 著名学者杨东莼及其著作 [J]. 广西文史，2005 (4).

王浪花. 论杨东莼教育管理举措及特点——以任职华中师院院长为中心 [J]. 华中师范大学研究生学报，2007 (3).

孟向荣. 杨东莼审阅《我的前半生》[J]. 纵横，2007 (11).

曹裕文. 杨东莼在桂林 [J]. 广西文史，2008 (1).

胡铭心. 武汉市民进的筹建过程 [J]. 武汉民进，2009 (2).

雷戈. 文革前的《文史资料选辑》[J]. 炎黄春秋，2011 (5).

邵力子. 再评东荪君的又一教训 [N]. 民国日报，1920-11-08.

杨人杞. 生命的渊源 [N]. 学灯，1921-09-08 至 1921-09-25.

胡嘉. 赫克尔之原始生殖说 [N]. 学灯，1922-04-07 (3).

杨东莼. 正确对待子女升学、就业和自学问题 [N]. 教师报，1957-08-13.

陈铨亚. 马克思主义何时传入中国 [N]. 光明日报，1987-09-16.

杨东莼. 百家争鸣与群众路线 [N]. 光明日报，1961-05-08.

梁宇广. 像杨东莼一样为广西尽心尽力 [N]. 广西日报，2007-09-18.

后　记

本传的撰写，追溯起来，缘起于业师章开沅先生多年前的嘱托。

记得20多年前笔者完成博士学位论文《陶行知与中国现代文化》之后，开沅师就指示，你是专研教育史的，应多在教育史研究领域做工作，以与其他专研政治史、经济史、社会史、文化史、思想史、风俗史的师兄弟们分工合作。研究陶行知，不妨借鉴丁文江的《梁任公先生年谱长编》、胡颂平的《胡适之先生年谱长编初稿》等佳作，撰写《陶行知年谱长编》，写一部有特色、高质量的新型陶行知传记；研究中国近现代教育史，不妨先研究一下华中师大百年历史上几位颇有作为的老校长，如华中大学校长韦卓民、代校长黄溥和华中师院首任院长杨东莼，为今天的高等教育改革发展提供借鉴。我深知，开沅师胸中实有一个宏大的战略构想，希望弟子们在中国近现代史研究各方面有所建树，成就专才，把关一方。他日条件成熟，合撰一部类似于费正清主编的《晚清中国剑桥史》高水准多卷本《中国近代史》。这么多年来，尽管阴差阳错，个人游走于学术与行政之间，每日杂务缠身，先生之嘱却始终未忘，只要有可能，就抓紧进行。

眼下，经过笔者及学生刘大伟的共同努力，四卷本135万字的《陶行知年谱长编》已经完成，即将由人民教育出版社出版；而《跨越中西文化的巨人——韦卓民学术思想国际研讨会论文集》，则由马敏兄和我等编辑，早于1995年就在华中师范大学出版社出版；《黄溥学术论著选》、《黄溥教育思想与实践研究》两书，也或由笔者与丰春光、黄继溥合作完成，或由笔者指导学生丰春光完成，分别于2011年前后由华中师范大学出版社出版。

本传的撰写固有此远因，但真正促成此事的，实为两个近由，那就是2013年10月华中师范大学校庆110周年与2014年民进湖北省委会60周年纪念。在2012年筹备2013年华中师范大学校庆时，开沅师、马敏书记、杨宗凯校长等人希望我在完成《不朽的文华——从文华公书林到文华图书馆学专科学校》和主编《杨东莼文集》之外，最好再撰写《杨东莼传》，以铭记这位学校早期领导人筚路蓝缕、以启山林、艰苦创业、奠定厚基的丰功伟业，华中师范大学出版社范军社长及冯会平主任也对此选题予以积极回应和支持，而正巧，杨东莼也是我现任职的民进湖北省委会的创始人，民进武汉市委会第一任主委，可以说是我学术与党派工作的“双重前辈”，民进湖北省委会也在积极考虑组织力量编写《杨东莼大传》，在2014年省民进成立60周年纪念时，宣传、学习这位民主党派的前辈，并用会史教育会员“始终在正道上行”。这样，远因近由交叉叠合，撰写《杨东莼大传》就提上了议事日程。

传记的撰写过程，从筹备到搜集整理资料、拟定写作大纲、撰写初稿、重新撰写、修改定稿，前后整整一年半，经历诸多故事，可谓曲折反复，这里且不细叙。只能谈点感受，算作补充说明。

首先，恩师章开沅和民进老人胡铭心等人的全力支持是笔者完成此重任的强大动力。开沅师对此传寄予厚望，多次予以指示。60多年前，开沅师还是一个学术青年，当年曾深得一院之长且为学术前辈的杨东莼厚爱，得到杨东莼精心栽培和提携，带到北京开阔眼界，与一流人物交往，学问与境界得以迅速提升。开沅师曾多次与人回忆这段往事，听者无不动容。开沅师在与笔者交谈过程中，虽只从客观立场讲述杨东莼对其关照的往事，语气极为平静地讲述他当年因写李自成的文章，从北京回武汉接受批斗，杨东莼给予关爱的点点滴滴，一切都那么生动、具体，那么亲切、淡然。他丝毫不顾溽暑，不顾自己已是近九十的高龄，娓娓道来，忘却了时间的流逝。胡铭老也年近九十，是协助杨东莼创建湖北武汉民进的重要当事人。笔者拜访他时，他也与开沅师一样，充满深情，侃侃而谈，眉飞色舞，这使笔者深深体会到：杨东莼其实并未消失在人们的视野和记忆里。

开沅师对本传写作的要求是“实事求是”四个字。这提示本传在表述方式上，应尽可能多写实，少溢美。通过杨东莼的一生，展示中国近现代知识分子生逢危世的跌宕命运与爱国救国的价值追求。实事求是，这丝毫不会减弱其人格魅力，毕竟光影似箭，有太多与杨东莼相关的鲜活的物事，可以使传记转化为传奇。

其次，占有史料是研究历史的重要基础。本书的撰写，得益于民进中央、民进广西省委会、民进湖南省委会、国家图书馆、湖北省档案馆、湖北省图书馆、武汉市档案馆、武汉市图书馆、广西大学、广西师范大学和华中师范大学图书馆等单位及俞曙霞、陈自力、韦灵玖、代新欣等人的积极支持，特别是杨东莼长孙杨震同志的热情协助。正是在各方的支持和协助下，我们收集到300余万字的资料，编成了多卷本的《杨东莼文集》，并在此基础上，撰写了本传。

其中许多资料，都是过去从未发现的原始资料。在唐瑾专职副主委的精心组织下，民进湖北省委会的赵霞、范焕军、陈媛、徐斌、贺娜等同志，为搜集资料，北上南下，四处奔波，劳苦功高。机关其他工作人员也积极参与，尤其是贺娜同志，虽后期介入，但修改完善，贡献尤多。此传虽名为笔者撰写，实为大家共同努力的结果，是集体智慧的结晶。这也是本传署名“周洪宇等著”的原因。真诚地感谢各位参与者！

再次，如何处理史料与史观、史实与叙述的关系，也是本传写作的一大考验。

治史依赖史料。一个人物的漫长一生，只有将每个人生节点各自细致描摹的点连接起来，才能形成比较清晰而广阔的历史图景。随着工业化社会的快速发展，带来了阅读的式微，使史学作为记忆的载体功能在下降。美国历史学家伯纳德·贝林在《现代史学挑战》一文中曾指出，在将来的岁月里，历史学家面临的最大挑战，不是如何使他们对过去生活的技术性探究变得深入和更复杂，而是如何在当前这种以往未曾想见的复杂性和分析性的情况下将故事重新组合在一起，如何把所有可利用的信息融汇成描绘主要发展过程的可读之作。以富于想象力的笔触描绘历史图景，使读者能产生如临其境的效果。

有人认为，研究历史的关键在于揭示历史人物行动背后的思想，但思想总是一闪即逝、变幻不定的，史家该如何去捕捉它呢？这同样需要借助于想象力。英国历史学家爱德华·卡尔说：“对所研究的人们的心灵，对他们行动背后的思想，历史学家有必要进行具有想象力的理解。”陈寅恪亦认为，阐释古人思想，必须“神游冥想，与立说之古人，处于同一境界。”

杨东莼一生经历复杂坎坷，他的心路历程因之绚丽多彩。一个出色的历史学家，必须同文学家一样具有强烈的创造热情和超常的想象力，才能捕捉到这种思想的火花。由于能搜集到的直接史料的有限性，加上各种主客观条件限制，我们必须面对远去与陌生的过去，发挥穿越今古、神游冥想的能力，才能展现传主杨东莼一生的思想与活动给后人留下的历史印迹与启迪。

考证类的人物传记注重考辨史实，在语言表述上严谨崇实。钱穆曾就治史问题说过这样一句话："绝无纯客观的历史，应通过追寻史料而把握时代的精神。"的确，传记作品的内容一般来说都是过去的事。过去的事，回忆、追寻、记录下来，要想做到绝对的客观是不可能的。我以为，钱穆这句话虽然谈的是治史，对人物传记同样适用，因为无论是自传、评传或是其他体例的人物传记，不可能要求传记的内容全部客观、真实，但是尽量"不虚美，不溢恶"，勇于解剖传主，客观地评价传主，给读者留下思考的空间，应该是人物传记作品起码的要求。

如何用有限的资料，勾勒出杨东莼丰富曲折的人生轨迹？美国历史学家刘易斯把这种经过人为的剪裁回忆的需要称作"被创造的历史"（invented history）的特征。面对他人生中出现的多个转向矢量，必须找到一个中心坐标，才能抓住人物内在不变的灵魂。几番思考，我以为，一部好的人物传记，最关键的就是体现传主积极的人生追求，并反映和体现出强烈的时代精神，这样的人物传记才会给读者以激励和鼓舞。

最好的书就是能够带领人们进入沉思心境之中的读物。纵观古今，传记形式千变多样，但归纳起来，无外乎考证和文艺的两种。在动笔前，笔者曾为著述体裁乃至文风笔法斟酌再三，征求了同事们的意见，经过大家充分讨论，一致认为杨东莼一生是追求真理、积极革命的一生，他的人格风范、学术素养值得今人了解和学习，因此能让受众有更多阅读兴趣，是作传的第一要义，展现杨东莼的好学不倦、勤奋著述、治学严谨、渊博学识等特征，是作传的第二要义。因此，本书采用一种通俗而不失学术的，富于弹性的语言表达方式，在语言表达上力求"自然的雕琢，雕琢的自然"。

在经历搜集资料，分析、筛选、择取、著述的连串工作后，着实让笔者有了费雷（Furet）所言的"历史学作坊"的感触。其实，慢慢触摸那层编织叙述主体记忆认知的纹理，是激动人心的。然而，笔者不得不承认，如同飞燕般掠过是多么苍白无力，不知如何才能有优美的文笔，扩大自己的认知版图，真实地向大众展示一个完整的杨东莼。常言道，电影是遗憾的艺术，传记又何尝不是如此呢？如笔者已经出版的其他几本陶行知传、牧口常三郎传一样，只能再一次在人物传记写作方面留下遗憾。

推崇马克思主义的哲学家李石岑说过，缺陷实在是走向圆满的开始。这句富含辩证思想的简单话语，道出了笔者坚持教育史研究的原动力：一切只为每个孩子的教育梦想能够圆满！教育改革问题的解决之道，尽管众说纷纭，但流行的通常无外乎两种类型：实证的和理论的。笔者并非为教育史摇旗呐喊，实乃近现代教育史上涌现出大批教育家，可谓繁星满天、引人注目，值得今人深入研究，以汲取其中经验教训，为今天的教育改革添一盏历史明灯。

最后想说的一点是，本传传主带给人们的将是有益的启迪。回顾传主杨东莼的一生，他以一个真正的爱国者，在寻找中国出路过程中走上正确的道路。历经坎坷，终于回到了中国共产党的怀抱，终于坚定不移地在以中国共产党为领导的人民革命事业中，看到了中国的光明未来，使自己成为一个共产主义者。

在战火纷飞的年代，无论环境多么险恶，无论身处何处，始终坚持马克思主义信念，这是杨东莼所走过来的不变道路。当然，这不是他独有的道路，是众多中国爱国知识分子的共同道路，犹如“万水朝东”。杨东莼是其中有光辉但不过于耀眼的一位典型人物。

1954 年杨东莼从广西大学校长任上调任华中师范学院院长，同时，受民进中央委托来武汉筹备成立民进组织。他的多重身份，使本书具有多重意义。撰写并出版本传，既实现了广大华中师范大学校友尤其是笔者恩师章开沅先生的多年心愿，表达了大家对华中师范大学创始老校长的敬重和怀念，又表达了我们这些民进后来者对湖北民进组织早期创建者的敬仰与钦佩。杨东莼在中国共产党的领导下，“始终在正道上行”，这对统一战线上的广大成员来说，也将起到积极的示范和激励作用。

杨东莼，这位以“盗火者”的精神，将马克思主义（Marxism）用于救亡图存、强国富民的“东方火云”，他的历史功绩与优秀品德值得我们永远铭记！

周洪宇

2014 年 3 月于东湖之滨